BIBILIOGRAPHIE GÉNÉRALE

DES

INVENTAIRES IMPRIMÉS

TABLES

LE PUY-EN-VELAY — IMPRIMERIE R. MARCHESSOU.

MINISTÈRE DE L'INSTRUCTION PUBLIQUE ET DES BEAUX-ARTS

BIBLIOGRAPHIE GÉNÉRALE

DES

INVENTAIRES IMPRIMÉS

PAR

Fernand DE MÉLY & Edmund BISHOP

TABLES

PARIS

ERNEST LEROUX, ÉDITEUR

28, RUE BONAPARTE, 28

1895

TABLE DES MATIÈRES

Les inventaires sont numérotés de 1 à 7451. C'est aux numéros et non aux pages des volumes qu'il faudra donc se reporter.

Nous avons adopté quatre caractères :

La petite romaine, pour les noms de choses ;

L'*italique*, pour les titres bibliographiques ;

L'**égyptienne,** pour les noms de lieux ;

La PETITE CAPITALE, pour les noms de personnes.

Les noms d'auteurs, en petites capitales, sont suivis de, B.

Pour tous les noms qui, géographiquement ou historiquement se rattachent à l'histoire ou à la littérature françaises, nous avons adopté l'orthographe française. Mais il ne faudra pas oublier que certaines différences conventionnelles sont admises aujourd'hui. Par exemple, les Alfonse d'Espagne s'écrivent avec un F, tandis que les Alphonse d'Italie s'écrivent par PH. Les autres sont inscrits d'après leur orthographe nationale.

Les membres des familles régnantes qui ont occupé le trône sont classés d'abord à leur prénom, francisé, puis à leur nom de famille ; les autres, au contraire, sont inscrits seulement sous leur nom de famille : Tels les Alphonse, ducs régnants d'Este, sont classés à Alphonse et à Este, tandis que c'est à Este, uniquement, qu'on verra les Alfonso d'Este.

Tous les noms propres de pays ou de personnes commençant par LE OU LA ont été classés à LE ou LA : Le Mans est à L, et non à M.

Pour remédier à des erreurs inévitables, nous avons disposé les fiches de telle manière que, classées sous plusieurs rubriques, il fût possible de les trouver presque toutes, d'abord sous leur nom propre, puis sous une classification générale. C'est

ainsi qu'aux mots, abbayes, bourgeois, couvents, cathédrales, châteaux, comtes, ducs, églises, empereurs, peintres, revues. rois, saints, sociétés, pour n'en citer que quelques-uns, on rencontrera groupées, toutes les références disposées d'autre part chacune à leur place alphabétique. D'aucunes mêmes seront répétées trois fois : telle l'abbaye de Saint-Pierre-le-Vif, à Sens. qui se trouve à, abbayes, à Saint-Pierre-le-Vif, à Sens.

Dans ces classifications, l'une d'elle offrait quelque difficulté : établir une distinction bien nette entre les abbayes, les collégiales, les couvents, les monastères, les prieurés ; la préface indiquera le point de vue archéologique sous lequel nous avons dû nous placer pour établir exactement cette délimitation.

Les titres des livres consultés sont indiqués à la table. Comme ils sont de toutes langues, il fallait adopter un plan pour les présenter uniformément au lecteur. C'est au nom de la matière qu'ils traitent, imprimé en italique, qu'ils ont été placés.

Pour les Mémoires des sociétés savantes, c'est au nom des Sociétés, comme aussi à leur matière, qu'il les faudra rechercher. On les lira également aux rubriques, Revues et Sociétés.

Enfin, nous avons employé le moins possible d'abréviations. Celles dont nous nous sommes servis sont d'ailleurs tellement simples qu'il est inutile de les signaler. Mais quand il a fallu y recourir, une note, en bas de page, indique la manière de les interpréter. Au mot abbayes, par exemple, nous avons mis les abréviations destinées à faire connaître les ordres monastiques desquels dépendaient les maisons religieuses dont nous signalons les inventaires.

D'autres petites difficultés, enfin, ont trouvé leur solution dans la disposition même du travail ; la préface les fera connaître. Nous y renvoyons le lecteur.

Abaer. église, 5378.

Abbati (Mgr.), évêque, 792.

Abbayes. Abdinghoff (Bs), 4244, 4251.
— Abingdon (Bs), 7192, 7205, 7206.
— Altmünster, à Mayence (Bes), 4258.
— Altofonte, N.-D. (Cs), 6004.
— Ambresbury (Bes), 7121.
— Anchin (Bs), 7013.
— Anvers, Saint-Michel (P), 6776.
— Arras, Saint-Waast (Bs), 13, 15.
— Andechs (Bs), 4582.
— Battle (Bs), 1573, 1597.
— Baume-les-Messieurs (Bs), 617.
— Beauchief (P), 1881.
— Beaulieu-les-Loches (Bs), 631.
— Benedictbeuern (Bs), 4249.
— Bergues (Bs), 6862.
— Bileigh (P), 1891.
— Bourbourg (Bes), 6839, 7030.
— Brescia, Santa Giulia (Bes), 5482.
— Burton on Trent (Bs), 2002.
— Cambron (Cs), 872.
— Cantorbéry, Saint-Augustin (Bs), 1993.
— Carrion, Saint-Zoyl (Bs), 4966.
— Castelvetrano, Sainte-Trinité, 5993.
— Celanova (Bs), 4856.

Abbayes. Chazeaux (Cl), 901.
— Chemnitz (Bs), 4384, 4465.
— Cherlieu (Cs), 6700, 6815.
— Clairvaux (Cs), 168, 323, 346, 803, 806, 851.
— Cluny (Bs), 126.
— Cokersand (P), 1890.
— Compiègne, Saint-Corneille (Bs), 6718.
— Corbie, Saint-Pierre (Bs), 715, 958.
— Corneville (A), 799.
— Couper (Cs), 7126.
— Dale (P), 1933.
— Darley (A), 932.
— Dieulacres (Cs), 1931, 7257.
— A Douai, 990.
— Drubeck (Bes), 4409.
— A Dunkerque, 6872.
— Eberbach (Ces), 4454.
— Ely (Bs), 1336, 1337.
— Etrun (Bes), 615, 6836.
— Farfa (Bs), 5504, 5516, 5517.
— Fécamp (Bs), 102, 120, 150, 219, 320, 502, 676, 6688.
— Flines (Ces), 906, 6992.
— Fonte Avellana (Camaldules), 5642, 5906.
— Fontenelle (Bs), 1422.
— Fontevrault (Bes), 6296, 6387, 7121.
— Fountains (Cs), 1892.
— Gandersheim (Bes), 4259.
— Garendon (Cs), 1888.
— Glastonbury (Bs), 7119.
— Gloucester, Saint-Pierre (Bs), 1778, 1813.

Abbayes. Goldenkron (Cs), 4295, 4299.
— Gotzdaill (Ces), 4351.
— Grandmont, 304, 342, 457, 644, 848, 849, 870, 880, 881.
— Hales-Owen (P), 1748.
— Heilbronn (C), 4309.
— Holyrood (A), 4772.
— Huveaume (P), 133.
— Ilsenburg (Bs), 4350, 4563.
— Josaphat, à Chartres (Bs), 437, 498.
— Joyenval (P), 6506, 6641.
— Kremsmünster (Bs), 4245, 4246.
— Lampring (Bs), 4240.
— Langley (P), 1872.
— Las Huelgas (Ces), 4962.
— La Vega (San Juan de), (Bs), 4858, 4967.
— Le Bec (Bs), 6263.
— Leno (Bs), 5717.
— L'Etoile (P), 6830.
— Leyston (P), 5250.
— Lilleshull (A), 1946.
— A Limoges (Bs), 643.
— Lorençana (Bs), San Salvador, 4855.
— Marchiennes (Bs), 906, 7005.
— Mariager (Brigittines), 4743.
— Marienkron (Ces), 4379.
— Marienschloss (Ces), à Rockenberg, 4557.
— Marmoutiers (Bs), 327.
— Martinsberg (Bs), 5109.
— Masdion, 781.
— Maubuisson (Ces), 260, 829, 992, 1107.
— Meaux [York], (Cs), 1514.
— Merevale (Cs), 1929.
— Meschede (Bs), 4250.
— Michelsberg (Bs), 4334, 4683.
— Moissac, Saint-Pierre (Bs. A), 465, 647.
— Mont-Cassin (Bs), 5526, 5606, 5744, 5805, 6060.
— Mont-Saint-Michel (Bs), 1420.
Abbayes. Montiérender (Bs), 651.
— Moreuil, Saint-Waast (Bs). 961.
— Moutier-Grandval (Bs), 364.
— Muri (Bs), 6212.
— Nanteuil-en-Vallée (Bs), 270.
— Neaufle-le-Vieux (Bs), 6331.
— N.-D. de la Couronne (A), 270, 413, 432, 576, 783, 913, 981.
— N.-D.-le-Gard (Cs), 959.
— N.-D. de Jummariis, à Sciacca (Bs), 5989.
— N.-D. de Noara (Cs), 6008.
— N.-D. de Roccamadore (Cs), 6017.
— N.-D.-la-Royale, 829.
— N.-D. de Soissons (Bs), 653.
— N.-D. de Terrana, 6047.
— Nouaillé (Bs), 719.
— Oberaltaich (Bs), 4256.
— Ochsenhausen (Bs), 4604.
— Oseney (A), 1996.
— Osulveston (A), 1886.
— Pairis (Cs), 18, 6266.
— Pershore (Bs), 3374.
— Peterborough (Bs), 1333, 1955.
— Pfäffers (Bs), 6206, 6207, 6208, 6209, 6210, 6211.
— Pipewell (Cs), 1940.
— Plankstetten (Bs), 4667, 4674.
— Prüfening (Bs), 4257.
— Prüm (Bs), 4243.
— Psalmody (Bs), 300.
— Quedlinbourg (Bes), 4398, 4486, 4610.
— Reading (Bs), 1373.
— Reichenau (Bs), 4236.
— Remiremont, 6699, 6841.
— Rievaux (Cs), 1948.
— Roche (Cs), 1898.
— Sahagun (Bs), 4852, 4854, 4857, 4860, 4862, 4864, 4866, 4869, 4870, 4968.
— Saint-Acheul (P), 947.
— Saint-Albans (Bs), 1358, 1527, 1817 à 1820, 1837, 1956, 7207, 7217.

Abbayes. Saint-Aubert, à Cambrai (A), 938, 6958.
— Saint-Augustin, à Cantorbéry (Bs), 1993.
— Saint-Benoît-sur-Loire (Bs), 970.
— Saint-Bertin (Bs), 264, 6840, 6858.
— Saint-Cheron, à Chartres (A), 437.
— Saint-Corneille, à Compiègne (Bs), 6718.
— Saint-Cybard, à Angoulême (Bs), 6372.
— Saint-Denis (Bs), 573, 601, 607, 658, 764, 804, 846, 979, 985, 1115, 6729, 6762, 7032.
— Saint-Emmeran, à Ratisbonne (Bs), 4676.
— Saint-Esprit, à Béziers (A), 586.
— Saint-Étienne, à Caen (Bs), 194, 6962.
— Saint-Florent, à Saumur (Bs), 383, 440, 1561.
— Saint-Georges a Kemonia, 5986.
— Saint-Gérald, 643.
— Saint-GermaindesPrés (Bs), 446, 505, 996, 1092, 1095.
— Saint-Gilles, à Nimes (Bs), 104.
— Saint-Hilaire de la Celle (A), 386.
— Saint-Jean, à Amiens (P), 948.
— Saint-Jean-en-Vallée, à Chartres (A), 437.
— Saints-Jean-et-Hermès, à Palerme, 5980.
— Saint-Julien, à Tours (Bs), 153.
— Saint-Jouin de Marne (Bs), 428, 683.
— Saint-Laumer, à Blois (Bs), 6630, 6631.
— Saint-Laurent, à Liège (Bs), 6259.
— Saint-Martial, a Limoges (Bs), 14, 20.

Abbayes. Saint-Martin, à Limoges (Cs), 643.
— Saint-Martin-aux-Jumeaux, à Amiens (P), 949.
— Saint-Maurice d'Agaune (A), 6240, 6247.
— Saint-Michel, à Anvers (P), 6776.
— Saint-Nicaise, à Reims (Bs), 836.
— Saint-Nicolas de Regali, 5998.
— Saint-Osyths (A), 1952.
— Saint-Ouen, à Rouen (Bs), 374, 6851.
— Saint-Pantaléon, près de Messine (Ba), 6025.
— Saint-Père, à Chartres (Bs), 10, 148, 425, 437, 439, 639, 879.
— Saint-Philippe-la-Grande, près de Messine (Ba), 6023.
— Saint-Pierre-sur-Dives (Bs), 1400.
— Saint-Pierre-aux-Nonnes, à Reims (Bes), 695.
— Saint-Pierre-le-Vif, à Sens (Bs), 36, 86, 624.
— Saint-Remy, à Reims (Bs), 41, 692, 693, 874, 904, 977.
— Saint-Riquier (Bs), 1, 6253, 6254.
— Saint-Sépulcre, à Cambrai (Bs), 938.
— Saints-Serge-et-Bacche, à Angers (Bs), 583, 1419, 1421.
— Saint-Sernin (A), 23, 298.
— Saints-Ulrich-et-Afra, à Augsbourg (Bs), 4587.
— Saint-Trond (Bs), 8, 6255.
— Saint-Victor, à Marseille (Bs), 94.
— Saint-Victor, à Paris (A), 244.
— Saint-Vincent, au Mans (Bs), 997.
— Saint-Waast, à Arras (Bs), 13, 15.

Abbayes. Saint - Waast , à Moreuil (Bs), 961.
— Saint-Winocq (Bs), 6690.
— Saint-Zoyl, à Carion (Bs), 4966.
— Sainte-Catherine, à Linguagrossa, 6052.
— Sainte-Croix, à Poitiers (Bs), 280, 472 , 477, 660.
— Sainte-Geneviève, à Paris (A), 994, 6706, 6763.
— Sainte-Justine, à Padoue (Bs), 5625.
— Sainte-Larme, à Sélincourt (P), 960.
— Sainte-Trinité, à Vendome (Bs), 900.
— Sanfilippo, 6012.
— San Giorgio Maggiore, à Venise (Bs), 5848, 5887.
— Santa-Lucia, près Milazzo, 6010, 6012.
— Santa-Lucia, près Palazzolo, 6046.
— Sawtre (Cs), 1878.
— Sciacca. N.-D. de Jummariis (Bs), 5989.
— Schottenkloster, à Würzbourg (Bs), 4444.
— Silvacane (Cs), 35.
— Sonnefeld (Ces), 4362.
— Sonnenburg (Bes), 4699.
— Susteren, 4648, 5000, 5002, 5097, 5108.
— Tichtield (P.), 1572.
— Toulouse , Saint - Sernin, 23, 298.
— Tours, Saint-Julien (Bs), 153.
— Tuterö (Cs), 6198.
— Valensol, 6433.
— Valladolid , Saint-Benoit (Bs), 4959.
— Val-Richer (Cs), 892.
— Walden (Bs), 1396.
— Waltham (A), 1959, 7259.
— Westminster (Bs), 1360, 1374, 1503, 1943.
— Whalley (Cs), 1885. 1893. 1895.

Abbés de Chemnitz, 4384.
— Meaux [Angleterre], 1514.
— Saint-Albans, 1358.
— Saint-Victor, à Marseille, 94.
— Valensol, 6431.
— Whitby, 1510,
Abbés. André, 4334.
— Batha (Nicolaus de), 5114.
— Beraldus, 5516.
— Bonus, 5512.
— Clarke (Thomas), 1977.
— Dominique III, 4667.
— Gaucelin (Raimond), 20.
— Gérard, 4246.
— Henricus de Soliaco, 7119.
— Hilarius, 4384.
— Irminon, 9, 4232.
— Martin, 18, 6266.
— Matthieu, 168.
— Maur Xavier, 4674.
— Nicolaus de Batha, 5114.
— Opila, 4843.
— Riquier, 6253.
— Schleinitz (Hans von), 4384.
— Sigmar, 4245.
— Siméon, 1337.
— Theodwin, 1336.
— Gregorius Thurzo, de Zalawar, 5114.
Abberton, église, 3271.
Abbesse, 901.
— Chambre d'une, 6736.
Abbesses de Fontevrault, 6387.
— Jouarre, 114.
— Susteren, 4648.
Abbesses, Hilda, 4250.
— Isabeau d'Antin, 615.
— Marie de Bretagne, 6387, 7121.
Abbeville, 957, 6632, 6633.
— Société d'émulation, 6662.
Abbey Gate (Leicester), église, 2831.
Abbots Langley, 2538.
Abdinghoff, abbaye, 4244, 4251.
Abenhall, église, 4185.
Aberdeen, cathédrale, 4760, 4764, 4773, 4791, 4799, 4803, 4811.

Aberdeen, Église de Saint-Nicolas, 4774.
— Évèque, 4770, 4792.
— Kings College, 4796.
— Palais de l'évèché, 4792.
Abingdon, abbaye,7192,7205,7206.
— Chapelle de St-Edme-l'Archevèque, 7204, 7214.
Abinger, église, 2996.
Ab-Kettleby, église, 2840.
Abou Abbas Ahmed, roi de Tunis, 4944, 4951, 4952.
Abraham (Tancrède), b, 860.
Abraham (Robert), 1784.
Abruzzi (Monumenti storici ed artistici degli), 5508, 5530.
Abzac de la Douze (Le marquis d'), b, 324.
A. C., b, 5731, 5736.
Academia de la Historia (Memorias de la R.), 4880, 4976.
Acad. Scient. Maximilianea, 4232.
Accademia dei Rozzi (Atti e Memorie della R.), 5757.
Accademia storico-giuridica, 5476.
Académie des Beaux-Arts de Modène, 6079, 6080.
Académie de France, à Rome, 5924, 5931, 5960, 6672.
Académie Royale de peinture, 6812, 6817.
Académie de peinture (Membre de l'), 1269.
Akademie der Wissenschaften, 5528.
Academica Munimenta. Cf. Anstey (H.).
Académistes d'Anvers, 6795.
Accompts of Churchwardens. Cf. Nichols (J.).
Accoutrements de cheval, 2028, 5646.
Ace (John), prêtre, 3854.
Achard, b, 643.
Achery (D'), b, 1, 8, 6253, 6260.
Ackrigge (Thomas), 3650.
Acquafranca, forteresse, 5662.
Acres (Georges), 7353.
Acrise, église, 2657.
Actes normands de la Chambre des Comptes, 6289, 6291, 6302.

Acteur, 7424.
Acton, église, 2889.
Acton (Edward), 4188.
Adalbert 5563.
Adalvik, église, 5312.
Adam (Lambert-Sigismond), 1238.
Adam (Nicolas-Sébastien), 1302.
Adam de Liverpool, 7190.
Adam de Stanton, 1476.
Adda. fleuve, 5647.
Adda (G. d'), b, 5748.
Addingham, église, 2254.
Addington, église, 3071.
Addy (S.-O.), b, 1881, 4184, 4195.
Adélaïde(Madame),fille de Louis XV, 6767.
Adelbert, 5502.
Adelgastro, infant, 4841.
Aderstedt, ferme, 4350.
Adolf II, comte de Clèves, 4288.
Adolf de Nassau, 4280.
Adventius, évèque, 8.
Æliana Archæologia, 1392, 3620, 4027, 4052, 4056, 4082, 4107, 4183, 7179, 7208, 7375, 7419, 7426.
Affò (J.), b, 5713.
Afforty, 6861.
Affre II.), b, 541, 6273, 6365.
Afrique, église, 5521, 5522.
Afrique (Curiosités d'), 5598.
Agard (Antoine), 546, 6599.
Agates, 4094, 4156, 4662, 4672, 4748, 4925, 5959, 6547.
Agates gravées, 4108.
Agen, évèque, 758, 6740.
— Hôtel de Ville, 549.
— Museum, 7065,
— Société d'agriculture, sciences et arts, 514.
Agenais, templiers, 6394.
Agenais (Rev. de l'), 537, 549, 668, 941, 6698.
Agescy (Bernard), 1100.
Agnès, femme de Nicholas Breycall, 1697.
Agnès, lady Hungerford, 1800.
Agnès, de Nottingham, 1504.
Agnès, fille de Ruprecht, 4288.
Agnew (D.-C.-A.), b, 4215.
Agnus Dei, 4609, 5013, 5738.
Agrafes, 1356, 1367, 5223, 5559.

Agriculteur, 1366, 5040.

Agriculture, 21, 6276. Cf. Animaux de ferme, Bestiaux, Blé, Chevaux, *Classes agricoles,* Closeries, Ferme, Grains, Laboureur, Métairies, Mobilier agricole, Paysans, Ustensiles de ferme.

Agrò, monastère des SS. Pierre-et-Paul, 6020.

Aguilar, monastère, 4843.

Aigné, église, 998.

Aigueperse, château, 330.

Aigues-Mortes, église, 520.

Aiguilles pour le pallium, 6186.

Aiguillon, château, 941, 6850.

Aiguillon(La duchesse d'), 663.

Aillery (L'abbé E.), b, 794.

Aix, 673, 6589, 6696.

Aix, Académie, 6580, 6657, 6696.

— Archevêque, 238, 239.

— Église, 371, 6963.

Aix-la-Chapelle, égl. de N.-D., 4703.

Akershus, château, 6190.

Akranes, 5284, 5318.

Akrar, église, 5289.

Alavoine (Georges), 1289.

Alaguy (La dame Georges), 5150.

Alais, couv. des Jacobins, 6501.

— Société scientifique et littéraire, 756, 6314.

Alaman (Sicard), 6271.

Alamans (Cartulaire des), 6271, 6274.

Alambic, 3854.

Åland [île], 6193.

Alard (Nicolas), 1153.

Alatri (Geoffroi d'), cardinal, 5553.

Albanès (L'abbé J.-H.), b, 35, 73, 94, 125, 133, 238, 239, 278, 322, 333, 371, 6268.

Albano, évêque, 5564.

Albâtre, 119, 368, 4895.

Albe (Denyse d'), 49.

Albert, église, 1.

Albert II, roi d'Allemagne, 4312.

Albert, duc de Bavière, 4510.

Albert VII, duc de Meklenbourg, 4513.

Albert, b, 866.

Alb rt (Le d'), b, 6555.

Alberto (Everina), 5047.

Albi, 6345.

— Cathédrale, 708.

— *Semaine religieuse,* 816, 6675, 6683.

Albion (Violante d'), 4914.

Albornoz (Gil), archevêque de Tolède, 4887.

Albourne, église, 2045.

Albrecht de Brandebourg, cardinal archevêque de Mayence, 4458.

Albret (D'), 299.

Albret (La dame d'), 6341.

Albret (Charlotte d'), 339.

Albret (Françoise d'), 668.

Albret (Jeanne d'), 444.

Albuquerque (Le duc d'), 4901.

Albury, église, 2620, 3039.

Alcala (La duchesse d'), 4980.

Alcala, Colegio Mayor, 4926, 4930.

Alcazar de Ségovie, 4912.

Alcester, église, 3203.

Aldbury, église, 2547.

Aldenham, église, 2539.

Alderley, église, 2061.

Aldermaston, église, 2137.

Alderminster, église, 3272.

Aldgate, Sainte-Trinité, 1363.

Aldham, église, 2480.

Aldington, curé, 1860.

— église, 2658.

Aldworth, église, 2138.

Aleardi (Irceo), 5637.

Alegretus (Bernardus), 4884.

Alençon, église, 1106.

— « Ave Maria, 933.

Alexander (Andrew), tonnelier, 4804.

Alexandre (Jean), 1177, 1183.

Alexandre (La dame Jean), 5222.

Alexandrie, cathédrale, 5719.

Alexandrinum Tabularium, 5719.

Alfold, église, 3037.

Alfonse II, dit le Chaste, roi des Asturies, 4842.

Alfonse III, roi des Asturies, 4845, 4846.

Alfonse V, roi d'Aragon, 4892.

Alice, duchesse de Suffolk, 1666, 7213.

Alizeri (F.), b, 5809.

Alkham, église, 2068.

Allais (Pierre), 1307.

All Hallows, église de Londres, 2884.
— on the Wall, église d'Exeter, 2401.
All Saints, église de Bristol, 1512.
— « de Cantorbéry, 2674.
— « de Derby, 1668, 1699, 1823, 3836, 3844, 4112, 4119.
— « d'Exeter, 7288.
— « de Gloucester, 2506.
— « de Hertford, 2637.
— « de Kidderminster, 3345.
— « de Londres, 2884.
— « de Newcastle upon Tyne, 4110, 7385.
— « de South Lynn, 2894.
— « de Wallingford, 2190.
— « de Worcester, 3410.
— Gilde, à Wymondham, 1755.
Allan (F.), n, 5029.
Allan (G.), n, 4122, 4225.
Allegrain (Gabriel), 1195.
Allègre, église, 502.
Allemagne, empereurs. Cf. Charles-Quint.
— « Ferdinand III, 4603.
— « Joseph II, 872.
— « Maximilien II, 4986, 6160.
— « Cf. Espagne, rois.
— Impératrice, Doña Maria, 4986.
— Tapisseries, 5665.
Allen (Th.), n, 1706, 3811, 3833.
Allenstein, château, 6168.
— Église, 6167.
Aller, cantarie de N.-D., 7261.
Aller Heiligen, église de Wittenberg, 4365.
Allerthorpe, église, 3594.
Allerton (North), 1613, 1734.
Allesley, église, 3110.
Allestree, église, 2316, 3158.
Alliata (Ossola), 5715.
All Souls, collège, à Oxford, 1656.

Almad (B. M. V. de), monastère, 5116.
Alne, église, 3218.
Alnes, 6964.
Alnwick, 1528.
Alpes-Maritimes, Société des lettres, 329, 348, 6290.
Alpes (Hautes). Société d'études, 7103.
Alphonse Ier d'Este, 5731, 5810, 5852.
Alphonse II d'Este, 5835, 5837, 5850, 5854.
Alphonse III d'Este, 5871, 5878.
Alsace (Bulletin pour la conservation des monuments historiques de l'), 364, 6398.
Alsace-Lorraine, 854.
Alsiano (Capella in curte), 5492.
Alsop-en-le-Dale, église, 2315.
Altavaux, prieuré, 6264.
Altbreisach, 4297.
Altenbourg, 4408, 4451, 4457.
— Église, 4404.
— « Ste-Marguerite, 4391.
Altieri (La princesse Laura), 5922.
Altmünster, abbaye à Mayence, 4258.
Altofonte, abbaye de N.-D., 6004.
Alton, église, 2045.
Alvaston, église, 2313.
Alverstoke, église, 2107.
Alveston, église, 3211.
Alvtefjördr, 5475.
Alzon, château, 6309.
Amadas (Robert), 1812.
Amadesius (J.-A.), n, 5777.
Amand (François-Jacques), peintre, 1275.
Amardel, n, 6643.
Ambassadeurs français, 136, 6756.
— d'Angleterre en France, 4008.
— d'Angleterre en Hollande, 4094.
— du roi de Siam, 6694.
Amboise, château, 313, 1094.
Amboise (Georges d'), 331.
Amboise (Louis d'), 272.
Ambons, 4796.
Ambras, château, 4507, 4518, 4525, 4526, 4533, 4545.

Ambre, 4681, 4925, 5959, 6205.
— Pomme d', 1440.
Ambresbury, 7121.
Amé, b, 255.
American Journal of Archaeology,
5547, 5613.
Amiens, 947, 969.
— Cathédrale, 83, 197, 373,
405, 721.
— Église de Saint-Germain,
234.
— Séminaire, 956.
— Vidames, 265.
Amiral de Villars, 507.
Amiral de France (Grand), 241.
Amiral (Vice-), 433.
Amounderness, 7373, 7407.
Ampurias (L'infante Johanna, com-
tesse d'), 4890.
Amsterdam, 5044, 5045, 5049, 5050,
5051, 5054, 5057, 5059,
5067, 5078, 5082, 5102,
5107.
— Chartreuse, 6194, 6195.
Amundesham (Jean), moine, 1527,
7207.
Amwell, église, 2634.
Amyot (T.), b, 1652?
Anabaptistes, 4447.
Anagni, cathédrale, 5565.
Anastase-le-bibliothécaire, b, 5476.
Ancelin (Jean), 1132.
Anchin, abbaye, 7013.
Ancone, 5655.
Anconettes, 5697.
Andechs, abbaye, 4582.
Anderson (Bertram), 3767.
Anderson (Henry), 3700.
Andrassy (La dame Mathias), 5216.
André, abbé, 4334.
André (L'abbé), b, 72, 98, 516, 706,
755, 768, 792, 827.
André (F.), b, 6329, 6368, 6504, 6615,
6735.
Andrewes (Lancelot), évêque, 4076.
Andrewes (L.), b, 4076.
Anelx [anneaux], 1399.
Anemüller (B.), b, 4655.
Anesley (William), 3779.
Anet, château, 1112.
Angela de'Lecti, 5530.

Angelis (P. de), b, 5753, 5754, 5784,
5881.
Angelucci (A.), b, 5529, 5594, 5595,
5621, 5644, 5647, 5661, 5662, 5670,
5682, 5684, 5691, 5724, 5742, 5756,
5870, 5890, 5898, 5972.
Angers, abbaye des SS. Serge-et-Bac-
che, 583, 1419, 1421.
— Château, 275, 6382.
— Cathédrale de Saint-Mau-
rice, 24, 32, 37, 140, 192,
209, 217, 267, 303, 510,
810, 6351, 6708, 7110.
— Églises, 208, 774, 1120.
— « Saint-Pierre, 6731.
— « Sainte-Croix, 6620.
— Évêque, 810.
— Société d'agriculture, scien-
ces et arts, 250, 273, 275,
284, 314, 379, 5753, 6708,
6823, 7110.
Angevin (Ligueur), 6593
Anglais, 212.
Anglesey, prieuré, 1381.
Angleterre, 152.
— Reines. Cf. Reines
d'Angleterre.
— Rois. Cf. Rois d'An-
gleterre.
— Sénéchal, 27.
— Tapisseries, 5665.
— Trésor. Cf. Trésor
royal d'Angleterre.
Angliæ Societatis (Historiæ), 1332.
Anglian (The East), 7240, 7250,
7260, 7297, 7379, 7412, 7425.
*Anglicanæ scriptores decem (Histo-
riæ),* 1332.
*Anglicana(Societatis Historiæ eccle-
siasticæ),* 1336, 1337.
Angoulème, 594.
— Abbaye de St-Cybard,
6372.
— Cathédrale, 434.
— Château, 268, 306.
Angoulême (Jean, comte d'), 268.
Angoulême (Marguerite, comtesse d'),
307.
Angoulême (Marguerite d'), 353.
Angoumois, 576, 783.
Aniches, église, 6965.

Animaux de ferme, 60, 89, 291, 325, 544, 6317

Anjou, 314, 542, 680.
— Eglises, 622, 626, 630, 667, 757, 762, 798, 862, 865.
— Eglise de Puy-N.-D., 703, 6326, 6702.

Anjou (Louis Iᵉʳ, duc d'), 107, 131.

Anjou (René, duc d'), 273, 275, 6371, 6380, 6381, 6382, 6390.

Anjou (Repert. archéol. de l'), 823, 5753, 5778, 6371, 6380, 6381, 6382, 6390.

Anjou (Haut-). 6648.

Annales archéologiques. 10, 55, 148, 166, 313, 321, 346, 397, 759, 840, 994, 5565, 5570, 5699.

Annales Bourbonnaises, 6855.

Annales Norbertines, 6830.

Annales O. S. B., 1.

Anne, reine de France, duchesse de Bretagne, 302, 313, 318.

Anne, archiduchesse d'Autriche, 4390.

Anne, reine de Hongrie et de Bohème, 4399, 4402, 4481, 4490, 4940.

Anne d'Autriche, reine de France, 642, 6659.

Anne de Danemark, reine d'Angleterre, 4037, 4079.

Anne Éléonore. princesse de Hesse-Darmstadt, 4578.

Anne de France, 330.

Anne de Mecklembourg, 4368, 4513.

Anneaux, 105, 110, 169, 1374, 1399, 4384, 5220, 5223, 5559, 5602, 5815, 5840, 5926.

Annonciation, couvent à Anvers, 6787.
— Église de Partenico, 6000.

Annoni (Carlo), b, 5748.

Ansiaume (Nicolas), 1321.

Ansley, église, 3177.

Anstey, église, 2615, 2822.

Anstey (H.), b, 1600. 1610, 1611, 1614, 1624, 1625, 1627. 1636, 1637, 1643, 1645, 1649. 1658, 1659.

Ansur, 4862.

Antipendia, 6398.

Antin (Isabeau d'), abbesse. 615.

Antioche (Philippe d'), femme de Manfredi Maletta, 5539.

Anti-pape Félix V, 236.

Antiquæ lectiones de Canisius, 6266.

Antiquaire, 546, 6599, 6711.

Antiquaires de France, 25, 26, 33, 54, 61, 368, 382, 438. 604, 606, 663, 685, 714. 716, 803, 822, 902, 978, 1116, 1122, 5795, 7109.

Antiquaires de la Morinie, 6497. 6701, 6840, 6858.

Antiquaires de Normandie, 450, 892, 6265.

Antiquaires de l'Ouest, 271, 280, 386, 428, 457, 472. 477, 547, 656, 660, 683, 809, 880, 5877.

Antiquaires de Picardie, 373. 405.

Antiquarian Magazine and Bibliographer, 7366, 7367.

Antiquarian repertory, 1762.

Antiquaries of London, 1866, 2028, 3808, 4092, 7243, 7348.

Antiquaries of Newcastle upon Tyne, 1392.

Antiquaries of Scotland, 7381, 7402, 7429.

Antiquary (The). 7221, 7350, 7389.

Antiques, 4603, 4670, 4684, 5773, 5875, 5932, 5973, 6696.

Antiquités, 629, 716, 5683, 5829, 5834, 5840, 5867, 5879, 6068, 6586.

Antiquités chrétiennes, 5996, 6706.

Antiquités classiques, 5683.

Antiquités égyptiennes, 6706.

Antiquités romaines, 6706.

Antoine de Bourgogne, duc de Brabant, 160.

Antoine, duc de Lorraine, 6469.

Antoing, église, 1113.

Antonins (Commanderie des), 6357, 6370.

Antracy (Elias), sculpteur, 5773.

Anvers, 352, 4157, 6612, 6670.
— Abbaye de Saint-Michel, 6776.
— Académistes, 6795.
— Bourse, 6792.
— Cathédrale, 6770.
— Château, 6545.
— Confréries, 6797.

Anvers, Couvents, Annonciation,
6787.
—   «   Augustins, 6777.
—   «   Capucins, 6786.
—   «   Carmes, 6778.
—   «   Carmes déchaussés, 6779.
—   «   Dominicains,
6784, 6789.
—   «   Fakons, 6790.
—   «   Recollets, 6785.
—   «   Saint-François,
6780.
—   Églises, Béguinage, 6787.
—   «   de la Citadelle,
6775.
—   «   Saint-André, 6774.
—   «   Saint-Georges,
6773.
—   «   Saint-Jacques,
6772.
—   «   Sainte-Walburge,
6771.
—   Hôpital, 6791.
—   Jésuites, 6781.
—   Magasins de la ville, 6798.
—   Maison de Ville, 6796.
—   Marchand, 1787.
—   Marchand de tableaux,
6626.
—   Sodalité en bas, 6783.
—   Sodalité en haut, 6782.
Anzeiger des Germanischen Natio-
nalmuseums, 4291, 4306, 4366,
4458.
Anzeiger für Kunde des deutschen
Mittelalters, 4386, 4395.
Anzeiger für Kunde der deutschen
Vorzeit, 4238, 4259, 4278, 4280,
4288, 4292, 4293, 4297, 4298, 4302,
4310, 4312, 4313, 4320, 4322, 4326,
4361, 4386, 4394, 4416, 4441, 4477,
4480, 4498, 4499, 4511, 4514, 4515,
4528, 4538, 4539, 4541, 4542, 4548,
4549, 4553, 4555, 4584, 4590, 4655,
4668.
Anziani, consuls et gonfaloniers de
Bologne, 5630, 5726.
Aoste, 5554, 5847, 5870.
— Couvent des chanoinesses de
Sainte-Catherine, 5886.

Aoste, évêque, 5882, 5886.
Apavatn, église, 5276.
Apothicaire, 593, 6424, 6441, 6449.
Appingadam, 5086.
Apponyi (La dame Pierre), 5225.
Approvisionnements de guerre, 25,
27.
Aprea (A. de), b, 5558.
Aquilée, église patriarchale, 5601,
5636, 5638, 5663, 5704,
5725, 5745, 5775, 5783.
— Bertrand, patriarche, 5597.
— Nicolas de Luxembourg,
patriarche, 5602.
Aquitaine, prieuré, 579.
Aquitaine (Revue d'), 231, 237, 465,
6341.
Aragon, rois. Cf. Rois d'Aragon.
Aragon (Catherine d'), reine d'Angleterre, 1854, 1868.
Aragon (Ferdinand d'), roi de Sicile,
5696.
Aragon D. Fernando d'), duc de Calabre, 4941.
Aragon, la Couronne, 4874, 4879.
4889, 4891, 4892, 4895,
4916, 4928.
— États du royaume, 4979.
— Navires aragonais, 4889,
4891.
Arántegui y Sanz (J.), b, 4891, 4896,
4897, 4902, 4905, 4907, 4908, 4910,
4911.
Arbaer, église, 5467.
Arbalètes, 6359.
Arbaumont (J. d'), b, 447, 791, 871.
Arbellot (L'abbé), b, 497, 503.
Arber (E.), b, 3811, 3825.
Arbois de Jubainville (D'), b, 168,
323, 356, 358, 359, 803, 806, 807.
Arborfield, chapelle, 1350.
Arcadie, évêque, 807.
Arcelin (A.), b, 6832.
Archæologia, 1356, 1367, 1370, 1411,
1475, 1503, 1534, 1593, 1604, 1615,
1617, 1648, 1653, 1667, 1713, 1800,
1821, 1878, 1879, 1882, 1891, 1926,
1946, 1949, 1950, 1962, 1980, 1996,
2002, 2010, 2013, 2017, 2028, 2131,
2132, 2135, 3628, 3806, 3820, 3822.
3827, 3834, 3865, 3994, 3997, 4005,

4058, 4064, 4075, 4087, 4089, 4090,
4111, 4156, 4163, 4206, 7193, 7233,
7253, 7262, 7267, 7309, 7323, 7440.
Archævologia Aeliana, Cf. *Æliana*.
Archævologia Cantiana, Cf. *Cantiana*.
Archeological Institute of Great Britain and Ireland, 1528, 2028, 2030, 4091.
Archaeological Album, 7242.
Archævological Journal (The), 313, 1333, 1363, 1366, 1396, 1397, 1432, 1453, 1454, 1513, 1573, 1577, 1597, 1650, 1673, 1707, 1728, 1758, 1810, 1896, 1899, 1934, 1979, 2035, 2974, 3835, 4163, 7369.
ARCHBOLD (W.-A.-J.). B, 7256.
Archéologie Lyonnaise, 245.
Archéologie navale, 5537, 5752, 7241.
Archevêché, Palais, Florence, 5761, 5765.
— « Glasgow, 4789, 7231.
— « Lambeth, 3865.
— « Lyon, 946, 974.
— « Narbonne, 6959.
— « Pressbourg, 5136.
— « Tarentaise, 6805.
— « Upsal, 6186.
Archevêques d'Aix, 238, 239.
— Arles, 552.
— Besançon, 6425.
— Bordeaux, 672.
— Brème, 4274.
— Cantorbéry, 1873, 3865.
— Drontheim, 6187, 6194, 6195.
— Florence, 5761, 5765.
— Glasgow, 4789.
— Gnesen, 6092, 6105, 6155.
— Mayence, 4280, 4301, 4303, 4366, 4458.
— Milan, 5781.
— Narbonne, 6959.
— Nazareth, 5869.
— Pressbourg, 5136.
— Ravenne, 5534, 5557.
— Reims, 137.
— Rouen, 136, 331, 5723, 6596.

Archevêques. Tarentaise, 6805.
— Toam, 7122.
— Tolède, 4878, 4887.
— Toulouse, 848.
— Upsal, 6186.
— Utrecht, 5033.
— York, 1577, 1751, 4105, 7317.
Archevêques. Albornoz (Gil), 4887.
— Amboise (Georges d'), 331.
— Béthune (Henry de), 672.
— Birger-Gregorii, 6186.
— Bonifazio di Lavagna, 5557.
— Bowet (Henry), 1577.
— Brandebourg (Albrecht de), 4458.
— Busleyden (François de), 6425.
— Dillon (Arthur-Richard), 6959.
— Du Laurens (Gaspard), 552.
— Duna (Conrad von), 4301, 4303.
— Etienne, 7122.
— Grand (Jean-Etienne), 4274, 7122.
— Gonzalo. Cf. Sancho II.
— Gonzalo IV, 4887.
— Holgate (Robert), 7317.
— protestant, Hutton (Matthew), 4105.
— Joyeuse (De), 6596.
— Lasco (Joannes de), 6105, 6155.
— Lavagna (Bonifazio di), 5557.
— Lestrange (Guillaume de), 136.
— Nicolaï (Avignon), 238, 239.
— protestant, Parker (Matthew), 3865.
— Pazzi (Cosimo de'), 5761, 5765.
— Picque (Richard), 136.
— Rolland (Claude-Humbert de), 6805.

Archevêques. Sancho II, 4878.
— Savage (Thomas), 1751.
— Schenk van Tautenburg (Frédéric), 5033.
— Tederico, 5534.
— Uriel von Gemmingen, 4366.
— Walkendorf (Eric), 6194, 6195.
Archidiacres de Lincoln, 1500.
— Nîmes, 559.
— Richmond, 1524.
Archiducs, Charles d'Autriche, 4543, 6160.
— Ferdinand, roi de Bohême et de Hongrie, 4389, 4390, 4393, 4439, 4442, 4446.
Archiducs, Ferdinand de Tyrol, 4516, 4518, 4525, 4526, 4528, 4533, 4545, 4546, 4547, 6160.
— Léopold-Guillaume d'Autriche, 4603, 4605, 4606.
— Mathias, 4517, 6547.
— Maximilien, 4517.
— Sigismond de Tyrol, 4335, 4342.
— Sigismond, 4492.
Archiduchesses, Anne, 4390.
— Catherine d'Autriche, 4483, 4491.
— Marguerite d'Autriche, 6467, 6471.
Archimandrite (L'), église de Messine, 6027.
Architectes, 731, 750, 753, 754, 1130, 1181, 1192, 1203, 1204, 1221, 1244, 1250, 1284, 1291, 1300, 1306, 1319, 5915, 5920, 6695, 6726.
Architectural Societies (Reports and Papers of the Associated), 1705, 1791, 1871, 1886, 1907, 1944, 2121, 2875, 3424, 4047, 4152, 7325, 7358.
Architecture sacrée du IVe au Xe siècle dans les anciens évêchés de Genève, Lausanne et Sion, 6218, 6231, 6238.
Architetti Domenicani, 5768, 5770.

Archiv für Literatur- und Kirchengeschichte des Mittelalters, 5566, 5573, 5581, 5588, 5600, 5603, 5609.
Archives de l'Art français, 88, 114, 398, 563, 613, 642, 673, 765, 767, 779, 903, 995.
Archives de l'Art français (Nouvelles), 372, 378, 650, 690, 696, 702, 707, 754, 795, 893, 1094, 7108, 7114, 7115.
Archives des arts, 45, 80, 119, 129, 195, 220, 226, 252, 418, 419, 424, 458, 462, 463, 548, 560, 596, 688, 775, 1123, 2028, 4378, 4565, 4981, 6325, 6338.
Archives historiques de la Gironde. Cf. Gironde.
Archives du Musée des Monuments français, 928.
Archives de l'Orient latin, 5563.
Archivio Storico dell' Arte, 5737, 5787, 5823.
Archivo Nacional, 4852.
Arcis-sur-Aube, 6317.
Arco (C. d'), II, 5813, 5889, 5919, 5948.
Ardant (M.), II, 407, 848, 881.
Ardeley, 7120.
— Église, 2611.
Ardenay, église, 999.
Ardleigh, église, 2421.
Aremberg (La duchesse d'), 797.
Arembouts-Capel, église, 6860.
Argam, église, 3481.
Argau (Kloster Muri im Kanton), 6212.
Argençon, église, 7066.
Argent monnayé, 48, 111, 261, 307, 4376, 4407, 4467, 4725, 4730, 5002, 5033, 5138, 5253, 5524, 6377.
Argenteries, 28, 42, 47, 48, 51, 68, 75, 89, 91, 99, 100, 117, 146, 158, 159, 193, 240, 247, 260, 261, 263, 265, 282, 285, 293, 309, 331, 337, 339, 374, 376, 385, 404, 407, 417, 425, 437, 439, 521, 587, 635, 670, 678, 681, 684, 691, 692, 693, 695, 700, 709, 711, 800, 813, 829, 831, 832, 833, 834, 835, 845, 854, 856, 882, 883, 884, 905, 925, 931, 935, 936, 947, 971, 977, 980, 983, 990.

1107, 1333, 1362, 1375, 1383, 1390,
1396, 1397, 1405, 1407, 1408, 1425,
1443, 1444, 1447, 1458, 1474, 1475,
1500, 1509, 1510, 1511, 1514, 1522,
1524, 1525, 1557, 1563, 1572, 1573,
1577, 1597, 1599, 1618, 1619, 1626,
1628, 1631, 1633, 1646, 1653, 1662,
1678, 1686, 1688, 1708, 1710, 1719,
1732, 1736, 1739, 1740, 1748, 1757,
1763, 1770, 1779, 1794, 1798, 1800,
1810, 1811, 1817, 1822, 1827, 1831,
1837, 1846, 1848, 1849, 1852, 1856,
1865, 1871, 1873, 1878, 1885, 1891,
1893, 1898, 1901, 1943, 1956, 1958,
1959, 1965, 1968, 1973, 1975, 1976,
1985, 1994, 1997, 2018, 2027, 2043,
2048, 2049, 2117, 2132, 2133, 3620,
3624, 3631, 3634, 3639, 3641, 3643,
3650, 3654, 3655, 3658, 3661, 3662,
3666, 3667, 3668, 3671, 3679, 3689,
3690, 3691, 3700, 3703, 3704, 3710,
3732, 3739, 3743, 3759, 3774, 3784,
3788, 3798, 3801, 3814, 3815, 3816,
3828, 3832, 3842, 3847, 3861, 3864,
3865, 3868, 3871, 3876, 3886, 3894,
3905, 3913, 3948, 3970, 3976, 3988,
3989, 3992, 3994, 3996, 4000, 4035,
4056, 4064, 4098, 4099, 4105, 4132,
4134, 4140, 4156, 4160, 4179, 4206,
4213, 4215, 4220, 4230, 4274, 4283,
4284, 4288, 4295, 4299, 4301, 4303,
4332, 4335, 4342, 4349, 4351, 4363,
4366, 4368, 4372, 4373, 4379, 4387,
4388, 4391, 4404, 4405, 4406, 4407,
4408, 4416, 4417, 4420, 4435, 4437,
4445, 4454, 4455, 4457, 4460, 4463,
4467, 4470, 4471, 4472, 4475, 4483,
4488, 4495, 4498, 4500, 4520, 4521,
4527, 4539, 4547, 4548, 4559, 4560,
4566, 4585, 4595, 4596, 4604, 4605,
4609, 4659, 4662, 4667, 4674, 4683,
4699, 4730, 4736, 4739, 4747, 4775,
4793, 4801, 4830, 4833, 4839, 4840,
4847, 4868, 4871, 4872, 4883, 4892,
4899, 4903, 4904, 4939, 4944, 4950,
4979, 4990, 4992, 4999, 5001, 5002,
5005, 5006, 5007, 5015, 5019, 5020,
5025, 5029, 5030, 5031, 5032, 5033,
5042, 5078, 5083, 5092, 5097, 5105,
5113, 5128, 5136, 5189, 5211, 5233,
5480, 5523, 5524, 5546, 5553, 5555,
5556, 5557, 5558, 5563, 5566, 5567,
5568, 5581, 5590, 5633, 5641, 5655,
5661, 5664, 5669, 5681, 5683, 5695,
5697, 5723, 5729, 5735, 5736, 5738,
5743, 5745, 5746, 5753, 5757, 5758,
5760, 5775, 5779, 5780, 5783, 5805,
5807, 5810, 5816, 5830, 5870, 5877,
5881, 5943, 6094, 6095, 6156, 6160,
6173, 6184, 6185, 6186, 6219, 6231,
6241, 6243, 6244, 6245, 6249, 6251,
6252, 6317, 6322, 6373, 6398, 6424,
6434, 6437, 6472, 6493, 6504, 6555.
6570, 6618, 6631, 6699, 6700, 6702,
6719, 6733, 6737, 6741, 6808, 6833,
6841, 6848, 6857, 7031, 7036, 7066,
7122, 7125, 7126, 7178, 7182, 7200,
7205, 7217, 7238, 7240, 7244, 7255,
7307, 7329, 7393, 7403, 7418, 7422,
7428, 7430, 7436.

Argenterie (Comptes de l'), 91.
Argenterie des rois de France (Nouveau recueil des Comptes de l'), 70.
Argenteuil, 796.
Argentier, 457, 880, 6438.
ARIDGE (John), 4057.
ARKYNDAL (Thomas), 1734.
Arlecdon, église, 2285.
Arles, 546.
— Abbaye de St-Césaire, 278.
— Archevêque, 552.
— Saint-Trophime, 552.
— Orfèvre, 6599.
Arleux, église, 6966.
Arley, église, 3693.
ARMAGNAC (Jean Ier, comte d'), 6310.
ARMAGNAC (Louis-François-Ignace d'), 809.
Armement de guerre, 27.
Armes, 45, 110, 206, 239, 240, 254,
281, 311, 335, 471, 572, 684, 711,
1375, 1379, 1389, 1396, 1397, 1415,
1436, 1542, 1576, 1577, 1598, 1648,
1650, 1653, 1694, 1710, 1738, 1762,
1857, 1968, 2028, 2121, 3629, 3645,
3738, 3743, 3798, 3814, 3861, 3871,
3886, 3893, 3895, 3926, 3947, 3959,
3972, 3986, 3989, 3996, 3998, 4001,
4002, 4007, 4009, 4016, 4029, 4033,
4034, 4056, 4070, 4103, 4163, 4181,
4266, 4267, 4268, 4269, 4270, 4271,
4273, 4279, 4297, 4298, 4307, 4308,

4313, 4315, 4337, 4346, 4370, 4377,
4386, 4440, 4444, 4475, 4481, 4485,
4487, 4492, 4505, 4507, 4517, 4526,
4532, 4533, 4550, 4564, 4585, 4609,
4614, 4650, 4662, 4672, 4679, 4706,
4712, 4716, 4720, 4723, 4729, 4732,
4748, 4789, 4804, 4884, 4895, 4899,
4926, 4930, 4931, 4941, 4943, 4950,
4979, 4993, 5113, 5151, 5160, 5189,
5201, 5233, 5262, 5529, 5538, 5566,
5574, 5594, 5607, 5616, 5637, 5646,
5650, 5659, 5667, 5670, 5673, 5682,
5693, 5713, 5718, 5738, 5742, 5743,
5749, 5756, 5817, 6008, 6156, 6184,
6188, 6192, 6202, 6213, 6216, 6293,
6359, 6361, 6384, 6492, 6541, 6557,
6564, 6566, 6567, 6593, 6663, 6671,
6696, 7107, 7123, 7234, 7335, 7369,
7393.

Armes antiques, 767.

Armes à feu, 4322, 4536, 4541.

*Armi da fuoco Italiane (Documenti
inediti per la storia delle)*, 5529,
5594, 5595, 5621, 5644, 5647, 5724,
5742, 5756, 5972.

Armoires, 5578.

Armorar (Francis), 3783.

Armurerie, 95, 313, 4111, 4163,
4308, 4342, 4375, 4494, 4933,
4948, 5713, 6469, 6573, 7376.

Armures, 58, 74, 111, 201, 206, 223,
286, 1390, 2028, 3629, 3693, 3711,
3731, 3870, 4344, 4369, 4375, 4478,
4526, 4533, 4545, 4550, 4609, 4679,
4748, 4895, 4899, 4926, 4930, 4993,
5529, 5661, 5681, 5718, 7107, 7393.

Armurier, fourbisseur, 6578, 7229.

Arnaldus, évêque, 4883.

Arnaud (C.), b, 6330, 6332, 6333, 6343,
6356, 6421, 6424, 6431, 6433.

Arnauldet (Thomas), b, 6654.

Arndt (G.-A.), b, 4470.

Arneke, église, 6910.

Arnes, église, 5424.

Arness, 5291, 5293, 5316, 5317,
5430, 5431, 5432, 5434, 5435, 5436,
5437, 5438.

Arnhem, 5037.

—   Communautés, 5030.

—   Teeren Hof, 5021.

Arnold (T.), b, 1332.

Arnolphe, évêque, 4247.

Arnoul, duc de Gueldre, 5005, 5007.

Arnoul de Halle, chanoine, 223.

Arnsdorf, église, 6162.

Arona, citadelle, 5972.

Arouille (Le seigneur d'), 6577.

Arpino (Jacobo Francesco), physicien, 5932.

Arquebuses, 471.

Arram, église, 3541.

Arras, 6336.

—   Abbaye de Saint-Waast, 13,
15.

—   Cathédrale, 13.

—   Couvent de La Thieulloye,
6282.

—   N.-D. d'Etrun, 615.

—   Maison épiscopale, 60.

Arrow, église, 3204.

Arschot (Le duc d'), 548, 6485.

Arsenal, 569, 4370, 4462, 4536, 4541,
5574, 5616, 5626, 6293, 6316,
6420, 6581, 6652, 6610.

Arskogr [Staerriarskogr], église,
5361.

Art chrétien. Cf. Revue de l'Art chrétien.

Art français, Cf. Archives de l'Art
français, Revue de l'Art français.

Arth, 4783.

Arthuret, église, 2257.

Artiguelongue, commanderie, 6653.

Artillerie, 45, 191, 207, 228, 242,
288, 340, 348, 396, 400, 518, 569,
596, 688, 775, 1815, 2021, 4381,
4452, 4489, 4608, 4891, 4896, 4897,
4902, 4905, 4907, 4908, 4910, 4911,
4988, 5616, 5650, 5659, 5667, 5673,
5713, 5724, 5750, 5832, 5864, 6204,
6293, 6316, 6355, 6359, 6360, 6375,
6399, 6417, 6429, 6430, 6482, 6497,
6512, 6545, 6567, 6575, 6582, 6601,
6622, 6667, 6682, 6684, 6832, 6845,
7111, 7265.

Artillerie d'un vaisseau, 5824.

*Artillerie (Études sur le passé et
l'avenir de l').* Cf. Bonaparte (Le
prince N.-L.).

*Artillery and Munitioun in some
of the Royal Castles (1488-1606),*
4825.

Artois, 315, 6280, 6285.
Artois (Art en). Cf. Documents.
ARTOIS (Jean, comte d'), 184.
ARTOIS (Marguerite, comtesse d'), 40, 43.
ARTOIS (Mahaut, comtesse d'), 40, 43, 57, 6281, 6282, 6283.
ARTOIS (Robert d'), 57, 6281, 6291.
Artois et de la Picardie (Cabinet historique de l'), 6485.
Arts à la cour des Papes pendant le XVe et le XVIe siècles (Les), 5680, 5683, 5688, 5689, 5694, 5696, 5723, 5771.
ARUNDEL (Le comte d'), 1517.
ARUNDELL (Sir Thomas), 2129.
ARWIDSSON (A.-J.), B, 6191, 6193, 6204.
As FEIVES (Guillaume), 44.
Aschaffenburg, 4261, 4272, 4366.
Aschaffenburg (Archiv des historischen Vereines von Unterfranken und), 4440, 4444, 4588.
Asgeirsa, église, 5406.
Ash [Dartford], église, 2660.
Ash [Surrey], église, 3015.
Ashbourne, église, 2318.
Ashburton, église, 7138, 7173.
Ashby-Canons, prieuré, 1412, 1891.
Ashby de la Zouche, église, 2808.
Ashford, église, 2659.
Ashingdon, église, 2409.
Ashow, église, 3126.
ASHPITEL (A.), B, 1934.
Ashton under Lyne, 2790.
ASHTON (Peter), 7437.
Ashwell, église, 2600.
Askyrkia, église, 5328.
Asolfsskali, église, 5266, 5447.
Aspenden, église, 2612.
ASPINWALL (William), 3838.
Aspremont, 6525.
Aspres-les-Veynes, église, 7067.
Assassin, 1800, 7181.
ASSE (Eug.), B, 856.
Assé-le-Boisne, église de N.-D., 6604.
Assemblée nationale, 6831, 6962.
ASSIER, B, 504.
Assise, basilique de Saint-François, 5586, 5592.

T. III.

Assise, forteresse, 5678.
— Trésor du Saint-Siège, 5581, 5588.
Association bretonne, 649
Ast, église, 4581.
Aston, église, 2575, 3184.
Aston Cantelow, église, 3219.
Aston Clinton, église, 2208.
Aston-on-Trent, église, 2314.
Astorga, cathédrale, 4973.
— Évêque, 4850.
Astrolabe, 4672.
Astronome, 4586.
Astronomie (Instruments d'), 4672.
Asturies, reine, Elvire, 4847.
— Rois, Alfonse II, 4842.
— « Alfonse III, 4845, 4846.
Asturies, Roi, Ordoño, 4847.
— Églises du royaume, 4959.
ASTLE (T.), B, 1762, 4156.
Astwell, 4084.
Ateliers d'artistes, 5931.
Ath, 775.
ATHELSTAN, roi d'Angleterre, 1332, 7116.
Atherstone-on-Stour, église, 3228.
ATHEY (Edward), 3727.
ATKINSON (Alexandre), forgeron, 1991.
ATKINSON (H.), B, 1510.
ATKINSON (J.-C.), B, 1948.
ATKINSON (Richard), pêcheur, 3723.
ATKINSON (Robert), marchand, 3918.
ATKYNSON (Nicolas), 1727.
Atlow, église, 2317.
Attaches, 169.
Attirail de guerre, 6554.
Attleborough, église, 3181.
Atwick, église, 3541, 3543.
Au-am-Rhein, église, 4619.
Aube de saint Bernulphe, 5048.
Aube (Annuaire administratif et statistique du département de l'), 528.
Aube (Mémoires de la Société Académique d'agriculture du département de l'), 545, 6713, 6714.
Aubenas, 6357, 6370.
AUBER (L'abbé), B, 171, 675, 989.
Auberchicourt, église, 6917.
AUBERCHICOURT (Ailleau, d'), 111, 6311.

AUBERT (E.), B, 6240, 6247.
AUBERT (Laurent), 1297.
AUBERT (Louis-François). 1220.
Aubigny-au-Bac, église. 6968.
AUBRIET (Claude), 1178.
Auburn, église, 3431.
Auburne Chapel, église, 3478.
Aubusson, 6669.
Auby, église, 6969,
Auch, 6310.
    — Ecole centrale, 1118.
Auchy, église, 6970.
Auckland, collège, 1732.
AUDEBERT (Guillaume), 841.
AUDIAT (Louis), B, 781, 859, 6470, 6680, 6681.
Audkula, église, 5397.
AUDLEY, évêque, 2045.
Audley End. 7237, 7275.
AUDRAN, B, 625.
AUDRAN (Benoît), 1290.
AUDREN DE KERDREL, B, 529.
Audux, évêque, 5321.
AUFSESS (Gaspar von), 4395.
Augsbourg, 4375, 4401, 4437, 4587.
    — Diocèse, 4232.
AUGUSTE DE SAXE, électeur, 4540.
Augustines, couvent, 950, 6777.
    — couvent et église à Saint-Martin, 4693.
    — couvent à Anvers, 6777.
    — « à Bordeaux, 824.
    — Cf. Couvents.
Augustins, couvent à Limoges, 643.
    — « de la Reine Marguerite, à Paris, 886.
    — Cf. Couvents.
Augustins(Petits), à Paris, 919, 1110.
AUMALE (Le duc d'), B. 616.
AUMONT (Jean), 625.
Aumusses, 69.
Aunis (Archives historiques de la Saintonge et de l'). 254, 400, 597, 781, 825, 859, 6434, 6448, 6466, 6470, 6562.
Auray, 6411.
AURIFICI (Pace), 5579.
AURY (Antoine), 1138.
AUSIAS MARCH, 4894.
Ausona (Osona). Cf. Vich.

Austriacæ (Monumenta Augustæ domus), 4491, 5736.
Austriacarum (Fontes rerum). 5669.
Austriacarum rerum (Scriptores), 4245, 4246.
Austriaco-Frisingensis (Codex diplomaticus), 4238.
Autels, 319, 1623, 1750, 1802, 1856, 1888, 1943, 1997, 4243, 4796, 5699, 6227, 6254.
Autel d'argent, 5631.
Autel d'or, 1873.
Autels portatifs, 276, 1943, 4278, 4279, 5559, 5570, 5578, 5636, 5649.
Autel de Saint-Léonard, 1963.
AUTMEULLE (Le sieur d'), 511.
AUTRICHE (La Maison d'), 365.
AUTRICHE (Le duc d'), 786.
AUTRICHE (Anne d'), reine de France, 642, 6659.
AUTRICHE (L'archiduc Charles d'). 4543.
AUTRICHE (Catherine, archiduchesse d'), 4483, 4491.
AUTRICHE (Éléonore d'), 367, 398, 399.
AUTRICHE (Léopold III, duc d'), 143.
AUTRICHE (L'archiduc Léopold Guillaume d'), 4603, 4605, 4606.
AUTRICHE (Marguerite d'), 343, 350, 352, 365, 4345, 4903, 4906, 6458, 6467, 6471, 6547.
AUTRICHE (Marguerite d'), duchesse de Parme, 5866.
AUTRICHE (Marie d'), reine de Hongrie, 421, 4472.
AUTRICHE (Marie-Anne), régente d'Espagne, 4993.
AUTRICHE (Marie-Thérèse d'), 722, 4671.
AUTRICHE (Philippe d'), roi d'Espagne, 4354.
    — Cf. Archiducs et Archiduchesses.
Autriche (Les maîtres italiens au service de la Maison d'). 4975, 4987.
Autriche (Collections impériales d'). 4609 Cf. Vienne.
Autun, église, 177.
    — Evêque, 295.

Autun (Collége d'), à Paris, 256.
Auvergne, 554.
Auvergne (La duchesse d'), 330.
Auvergne (Annales de l'), 6257.
Auvergne illustrée, 6480, 6556.
Auxerre, cathédrale de Saint-Étienne, 153, 204, 459, 6252, 6472, 6508, 6510, 6623, 6737, 6813, 6825.
— Monuments, 988.
Auxerre (Histoire civile et ecclésiastique d'), 204.
Auxerre, Société des sciences de l'Yonne. Cf. Yonne.
Auxerre (Jean de Chalon, comte d'), 74.
Auzeville, église, 620, 640.
Auzou (Guillaume), émailleur, 1212.
Avallon, église de Sainte-Marie, 6260.
— Château, 6260.
Avaugour (Samuel d'), 572.
Ave-Maria, église d'Alençon, 933.
Aveley, église, 2439.

Aveling (J.-H.), B, 1898.
Avignon, 93, 716, 4274, 4883, 4887, 5593, 5608, 6328, 6830.
— Cordeliers, couvent, 98.
— Cathédrale de N.-D., 336, 6261.
— Chambre apostolique, 6306.
— Palais, 115.
Aviler (Claude-Louis), 1250.
Avignon (Claes), 5073.
Avington, église, 2139.
Avocat, 1736, 1767, 1052, 5969, 6636.
Avon Dasset, église, 3240.
Awbright, église, 3504.
Awston in Overbury, église, 3273.
Axminster, église, 7176.
Ayme, église, 6364, 6539.
Ayora (Gonzalo de), 4921.
Ayot Saint-Laurence, église, 2590.
Ayot Saint-Peter's, église, 2572.
Ayre, château, 6324.
Azincourt (Bataille d'), 1565.

B

Baader (J.), B, 4323.
Baahus, château, 6192.
Babelon (E.), B, 976.
Bablake, hôpital, 4138.
Babou de la Bourdaisière, trésorier de France, 378.
Baccarit, architecte, 1319.
Bachelier d'Oxford, 1614.
Bachy (Raphael), peintre, 1267.
Backer (Johan Chrisostomus de), 5085.
Backhouse (John), 3688.
Bacton, église, 2899, 7332.
Baddeley (J.-J.), B, 7401.
Bade, église, 4645.
Baden (Die Kunstdenkmæler der Grossherzogthums), 4276, 4495, 4559, 4594, 4660.
Baddesley Clinton, église, 3157.
Badlesmere (Barthélemy de), 1405, 1407.

Baecker (De), B, 433.
Bæterlingen, église, 6236.
Bagarris, 6580, 6657.
Baginton, église, 3117.
Bagnères, église de Saint-Vincent, 6419.
Bagshaw (Catharine), 4199.
Bagues, 159, 272, 297, 299, 363, 398, 406, 469, 559, 1359, 1371, 1385, 1745, 4036, 4064, 4087, 4103, 4279, 4301, 4345, 4444, 4481, 4504, 4795, 4805, 4887, 5188, 5196, 5198, 5211, 5220, 5223, 5798, 6160, 6184, 6186, 6467, 6489, 6509, 6588.
Bahuts, 1831.
Baigent (F.-J.), B, 2119.
Bail (Étude sur un), 6279.
Bailey (J.-C.), B, 2803.
Baillet (Jeanne), 6456.
Bailleul, église, 6911.
Bailli d'Enghien, 618.

Bailli d'Evreux, 435.
Bailly, 765.
Bainton, église, 3483, 3601
Bakacz (Le Cardinal), 5128.
Baker (G.), b, 1412, 1838.
Balaguer y Merino (A.), b, 4898.
Balassa (Ilona), 5185.
Balassa (La dame Ladislas), 5211.
Baldaquins, 4690.
Baldoon (Lady), 4837.
Baldock, église, 2573.
Bâle, cathédrale, 6226, 6227.
— Chapelle de Saint-André, 6219.
Balerna, 5644.
Ball (Thomas), 1731.
Ballets, 5106.
Ballidon, église, 2325.
Balloch, 7360.
Ballon, église, 1000.
— « N.-D. des Champs, 1002.
— « N.-D. de Pitié, 1003.
— « Saint-Georges, 1004.
— Hôpital, 1001.
Balsall, commanderie des Chevaliers de Saint-Jean-de-Jérusalem, 1962.
Baltische Studien, 4349, 4364, 4482, 4496, 4501, 4502, 4503, 4558, 4579, 4599, 4646.
Baluze (Les frères), 6478.
Baluze (S.), b, 6256.
Bambecque, église, 6861.
Bamberg, 4334, 4395, 4683.
— Cathédrale, 4252.
Bamborough, 4048.
Bamburgh, château, 7179.
Bampo (B.), b, 5759.
Bampton, 4216, 4219, 4224.
Bancs, 5104, 5693.
Bandol (Le seigneur de), 673.
Bandtkie (J.-V.), b, 6092, 6094.
Banelle, église de N.-D., 6685.
Bánffy (La dame Étienne), 5165.
Bangert (F.), b, 4339.
Bangor, dominicains, 1908.
Bank Hall, 4027.
Bankes (G.), b, 4154.
Banks (R.-W.), b, 1573, 1597, 1896.
Bannatyne Club, 4759, 4772, 4800, 4805, 4806, 4807, 4808, 4809, 4810, 4811, 4812, 4813, 4815, 4816,

4817, 4818, 4820, 4828, 4829, 7360, 7393, 6429.
Bannatyne Miscellany, 4772, 4828.
Bannières, 19, 1590, 1648, 1667, 1678, 1691, 1713, 1750, 1831, 2133, 4881, 4912, 4954, 5551, 6184.
Banquiers, 4734, 6187.
Bapst (G.), b, 105, 363, 366, 399, 406, 422, 429, 469, 499, 645, 697, 811, 844, 853, 996, 1095, 6659.
Baptistère de Parme, 5846.
Bar-le-Duc, 6523.
— Château, 6479.
Bar (La comtesse de), 6288, 6474.
Barack (A.), b, 4276, 4553.
Barbada (Capella in curte), 5499.
Barbançon (La princesse de), 797.
Barbastro, église de N.-D., 4882.
Barbe de Brandebourg, 4479.
Barberini (La famille), 5973.
Barberini (Carlo), 5869.
Barberini (Le cardinal Carlo), 5973.
Barberini (Le cardinal François). 5892.
Barberini (Bibliothèque), 5476.
Barbier, 6452.
— Boutique, 1641.
Barbier (A.), b, 809.
Barbier (L'abbé J.), b, 527.
Barbier de Montault (X.), b, 230, 280, 314, 379, 407, 472, 477, 495, 501, 515, 522, 524, 542, 551, 557, 564, 579, 622, 626, 630, 660, 667, 719, 757, 762, 798, 792, 825, 837, 862, 865, 993, 5502, 5503, 5508, 5513, 5530, 5543, 5544, 5547, 5556, 5560, 5565, 5577, 5593, 5642, 5706, 5753, 5778, 5808, 5816, 5847, 5877, 5883, 5906, 5908, 5909, 5935, 6258, 6271, 6286, 6337, 6345, 6364, 6434, 6448, 6466, 6539, 6551, 6562, 6611, 6617, 6647, 6665, 6675, 6683, 6738, 6739, 6747, 6750, 6766, 6799, 6959, 7035, 7060.
Barbo (Le cardinal Pietro), 5683.
Barbry (Mme Marie-Anne), 815.
Barcelone, 4896, 4928, 4990.
Barchaï (Anna), 5161.
Barcheston, église, 3252.
Bard, église, 5367.
Bardelle (Le seigneur de), 789.

Bardochi (Pierre), 6424.
Bardou (Charles), peintre, 1179.
Bardstrand, 5304, 5310.
Barford, 3620, 4082.
Barford, église, 3263.
Bari, église de St-Nicolas, 5560.
Bari (Terra di), 5525.
Barils, 1399.
Barils d'ivoire, 1385.
Barker (Robert), 3935.
Barnstaple, église de St-Pierre, 7320, 7333, 7438.
Barkestone, église, 2855.
Barking, église, 2124.
Barkway, église, 2614.
Barlborough, 4184.
Barley, église, 2618.
Barling, église, 2410.
Barmby (J.), b, 3977, 4038, 4066, 4077, 4161, 4168, 4171, 4175, 4205.
Barmby-on-the-Moor, église, 3615.
Barmston, 3969.
—   Église, 3544.
Barnard Castle, château, 4003.
Barnes, église, 3045.
Barnes (Injunctions and Ecclesiastical Proceedings of Richard), 2012, 2051, 2135, 2953, 3855, 3857, 3968, 3973, 3982, 3984, 3999, 4010, 4030, 4032.
Barnet (East), église, 2531.
Barnstone, église, 2091.
Barnwell, prieuré, 1926.
Barnwell (E.-L.), b, 4001, 4002.
Baron (John), 1869.
Baron de Donzy (Le), 167.
Barone (N.), b, 5548, 5550, 5571, 5575, 5583, 5587, 5591.
Baronnie de Craon, 289.
Barozzi (N.), b, 6058.
Barques, 6723.
Barré (Nicolas), émailleur, 725.
Barret-le-Bas, église, 7068.
Barret-le-Haut, église, 7069.
Barrington (Sir Thomas), 4104.
Barrow-on-Trent, église, 2321.
Barroy (Antoine), 732.
Barston, église, 3168.
Barthe (Jacques), 7035.
Barthélemy (Bertrand), 6343.
Barthélemy (Le d^r), b, 221, 251, 521.

Barthélemy (A. de), b, 257, 565.
Barthélemy (Ed. de), b, 357, 367, 423, 481, 494, 544, 568, 782, 6613, 6767.
Barthélemy de Badlesmere, 1405, 1407.
Barthomier (Pierre), 6455.
Bartolini (Le cardinal Domenico), b, 5560.
Bartolomeo di Jacopo, 5619.
Barton, église, 2900.
Barton (Andrew), 2116.
Barton (Elisabeth), religieuse, 1857, 7242.
Barw, litill, 1657.
Basiliques, Latran, 5481, 5672.
—   N.-D. de Lorette, 6067.
—   Saint-François d'Assise, 5586, 5592.
—   Saint-Jean de Monza, 5503, 5513, 5543, 5544, 5593, 5599.
—   Saint-Marc de Venise, 5551, 5580, 5772, 5974, 6081.
—   Saint-Pierre de Rome ou Vaticane, 5547, 5556, 5604, 5613, 5649, 5671, 5730, 5883.
—   Sainte-Marie-Majeure de Rome, 5753, 5754, 5784, 5881.
—   Sancti Salvatoris de Umbru, 5491.
Bas-reliefs, 5898, 5924.
Baschet (Arm.), b, 493.
Basnage (Jacques), b, 18, 6266.
Basquine, 4809.
Basse-cour, 6821.
Basseporte (Françoise-Madeleine), peintre, 1304.
Bassett (James), 4034.
Bassingbourn, église, 1729.
Bassingthorpe, 7346.
Bassins, 1371, 1399, 1411, 1608, 1845, 4156, 5189, 5559.
—   d'argent, 5738.
—   de cristal, 5738.
—   de madre de perle, 4078.
Bassompierre (African de), 584.
Bast, église, 4496, 4503.

Bastille. Cf. La Bastille.
Bâtard, 6336.
Bâtard de Comminges, 308.
Batault (H.), b, 6392.
Batelier, 6459.
Batenbourg (Hermen de), 5005.
Bates (C.-J.), b, 7179, 7375.
Batestein, château, 5070, 5096, 5099.
Bateaux (Fournitures de), 4706.
Bath, église de Saint-Michel, 7219, 7220, 7226.
— Hôpital, 7261.
Batu (Le comte de), 2049.
Batka (Nicolaus de), abbé, 5114.
Báthori (Christophe), 5155.
Báthory (Farkas), 5135.
Batiffol (L'abbé), b, 716.
Bâtons, 5189.
— de Henri VIII, roi d'Angleterre, 2028.
Bâtons d'armes, 400.
— de commandement, 5201.
Battersea, église, 3056.
Batthyány (La comtesse Paul), 5238, 5239.
Battle, abbaye, 1573, 1597.
Baudequin, 6351.
Baudet (Etienne), 1128.
Baudouin (Ad.), b, 308.
Bauer (L.), b, 4514.
Baugis, commanderie, 51.
Baugrand (Pierre), 735.
Baume-les-Messieurs, abbaye, 617 : au lieu de Beaune.
Baur (Le dr), b, 4578.
Baux (Château des), 221.
Bavière, 4298, 4338, 4498.
Bavière (Haute), 4338.
Bavière. Cf. Niederbayern.
Bavière (Albert V, duc de), 4510.
Bavière (Le duc Guillaume de), 6348.
Bavière (Guillaume IV, duc de), 229.
Bavière (Jacqueline de), 95, 220, 587, 5006.
Bavière (Le comte Louis de), 5664.
Bavière (Maximilien Ier, duc de), 4549.
Bavinchove, église, 6912.
Baxter (Margaret), 1793.
Baxter (Robert), 7345.
Baxterly, église, 3159.

Bayerische Akademie der Wissenschaften, 4235.
Bayerischen Hofe (Die Kunstbestrebungen am), 4512, 5827.
Bave (Nicolas de), 195.
Bayford, église, 2639.
Bayles (John), 3750.
Bayles (Ralph), 3729.
Baynards Castle, 1868.
Bayonne, 6293, 6567, 6575, 6582, 6601, 6622, 6667, 6674, 6682, 6684, 6845, 7111.
— Arsenal, 6316.
— Cathédrale, 6571.
— Echevins, 6430.
— Société des sciences, 6293, 6316, 6318, 6430, 6436, 6438, 6439, 6444, 6465, 6582, 6575, 6601, 6667, 6674, 6682, 6685, 6845, 7111.
Baza, 4902, 4905.
Bazeley (W.), b, 4204.
Bazzi (Giovanni-Antonio), 5789, 5811.
Beamont (W.), b, 7194.
Bearley, église, 3215.
Béarn, 231.
Béarn (Bernard de), 308.
Béarn (La dame de), 444.
Béarn, Navarre et Lannes (Revue de), 6441, 6446, 6447, 6452, 6459, 6475, 6476.
B.-M.-V. de Almad, monastère, 5116.
B.-M.-V. de Kolos, monastère, 5121.
B.-M.-V. de Koppan Monostra, monastère, 5118.
Beaucaire, couvent des Cordeliers, 6705, 7112.
Beauchamp, chapelle, 1670.
Beauchamp, évêque, 2045.
Beauchet-Filleau (H.), b, 449, 6748.
Beauchief, abbaye, 1881.
Beauchief Hall, 4195.
Beaudesert, église, 3196.
Beaufort (Le Cardinal), 1592, 1596, 1604.
Beaufort (Guillaume Roger, comte de), 6321.

BEAUFORT (Raoul de), 27.
BEAUFORT (La duchesse de), 519. 6569, 6570, 6571.
Beaujeu, église de N.-D., 6618, 6837, 6838.
BEAUJEU (Le sieur de), 498.
Beaulieu, château, 45.
Beaulieu-les-Loches, abbaye, 631.
Beaumont, 548.
Beaumont [Cumberland], église, 2247.
Beaumont [Essex], église, 2422.
BEAUMONT (Louis, comte de Blois et de), 151.
BEAUMONT (Le seigneur de), 664.
BEAUMONT (E. de), B, 1091.
BEAUMONT (Thomas), 7396.
Beaune, abbaye, lisez Baume-les-Messieurs.
— Hôpital, 319.
— Société d'histoire, 319.
BEAUXOM (Grégoire), 540.
Beaupré, couvent, 7033.
Beaurepaire, manoir, 1660.
— Prieuré, 7022.
BEAUREPAIRE (Ch. de), B, 102, 120, 150, 188, 219, 320, 402, 531, 6358, 6389, 6596, 6621, 6851.
Beauté-sur-Marne, château, 123, 200.
Beauvais, cathédrale, 263, 277, 687.
— Comté, 6607.
BEAUVILLÉ (V. de), B, 470, 511, 513, 536.
Beaux-Arts des départements (Sociétés des), 621, 860, 1096, 1097, 1098, 1104, 1106, 5924, 6338, 6374, 6743.
Béchamp, couvent, 7033.
Beckenham, église, 2661.
BECKER (T.-A.), B, 4729, 4731.
Beckermet St Johns, église, 2271.
BÉCSI (La dame Michel), 5221.
BECHTOLF (Thonis), 4376.
Beckingham, 7239.
Beddington, église, 3079.
BEDE, B, 1496.
Bedeau de ville, 3906.
Bedellus theologiæ, 1637.
Bedford, comté, 4142, 4210.
BEDIÉ (Henri), 1142.

Bedlington, 4031.
— Église, 2944.
Bedworth, église, 3113.
BEE (William), chartreux, 2123.
Beedon, église, 2140.
Beeford, église, 3542.
Beel, abbaye, 5113, 5117.
BEER (R.), B, 4506, 4906, 4914, 4922, 4923, 4925, 4929, 4931, 4944, 1945, 4950, 4951, 4952, 4953, 4954, 4957, 4974.
Beeston next Mileham, église, 2008, 4041, 7448.
Beetley, église, 7439.
Beffroi (Le), 19, 190, 218, 259, 285, 301, 347, 387, 468, 474, 6300.
BEGHARDI, 4343.
BEGIN (E.-A.), B, 678.
BÉGON, 710, 767.
Béguinage, église, à Anvers, 6787.
Begworth, église, 2504.
Boine, église, 3.
BEIS (Sébastien), 5175.
BÉJARD (Madeleine), 654.
BELASYSE (Margaret), 3922.
Belbroughton, église, 3275.
Belfort, château, 6554.
— Société Belfortaise d'émulation, 6297.
Belgica Analecta, 6546.
Belgique, Commission royale d'histoire, 50, 461, 6425, 6428, 6509, 6545.
Belgique (Analectes pour servir à l'Histoire ecclésiastique de la), 301, 474, 527, 6267.
Belgique (Annales de l'Académie d'archéologie de), 361.
Belgique (Messager des sciences historiques de), 34, 467, 800, 801, 802.
BELGRANO (L.-T.), B, 5537.
BELHOMME (G.), B, 298.
BELIANE (Nicholas), écolier d'Oxford, 1611.
BELL (Richard), évêque, 1686.
Bellac, 6747.
BELLAMY (Thomas), 7344.
BELLE (Alexis-Simon), 1136.
Belle Arti (Memorie originali Italiane risguardanti le), 5611.

BELLEBUONI (Giovanni), 5589.
BELLINGHAM (Allan), 3690.
Belloch, château, 4992.
BELLOT (Hugh), évêque, 4009.
BELLOVA (Jean de), curé, 6315.
Bellune, évêque, 5654,
Bel Œil, château, 424.
BÉLOU (Antoine), 559.
Belton, église, 2810.
BELTRAMI (L.), B, 5734,
Belvoir, cellule, 1817.
Bempton, église, 3486.
BÉNARD (Louis), B, 6628.
Bénédictine (Religieuse), 1857.
Bénédictines, abbayes, 1876, 1877,
          4868, 5989.
—   «   Bourbourg,
          6839, 7030.
—   «   Brescia, 5482.
—   «   Drübeck, 4400.
—   «   Fontevrault,
          6296, 6387,
          7121.
—   «   Gandersheim,
          4259.
—   «   Léon, 4868.
—   «   Quedlinbourg,
          4398.
—   «   St-Pierre-aux-
          Nonnes, 695.
—   «   Sciacca, 5989.
—   «   Sonnenburg,
          4699.
—   Prieurés, Brewood, 1927,
          1936.
—   «   Catesby, 1891.
—   «   Cheshunt, 1891.
—   «   Easebourne,
          1638.
—   «   Flamsted, 1891.
—   «   Heningham,
          1891.
—   «   Kilburn, 1877.
—   «   Langley, 1705,
          7218.
—   «   Minster, 1876.
—   «   Redlingfield,
          1891, 7248.
—   «   Rothwell, 1189.
—   «   Sopwell, 1891.
—   «   Stratford, 1891.

Bénédictines, Cf. Abbayes, monastè-
   res, prieurés (Bs).
Bénédictins, écoliers, 1643.
Bénédictins, religieux, 859, 4966,
   4968, 5114, 6802, 6855, 7388. Cf.
   Abbayes, Monastères, Prieurés (Bs).
BENEDICTO DE JOSEPE, 5655.
BENET (Arm.), B, 126, 436, 450, 621,
   6759.
Bengeo, église, 2629.
Bénitiers, 1791, 5559, 6620.
Beniczky (Pierre), 5232.
BENNETT (William), 3978.
Bennington, église, 2592.
Benschop, église, 5032.
BENSON (Edward), 7414.
BENSON (Robert), B, 1338.
BENSON (William), 3669.
BENTHAM (J.), B, 1954.
Bentley Chapel, église, 3148.
Bentley (Little), église, 2423.
Bentley (Much), église, 2486.
BENTIVEGNA (Le cardinal), 5564.
BENTIVEGNA D'ACQUASPARTA (Le car-
   dinal Matteo), 5564.
Beoley, église, 3274.
BÉRAIN (Jean), dessinateur, 1129.
BERALDUS, abbé, 5516.
Berden Leighs, couvent, 1891.
BÉRENGER, roi d'Italie, 5502, 5503.
BERÉNYI (André), 5212.
BERÉNYI (Catherine, 5222.
BERÉNYI (George), 5226, 5233.
BERÉNYI (La dame George), 5204,
   5229, 5252.
BERÉNYI (Julia), 5225.
Berfay, église, 1057.
Berge, monastère, 4504.
BERGEAT (Nicolas), 1096, 1097, 1098.
Bergen, évêque, 6187.
Bergenhus, château, 6197.
BERGER (A.), B, 4603.
Bergerkloster, abbaye, 4408.
BERGUES (Le marquis de), 463.
Bergkirchen, église, 4233.
BERGMANN, B, 4545.
Bergstadir, église, 5395.
Bergues, abbayes, 6862.
—   «   St Winocq, 6690.
—   District, 6860.
—   Église, 6862, 7036.

Béricles à lire, 5747.

Berkhampstead (Great), église, 2544.

Berkhampstead (Little), église, 2632.

Berks, comté, 1345, 1346, 1347, 1348, 1349, 1350, 1774, 1802, 1820, 2115, 2136 à 2199, 3167, 3621, 4008, 4025, 4081, 4086, 4166, 7269.

Berkshire Ashmolean Society, 4008.

BERNARD (Saint), 803.

BERNARDUS, 5517.

Berne, 6236.
 — Conseil, 6235.
 — Église de Saint-Vincent, 6258.

BERNERS (Lord), 1849, 1857.

BERNIER (Jean), 76.

BERNIER (Théod.), B, 548.

BERNIS (Le cardinal de), 6756.

BERNULPHE (Saint), son aube, 5048.

BERNYS (Richard), 1655.

Berquin (Neuf), église, 6937.

Berquin (Vieux), église, 6952.

BERRETTARIO (Bartholomeo), sculpteur, 5774.

Berrow, église, 3276.

BERRY (Jean, duc de), 159, 185.

BERSCIRE (Pierre), bénédictin, 138.

Berthen, église, 6913.

BERTHIER (Jean), 1127.

BERTHOLT (Thonis), 4376.

BERTIER (Pierre de), évêque, 659.

BERTOLI (Giandomenico), B, 5663.

BERTOLOTTI (A.), B, 5659, 5690, 5766, 5798, 5808, 5812, 5815, 5816, 5819, 5831, 5842, 5843, 5845, 5858, 5861, 5869, 5872, 5874, 5875, 5876, 5891, 5900, 5902, 5905, 5915, 5918, 5920, 5934, 5969.

BERTRAND, patriarche d'Aquilée, 5597.

BERTRAND (Perrette), 6442.

BERTRAND (Raymond de), B, 7031.

Berwick, château, 1950, 7123, 7127.

BERYNGTON (Symon), écolier, 1627.

Berzé, château, 81.

Besançon, 509, 580, 4551.
 — Archevêque, 6425.
 — Académie, 6709, 6815.

BESANÇON (Simon), peintre, 1156.

Besford, église, 3277.

Besse, église, 1058.

Bessingby, église, 3492.

BEST (John), 4176.

BEST (Richard), 3971.

Bestiaux, 21, 51, 682, 1572, 1736, 1898, 1947, 1978, 3694, 3695, 3707, 3718, 3725, 3760, 3761, 3771, 3773, 3778, 3782, 3785, 3821, 3828, 3837, 3864, 3875, 3876, 3878, 3917, 3970, 4002, 4016, 4488, 4580, 4712, 4862, 6237, 6365, 6686.

Beswick, église, 3595.

Bethléem (Grotte de), joyau, 5010, 5031.

BÉTHON (Guillaume), 1239.

BÉTHUNE (Henry de), archevêque, 672.

BÉTHUNE (Robert de), comte de Flandres, 49, 53, 62.

BETSON (Robert), 3756.

Beuvry, église, 6911.

Beverlac, 1571.

Beverley, 1616.
 — Chanoine, 1646.
 — Chapelle de la Trinité, 1571.
 — Églises, Saint-Jean, 3580.
 — « Saint-Nicolas, 3559.

Beverley, église de Sainte-Marie, 3558.

Bewdley, église, 3280, 4093.

Bexley, église, 2663.

Beyträge zu den deutschen Rechten des Mittelalters, 4232.

Béziers, église de Saint-Aphrodise, 585.
 — Évêques, 585, 586, 588.
 — Société archéologique, 586.

BIADEGO, B, 5706.

BIAIS (E.), B, 6663.

Biała, église, 6152.

BIANCANI (La famille), 5964.

BIANCHETTI (La famille), 5975.

BIANCHINI (Fr.), B, 5476.

Biberach, église, 4436.

Bibliofilo (Il), 5848.

Bibliophile (Bulletin du), 6673, 6719.

Bibliophiles (Académie des), 6642.

Bibliophiles Espagnols, 4903.

Bibliophiles Français (Société des), 6502.

Bibliotheken (Ueber Mittelalterliche), 4239.
Bibliothèque, 447, 484, 574, 845, 855, 1406, 1509, 1514, 1528, 1626, 1642, 1732, 1750, 1754, 1779, 3814, 4131, 4261, 4276, 4289, 4305, 4314, 4759, 4760, 4764, 4818, 4898, 5633, 5573, 5619, 5625, 5637, 5646, 5763, 6688, 6095, 6186, 6188, 6257, 6378, 6592.
Bibliothèque Sainte-Geneviève, 6706.
Bicester, 7303, 7408, 7149.
Bickenhill, église, 3147.
Bicker, 2014.
Bidford, église, 3202.
Bielowski (A.), b, 6089, 6090, 6091.
Bierne, église, 6863.
Bietigheim, église, 4621.
Bigorre (Jean, comte de Foix et de), 231.
Bigorre (Souvenirs de la), 6419.
Bigsby (R.), b, 1934.
Bijoutier, 873, 1105.
Bijoux, 61, 100, 105, 107, 117, 151, 158, 175, 269, 279, 282, 296, 307, 325, 337, 366, 368, 409, 441, 444, 487, 499, 507, 508, 536, 844, 853, 856, 976, 1108, 4659, 4805, 4815, 4827, 5138, 5188, 5189, 5253, 5681, 6239, 6385, 6398, 6593, 6741, 6821.
Bildsfell, église, 5279.
Bileigh, abbaye, 1891.
Billingham, église, 4121.
Billingham (John), 3794.
Bilsington, église, 2664.
Bilton, église, 3101, 3523.
Binche, chapelle, 52.
Bindi (V.), b, 5508, 5530.
Binet (Pierre), peintre, 1232.
Bingham (Robert), 3835.
Bingham (W.), b, 3835.
Bingham's Melcombe, 3835.
Binham, cellule, 1818.
Binley, église, 3095.
Binning (Thomas, Lord), 4830.
Binton, église, 3205.
Bion (J.-M.), b, 924 : et non Prion.
Bion de Marlavagne, b, 64, 65.
Birch (Great), église, 2494.
Birch (Little), église, 2495.
Birch (W. de G.), b, 1332.
Bircherod (Jens), professeur, 4747.

Bircholt, église, 2665.
Birdingbury, église, 3132.
Birdsall, église, 3438.
Birger, roi de Suède, 6182.
Birger-Gregorii, archevêque d'Upsal, 6186.
Birk (E.), b, 4312.
Birket Smith (S.), b, 4734.
Birlingham, église, 3281.
Birmingham, église, 3150.
«   Saint-Martin, 1583, 4187.
Birsay, 7402.
Birstall, église, 2832.
Birtley, église, 2951.
Birts Morton, église, 3357.
Bischof (Claus), 4332.
Bischofsburg, église, 6175.
Bischofstein, église, 6176.
Biseglia, église de Sainte-Marguerite, 5527.
Bishampton, église, 3278.
Bishop (Richard), 738.
Bishop Burton, église, 3617.
Bishops Itchington, église, 3119.
Bishops Stortford, église de Saint-Michel, 1894, 2041, 2114, 2123, 2649.
Bishopthorpe, église, 2658.
Bisley, église, 3030.
Bissarissa (Capella in curte), 2189.
Bisson (Jacques), peintre, 1161.
Bittering (Little), église, 2025.
Bitton (Thomas de), évêque d'Exeter, 1383.
Blaas (C.-M.), b, 4515, 4552.
Blaauw (W.-H.), b, 1379, 1638.
Black (W.-H.), b, 1709, 1747, 1773, 1960.
Blackbeck, 7414.
Blackmore, 1984.
Blackrod, église, 2797, 7278.
Blackstone (Thomas), 3999.
Blacktoft, église, 3588.
Blakay (Nicolas), 1233.
Blakiston (Thomas), 3938.
Blakiston (Ralph), prêtre, 2118.
Blanc (Ch.), b, 5079.
Blanc (Ed.), b, 329.
Blanc (Nicolas), graveur, 5874.
Blanchard (Jean), 726.

BLANCHE, reine de Suède, 6185.
BLANCHET (L'abbé J.-P.-G.), B, 270, 576, 718, 783, 913, 981.
BLANCS MANTEAUX, monastère des Mauristes, à Paris, 917.
BLANDE (Richard), curé, 7225.
Blantyre, 7368.
Blaringhem, église, 6914.
BLAVIGNAC (J.-D.), B, 6218, 6231, 6232, 6238.
BLAXTON (Nicholas), 3706.
BLAYDES (F.-A.), B, 4152.
Blé, 532, 3760, 3782.
BLENKINSOPP (William), 3875.
Blessy, église, 6858.
Bletchingley, église, 2093.
Blockley, église, 3279.
Blois, abbaye de Saint-Laumer, 6630, 6631.
— Château, 173, 189, 191, 207, 228, 372.
BLOIS (Le comte de), 67.
BLOIS (Henri de), évêque, 1339.
BLOIS (Louis, comte de), 151.
BLOIS (Valentine Visconti, comtesse d'), 135, 170, 5618.
BLOM (Renée de), 532.
BLOMEFIELD (F.), B, 7222, 7322.
BLOMEFIELD (J.-C.), B, 7303, 7408, 7442, 7449.
Blöndudalsholar, église, 5396.
Blönduhlid, 5373, 5374.
BLOOD (Alice), 7447.
Blounsdon, cantarie, 2041.
Bludau, église, 6163.
Blyborough, monastère, 7249.
Bobata, monastère, 4864.
Bobbingworth, église, 2458.
BOCK (Fr.), B, 4248, 4264, 4286, 4358, 4613, 5109.
BOCSKAY (La dame), 5224.
BOCSKAY (Étienne), 5177.
Boddington, 7225.
Bodleian Library, 1414, 1487.
Bodmin, église, 1953, 3852.
— Franciscains, 1925.
Bodoky, château-fort, 5233.
BOEHEIM (W.), B, 4317, 4321, 4336, 4476, 4483, 4485, 4490, 4507, 4516, 4517, 4518, 4525, 4529, 4533, 4546, 4608.

BOESCH (Hans), B, 4291, 4306, 4313, 4366, 4458.
Boeschepe, église, 6915.
Boeseghem, église, 6919.
BOFARULL Y DE SARTORIO (M. de), B, 4895, 4897.
BOFARULL Y MASCARÓ (P. de), B, 4871.
Borgefjördr, 5288.
Bohême, 4295, 4299, 4534.
— Reines, Anne, 4399, 4402, 4481, 4490.
— « Marie, 4472.
— Roi, Ferdinand, 4399, 4401, 4439, 4442.
Bohémien, 7380.
BÖHMER (J.-F.), B, 4255.
BOHUN (Humphrey de), 1396.
BOILEAU-DESPRÉAUX, 769.
BOISLISLE (A. de), B, 297, 604, 663, 1116.
BOISSATRAND (Pierre de), 6693.
BOISSIEU (M. de), 605.
BOISSY (Arthur de), 6437.
BOISTEAU (Robert), 6638.
BOISTHIBAULT (Doublet de), B, 677.
BOIT (Charles), peintre, 1146.
Boîte d'ivoire pour encens, 4261.
— d'ivoire, 4871.
— à mouches, 811.
— à tabac, en or, 4079.
BOIZOT (Antoine), peintre, 1313.
BOLDETH (M.-A.), B, 5565.
Bolesławiec, église, 6143.
BOLEYN (Anne), 1846.
Bollezeele, église, 6864.
Bologne, 5616, 5630, 5907, 5929, 5937, 5917, 5951, 5964, 5975, 6057, 6059, 6062, 6073, 6084.
— Arsenal, 5626.
— Chanoine, 5545.
— Ecolier, 5557.
— Gonfaloniers, 5726.
— Podestat, 5541.
— Templiers, 5568.
— Université, 5572, 5584, 5614, 5623, 5624, 5627, 5639, 5643, 5648, 5651, 5668, 5708, 5716, 5728, 5755, 5767, 5790, 5803.
BOLOGNE (Jean de), 685.

Bolognesi Artisti, 5815, 5858, 5918,
5969.
Bolstaðarhlíd, église, 5394.
Bolt (Aslak), évêque, 6187.
Bolton, église, 2290, 2793.
Bolungarvik, 5423.
Bombal (Eusèbe), II, 103, 847.
Bomby, 4224.
Bonacosa (Jacopo), 5545.
Bonaparte (Le prince N.-L.), II, 4489,
5616, 5626, 6355, 6359, 6360, 6375,
6429.
Boñar, 4864.
Bond (E.-A.), II, 1514.
Bondt (Jean de), peintre, 5072.
Bondurand (Ed.), II, 756, 6314.
Bonfiglioli (La famille), 6062.
Bongi (S.), II, 5646.
Boniface VIII, pape, 5556, 5559,
5561, 5565.
Bonifazio di Lavagna, archevêque,
5557.
Bonini (Luigi), orfèvre, 5812.
Bonnaffé (Edm.), II, 339, 398, 494,
627, 637, 641, 1116, 6589, 6599,
6612, 6651, 6654, 7107.
Bonnassieux, II, 7106.
Bonnefoy (Alacia), 6332.
Bonnemain (Jean-François), 1171.
Bonnet (Jacques), sculpteur, 1139.
Bonnet (Symon), évêque, 305.
Bonneval (Alex. de), 6537.
Bonneville, 6369.
Bonnières, 6280.
Bonnington, église, 2666.
Bon Pasteur, église de Saint-Omer,
6858.
Bonsall, église, 2324.
Bontemps (Pierre), sculpteur, 438.
Bonus, abbé, 5512.
Bonzy (Clément de), évêque, 585,
586, 588.
Booth (J.), II, 1488, 1489, 1492.
Booth (Robert), 3939, 7399.
Bordeaux, 363, 540, 6577, 6616,
6740.
— Archevêque, 672.
— Cathédrale de Saint-André,
587, 709.
— Chartreuse, 6847.
— Château-Trompette, 6640.
Bordeaux, Couvent des Augustins,
824.
— Église de Saint-Seurin, 790,
6586.
— *Revue Catholique*, 6848.
Border (Thomas), 3848.
Bordonaro, abbaye de Saint-Pan-
taléon, 6025.
— Monastère de N.-D., 6024.
Borel, II, 6367.
Borel (P.), médecin, 6642.
Boretius (A.), II, 4232.
Borg, église, 5443.
Borgia (Lucrèce), 5769.
Borgia (Le cardinal St.), II, 5620.
Borgnet (Jules), II, 174.
Borgo d'Ale, hôpital, 5709.
Borgo Valditaro, château-fort,
5727.
Borilly (L'abbé Boniface de), 6696.
Boringdon, église, 2548.
Bormans (Le chevalier de), II, 6255,
6379.
Borne, église de Saint-Sauveur, 661.
Borový (C.), II, 4283, 4285.
Borre, église, 6917.
Borromini (Francesco), architecte,
5920.
Borsos (Sébastien), 5145.
Bos (Simon Du), 112.
Bosc (Guillaume Du), 178.
Boschet (Balthazar), libraire, 6609.
Boschi, galerie de tableaux, 6073.
Boscoli (Le marquis Andrea), 5958.
Boscoli (Giovanni Simone), 5942.
Bosmans (J.), II, 555.
Bosredont (Mathelin de), 6556.
Bossani (Judith), 5209.
Bossani (Ladislas), 5209.
Bossert, II, 4580.
Boston, église, 2115, 2876, 3623.
— Gilde de la Sainte-Vierge,
1864.
Boteler (Catherine), 4072.
Boteler (Richard), 4023, 4072.
Bothal, église, 2952.
Bothel, église, 2267.
Bottesford, église, 2874.
Bottisham, église, 1381, 2225, 7170,
7273.
Botzen, 4688.

BOUCART (Marie de), 291.
BOUCHARDON (Edme), sculpteur, 1245.
BOUCHER, 3678, 6444.
BOUCHER (Jean), 6443.
BOUCHER DE MOLANDON, B, 257.
Boucles d'oreilles, 5220.
BOUCLET (Guillaume), 1226.
Bouconville, 6526.
BOUDET, 297.
BOUDINOT (Élie), 6693.
BOUDROT (L'abbé), B, 319.
BOUET (G.), B, 6962.
Boughton-Aluph, 2667.
BOUGOUIN (Ch.), B, 820.
BOUILLON (Les ducs de). 7107.
BOUILLART (Joseph), 1126.
Boulangère, 6305.
Boulangerie, 1394.
Boullay, 6537.
— Château, 6482.
BOULLE (André), ébéniste, 779.
BOULLE (Charles), ébéniste, 1218.
Boulogne-sur-Mer, 470.
— Société académique, 6628.
BOULOGNE (Jeanne de), reine de France, 99.
BOULOGNE (Bon), 1162.
Boulonnais, 6379.
Boulton, église, 2323.
BOURASSÉ (J.-J.), B, 448.
BOURBON (G.), B, 186, 230, 647.
BOURBON (Le duc de), 330.
BOURBON (Marie de), 570.
BOURBON (Suzanne de), 330.
BOURBONNAIS (La duchesse de), 330.
Bourbourg, abbaye, 6839, 7030.
— Refuge de St-Bertin, 6840.
BOURDEILLE (Jeanne de), 508.
BOURDICT (Claude), 1143.
Bourecq, église, 1.
Bourg-Saint-Maurice, église de N.-D., 6619.
Bourganeuf, commanderie, 656.
BOURGEOIS (Jean), peintre, 1193.
Bourgeois de Bordeaux, 540.
— de Chester, 3989.
— de Colchester, 7124, 7133.
— de Douai, 111, 6311.
— de Kings-Lynn, 1362.
Bourgeois de Moissac, 6303.
— de Nagy-Szombat, 5232.
— de Nairn, 4785.
— de Nevers, 6595.
— de Paris, 44, 6449.
— du Puy, 240, 375.
— de Prague, 4285.
— de Salisbury, 1484.
— de Tournai, 112, 361.
— de York, 1585.
Bourgeois du XVIIIe siècle, 815, 845, 857.
Bourgeoises de Paris, 6450, 6453.
Bourges, 636.
— Cathédrale de St-Étienne. 382, 714, 822, 978, 1122.
— Sainte-Chapelle, 166, 183, 822.
Bourgmestre d'Amsterdam, 5102.
— de Zierikzee, 5019.
Bourgogne, 419, 6379.
BOURGOGNE (La Maison de), 340, 6547.
BOURGOGNE (Ducs de).
— Charles-le-Téméraire, 266, 6379.
— Hugues, 6260.
— Maximilien, 286.
— Philippe-le-Bon, 201, 252.
— Philippe-le-Hardi, 127, 128, 144, 160, 163, 6312, 6338.
BOURGOGNE (Duchesse de), Marguerite de Flandres, 162, 169.
BOURGOGNE (Comtesse de), Marguerite d'Artois, 40.
BOURGOGNE (Catherine de), 143, 181.
BOURGOGNE (David de), évêque, 5010.
BOURGOGNE (Jean de), 84.
BOURGOGNE (Philippe de), comte de Nevers, 167.
BOURGOGNE (Philippe de), évêque, 5011.
Bourgogne (Les ducs de), 134, 135, 139, 145, 165, 170, 173, 185, 189, 201, 203, 222, 223, 227, 248, 266, 296.
Bourgogne (Histoire générale et particulière de), 128, 143, 144, 163.
BOURGTHEROULDE (Le sieur de), 496.

Bourguignon de Saint-Paul (La veuve de), 815.
Bourne (H.), b, 7208.
Bournon (F.), b, 372.
Bourrot (Étienne), 855.
Bourse d'Anvers (La), 6792.
Bourses, 47, 75, 158, 169, 193, 338, 6546.
Boursier (Isabeau), 6453.
Bourton and Draycot, église, 3097.
Boutaric, b, 61, 6281, 6283.
Bouteiller de France, 59.
Bouteillerie, 75.
Bouteilles, 5189.
Bouteilles de jaspe, 5747.
Boutillier (L'abbé), b, 12, 600, 925, 6587, 6595.
Boutiot (Théoph.), b, 528.
Boutique de barbier, 1641.
Boutique de marchand, à Tulle, 704.
Boutons, 4957.
Boutons d'argent, d'or, de perles, 169.
Bouvignies, église, 6972.
Bouyssy (J.-J.-O.), b, 538.
Bouzigue (L'abbé T.), b, 6705, 7112.
Bouzonnet-Stella (Claudine), 707.
Bowcomb, 4172.
Bowell (William), 7410.
Bowes (Sir Robert), 3693.
Bowes (Thomas), 3948.
Bowet (Henry), archevêque d'York, 1577.
Bowman (Ralph), 3733.
Bowmaker (John), 3732.
Bowness, église, 2243.
Boxberg, château, 4386.
Boxford, église, 2141.
Boxmeer, château, 5026.
Boxstead, église, 2992.
Boyer, b, 636.
Boyer (François de), président de la Cour des Comptes, 675.
Boyer de Sainte-Suzanne (Le baron de), b, 628.
Boynton (Sir Thomas), 3969.
Boys (W.), b, 1505, 1545, 1578, 1678, 1715, 1742, 4131.
Bozen, 4346.
Bozin, citadelle, 5160.

Brabant, 6379, 6428.
Brabourne, église, 2668.
Bracciano (Le duc de), 4997.
Bracelets, 5189, 5198, 6160.
Brack (Humphrey), 3944.
Bradbourne, église, 2326.
Bradenham (East), 7427.
— Église, 7301.
Bradenham (West), 7427.
— Église, 7300.
Bradford (John), maçon, 1601.
Brading, église, 2519.
Bradley (North), église, 2045.
Bradley (Stock and), église, 3389.
Bradshaw, 7387.
Bradshaw (Francis), 7387.
Bradshaw (H.), b, 4017.
Bradwall, 7372.
Bragg (W.-B.), b, 7227.
Brailes, église, 3242.
Brains, église, 1005.
Braithwaite (William), marchand de vins, 3691.
Brakenbury (Francis), 4114.
Bramber, 1560, 7215.
Bramfield, église, 2542.
Brampton, église, 2261.
Brancaster, église, 7295.
Branche (Dominique), b, 689.
Brand (J.), b, 4156, 7208.
Brandebourg, cathédrale, 4477, 4500, 4538.
Brandebourg (Albrecht de), cardinal archevêque de Mayence, 4458.
Brandebourg (Joachim II de), électeur, 4479.
Brandebourg (Barbe de), 4479.
Brandenburgensis (Codex diplomaticus), 4406, 4466, 4500, 4530, 4532.
Brandesburton, église, 3522.
Brandt (C.-J.), b, 4719.
Brandt (Isabelle), 6612.
Branscombe, église, 7147.
Bransford, église, 3283.
Brantingham, église, 3565.
Brantyngham (Thomas de), évêque, trésorier d'Angleterre, 1344, 1474.
Bras d'or, 316.
Bras reliquaire, 6385, 7105.
Brasenose College, à Oxford, 7343.
Brassard (Félix), b, 6287.

Brasserie, 7180.

Brasseur, 1695.

Brassington, église, 2322.

Bratingham (Margery), 3781.

Braunsberg, églises, N.-D., 6159.

— « Sainte-Catherine, 6165.

Braunschweig-Lüneburg, 4523.

Braughing, église, 2642.

Bravard d'Eyssac (Delphine), 122.

Bray, église, 4025, 4086, 4166.

Bray (W.), b, 4058, 4163.

Braybrooke (Richard Griffin, Lord), b, 7237, 7275.

Brayley (E.-W.), b, 3812.

Breadalbane Charter Room, 7360, 7393.

Breage, église, 2077.

Breard (Ch.), b, 892.

Breaston, église, 2320.

Brederode (Le seigneur de), 5070.

Brederode (Hedwig-Agnès, dame de), 5096, 5099.

Bredevoort, 5018.

Bredicote, églises, Saint-Jacques, 3285.

— « Saint-Jean, 3284.

Bredius (A.), b, 5060, 5065, 5067, 5068, 5071, 5075, 5077, 5080, 5081, 5082, 5085, 5091, 5100, 5101, 5105.

Bredon, église, 3286.

Breedon on the Hill, église, 2820.

Bregentved, ferme, 4711.

Breiđabolstaðr [Rangarvalla], église, 5454.

Breidabolstaðr [Vestrhöp], église, 5407.

Breidabolstaðr [Vatnsdalr], église, 5404.

Brême, archevêque, 4274.

Brenchley, église, 1414.

Brentford, 1357, 1652, 2063.

Brentingby, église, 2871.

Brentwood, église, 2450.

Brenzett, église, 2669.

Brereton (Richard), 3814.

Brescia, 5936.

— abbaye de Santa Giulia, 5482.

Breslau, églises, Corpus Christi, 4411.

Breslau, églises Saint-Bernard, 4382.

— « Saint-Jacques, 4382, 4400.

— « Saint-Maurice, 4415.

— « Saint-Nicolas, 4413.

— « St-Vincent, 4412.

— « Sainte-Croix, 4356.

— « Sainte - Élisabeth, 4333, 4374, 4448.

— « Sainte-Marie-Madeleine, 4318.

— « Sand-Kirche, 4414.

— Evêché, 4668.

Bresse (Histoire de la Bresse et du Bugey), 163.

Brest, 6407.

— Château, 6318.

Bretagne, Direction des domaines, 815.

— États, 780.

— Maréchal, 297.

— Villes, 6399.

Bretagne (Aliénor de), 6296.

Bretagne (La duchesse Anne de), reine de France, 313.

— (François II, duc de), 269.

— (Jean II, duc de), 48.

— (Jean V, duc de), 202.

— (Jean de Montfort, duc de), 1485.

— (Jeanne de), 71, 100.

— (Jeanne, duchesse de), 130, 1485.

— (Marguerite, duchesse de), 269.

— (Marie de), abbesse, 6296, 6387, 7121.

Bretagne (Archives de), 6397, 6416, 6417.

— *(Histoire de)*, 48.

— *(Mémoires pour servir de preuves à l'Histoire ecclésiastique et civile de)*, 202.

— *Revue de Bretagne et de Vendée*, 257.

Bretagne, b, 6859.

Bretby, église, 2319.

Breton de 1492 (Complot), 6416.
Bretonne (Association), 649.
Brette, église, 1006.
BRETTE (John), écolier d'Oxford, 1611.
Bretteville, commanderie, 51.
Breuil, commanderie du Temple, 6394.
BREWER (J.-S.), B, 1766, 1769, 1781, 1783, 1785, 1786, 1787, 1788, 1795, 1798, 1799, 1800, 1801, 1809, 1812, 1814, 1815, 1822, 1824, 1825, 1826, 1829, 1830, 1835, 1836, 1837, 2017, 4788.
Brewood, Bénédictines, 1936.
BREYGALL (Nicolas), 1697.
Brezal, château, 7062.
BRICE (Germain), 787.
BRICE D'ESPAIGNE, tapissier, 6708.
Bricklehampton, église, 3287.
BRICKWELL (Henry), 3934.
BRICKWELL (Thomas), 3907.
Bridekirk, église, 2302.
BRIDGEMAN (G.-P.-O.), B, 2804.
Bridlington, église, 3489.
Bridgnorth, chapelle de Sainte-Sithe-sur-le-Pont, 4020, 7361.
Bridport, 1501, 1502.
—   Chapelles, Saint-André, 1532, 1630.
—   «   Saint-Michel, 1549.
Bridport, Chapelle Sainte-Catherine, 1678.
—   Église, 1682.
—   Évêque, 2045.
—   Hôpital de Saint-Jean-Baptiste, 1647.
Bridgwater, couvent de Franciscains, 7256.
—   Église, 1622, 1634.
Brie (Revue de Champagne et de), 481, 6317.
Brie-Comte-Robert, église de Saint-Étienne, 247.
Brieg, église, 4281.
Brienchons (Chapelle des), 6358.
BRIENNE (Le comte de), 6654.
Briey, 6517.
Brigham, chapelle, 1440.
—   Église, 2276.

Brightlingsea, église, 2425.
Bright Waltham, église, 2142.
Brightwell, église, 2144.
Brigittines, 4743.
Brimpton, église, 2143.
Brinkburn, église, 2943.
Brinklow, église, 3121.
Brios, château, 45.
BRIOT (Isaac), 728.
BRISCO (Richard), 3909.
Brisis, château, 756.
BRISIS (Le vicomte de), 756.
BRISSON (B.), B, 5477.
Bristol, 1512.
—   Dominicains, 1916.
—   Églises, All Saints, 1512.
—   «   Christ Church, 3849.
—   «   Saint-Jean-Baptiste, 1674.
—   «   Saint-Ouen, 7212.
—   Gilde des tailleurs, 4193.
—   Marchand, 1443.
Bristol and Gloucestershire Archæological Society, 1813, 1900, 2507, 4185, 4204.
Britannica (Bibliotheca topographica), 4124, 4796.
Britannicis (Collectanea de Rebus), 1360 : t. IV et non t. IX.
British Archæological Association, 1590, 1710, 1782, 1934, 1964, 2119, 3631, 3860, 3972.
Britsum, église, 5034.
Brive, 6346.
—   Société scientifique, historique et archéologique de la Corrèze. Cf. Corrèze.
Broadwas, église, 3288.
Broadway, église, 3282.
BROCARD (H.), B, 6804.
Broche, 1960.
Broderie du XI° siècle à nos jours (La), 6494.
Broderies, 159, 382, 429, 2028, 4079, 4826.
Brodeur, 724, 735, 6559, 6561.
Bromley, église, 2672.
Bromley, Great, église, 2424.
Bromsgrove, église, 3289.
BROMWITH (John), 4093.
Bronzes, 368, 4129, 5570, 5683, 5733,

5841, 5889, 5899, 5962, 6033, 6068, 6205, 6696, 6961.
Brook, église, 2760.
Brooke House, 4096.
Brookland, église, 2671.
BROSSARD (J.), B, 6503.
Brouckerque, église, 6866.
Broughton, église, 2207.
Broughton-Hackett, église, 3290.
BROUILLET (P.-Amédée), B, 975.
BROUTEL (Antoine), sieur Du Val, architecte, 753.
BROUWER (Cornelia), 5061.
BROWNE (Élisabeth), 1708.
BROWNE (John), 4011.
Brownsover, église, 3091.
Broxbourne, église, 2627.
Broxeele, église, 6867.
BRUAND (Libéral), architecte, 750.
BRUCE (Robert), 4783.
BRUCE DE KINLOSS (Lord), 4829.
BRUCKMANN (Le docteur François), B, 4663, 4664.
BRUEL (A.), B, 637.
BRUEL (Paul), B, 582.
Bruges, 49, 185, 6656.
— Comptoir de la Hanse, 6540.
— Couvent de N.-D. de Sion, 468.
— Église de Saint-Donatien, 84, 190, 218, 259, 347, 387, 6300.
Bruges, tanneurs, 285.
BRUGNON (Claude-Joseph), peintre, 1286.
BRUILLART (Claude de), 291.
BRUILLART (Gaulcher de), 291.
Bruilles, église, 6973.
Bruis, église, 7073.
Bruisyard, couvent de Clarisses, 1891, 7251.
BRUNETTI (Paul-Antoine), 1315.
Brunel de Bonneville (La Maison de), 6369.
Brunemont, église, 6974.
BRUNI (A.), 7034.
BRUN-LAVAINNE, B, 147.
BRUNS (P.-J.), B, 4232.
Brunswick, chapelle de Sainte-Gertrude, 4359.

T. III.

Brunswick, Église de Saint-Blaise, 4523, 4607, 4611, 4612.
BRUNSWICK (Le duc de), 4589.
BRUNSWICK-ZELL (La duchesse de), 4659.
Brunsvicensium (Scriptores rerum), 4263.
Brusson, église, 5847.
BRUEN (Chr.), B, 4734.
Bruxelles, 350, 377, 416, 548, 6509, 6549, 6605.
— Couvents, 6549.
— Églises, 6549.
— Hôtel de Nassau, 560.
— Maison Transilvane, 458.
BRUZZA (Luigi), B, 5476.
BRYDDOCKE (Robert), 3803.
Bubbenhall, église, 3109.
Bubwith, église, 3586.
BUCHAN (Le comte de), 4767.
Buckingham, église, 2202.
Buckingham, comté, 1744, 1780, 1821, 2200 à 2217, 3860, 7284, 7326.
BUCKINGHAM (Le duc de), 4094, 4157.
Buckland, église, 2607.
— Manoir, 1778.
Bucklebury, église, 2145.
Buckminster, église, 2850.
Buckrose, 3453.
Buckthorpe, église, 3454.
Buda, 5125.
— Chapelle royale, 5130.
Budai királyi várpalota kápolnája (A), 5130.
Buđardalr (sur le Skardsströnd), église, 5428.
Budbrook, église, 3216.
Budock, église, 2088.
BUDWEIS (Enderlin de), 4285.
Bueil, église de Saint-Pierre, 448.
Buffet, 4354.
Bugey (Histoire de la Bresse et du), 163.
Bugnicourt, église, 6975.
BUISY (Jehan de), 6335.
BÜKY MIHÁLY, 5141.
Bulach, église, 4616.
Bulkington, église, 3103.
BULKLEY (Randal), 1792.

3

Bulles, 1513.
Bulletin du Bibliophile. Cf. Bibliophile.
Bulletin du Bouquiniste. 1102.
Bulletin des Comités. Cf. Comité.
Bulletin monumental, 177. 178, 194, 295, 316, 329, 334, 423, 435, 466, 488, 490, 674, 689, 700, 708, 4343, 5502, 5513, 5543, 5544, 5593, 5808, 6327, 6665, 6962.
Bullfynche (William), 1621.
Bülow (Von), b, 4349, 4364, 4482, 4496, 4502, 4503, 4599.
Bulwer (J.), b, 4177.
Bumiller (Ermanno), 5743.
Bunce (J.-B), b, 1735.
Bunce (J.-T.), b, 1583, 4187.
Buonarroti (F.), b, 5996.
Buonarroti (Il). 5825, 5844.
Burbach, église, 4636.
Burckhardt (C.), b, 6227.
Burdon (Margaret), 3726.
Buren (Élisabeth van), 5008.
Buret (Nicolas), fondeur, 723.
Burettes (cruets), 1399, 5559.
Burfell, église, 5293.
Burgau (La Margravine de), 4529.
Bürger (W.), b, 5094.
Burgh (Christiana), 3665.
— (Roger), 3679.
Burgh (Thomas de), curé, 1440.
Burgh-by-Sands, église, 2242.
Burghfield, église, 2146.
Burgkirche, église de Lübeck, 4420.
Bürglitz, 4534.
Burgos, 4962.
— Couvent de la Sainte-Trinité, 4935.
Burján (Élisabeth), 5176.
Burlettes, 169.
Burmarsh, église, 2673.
Burmington, église, 3249.
Burn (J.-S.), b, 1721, 2967.
Burnand (John), 3661.
Burnells-Inn, à Oxford. 1643.

Burnham, église, 7284.
Burnt-Pelham, église, 2606.
Burscough, prieuré, 1756, 3838.
Burton (H.), b, 2052.
Burton (J.), b, 1892.
Burton (Thomas de), 1514.
Burton Agnes, église, 3484.
Burton Dassett, église, 3261.
Burton Fleming, église, 3477.
Burton Hastings, église, 3098.
Burton Lazars, église, 2844.
Burton (Long), église, 7197.
Burton on Trent, abbaye, 2002.
Burtt (J.), b, 1979.
Bury, église, 2801, 7279.
— Château, 368.
Bury (Richard de), 1411.
Bury-St.-Edmunds, 1476, 1793.
Burythorpe, église, 3452.
Bushey, église, 2549.
Bushley, église, 3291.
Busleyden, archevêque, 6425.
Bussoni (Vincent), 5827.
Bustes, 637, 641, 666, 5840, 5898, 6068, 7109.
Busto (Giacomina da), 5629.
Buston, église, 3552.
Butsch (A.-F.), b, 4537, 4550.
Butler (E.-C.), b, 7388.
Butler (Nicholas), 7347.
Butler (Sir Thomas), 3871.
Butlers Marston, église, 3224.
Butterwick, église, 3475.
Butti (Angelo), b, 5618.
Buurkerk, église d'Utrecht, 5013.
Buysscheure, église, 6918.
Buzzi (Laurent), évêque, 768.
Byfleet, église, 3032.
Bygrave, église, 2604.
Bynley (John), 3719.
Byres, château, 4830.
Byron (Lady), 3967.
Bywell Andrew, église, 2945.
Bywell Peter, église, 2940.
Byzantinische Zeitschrift. 6088.

C

Cabaret, 875.
Cabaretier, 4580.
Cabaretiers (Gilde des), 1794.
CABIÉ (Edm.), B, 6271, 6274, 6345.
Cabinet, 4064.
Cabinet d'ébène, 4993.
Cabinet de travail, 572.
Cabinet du Roi (Le), 427, 499.
Cabinet de l'amateur et de l'antiquaire (Le), 264, 343.
Cabinet des Antiques de Paris (Le), 976.
Cabinet historique (Le), 81, 330, 835, 851.
CABRESPINI (Bernard), 6330.
CADE (Jack), 1633, 7209.
Cadeaux de noces, 4925, 5171.
CADEBY (John), 1616.
CADIZ (Le marquis de), 4900.
Caen, abbaye de Saint-Étienne, 194, 6962.
CÆSAR (A.-J.), B, 4265.
Caestre, église, 6919.
CAFFIERI (Philippe), ciseleur, 1294.
Cahors, évêque, 843.
   — Palais épiscopal, 843.
CAIETANI, 5556.
CAIS DE PIERLAS (De), B, 348, 6290.
Caistor, château, 1653.
Calabre, 5711.
CALABRE (D. Fernando de Aragon, duc de), 4941.
   — (La duchesse de), 6474.
Calais, église de N.-D., 6490.
Calcédoine, 4895.
Calcutt, église, 3171.
CALDAY (Henry), 1636.
Caldecote, église, 2596.
Calder, 4766.
Caldwell, église, 2329.
Calendars of State Papers, 1766, 2089.
CALEY (J.), B, 1604, 2013.
Calices, 106, 267, 298, 345, 373, 425, 446, 468, 510, 1411, 1498, 1617, 1713, 1791, 1958, 4236, 4274, 4341.

4359, 4364, 4753, 4939, 5111, 5479, 5559, 5654, 6091, 6218, 6373, 6398, 6620, 6731, 7216.
CALIER (Robert), apothicaire, 6449.
CALIXTE III, pape, 5688, 5689.
Calke, église, 2327.
CALKE (Henry), 7332.
CALKE (Thomas), 7332.
CALKE (William), 7332.
CALLAINI-LUCIANI, 5731.
CALLIER (G.), B, 623.
Calne, église, 2045, 2122.
Caltagirone, 6047.
Caltanissetta, 6048.
Caltascibetta, église, 6049.
CALVEAU (Jean), évêque, 6451.
CALVELEY (Christina), 1772.
CALVERT (Galfrid), 3681.
CALVI (F.), B, 5736.
Calvinistes, 428, 6648. Cf. Hérétiques, Huguenots.
CALVO (Bernard), évêque, 4875.
Camaldulenses Ordinis Sti Benedicti (Annales), 5512.
Camaldules (hommes), 5642, 5906.
   — (femmes), 5576.
Camberwell, église, 3055.
Cambrai, 281, 6379, 6638.
   — District, 6958.
   — Abbayes, Saint-Sépulcre, 938.
   — « Saint-Aubert, 938, 6958.
   — Cathédrale, 96, 97, 96, 158, 390, 938, 6373, 6374, 6538, 6757.
   — Chanoine, 223
   — Chapelle de N.-D. de Grâce, 6757.
   — Couvents, 938.
   — « Capucins, 938.
   — « Carmes, 938.
   — Jésuites, 938.
   — Maison de paix, 6352.
   — Messieurs du Magistrat, 6808.

Cambrai, Musée, 926, 938, 1104.
— Receveur, 6626.
— Société d'émulation, 6352. 6626, 6638, 6808, 6849, 6958.
Cambrensis Archæologia, 1448, 1904, 1913, 1914, 2106, 4001, 4002, 4053, 4190.
Cambron, abbaye, 872.
Cambridge, 1530.
— Comté, 1377, 1380, 1729, 1926, 7155, 7168, 7285, 7370.
— Carmes, 1915.
— Colléges, Christ's college, 4194.
— « Corpus Christi, 1739.
— « Clare Hall, 1530.
— « Emmanuel college, 3990, 4135.
— « Kings college, 1639, 1644, 1833, 4017, 4164, 7211.
— « Pembroke college, 1718, 1757.
— « Queens college, 4134, 7395.
— « Saint Catherine, 1677.
— « Saint Johns, 2013.
— « Saint Margaret and Saint Bernard, 1915.
— « Trinity college, 3831.
— Églises, Great Saint Marys, 1376, 1746, 1763, 1975, 4116.
— « Saint Mary the Less, 1775.
— Université, 1969, 3831, 3990, 4135, 4194.
Cambridge Antiquarian Communications, 1368, 1639, 4017, 4134, 4164.

Cambridgeshire (Churches of), 7273.
CAMBRY, 7064.
Camden Society, 1375, 1476, 1857, 1868, 1880, 4101, 7118, 7120, 7185, 7292, 7356.
Camées, 298, 526, 1360, 1385, 4438, 4551, 4672, 5559, 5683, 5695, 5740. 5899, 7105.
Camerino, cathédrale, 5786.
CAMESINA (A. von), B, 4377, 4484.
Cammerton, église, 2292.
Campaignac, château, 537.
CAMPANA (Ignace-Jean-Victor), 1322.
CAMPARDON (Em.), B, 812, 842, 6822.
CAMPBELL (Daniel). 7436.
CAMPBELL DE GLENURCHY, 7360.
CAMPBELL DE GLENURCHY (Colin), 7393.
CAMPEAUX (Le Seigneur de), 6607.
CAMPORI (G.). B, 5737, 5738, 5769, 5781, 5821, 5878, 5885, 5897, 5899, 5901, 5903, 5904, 5907, 5910, 5911, 5912, 5916, 5917, 5921, 5925, 5927, 5928, 5929, 5933, 5936, 5941, 5942, 5945, 5946, 5947, 5949, 5950, 5951, 5952, 5953, 5954, 5955, 5956, 5958, 5959, 5964, 5966, 5967, 5968, 5970, 5975, 6057, 6059, 6062, 6063, 6069, 6073, 6082, 6084.
CAMPIS (Rainaldus de), 5540.
CAMPOFREGOSO (Spinetta da), 5641.
Campo Santo, à Pise, 5555.
Campo Vaccino, à Rome. 5888, 6066, 6074.
CANCELLIERI (F.), B, 5556.
Candélabres, 217, 373, 1399.
Canewdon, église, 2411.
CANISIUS (H.), B, 6266.
Cannes, 5189, 5201.
— d'Henri VIII d'Angleterre, 2028.
CANO (Juan-Sebastian del), 4924.
Canoniale (Maison), 897.
CANONICI (Roberto), 5899.
Canonnières, 6801.
Canons, 6621, 6671.
Canons (Fondeurs de), 4907, 4908, 4910.
Cantaries de la ville de Durham, 2012.
— de la Cathédrale de Gênes. 5628

Cantaries du comté de Lancaster, 2016.
— du comté de Northumberland, 2051, 7266.
— du comté de Somerset, 7261.
— du comté de Wilts, 2045.
— de la cathédrale d'York, 1574, 1580, 1594, 1789, 1992, 2043.
Cantiana Archæologia, 1463, 1703, 1735, 1741, 1761, 1848, 1867, 1870, 1876, 1941, 1945, 2032, 2044, 2070, 2656 à 2786, 3853, 3976, 4181.
Cantin, église, 6976.
Cantorbéry, 1741.
— Abbaye de Saint-Augustin, 1993.
— Archevêque, 1873.
— Archevêque protestant, 3865.
— Cathédrale, 1391, 1408, 1529.
— Églises, All Saints, 2674.
— « N.-D. de Northgate, 2680.
— « Saint - André, 1703.
— « Saint - Dunstan, 1735, 3853.
— « Saint-Elphège, 2675.
— « Saint - Martin, 2677.
— « Saint Mary Bredin, 2679.
— « Saint Paul, 2681.
— « Sainte - Croix, 2676, 7431.
— « Sainte-Marguerite, 2678.
— « Sainte-Mildred, 2682.
— Hôpitaux, Eastbridge, 2683.
— « Saint - Jean, 2684.

Cantorbéry, prieuré, 1408.
Caorle, évêque, 5669.
CAPDEVILLE (Pierre de), 500.
Capel, église, 2069, 2994.
Capitaine d'infanterie, 4218.
Capitularia Regum Francorum, 4232.
CAPMANY (A. de), B, 4889, 4891, 4892, 4916, 4928.
Cappel (West), église, 6904, 7057.
CAPPON (P.), B, 6693.
Capucins, Anvers, 6786.
— Cambrai, 938.
— Innsbruck, 4702.
— Le Mans, 923.
— près de Montdidier, 963.
— Paderborn, 4703.
— Paris, rue Saint-Honoré, 889.
CARAFA, 5250, 5251.
CARANDI (Nicolo), 5921.
CARAVITA (A.), B, 5508, 5526, 5528, 5744, 5805, 6060.
Carcans, 429, 4805.
CARDAUNS (H., B, 4376.
Cardeurs, 1874.
Cardiff, Dominicains, 1914.
— Franciscains, 1909.
Cardinaux, Alatri (Geoffroy d'), 5553.
— Bakacz, 5128.
— Barberini (Carlo), 5973.
— Barberini (Francesco), 5892.
— Barbo (Pietro), 5683.
— Bartolini (Domenico), 5560.
— Beaufort, 1592, 1596, 1604.
— Du Bellay, 5819.
— Bentivegna (Matteo), 5564.
— Bernis (J. de Pierre de), 6756.
— Brandebourg (Albrecht de), 4458.
— Caetani (Enrico), 5860.
— Carpegna (Gaspare), 5996.
— Carpi (Rodolphe Pio di), 5835.
— Duperron (Jacques-Davy), 4076.

Cardinaux. Este (Alessandro d'), 5885.
— Este (Hippolyte d'), 5781, 5828, 5836. Cf. Ferrare.
— Este (Luigi d'), 5853.
— Estouteville (Guillaume d'), 5723, 5753.
— Farnèse (Alessandro), 5829.
— Ferrare (Hippolyte d'Este, cardinal de), 5836.
— Cf. Este (Hippolyte).
— Gonzalo. Cf. Sancho II.
— Granvelle (Antoine Perrenot de), 6549.
— Liechtenstein (Karl von), 4649.
— Mazarin, 609, 616, 628, 6637, 6649, 6761.
— Medicis (Ferdinando de'), 5855.
— Monte (Innocenzo de), 5841.
— Peretti (Francesco), 5914.
— Piccolomini (Francesco), 5727.
— Pio di Carpi (Rodolphe), 5835.
— Richelieu (Armand Jean Du Plessis de), 604, 685, 7109.
— Rolin (Jean), 295.
— Sancho II, 4878.
— Savelli (Fabrizio ?), 5910.
— Sforza (Francesco), 5891.
— Sourdis (Escoubleau de), 587.
— Tebaldeschi (Francesco de'), 5613.
— Wolsey, 1765, 1836, 1837, 1852, 7228, 7240.
— Ximenès de Cisneros (F.), 4917, 4926, 4930.
Cardonnel (Pierre), chanoine, 232.
Carew, château, 4001.
Carey (William), 3947.
Carhullon, 4219.
Carignan (Le prince de), 5932.
Carignan (La princesse de), 570.
Carinthie, 4238, 4331.

Carlaverock, château, 4834.
Carlentini, monastère de N.-D. de Roccadia, 6043.
Carlos (Don), prince de Viane, 4895.
Carlos (Don), 4934, 4955, 4956.
Carlisle, 1862, 4099, 4214.
— Chapitre, 1401.
— Église, 2249.
— Évêque, 1686.
Carmarthen, Franciscains, 1910.
Carmélites de Paris, 888, 995.
Carmes, à Anvers, 6778.
— déchaussés, à Anvers, 6779.
— Cambridge, 1915.
— Denbigh, 1912.
— Gloucester, 1891.
— Hulne, 1528.
— Lienz, 4697.
— Losenham, 1945.
— Limoges, les Arènes, 643.
— Lunéville, 7033.
— Marlborough, 1937.
— Nantes, 202.
— Naples, 5707.
— Newcastle-upon-Tyne, 1949, 7258.
— Plymouth, 1924.
Carnaby, église, 3479.
Carnaby (Lancelot), 7375.
Carnaby (Ranold), 3775.
Carnarvon, comté, 1454.
Carnegie (James), 4839.
Carnewyz (Guillaume de), 1362.
Carolus Calvus (Liber precationum), 6229.
Caronchel, 6336.
Carpegna (Le cardinal Gaspare), 5996.
Carpentras, 72, 516.
— Évêques, 706, 755, 768, 792, 827.
Carpi (Le cardinal Pio di), 5835.
Carr (John), 3923.
Carre (Robert), 4067.
Carreaux, 5749.
Carrion (Saint-Zoyle de), abbaye, 1966.
Carrosses, 684, 4181, 4471, 4659, 5220, 6659.
Cars (Laurent), graveur, 1287.
Carshalton, église, 3077.
Carsington, église, 2334.

CARTER (John), tailleur, 1702.
Cartes, 710, 767, 3865, 4806, 5029.
Cartes à jouer, 1784.
Cartons, 5867.
Carton d'autel, 4787.
CARTHEW (G.-A.), B, 1755, 1796, 2008, 2025, 4041, 4231, 7301, 7427, 7439, 7445, 7448.
Cartmel, église, 4133, 4165, 4202, 4230.
Cartulaire de N.-D. de Chartres, 69.
Cartulaire de l'abbaye de Saint-Waast d'Arras, 15.
CARTWRIGHT (E.), B, 1560, 7215.
CARTWRIGHT (J.-J.), B, 7352.
CARTWRIGHT (William), acteur, 7424.
CASS (F.-C.), B, 2892, 2893, 4179.
CASSE (John), 3684.
Cassel, 4521.
 — Château, 4368.
 — Bataille de, 6284.
 Église, 6920.
Cassel (Aeltere Silberarbeiten in den königlichen Sammlungen zu), 4368, 4388, 4521, 4531, 4560, 4566, 4595, 4596.
CASSEL (Jeanne de Bretagne, dame de), 71, 100.
CASSENBRUCH (Heinrich), 4651.
Cassettes, 5808.
Cassinensis (Accessiones ad historiam abbatiæ), 5514.
Cassinensis (Historia abbatiæ), 5508, 5526, 5744.
CASTAN (Aug.), B, 509, 580, 5924, 6591, 6672.
Castelnau - Bretonaux, château, 6551.
Castle Donington, 2813.
Castle Morton, église, 3292.
Castle Sowerby, église, 2251.
Castor, église, 2922.
CASTELARGENTO (Le baron de), 5870.
Castelholm, château, 6193.
Castellamare del Golfo, château, 5796, 5820.
Castellana (Capella in curte), 5490.
CASTELLI (G.-B.), évêque, 5846.
CASTELLI (Francesco), 5764.
CASTELLO MATENANO (Hildeprand de), 5504.

Castelnuovo, à Naples, 5750.
Castelvetrano, abbaye de la Sainte-Trinité, 5993.
Castille (D. Alvaro de Luna, connétable de), 4893.
CASTILLE (Don Pèdre de), 4886.
CASTREOTA (Isabelle), 5805.
Castres, médecin, 6642.
Catalans(Documents historichs), 4885.
Cataloghi inediti (Raccolta di), 5737, 5738, 5769, 5781, 5821, 5878, 5885, 5897, 5899, 5901, 5903, 5904, 5907, 5910, 5911, 5912, 5916, 5917, 5921, 5925, 5927, 5928, 5929, 5933, 5936, 5941, 5942, 5945, 5946, 5947, 5949, 5950, 5951, 5952, 5953, 5954, 5955, 5956, 5958, 5959, 5964, 5966, 5967, 5968, 5970, 5975, 6057, 6059, 6062, 6063, 6069, 6073, 6082, 6084. Cf. Campori.
Catalogne, roi, D. Pedre, infant de Portugal, 4898.
Catane, diocèse, 6038, 6050.
 — Cathédrale, 6034.
 — Chapelle du Castrum Ursinum, 6037.
 — Église de N.-D. de Eleemosyna, 6036.
 — Monastère de N.-D. Novæ Lucis, 6035.
Catcote, chapelle, 7261.
CATEL (Guillaume de), B, 22.
Caterham, église, 2094, 3059.
Catesby, couvent, 1891.
Cathédrales, Aberdeen, 4760, 4764, 4773, 4791, 4799, 4803, 4811.
 — Aix, 371.
 — Alby, 708.
 — Alexandrie, 5719.
 — Amiens, 83, 197, 373, 405, 721.
 — Anagni, 5565.
 — Angers, St-Maurice, 24, 32, 37, 140, 192, 208, 209, 217, 267, 303, 510, 774, 810, 1120, 6351, 6708, 7110.
 — Angoulême, 434.
 — Anvers, 6770.
 — Aquilée, 5601, 5636.

Cathédrales. Aquilée (suite), 5638, 5663, 5667, 5704, 5725, 5745. 5775. 5783.
— Arles, St-Trophime, 552.
— Astorga, 4973.
— Autun, 177.
— Auxerre, 153, 204. 459, 6252, 6472, 6508, 6510, 6623, 6737, 6813, 6825.
Avignon. 336, 6261.
— Bâle, 6226, 6227.
— Bamberg, 4252.
Bayonne, 6572.
— Beauvais, 263, 277. 687.
— Béziers, 588.
— Bordeaux, 587, 709.
Bourges, 382. 714. 822. 978. 1122.
— Brandebourg, 4477, 4500, 4538.
— Braunsberg, 6159.
— Cambrai, 96. 97. 106, 158, 390. 938, 6373, 6374, 6538, 6757.
— Camerino, 5786.
— Cantorbéri, 1391, 1408, 1529.
— Catane, 6034.
— Châlon, 436.
— Châlons - sur - Marne. 176.
— Chartres, 63. 92, 155. 395. 437, 611, 677. 717, 785, 864. 934. 971. 976, 980.
— Cefalù, 6055.
— Chester, 2229.
— Clermont-Ferrand, 11, 6257.
— Constance. 4275, 4276, 4353, 4495.
— Coventry, 1957.
— Cracovie, 6089, 6090, 6091.
— Crémone, 5505.
— Digne, 6295, 6758.
— Dol, St-Samson, 235. 6334.
— Durham, 1496, 1570. 1634. 2135, 4032.

Cathédrales. Elne, 6256.
— Ely, 1954.
— Evreux, 334.
— Exeter, 1335, 1364, 1406, 1750, 2133, 7271.
— Ferrare, 5693. 5893.
— Frauenbourg, 6166. 6180.
— Freising, 4278, 4320.
— Gênes, 5628. 5809.
— Genève, 6232.
— Gérona, 4977.
— Girgenti, 5987.
— Glasgow, 4759.
— Gnesen, 6092. 6094.
— Gran, 5111, 5127. 5128, 5136, 5164, 5182. 5261.
— Halberstadt, 4260. 4372.
— Havelberg, 4406.
— Hereford, 1393.
— Hildesheim, 4292.
— Langres, St-Mammès. 338, 360, 6262, 6542, 6639, 6733, 6804.
— Laon, 321, 351, 840.
— Lausanne, 6218, 6230. 6234, 6235, 6238, 6239.
— Le Mans, Saint-Julien. 6393.
— Léon, 4872. 4970.
— Le Puy, 440. 608. 720.
— Lichfield, 1434.
— Liège, 770.
— Lincoln, 1884, 2052, 3622, 3810, 7193. 7233. 7253, 7267, 7309, 7323, 7440.
— Linkœping, 6183.
— Lisieux, 435.
— Londres, St Paul, 1356, 1369, 1370, 1534, 1615, 1617, 2134, 3625, 7272, 7316.
— Lucques, 5478.
— Lugo, 4846. 4856,
— Lund, 4708.
— Lyon, 245. 784.
— Marseille, 283, 521.
— Mayence, 4255. 4458.

Cathédrales. Mazzara, 5994.
— Meissen, 4470.
— Mende, 6329, 6504, 6615, 6735.
— Messine, St-Nicolas, (ancienne cathédrale), 6014, 6015, 6016.
— Metz, 678, 854.
— Monreale, 6001.
— Montauban, 344.
— Münster, 4447.
— Nevers, 12, 925, 6258.
— Nîmes, 559.
— Norwich, 1672, 7411.
— Novara, 5531, 5532.
— Noyon, 161, 199, 602, 6376, 6829.
— Olmütz, 4253, 4294, 4305.
— Osimo, 5536, 5615.
— Osnabrück, 4589.
— Oviedo, 4842, 4971.
— Oxford, 1996.
— Paderborn, 4281.
— Padoue, 5523, 5567.
— Palencia, 4964.
— Palerme, 5976.
— Paris, 79, 146, 187, 195, 384, 473, 567, 701, 821, 838, 890, 984, 6362, 6720, 6764, 6816.
— Parme, 5722.
— Patti, 6013.
— Peterborough, 7391.
— Pistoia, 5555.
— Poitiers, 171, 271, 328, 401, 443, 471, 485, 547, 675, 691, 809, 989.
— Prague, 4279, 4286, 4296, 4319, 4327, 4459.
— Quimper, 28.
— Ravenne, 5777.
— Recanati, 5654, 5701, 5720.
— Reims, 568, 646, 877, 944, 6592.
— Rennes, Saint-Pierre, 6760.

Cathédrales. Ribe, 4704, 4705, 4715, 4750.
— Rodez, 65, 786.
— Roskilde, 4738.
— Rouen, 16, 414, 445, 531, 619, 6265, 6358, 6596.
— Saint-Asaph, 1448.
— Saint-Brieuc, 490, 813.
— Saint-Malo, 6843.
— Saint-Omer, 6701, 6858.
— Saint-Papoul, 6353.
— Salisbury, 1338, 1341, 1353, 1675, 1883, 2045, 7117, 7252.
— Santiago, 4972.
— Sarzana, 5633, 5758.
— Savone, 5802.
— Schwerin, 4474.
— Senlis, 6435.
— Sens, 614.
— Séville, 4886, 4983.
— Sienne, 5699.
— Sion, 6216.
— Soissons, 17, 875.
— Speyer, 4247.
— Syracuse, 6042.
— Térouanne, 29, 30, 214.
— Tolède, 4893.
— Toul, 482, 591, 6655.
— Toulon, 73, 333.
— Toulouse, 6651.
— Tournai, 455.
— Tours, 442.
— Tréguier, 565.
— Troyes, 545.
— Tulle, 6644.
— Utrecht, 5010, 5031.
— Valère [Sion], 6216.
— Vannes, 6396.
— Vence, 329.
— Verdun, 6363, 6842.
— Vich, 4848, 4859.
— Vienne[Autriche], 4300, 4438.
— Vienne [France], 430.
— Winchester, 1339, 1873, 2132.
— Worcester, 1871, 1958, 3868, 4191.
— York, 1427, 1452, 1459.

Cathédrales.York (suite), 1460, 1483, 1490, 1574, 1580, 1594, 1660, 1685, 1698, 1737, 1754, 1789, 1816, 1992, 2043, 2054, 4069, 4115, 4186, 4196.

Catherine d'Aragon, reine d'Angleterre, 1854, 1868.

Catherine d'Autriche, archiduchesse, 4483, 4491.

Catherine de Bourgogne, 143, 181.

Catherine, comtesse de Holstein, 4706.

Catherine de Médicis, 493, 494, 6498.

Catherine, reine de Pologne, 4519, 6160.

Catton, 4153. 7378.
— Église. 2328.

Catwick, église, 3550.

Caplery (Michel de), 6352.

Caumont (De), b, 435.

Carvet (Gilles-Paul), 1326.

Cavazza (Cesare), 5954.

Cave, 110.

Cave (North), église, 3581.

Cave (South), 3573.

Cavensis (Codex diplomaticus), 5507, 5509, 5510, 5511.

Cavin (Pierre), 1158.

Cavrois (Louis), b, 615.

Cawarden (Sir Thomas), 3629.

Cawdor, château, 4832.

Cawood, château, 1837.

Cayeux (Claude-Philibert), peintre, 1263.

Caylus (Le comte de), 1258.

Cazlaus, évêque, 6089.

Cea, 4852.

Ceccheti, b, 5943.

Cee, église de S.-M. de Junquiera, 4938.

Cefalù, cathédrale, 6055.

Ceintures, 66, 69, 111, 169, 1371, 1805. 4957, 5189, 5196, 5198, 5220, 5223.

Ceinturier, 1605.

Celanova, abbaye, 4856.

Céleyran, 6734.

Céleyran (Le seigneur de), 6734.

Célestius d'Esclimont, 397.

Célestines, couvent et église à Rottenbuch, 4688.

Cellerier, 4332.

Cellier (L.). b, 6340, 6635.

Cellini (Benvenuto), 5798, 5833, 5834, 5838.

Central-Commission zur Erforschung und Erhaltung der Kunst- und historischen Denkmäler (Mittheilungen der k. k.), 4282, 4286, 4300, 4330, 4377, 4484, 4507, 4509, 4522, 4552, 4597, 4598, 4609, 4649, 4671, 4673, 4680, 4681, 5109, 5110.

Centre (Revue du). 793.

Centule, monastère, 6253.

Céramique, 1425.

Cerasole (F.), b, 5793.

Cercles, 1399.

Cercles de couronnes, 169.

Cernay (Le seigneur de), 6445.

Cervellos (Gérard de), 4879.

Cessac (P. de), b, 793.

Chaceley, église, 3294.

Chacombe, couvent, 1891.

Chaddesley Corbett, église, 3293.

Chaddleworth, église, 2147.

Chadshunt, église, 3257.

Chaillot, monastère, 6664.

Chailloué, château, 188.

Chaines, 169, 1745, 1791, 1845, 4103, 4481, 4795, 5188, 5189, 5196, 5198, 5220, 6160.

Chaines de fer, 528, 6423.

Chaines d'or, 287, 3847, 4087.

Chaires, 184, 1356, 4740, 4898.

Chaises, 1809.

Chaldon, église. 3070.

Chalfont Saint Peter, 2205.

Chaliz, 1399.

Challe, b, 6252.

Challes, église, 1007.

Challock, église, 2685.

Châlon-sur-Saône, cathédrale de Saint-Vincent, 436.
— Église de Saint-Georges, 436.
— Société d'histoire, 6392.

Chalon (La Maison de), 370.

CHALON (Jean de), 74.
CHALON-ARLAY III (Louis de), 261.
Châlons - sur - Marne, cathédrale, 176.
— Église de N.-D.-en-Vaux, 357
CHALOP, 61.
Chalton, église, 2520.
Chalumeaux, 5559.
CHALUS (Pierre de), évêque, 6306.
Chamarande, château, 6716.
Chambellan, 4919, 6391.
Chambéry, château, 311.
— Sainte-Chapelle, 293, 309, 394.
CHAMBLI (P. de), 61.
Chambre des Comptes de France, 6289, 6291, 6302.
Chambre des Comptes de Brabant, 6428.
Chambres, 58, 163, 167, 181, 1445, 1619.
Chambres de drap, 184.
Chambre à coucher royale, 2028,
Chambre du roi d'Angleterre, 1631, 1632.
CHAMILLART (La dame de), 6741.
Champagne (Revue de Champagne et de Brie), 481, 6317, 6592, 6733.
Champagné, église, 1008.
CHAMPAIGNE (Jean-Baptiste de), peintre, 6687.
CHAMPAIGNE (Philippe de), peintre, 6676.
CHAMPOLLION-FIGEAC (J.-J.), B, 164, 5537.
Champost, 799.
Chancelier d'Écosse, 4831.
Chancelier de France, 378, 6691.
Chancelier du roi de Suède, 6200.
Chancelier du duc de Touraine, 134.
Chancelier de l'église d'York, 1827.
Chandeliers, 357, 1615, 1667, 1791, 1814, 1831, 1845, 1958, 1973, 3830, 4156, 4740, 4754, 4796, 4904, 5031, 5128, 5164, 5189, 5194, 5554, 5559, 5693, 5699, 5738, 5760, 5808, 6232, 7193.
CHANDÉON DE LA VALETTE, 819.
Chanoine, 110, 113, 195, 209, 223, 232, 456, 863, 1524, 1539, 1575, 1628, 1646, 1754, 1814, 1971, 3838, 4330, 4440, 4499, 4996, 5545, 5628, 5840, 6592, 6677.
Chanoine protestant (La veuve d'un), 3881.
Chanoine régulier (Ci-devant), 3838.
Chanoinesses de Sainte-Catherine, à Aoste, 5886.
Chanousse, église, 7074.
CHANTEAU (F. de), B, 6483, 6543, 6544, 6602.
Chanteloup, château, 1094.
CHANTER (J.-R.), B, 7320, 7333, 7438.
Chantilly, château, 7115.
Chanzé, château, 250, 274, 6371, 6381.
CHAPARD (François), B, 6634.
Chapeaux, 43, 66, 5189, 5198, 5220, 5558, 5578.
Chapeaux d'or, 169, 173.
Chapeaux de perles, 169.
Chapeaux avec pierreries, 4795.
Chapel en le Frith, 4223.
Chapelain, 253, 1624, 1629, 4782.
Chapelets, 1399, 4993.
CHAPELIER (L'abbé Ch.), B, 6699, 6700, 6833, 6835, 6841, 6844.
Chapelles, 66, 69, 110, 116, 117, 163, 167, 173, 184, 201, 215, 226, 266, 295, 331, 346, 376, 681, 878, 1375, 1379, 1383, 1389, 1390, 1396, 1410, 1418, 1447, 1449, 1500, 1503, 1513, 1524, 1530, 1551, 1577, 1619, 1628, 1643, 1646, 1647, 1653, 1673, 1674, 1675, 1677, 1710, 1736, 1751, 1757, 1766, 1800, 1826, 1827, 1836, 1837, 1852, 1854, 1858, 1879, 1967, 1968, 2022, 2044, 3620, 3814, 4029, 4076, 4318, 4343, 4345, 4346, 4354, 4359, 4373, 4374, 4385, 4386, 4402, 4405, 4435, 4471, 4474, 4483, 4505, 4507, 4517, 4559, 4655, 4709, 4716, 4720, 4724, 4793, 4795, 4876, 4885, 4895, 4906, 4922, 4946, 4950, 4993, 5502, 5503, 5546, 5709, 5808, 5816, 6160, 6185, 6187, 6188, 6191, 6301, 6307, 6308, 6322, 6327, 6358, 6366, 6386, 6387, 6395, 6496, 6596, 6707, 6739, 6742, 7122, 7123, 7127, 7160 à 7166, 7178, 7228, 7230, 7233, 7237, 7430.

Chapelles, du château d'Allenstein, 6168.
— Alsiano (in curte), 5492.
— Arborfield, 1350.
— Barbada (in curte), 5499.
— Beauchamp, à Warwick, 1670.
— du roi Bérenger, 5502, 5503.
— Binche, 52.
— Bissarissa (in curte), 5489.
— du comte de Blois, 67.
— Bridgnorth, 7361.
— Brigham, 1440.
— Castaneto (in curte), 5484.
— Castellana (in curte), 5490.
— Castrum Ursinum, 6637.
— Catcote, 7261.
— Château Saint-Ange, à Rome, 5689.
— Cigonaria (in curte), 5494.
— Cinctura (in curte), 5498.
— Clodshale, à Birmingham, 1583.
— Cobham, 1687.
— Coffinswell, 7142.
— Collège d'All Souls, à Oxford, 1656.
— Compiègne, hôpital, 6854.
— Consolat, à Montpellier, 332.
— du Dauphin, 535.
— Douvres, château, 1432, 1453.
— épiscopales, 22, 142, 295, 376, 1393, 1401, 4878, 4887, 6292.
— Frampton, à Bristol, 1674.
— Grindlow, 2023.
— du diocèse de Gnesen, 6099 à 6155.
— des comtes de Hainaut, 50.
— du Haut-Pont, à Saint-Omer, 6858.
— du château de Heilberg, 6170.
— Hennekin Lembeck, à Ribe, 4705.
— du roi Henri VIII, 1825.
— du chef de saint Hugues, à Lincoln, 7233.

Chapelles, Hornby, à Cambridge, 1775.
— Hungerford, à Salisbury, 1673, 2045.
— Hurst, 1348, 7128.
— Impériale, à Constantinople, 6085, 6087.
— de Jaime Ier, dit le Conquérant, 4876.
— de la commanderie de Joigny, 55.
— Kerswell, 7141.
— Kings College, à Cambridge, 1644, 1833.
— Knook, 1355, 1551, 7132.
— du château de Kœnigsberg, 4373.
— La Loric, 681.
— Londres, évêché, 7264.
— Łowicz, 6155.
— Mantivado (in curte), 5488.
— Marcharegia (in curte), 5486.
— Midhurst, 7230.
— Miliarina (in curte), 5495.
— du vicomte Molyneux, 7430.
— des comtes de Namur, 195.
— Norton, 7134.
— N.-D., à Lausanne, 6218, 6230.
— N.-D., à St-Paul de Londres, 1615.
— N.-D., à High-Wycombe, 1744, 1780.
— N.-D. de Grâce, à Cambrai, 6757.
— N.-D. du Miracle, à Saint-Omer, 82, 6496, 6858.
— in Olco, 5483.
— de Ossibus Apostolorum, à Rome, 5613.
— Oxford, New College, 1525.
— Palazzo Vecchio, à Florence, 5741.
— du pape Paul III, 5808.
— du pape Paul IV, 5816.
— Pembroke-College, à Cambridge, 1757.
— Perth, 4798.

Chapelles, de Pierre IV, dit le Céré-
    monieux, 4885.
— Plasentia (in curte infra
    civitate), 5497.
— du Pont, à Rochester, 2044.
— sur Ponts, 1442, 1571,
    1712, 2044, 4020, 7361.
— portative, 1503, 4885.
— du Præsepe, à Rome, 5881.
— Quarndon, 4227.
— Rivariolas (in curte), 5487.
— Rohard, 820.
— royale, à Buda, 5130.
— Capella Regia, à Palerme,
    5570, 5978.
— royale, à Stirling, 4787,
    4808, 7224, 7331.
— royale (Saint-Étienne), à
    Westminster, 1535,
    1562, 2033.
— royale (Saint-Georges),
    à Windsor, 1498, 2131.
— Rufford, à Croston, 2016.
— Ruscomb, 1346, 7129.
— de Sacra littera, à Mes-
    sine, 6015.
— Saint-André, à Bâle, 6219.
— Saint-André, à Bridport,
    1532, 1630.
— Saint-Edme — l'Archevê-
    que, à Abingdon, 7204,
    7214.
— Saint-Éloy, à Reims, 253.
— Saint-Étienne, à West-
    minster, 1535, 1562,
    2033.
— Saint-Félix, à Padoue,
    5611.
— Saint-Georges, à Poitiers,
    579.
— Saint-Georges, à Wind-
    sor, 1498, 2131.
— Saint-Hippolyte, à Delft,
    5017.
— Saint-Jacques, dans le
    château-fort de Syra-
    cuse, 6040.
— Saint-Jacques, à Padoue,
    5611.
— Saint-Jean, à Bridport,
    1502.

Chapelles, Saint-Jean, à Saint-Omer,
    6858.
— Saint-Jean-Baptiste, à
    Saint-Quentin, 157.
— Saint-Jean-Baptiste, à
    Scropton, 1768.
— Saint-Jean-d'Hérisson,
    6753.
— Saint-Kenelm, 1748.
— Saint-Louis, à Saint-
    Omer, 6858.
— Saint-Michel, à Bridport,
    1549.
— Saint-Morand, à Vienne,
    4300.
— Saint-Nicolas, à Crich,
    1465, 1804.
— Saint-Nicolas, à Lynn,
    1724, 1985, 3850.
— Saint-Nicolas, dans la Ba-
    silique Vaticane, 5547.
— Saint-Omer, hôpital géné-
    ral, 6858.
— « La maladre-
    rie, 6858.
— « Séminaire,
    6858.
— Saint-Pierre, à Lucerne,
    6217.
— Saint-Sacrement, à Stern-
    berg, 4385.
— Saint-Sang, à Schwerin,
    4474.
— Saint-Sauveur in Ther-
    mis, à Rome, 5908.
— Saint-Soulier, à Rodez, 64.
— Saint-Thomas, à Coven-
    try, 1874.
— Saint-Thomas-sur-le-
    Pont, à Londres, 1442.
— Saint-Thomas-le-martyr,
    à Newport, 1964.
— Sainte-Brigitte et Sainte-
    Catherine, à Ribe,
    4715.
— Sainte-Catherine, à Bridg-
    water, 1634.
— Sainte-Catherine, à Brid-
    port, 1501, 1679.
— Sainte-Catherine, Collège
    à Cambridge, 1677.

Chapelles, Sainte-Croix, à Dumbarton, 4762.

— Sainte-Gertrude, à Brunswick, 4359.

— Sainte-Marie-sur-le-Pont, à Derby, 1712.

— Sainte-Marie-Madeleine, près d'York, 1629.

— Sainte-Sithe-sur-le-Pont, à Bridgnorth, 4020, 7361.

— de la Sainte-Vierge, à Saint-Paul de Londres, 1615.

— Sanctæ Margaritæ in honore dedicata, à Brescia, 5493.

— Sancto Marco in honore dedicata, à Brescia, 5496.

— Santa-Clara, à Tordesillas, 4974.

— Santa-Maria della Stella, à Naples, 5865.

— Sandhurst, 1349, 7131.

— du duc de Savoie, 293, 309, 394, 5747.

— Sextuna, 5501.

— Shute, 7146.

— Sommières, 25.

— de la famille Stadion, à Constance, 4559.

— Stirling, chapelle royale, 4787, 4808, 7224, 7331.

— Swayne, à Salisbury, 1839, 2045.

— des Tanneurs, à Bruges, 285.

— Temulina Capella, à Brescia, 5482.

— de Thorp, à Norton, 1838.

— Tontolfi (in curte), 5485.

— de Tournay, à Poligny, 345, 6388.

— de la Trinité, à Beverley, 1571.

— Vienne, Otten und haymen Kapellen, 4304.

— Wanborough, 1800.

— Wakebridge, 1464.

— Winchester, collège, 1810.

Chapelles, Wokingham, à Sunning, 1347.

Cf. Saintes-Chapelles.

Chapes, 192, 271, 298, 339, 382, 390, 611, 1374, 4799, 5025, 6234, 6538, 6620, 6731.

— avec clochettes, 3850.

— Cf. Ornements liturgiques, Pontificaux, Vêtements sacerdotaux.

Chapitres, Dol, 235.

— Lisieux, 435.

— Saint-Arnoul, de Gap, 454, 773.

— Saint-Maurice, de Salins, 486.

— Upsal, 6182.

— Saint-Vincent, de Soignies, 129.

— Vienne, 404.

Chaple (Abraham), paysan, 7425.

Chapman (Marion), 3894.

Chapman (Matthew), 7365.

Chapotin (Le P.), n. 6322.

Chaput (Claude), 484.

Char à colonnes, 5198.

Charbonnay (François de), 789.

Charente, Société archéologique, 268, 270, 306, 307, 413, 432, 434, 576, 594, 655, 718, 783, 788, 855, 913, 981, 6663.

Charente-Inférieure, Commission des arts et monuments, 590, 6594.

Chargeours, 1399.

Charing, église, 2686.

Charlemagne, son épée, 313.

Charles V, roi de France, 123, 136, 6319.

Charles VI, 206, 212, 215.

C. arles VI (*Choix de pièces inédites*), 152, 193, 205, 206.

Charles VII, 213, 216.

Charles VIII, 302, 313.

Charles-Quint, empereur d'Allemagne, 377, 416, 433, 4389, 4390, 4399, 4401, 4442, 4472, 4476, 4489, 4497, 4506, 4920, 4922, 4925, 4927, 4933, 4945, 4946, 4948, 4949, 4950, 4953, 4958, 4981, 4986, 6549.

Charles Ier, roi d'Angleterre, 4098,

4103, 4108, 4129, 4134, 4156, 4158,
4159, 6664, 6761, 7400.
CHARLES Iᵉʳ, roi de Naples et de Sicile.
5548, 5550, 5552.
CHARLES II, 5558, 5560, 5561.
CHARLES III, 5595.
CHARLES D'ANGLETERRE (Le prince),
fils de Jacques Iᵉʳ, 4087.
CHARLES D'AUTRICHE, archiduc, 4543.
CHARLES-LE-TÉMÉRAIRE, 266, 6379.
CHARLES II, duc de Lorraine, 6488,
6489.
CHARLES III, duc de Lorraine, 6512.
CHARLES II, de Mantoue, 5919.
CHARLES, duc d'Orléans, 222.
CHARLIER (Jacques), 1331.
CHARLOTTE DE SAVOIE, 292.
Charlton, église, 2687.
CHARMOLUE (Jean de), 536, 6576.
CHARPENTIER (Jean), 1299.
CHARPENTIER (Jeanne), 771.
CHARPENTIER (René), 1140.
Charpentiers de Londres (Gilde des),
1603.
CHARREYRE (Le dʳ), n, 6800.
CHARRIER (L'abbé), n, 385, 670.
Chart (Great), église, 2715.
Chart (Little), église, 2734.
Charta plenariæ securitatis, 5477.
Chartes, 1513.
Chartham, église, 2688.
Chartley, château, 4826.
Chartres, 69, 498, 864, 980, 6506.
—   Abbayes, Josaphat, 437.
—   «   Saint-Cheron, 437.
—   «   Saint-Jean-en-Val-
               lée, 437.
—   «   Saint - Martin-au-
               Val, 437.
—   «   Saint - Père - en -
               Vallée, 10, 148,
               425, 437, 439,
               639, 879.
—   Cathédrale, 63, 92, 142,
               155, 211, 395, 437, 611,
               677, 717, 785, 934,
               971.
—   Châsse (La sainte), 976.
—   Couvents, Cordeliers,
               437.
—   «   Jacobins, 437.

Chartres, églises, 389.
—   «   Saint-Aignan,
               437.
—   «   Saint-André, 437.
—   «   Saint-Barthé
               lemy, 437.
—   «   Saint-Hilaire,
               437.
—   «   Saint - Martin-le-
               Viandier, 437.
—   «   Saint-Michel, 437.
—   «   Saint - Saturnin,
               437.
—   Évêché, 211.
—   Évêque, 142.
—   Remparts, 396.
Chartreuses, d'Abbeville, 957.
—   près d'Amsterdam,
               6194, 6195.
—   Bordeaux, 6848.
—   Durbon, 7103.
—   La Lance, 6237.
—   Londres, 1786.
—   Mount Grace, 1786.
—   Paris, 903.
—   Schnals, 4691.
—   Tückelhausen, 4588.
Chartreux, 1786, 2123, 7232.
Charvensod, église de Sainte-
Colombe, 5554.
CHASSAING (Auguste), n, 68, 90, 101,
122, 240, 375, 408, 720, 6369.
CHASSEL (Dominique), 1268.
Châsses, 8, 240, 374, 389, 545, 631,
785, 807, 810, 970, 971, 976, 994,
1095, 1360, 4021, 4279, 4329, 4484,
6236, 6323, 6720, 6763, 6824, 6844.
Châsses, du Corpus Christi, à York,
2013, 4021.
—   de saint Cuthbert, 1570.
—   de saint Léopold, 4484.
—   de saint Maurille, 810.
—   de saint Nicolas, 316.
—   de saint René, 209.
—   de saint Romain, 414.
CHASTELLERAULT (Le duc de), 4800.
CHASTILLON (Guy de), comte de
Blois, 67.
Chasubles, 803, 4740, 4799, 6226,
6234, 6398, 6731.
Chataar, monastère, 5115.

Chataignier (Hugues du), chanoine, 113.

Châteaux, 496. 584, 4097, 6660.
— Aigueperse, 330.
— Aiguillon, 941. 6850.
— Akershus, 6190.
— Allenstein, 6168.
— Alzon, 6309.
— Amboise, 313, 1094.
— Ambras, 4507, 4518, 4525, 4526, 4533, 4545.
— Anet, 1112.
— Angers, 275, 6382.
— Angoulême, 268, 306.
— Anvers, 6545.
— Avallon, 6260.
— Ayre, 6324.
— Baahus, 6192.
— Bamburgh, 7179.
— Bar, 6470.
— Barnard Castle, 4003.
— Batestein, 5070, 5096, 5099.
— Baux, 221.
— Beaulieu, 45.
— Beauté - sur - Marne, 123, 200.
— Belfort, 6554.
— Belloch, 4992.
— Bel-Œil, 424.
— Bergenhus, 6197.
— Berwick, 1950, 7123, 7127.
— Berzé, 81.
— Blois, 173, 189, 191, 207, 228, 372.
— Boullay, 6482.
— Boxberg, 4386.
— Boxmeer, 5026.
— Brest, 6318.
— Brezal, 7062.
— Brios, 45.
— Brisis, 756.
— Bury, 368.
— Byres, 4830.
— Caistor, 1653.
— Campaignac. 537.
— Carew, 4001.
— Carlaverock, 4834.
— Cassel, 4368.
— Castelholm, 6193.
— Castellamare del Golfo, 5796. 5820.

Châteaux. Castelnau-Bretenaux, 6551.
— Cawdor, 4832.
— Cawood, 1837.
— Chailloué, 188.
— Chamarande, 6716.
— Chambéry, 311.
— Chanteloup, 1094.
— Chantilly, 7115.
— Chanzé, 250, 6371, 6381.
— Chartley, 4826.
— Châteaudun, 6378.
— Chatel-sur-Moselle, 6557, 6558.
— Chatelard, 655.
— Chenonceaux, 533, 6584.
— Chinon, 6437.
— Choisy-le-Roy, 928.
— Cognac, 306, 307, 7060.
— Condé-sur-Moselle, 6486.
— Copenhague, 4734, 4745.
— Corfe, 1436, 4154.
— Corlay, 258.
— Cornillon, 125, 6321.
— Craon, 288, 380, 393, 478.
— Dave, 797.
— Darney, 6492.
— Douvres, 1432, 1453.
— Dregel, 5261.
— Dumbarton, 4819, 4822, 4825.
— Duurstede, 5016.
— Edimbourg, 4769, 4797, 4814, 4820, 4824, 7126.
— Eem, 5003.
— Enghien (Belgique), 555.
— Fénélon, 632.
— Ferrare, 5804, 5817.
— Finhaven, 4839.
— Flensburg, 4707.
— Foix, 6671.
— Folleville, 470, 511, 513, 536.
— Fontainebleau, 6742.
— Franche-Comté, 370.
— Frasniches, 45.
— Frossasco, 5763.
— Gaisbeck, 464.
— Gaillon, 331, 403.
— Gand, 461.
— Gimel, 27.
— Giroussens, 6345.

Châteaux. Gisselfeld, 4739.
— Gœtzendorf, 4593.
— Graetz, 4609, 4671, 4673,
    4679, 4680, 4681.
— Gripsholm, 6196, 6201.
— Gross Enzersdorf, 4268,
    4270.
— Guastalla, 5713.
— Hadleigh, 1542.
— Hald, 4735.
— Halhill, 4790.
— Hallincourt, 337.
— Hamar, 6199.
— Hames, 6497.
— Happlegenne, 805.
— Haverfordwest, 1523.
— Heilsberg, 6156, 6158.
    6170.
— Helfenberg, 4593.
— Helsingborg, 4732.
— Hesdin, 227.
— Hœhingen, 4297.
— Hornby, 1801, 7376.
— Innsbruck, 4389, 4439,
    4518.
— Jarnac, 6663.
— Joinville, 325, 6427.
— Jonville, 6337.
— Karlstein, 4296, 4319,
    4371.
— Kenilworth, 3988.
— Kerberzou, 529.
— Kermarquer, 529.
— Kermelin, 489.
— Kœnigsberg, 4373, 4646.
— Kœvorden, 5003.
— Kronborg, 4741.
— Krummau, 4295, 4299.
— Kuilenburg, 5027.
— La Barre, 6648.
— La Bastille, 193, 224, 6349,
    6359, 6360, 6375.
— Lack, 4267, 4271, 4273.
— La Folie, 481.
— La Lorie, 681, 712.
— La Ménistré, 273, 6380.
— La Montoire, 6324.
— La Mothe de Feully, 339.
— La Muette, 6749.
— La Rochefoucault, 788.
— La Terne, 788.

Châteaux. Lavardens, 6310.
— Leeds, 1848.
— L'Espaly, 68.
— Le Verger, 823.
— Lille, 119.
— Limours, 575.
— Lindholm, 4727.
— Livcy, 289.
— Locarno, 6221.
— Louveciennes, 1091, 1102.
— Ludlow, 4159.
— Lunebourg, 4653.
— Mariager, 4743.
— Marly, 1111.
— Massanès, 538.
— Maulevrier, 526.
— Meissen, 4328.
— Melun, 123.
— Ménetou, 558, 592.
— Mercuès, 843.
— Milan, 5734.
— Monbran, 758.
— Monceaux, 519, 1117, 6498.
— Mondouville, 6274.
— Mons, 95.
— Montobbio, 5791.
— Montreal, 6511, 6960.
— Mürau, 4650.
— Myon, 419.
— Namur, 174.
— Nantes, 299, 6397, 6417.
— Naworth, 1863.
— Nebojsza, 5237.
— Nérac, 514, 6568.
— Nevers, 452.
— Neufchâteau, 6583.
— Nice, 348, 6290.
— Nomény, 6544.
— Norham, 1389, 7175, 7357.
— Noyers, 198.
— Nozeroy, 261.
— Nyborg, 4718.
— Nykjøbing, 4720, 4724,
    4729.
— Nyslott, 6191, 6204.
— Oiron, 526.
— Orfeuille, 6665.
— Orthez, 237.
— Ouches, 451.
— Ovar, 5240.
— Ozon, 101, 6309.

Châteaux. Pailly, 544.
— Pau, 231, 563, 6502.
— Perg, 4556.
— Philippseck, 4614, 4666.
— Pierreclos, 6832.
— Plassenburg, 4441.
— Pompadour, 594, 6739.
— Pont-d'Ain, 310, 365.
— Pont-Saint-Vincent, 6543.
— Powys, 2117.
— Prague, 4554, 4597, 4598, 4682.
— Preny, 6564.
— Puy-Saint-Gulmier, 6556.
— Rambouillet, 763, 778.
— Reculée, 284, 6390.
— Richelieu, 666, 1116, 6823, 7114.
— Robbio, 5529.
— Rouen, 77.
— Royan, 400, 6448.
— Runkelstein, 4346.
— Saint - André - d'Apchon, 451, 612.
— Saint - Ange , à Corfou, 5538.
— Saint-Ange, à Rome. 5689, 5892.
— Saint-Chamans, 847.
— Saint-Germain-en-Laye, 123, 6807.
— Saint-Hubert, 6769.
— Saint-Jean-d'Angély, 491.
— Saint-Loup, 6750.
— Saint-Maire, 6233.
— Saint-Mandé, 641.
— Saint - Maur - les - Fossés, 972.
— Saumur, 553, 561.
— Schenna, 4505.
— Sédan, 7107.
— Sédières, 665.
— Sheffield, 3972.
— Skipton, 3861, 4000, 4141.
— Solte, 4709.
— Sommières, 25.
— Stettin, 4579.
— Stockholm, 6202.
— Stolberg, 4409.
— Strathbogie, 4811.
— Swanholm. 4726.

Chateaux. Taillebourg , 491 , 825. 6434, 6466.
— Tende, 6541.
— Thouars, 391, 411.
— Tournehem, 6324.
— Treignac, 6738.
— Trianon, 6692.
— Tudéla, 4880.
— Turenne, 6603, 6627, 6721.
— Turin, 5749.
— Turnhart, 421.
— Tynnelsö, 6188.
— Tynninghame, 4833.
— Valère, 6216.
— Vaux, 627, 637.
— Vayres, 556.
— Verdun, 476.
— Versailles, 1101, 6730, 6754, 6820.
— Vertefeuille , 125 , 6321.
— Verteuil, 788.
— Vigny, 331.
— Villers-Cotterets, 828.
— Vincennes, 123, 193, 200, 972.
— Visborg, 4716, 4723.
— Vollenhoven, 5011.
— Vordingborg, 4721, 4728.
— Vredeland, 5003.
— Wachtendonck, 5005.
— Waidhofen, 4266, 4269.
— Wernigerode, 4310, 4480.
— Wigmore, 1397.
— Windsor, 1498.
— Wolgast, 4501.
— Wollin, 4599.

Chateaux-forts. Bellinzona, 6220.
— Bodoky, 5233.
— Borgo Valditaro, 5727.
— Fabriano, 5667, 5677.
— Frassineto di Po, 5595.
— Mesocco, 6225.
— Narni, 5660.
— Sasso-Corbaro, 6222.
— Serrasanquirico, 5652, 5674.
— Spolète, 5659, 5690.
— Syracuse, 6040.
— Vercelli, 5594, 5621.
— Cf. Citadelles. Forteresses.

Châteaudun, château, 6378.
Château-Gonthier, 574.
Château-du-Loir, église, 1088.
Châteauneuf-sur-Loire (Loiret),70.
Château-Trompette, à Bordeaux, 6640.
Châtel-sur-Moselle, château, 6557, 6558.
CHATELAIN (E.), B, 6294.
Châtelard, château, 655.
Châtelet de Paris, 679.
CHATELET (L'abbé), B, 6709, 6815.
Chatellerault, église de N. - D., 6598.
Chatenay, 6532.
Chatillon-sur-Saône, 6530.
Chatons, 429.
Chaudronnier, 4416.
CHAUFFIER, B, 6396.
Chaufour, église, 1010.
CHAUMET (L'abbé), B, 434.
Chaumont, 6427.
Chauny, 296, 664.
Chausses, 69.
CHAUTEREAU (Jérôme-François), 1227.
CHAUVEAU, (Jacques), graveur, 1276.
CHAVANNES (E.), B, 6218, 6230, 6233, 6234, 6235, 6236, 6238, 6239.
CHAZAUD (A.-M.), B, 26, 330.
Chazeaux, abbaye (Clarisses), 901.
Cheam, église, 3074.
Cheddleton, église, 7307.
Chefs, 338, 4279.
-- de saint Hugues, 7233.
Chefs d'office, 139.
Chellaston, église, 2330.
Chelmsford, église, 3830, 3839.
Chelsea, église, 2062.
Chelsfield, église, 2689.
Chelsham, église, 2095, 3060.
Chemiré-le-Gaudin, église, 1011.
Chemises, 5211.
Chemises de livres, 5808.
Chemnitz, abbaye, 4384, 4465.
— Église des Franciscains, 4456.
Chenonceaux, château, 533, 6584.
Cher (Mémoires de la Commission historique du), 166, 183, 592, 636.
Cherbury, église, 2976.
Cherington, église, 3268.

Cheriton, église, 2690.
Cherlieu, abbaye, 6709, 6815.
CHERON (Anne), 1136.
CHERON (Paul), B, 6654.
CHERON (Pierre-Jacques), 1199.
Cherryburton, église, 3574.
CHERTIER (Marthe-Renée), 679.
Chertsey, église, 3028.
CHÉRUEL (A.), B, 6265.
CHÉRY (François), 5168.
Cheseworth, manoir, 2055.
Cheshire (East), 4028, 4127, 4136, 4198.
Cheshire (Historic Society of Lancashire and), 1893, 1895, 2240, 4222, 7190, 7292, 7353, 7376, 7390, 7392, 7398, 7399, 7430.
Cheshire (Lancashire and Cheshire Wills and Inventories), 1772, 1972, 1977, 2053, 2116, 2126, 3630, 3803, 3809, 3814, 3819, 3821, 3828, 3837, 3838, 3841, 3842, 3843, 3847, 3856, 3862, 3863, 3871, 3967, 3985, 3989, 3991, 3993, 3995, 4009, 4012, 4016, 4018, 4043, 4128.
Cheshunt, couvent, 1891.
— Église, 2633.
Chester, 3803.
— Comté, 1684, 1834, 1890, 2034, 2061, 3989, 4028, 4123, 4127, 4136, 4198, 7372.
— Abbé, 1977.
— Cathédrale, 2229.
— Églises, Saint John Without, 2231.
— « Saint-Martin, 2237.
— « Saint Mary at Hill, 2232, 7310.
— « Saint-Michel, 2236, 7311, 7336.
— « Saint-Olave, 2238.
— « Saint-Oswald, 2230.
— « Saint-Pierre, 2234, 7413.
— « Sainte-Brigitte,2235.
— « Sainte-Trinité, 2233.
— Évêque, 4009.
— Hôpitaux,Saint-Gilles,2239.
— « Saint John without Northgate, 2240.

Chester,Archæological Society,7310, 7311, 7336.
— Architectural Society, 7194, 7413.
Chester-le-Street, 1332.
Chesterton, église, 3227.
Cheswardine, église, 7321.
Chetham Society, 1684, 1772, 1834, 1893, 2016, 2803, 2804, 3803, 3863, 3991, 4137, 7347.
Chevaigne, église, 1012.
Chevalier (Nicolas), antiquaire,6711.
Chevalier (L'abbé Ulysse), b, 118, 6284, 6301.
Chevalier, 308, 1390, 1495, 3629, 3693, 3701, 3728, 3743, 3773, 3791, 3815, 3828, 3843, 3871, 3931, 3949, 3957, 3960, 3969, 3993, 3994, 3995, 3997, 4001, 4005, 4008, 4015, 4035, 4089, 4090, 4107, 4153, 4172.
Chevaliers Dauphinois, 6284.
Chevaliers de Saint-Jacques de l'Épée, 6039.
Chevaliers de Saint-Jean de Jérusalem, 251, 1962, 4487, 4488, 4502, 5029, 7230.
Chevaliers Teutoniques, 4457, 5979, 5992.
Chevaux, 58, 156, 181, 184, 272, 305, 532, 684, 1586, 1639, 3634, 3658, 3871, 4002, 4895, 5006, 5138, 5198, 5546, 5817, 6284, 6361, 7122.
Chevigny (Antoine), peintre, 1213.
Chevreau (Jean), évêque, 345.
Cheyne (Henry), 4771.
Chich Saint Osyth, église, 2438.
Chichester, évêque, 1889, 7349.
Chickney, église, 2468.
Chiddingfold, église, 3000.
Chieti, 5606.
— Monastère de San Liberatore, 5508.
Chieveley, église, 2148.
Chigi (La Famille), 5957, 6068, 6077.
Chigi (Agostino), 5740, 5762, 5773, 5779, 5780, 5782, 5785.
Chigi (Le prince Agostino), 5957.
Chigi (Lorenzo), 5785.
Chigi (Sigismondo), 5779, 5782.
Chigwell, église, 2463.
Childerditch, église, 2440.

Chilham, église, 2692.
Chilvers Coton, église, 3179.
Chinon, château, 6437.
Chipchase, église, 2946.
Chippenham, église, 2045.
Chipping Barnet, église, 2525.
Chirac, monastère, 255.
Chiré (De), 6648.
Chislehurst, église, 2691.
Chiswick, 2063.
— Église, 1652, 2064.
Chivesfield, église, 2584.
Chmel (J.), b, 4308, 4316, 4331, 4483, 4554.
Chobham, église, 3031.
Choisy (L'abbé de), b, 123.
Choisy-le-Roy, château, 928.
Chollerton, église, 2947, 2948.
Chorévêque de Freising, Hérolf, 4234.
— de Passau, Madalwin, 4237.
Chotów, église, 6136.
Choulier (Pierre), 1169.
Chrétien III, roi de Danemark, 4736.
Chrispiani (Boiamonte Gioanni), 5519.
Christ's Collége, à Cambridge, 4194.
Christian V, roi de Danemark, 4748.
Christianborg, 4748.
Christin, b, 924.
Christine, reine de Suède, 5941, 6205.
Christliche Kunst (Zeitschrift für), 6180.
Christlichen Welt (Historich- theologischer Grundriss der alt- und jeweiligen), 6249.
Christophe, comte d'Oldenbourg, 4730.
Christophe, duc de Würtemberg, 4437.
Chronicles and Memorials, 1332, 1341, 1358, 1389, 1514, 1527, 1778, 6263, 7132, 7217.
Chronicles and Memorials, pour l'Écosse, 4769, 7123.
Chronicon Centulense, 1.
Chronique des Arts (La), 4654, 5696, 5771, 6312.
Chroniques de Saint-Martial de Limoges, 20.

Church Review (The), 2065, 2092,
  2111, 2112, 2201, 2211, 2220, 2405,
  2408, 2519, 2520, 2521, 2654, 2882,
  2883, 2884, 2890, 2914, 2931, 2932,
  2963, 2965, 2969, 2976, 2977, 2978,
  6490, 7268, 7276, 7277, 7278, 7279.
Church of our Fathers, 1353.
Church Hetton, église, 2950.
Churchill, église, 3295, 3296.
Churchover, église, 3104.
Chute (G.-W.), b, 1968.
Chypre, 5563.
Ciampi (S.), b, 5555, 5589, 5631.
Cicogna (E.-A.), b, 5640, 5732, 5887.
Ciels de lit, 6494.
Cierges, 1668, 1699.
Cieszecin, église, 6145.
Cigonaria (Capella in curte), 5494.
Cimeterres, 5201.
Cimetières chrétiens de Rome, 5565.
Cinctura (Capella in curte), 5498.
Cioccius (Giovanni Angelo de), 5976,
  5995, 5998, 6006, 6033, 6051,
  6055.
Cipolla (C.), b, 5637.
Cirier, 111, 361.
Cisterciens, 1970, 4967, 6004, 6008,
  6017, 6043, 6044, 6198.
Cisterciennes, religieuses, 4557.
  — Cf. Abbayes.
Ciseleur, 1294.
Cisneros (Le cardinal F. Ximenès
  de), 4917, 4926, 4930.
Citadelle (Église de la), à Anvers,
  6775.
  — Arona, 5972.
  — Bozen, 5160.
  — Rue, 6566.
  — Cf. Châteaux-forts, Forte-
    resses.
Città di Castello, maison épisco-
  pale, 5546.
Cittadella (L.-N.), b, 5693, 5735,
  5764, 5801, 5804, 5817, 5830, 5864,
  5893, 5997.
Civelli (Ant.), b, 5743.
Cividale, 5725.
Civita Vecchia, Rocca Nuova, for-
  teresse, 5832.
Clacton Great, église, 2426.
Caleden (G.), b, 4742.

Claines, église, 3297.
Clairvaux, abbaye, 167, 323, 346,
  803, 806, 807, 851.
Clamecy, église de Saint-Martin,
  385, 670.
Clandon (East), église, 3009.
Clandon (West), église, 3014.
Clapham, église, 3050.
Clare (Irlande), comté, 7447.
Clare Hall, à Cambridge, 1530.
Clarenthal, verrerie, 4654.
Claretta (Le baron G.), b, 243,
  5664, 5685.
Clarisses, couvent, à Bruisyard, 1891,
                           7251.
  —   «   Chazeaux, 901.
  —   «   Hall, 4685.
  —   «   Méran, 4687.
  —   «   Ravenne, 5585.
  —   «   Reims, 945.
Clarisses Anglaises (Pauvres), cou-
  vent, à Gravelines, 7031.
Clark (Andrew), b, 1971.
Clark (J.-W.), b, 1639, 1775, 2011,
  3831, 3990, 4135, 4164, 4194,
  7211.
Clarke (Thomas), abbé, 1977.
Clarkson (Chr.), b, 7382.
Classe Agricole, 21, 6276. Cf. Agri-
  culture.
Claude de France, 420.
Claussonne, église, 7075.
Claverdon, église, 3190.
Clavering (Robert), gentilhomme,
  3884.
Clavering (William), gentilhomme,
  3917.
Clawson (Long), église, 2843.
Claxton (Ralph), 3695.
Claxton (Robert), 3923.
Claxton (William), 3746.
Clay (W.-K.), b, 1377, 1380, 2223,
  2224, 2226, 7154, 7155, 7320.
Cleasby (Ralph), 3654.
Cleator, église, 2286.
Cleeve Priors, église, 3376.
Clémence de Hongrie, reine de
  France, 70, 6286.
Clément V, pape, 5573.
Clément VII, pape, 5787, 5793, 6467.
Clément (Pierre), 742.

CLÉMENT (Vincent), collecteur du Pape, 1651.
CLÉMENT-SIMON, B, 6478, 6552, 6644.
CLEMENZA, fille de Roberto Scarano, 5562.
Clerc, 1504.
CLERK (John), chapelain, 1629.
Clerkenwell (Londres), 4101.
CLERKSON (Michael), 3660.
CLERMONT (Louise de), 409.
CLERMONT (Raoul de), seigneur de Nesles, 45.
CLERMONT (Lord), B, 1951, 4172.
Clermont-Ferrand, arsenal, 6420, 6581, 6652.
   —   Cathédrale, 11, 6257.
   —   Académie des sciences, 6685, 6686, 6697, 6707, 6826, 6827, 6828.
CLESSE, B, 6727.
CLEVELAND (Le comte de), 4152.
Cleveload, église, 3298.
Clèves, 4232.
CLÈVES (Adolphe, comte de), 184.
CLÈVES (Adolphe II, comte de), 4288.
CLÈVES (François de), 452.
CLÈVES (Marie de), 184, 296.
Cliff Chapel (**South**), église, 3582.
Clifford Chambers, manoir, 1813.
CLIFFORD, comte de Cumberland, 4141.
CLIFFORD (Élisabeth, Lady), 1581.
CLIFFORD (Henry), 3861.
Clifton, église, 3144.
CLIFTON (Thomas), 3821.
Clitheroe (*Honor of*), 1885.
CLIVE (R.-H.), B, 4159.
CLOCHE (Jean de), 6505.
Cloches, 1334, 2133, 4796, 6631, 7066.
Clochettes, 1623.
   —   pour chapes, 5013.
CLODE (C.-M.), B, 1719, 1759, 4049.
Clodshale, chapelle, à Birmingham, 1583.
Clopton House, 4039.
CLOQUET (L.), B, 282, 294, 479.
Closeries, 682.
Clothal, église, 2594.
Cloughton, église, 3464.

CLOVIO (Giulio), peintre, 5842, 5843, 5959.
CLOVIS, sa hache, 313.
CLOWDESLYE (William), 2006.
Clowne, cantarie, 2045.
Cluny, église, 126.
   —   Moines, 6260.
Clyst-Honiton, église, 7150.
COATANSIOURS (La marquise de), 7063.
COATES (R.-P.), B, 2070, 2071, 2716, 2739, 2761, 2771, 2786.
COATMEUR-KERMELIN (Le seigneur de), 489.
COAZZE (Le comte de), 5935.
Cobham, chapelle, 1687.
Cobham Hall, 4181.
COCCAPANI (Paolo), évêque, 5904.
COCHERIS (Hippolyte), B, 78.
Cockesden, 4054.
CODDE (Pieter), peintre, 5065.
Codice Diplomatico (*Saggio di*), 5750.
Codicote, église, 2540.
COËTIVY (Olivier de), 254.
COËTIVY (Prégent de), 241.
Coffinswell, chapelle, 7142.
Cofton, église, 3300.
Cognac, château, 306, 307, 7066.
Cogners, église, 1060.
CONON (Anthème-Denis), évêque, 6666.
Coiffes de perles, 169.
Coiffures, 5188, 5196, 5198, 5211, 5220, 5223.
Cokersand, abbaye, 1890.
COKESON (John), 3716.
Cokisford, couvent, 1891.
COFFINET (L'abbé), B, 759.
Coffres, 75, 96, 110, 158, 684.
Coffrets, 5747.
COLAN (John), 1716.
COLART-LE-VOLEUR, 227.
Colaton Raleigh, église, 7167.
Colbatz, monastère, 4364.
Colbert (Manuscrit), 6458.
Colchester (Bourgeois de), 7124, 7133.
Coldingham, prieuré, 4753, 4754, 4755, 4756, 4757, 4758, 4761.
Cold Overton, église, 2842.
COLE (H.), B, 1374, 7122, 7166.
COLE (James), 3887.

Cole (Ralph), 3901.

Colebrooke, église, 7135.

Coleshill, église, 2149, 3174.

Coleti (Nicolas), 5527.

Colin (Jacques), garde de la tapisserie, 213.

Colin (Nicolas), 6592.

Collectanea curiosa, 1656.

Collecteur du Pape en Angleterre, 1493, 1522, 1533, 1543, 1651.

Collections impériales d'Autriche. Cf. Ambras, Graetz, Prague, Tableaux, Vienne.

— de l'archiduc Ferdinand de Tyrol, 4516, 4518, 4525, 4526, 4533, 4545, 4546, 4547.

— Zanobis, 716.

Collection des meilleures dissertations relatives à l'Histoire de France, 117, 215.

Collége (Maître de), 1805.

Colléges. Alcala, Colegio mayor, 4926, 4930.

— d'All Souls, à Oxford, 1656.

— Auckland, 1732.

— d'Autun, à Paris, 256.

— de Balliol, à Oxford, 1643.

— de Brasenose, à Oxford, 1600, 1764, 7343.

— Burnells Inn, à Oxford, 1643.

— Christ's College, à Cambridge, 4194.

— Clare Hall, à Cambridge, 1530.

— Compiègne, 6853.

— du Corpus Christi, à Cambridge, 1739.

— de Dormans-Beauvais, à Paris, 6322.

— Dulwich, 7405, 7424.

— Emmanuel College, à Cambridge, 3990, 4135.

— Ipswich, 1837.

— Kings College, à Aberdeen, 4796.

— Kings College, à Cambridge, 1639, 1644, 1833, 4017, 4164, 7211.

— de Lincoln, à Oxford, 1689.

Colléges. Lingfield, 1805, 1994, 7236.

— Magdalen College, à Oxford, 1655.

— de Mountroy, à Wells, 7261.

— New College, à Oxford, 1513, 1525, 1635.

— Pembroke College, à Cambridge, 1718, 1757.

— Queens College, à Cambridge, 4134, 7395.

— de Saint-Benoît, à Montpellier, 6418.

— de Saint-Guillaume, à York, 1752.

— de Saint-Jean, à Cambridge, 2011.

— de Saint Margaret and Saint Bernard, à Cambridge, 1915.

— Saint-Omer, 6858.

— de Saint-Sauveur, à Saint Andrews, 7210.

— de Sainte-Catherine, à Cambridge, 1677.

— de Sainte-Frideswide (Christ Church), à Oxford, 1997.

— de Sainte-Marie, à Oxford, 1971.

— Saintes, 6597, 6600, 6768, 6846.

— Trinity College, à Cambridge, 3831.

— Tulle, 867, 878.

— Winchester, 1650, 1810.

Collégiales. Aberdeen, Saint-Nicolas, 4774.

— Aix-la-Chapelle, 4703.

— Bari, Saint-Nicolas, 5560.

— Beaujeu, N.-D., 6618, 6818, 6837.

— Beziers, Saint-Aphrodise, 585.

— Bordeaux, Saint-Seurin, 790, 6586.

— Bruges, Saint-Donatien, 84, 190, 218, 259, 347, 387, 6300.

— Catane, N.-D. de Eleemosyna, 6036.

Collégiales. Chälon, Saint-Georges, 436.
— Chatellerault, N.-D., 6598.
— Conques, Sainte-Foy, 1121.
— Corbeil, Saint-Spire, 179, 354.
— Crediton, 1803, 7235.
— Deventer, Saint-Lébuin, 5025.
— Douai, Saint-Amé, 31, 121, 936, 973, 6278, 6323.
— « Saint-Pierre, 935.
— Ecouis, 450.
— Edimbourg, Saint-Gilles, 4801.
— Epinal, 6844.
— Freiberg, 4418.
— Gap, Saint-Arnoul, 426, 454, 773.
— Gènes, Santa Maria di Castello, 5535, 5549, 5656, 5657, 5658.
— Gerona, Saint-Felix, 4881.
— Goslar, Saints-Simon-et-Jude, 4263.
— Gutstadt, 6171.
— Halle, Dom-Kirche ou Newstift, 4830, 4458.
— Heytesbury, 1550.
— Howden, 2018.
— Husillos, 4965.
— Kirkjubaer, 5468 bis.
— Lens, N.-D., 276, 315, 6383, 6422.
— Liège, Saint-Pierre, 1109, 1114.
— Lille, Saint-Pierre, 147.
— Loches, 6752.
— Londres, Saint-Martin-le-Grand, 2036.
— Maestricht, Saint-Servais, 4613.
— Manchester, 2016, 3819.
— Mayence, Sainte-Marie ad gradus, 4287.
— Montbrison, N.-D., 669, 902, 6677.
— Montpezat, Saint-Martin, 230.
— Poitiers, Saint-Hilaire, 271,

Collégiales. Poitiers (suite) 328, 401, 437, 443, 471, 485, 547, 691, 809.
— Poligny, 345, 6388.
— Poussay, 6835.
— Pressbourg, 5110, 5130.
— Puy-en-Velay, Saint-Georges, 90, 408.
— Rollot, N.-D., 968.
— Roye, Saint-Florent, 964.
— Saint-Dié, 6700, 6833.
— Saint-Quentin, 149, 157, 418.
— Salins, Saint-Maurice, 486.
— Saint-Omer, 417.
— Sandomir, N.-D., 6098.
— San Filippi d'Argirò, 6050.
— Schmalkalden, 4277.
— Senlis, Saint-Rieul, 6821.
— Soignies, 129.
— Southwell, 7185.
— Tours, Saint-Martin, 431, 441.
— Troina, 6053.
— Troyes, Saint-Etienne, 759.
— Vendôme, Saint-Georges, 444, 899.
— Vienne, Saint-Pierre, 404, 635.
— Vislicy, N.-D., 6095, 6096, 6097.
— Warwick, Sainte-Marie, 1662, 1670.
— Westminster, Saint-Etienne, 1535, 1562, 2033.
— Wielún, 6106.
— Wimborne, 1965.
— Windsor, Saint-Georges, 1498, 2131.
— Wingham, 2032.
— Wolverhampton, 1973, 1974.
— Würzburg, Neumünster, 4261. 4272.
Collier (George), prètre, 3819.
Collier (J.-P.), b, 7356.
Colliers, 169, 429, 1608, 1745, 1845, 1873, 4036, 4064, 4156, 5196, 5220, 5926, 6160, 6218, 6230.

Colliers de chiens, 169.
— d'or, 4103.
— avec pierreries, 4040.
Collingwood (Sir Cuthbert), 3960.
Collins (F.), b, 7389.
Collins (Martin), chanoine, 1754.
Collyns (Robert), mercier, 1798.
Colne, couvent, 1891.
Colne (Earls), église, 2497.
Colne (White), église, 2503.
Cologne, 4301, 4303, 4376.
— Églises, Sain t-Georges, 4248, 4264, 4358.
— « Saint - Jacob, 4248, 4264.
— « Sainte-Brigitte, 4363.
Colombet (F.-Z.), b, 430.
Colonne Trajane (Moules de la), 6672.
Colonel Lussi (Le), 6246.
Colonna (Don Filippo), Grand Connétable, 5963.
Cols, 5198, 5216, 5220, 5228.
Coltman (William), 1695.
Colwell, église, 2948.
Colyton, église, 7145.
Combarieu (L.), b, 843.
Comberton Magna, église, 3301.
Comberton Parva, église, 3302.
Côme, 5644.
Comédiens de la Troupe Française, 6822.
Comminges (Le bâtard de), 308.
Comité (Bulletin du), 235, 238, 257, 498, 717, 782.
Comité (Bulletin archéologique du), 14, 74, 77, 110, 115, 161, 171, 172, 176, 186, 239, 251, 261, 281, 312, 325, 338, 341, 360, 388, 417, 602, 675, 4890, 6331, 6503.
— *d'archéologie (Bulletin du)*, 370, 371, 392, 409, 575, 623.
— *d'histoire (Bulletin archéologique du)*, 436, 483, 520, 525, 539, 543, 719, 758.
— *historique des Arts et Monuments*, 1099.
— *de la langue (Bulletin du)*, 69, 433, 585, 586, 1120.

Comité des travaux historiques (Bulletin archéologique du), 633, 1118, 6261, 6367, 6372, 6493, 6496, 6645, 6658, 6660, 6671, 6732, 6740, 6809.
Comité (Bulletin historique et philologique du), 6394.
Comités (Bulletin des), 340, 407, 588, 674, 677, 976.
Comité de l'Art chrétien (Nîmes), 6501, 6705.
— *Flamand de France*, 6690, 6839, 6957, 7030, 7031, 7059.
— *du Musée Lorrain*, 6288.
Commanderies des Chevaliers de Saint-Jean de Jérusalem, à Balsall, 1962.
— Haarlem, 5029.
— Kraak, 4488.
— Mirow, 4487.
— Wildenbruck, 4482, 4502.
Commanderies. Antonins, 6357, 6370.
— Artiguelongue, 6653.
— Baugis, 51.
— Bretteville, 51.
— Breuil, 6394.
— Bourganeuf, 656.
— Joigny, 55.
— Ollois, 554.
Commercy, église, 6727.
Commission des monuments, 985.
Commission on Historical Manuscripts (Royal), 1398, 1501, 1502, 1525, 1530, 1532, 1549, 1622, 1630, 1635, 1647, 1666, 1669, 1677, 1679, 1681, 1689, 1718, 1739, 1744, 1757, 1779, 1780, 2024, 3808, 4020, 4039, 4085, 4798.
Communautés. Cf. Abbayes, Couvents, Collégiales, Monastères, Prieurés.
Communay (A.), b, 512.
Compagnoni (P.), b, 5536, 5615, 5692.
Compiègne, 932, 6852.
— Abbaye de Saint-Corneille, 6718.
— Collége, 6853.

Compiègne, Église de Saint-Jacques, 6854.
— Hôpital, 6854.
— Société historique, 6745.
Compiègnoise (Bibliographie), 6718.
Compostelle (Santiago de), 4918.
— Églises du diocèse, 4936.
— Évêque, 4849, 4863.
Comptoir de la Hanse, à Bruges, 6540.
Compton, église, 2998.
Compton (Long), 3258.
Compton (William), 1783.
Comtes, d'Angoulème (Jean), 268.
— d'Armagnac (Jean Iᵉʳ), 6310.
— d'Artois (Jean), 184.
— d'Arundel, 1517.
— d'Auxerre, 74.
— de Beaumont (Louis Iᵉʳ), 151.
— de Bigorre (Jean), 231.
— de Blois (Guy), 67.
— de Blois (Louis Iᵉʳ), 151.
— de Buchan, 4767.
— de Clèves (Adolphe), 184.
— de Clèves (Adolphe II), 4288.
— d'Egmont, 461, 463.
— d'Essex, 1396.
— d'Eu (Raoul), 156.
— de Flandres (Guy), 47, 7125.
— de Flandres (Jean), 184.
— de Flandres (Louis), 80.
— de Flandres (Robert de Béthune), 49, 53, 62.
— de Foix (Jean), 231, 237.
— de Fürstenberg (Henri VIII), 4548.
— de Hainaut (Guillaume Iᵉʳ), 50.
— de Hainaut (Guillaume III), 95.
— de Hainaut (Guillaume IV), 229.
— de Hainaut, 6348, 6423.
— de Hereford et d'Essex, 1396.
— de Hollande, 6348.
— de Hornes, 458.
— de La Marche (Adolphe), 184.
— de Marle, 281.
— de Namur, 174, 195.
— de Nassau-Dillenburg (Guillaume), 527.
— de Nassau-Dillenburg (Jean), 4521.

Comtes, de Nevers (Philippe II de Bourgogne), 167.
— palatins, Ludwig der Bärtige, 4302.
— « Otto Heinrich, 4498.
— « du Rhin (Louis de Bavière), 5664.
— de Saint-Paul, 281.
— de Toulouse, 763.
— de Vertus, 203.
— de Worcester, 1537.
Comtés d'Angleterre. Cf. Berks, Bedford, Buckingham, Cambridge, Carnarvon, Chester, Cornwall, Cumberland, Derby, Devon, Dorset, Durham, Essex, Glamorgan, Gloucester, Hants, Herts, Hereford, Hertford, Huntingdon, Kent, Lancaster, Leicester, Lincoln, Middlesex, Montgomery, Norfolk, Northampton, Northumberland, Nottingham, Oxford, Pembroke, Radnor, Rutland, Salop, Somerset, Southampton, Stafford, Suffolk, Surrey, Sussex, Warwick, Westmorland, Wilts, Worcester, York.
Comté d'Irlande, Clare, 7447.
Comté de Melun, 543.
Comtesses, d'Ampurias (Johanna), 4890.
— d'Angoulème, 307.
— d'Artois (Mahaut), 40, 43, 57, 6281, 6282, 6283. Cf. Mahaut.
— d'Artois (Marguerite), 40, 43, 57.
— de Bar, 6288.
— de Blois (Valentine Visconti), 170, 5618.
— de Flandres (Isabelle), 38.
— de Hainaut (Jacqueline), 220.
— de Holstein (Catherine), 4706.
— de Huntingdon, 1463.
— de Laroche, 797.
— de Montpensier, 279.
— de Penthièvre (Jeanne) 130, 5618.
— de Rethel, 162.

Comtesses, de Sault, 507.
— de Soissons, 570.
— de Tonnerre, 409.
CONDÉ (Le prince de), 7115.
CONTÉ (Servais de), 4817.
Confessional, 4740.
Condé-sur-Moselle, château, 6486.
Condom, 6341.
Chapellenie, 6368.
Conflans, 6516.
— Église, 1061.
Confréries, d'Anvers, 6797.
— du Corpus Christi, à Maidstone, 1683.
— de Douai, 937.
— d'Elbing, 6157.
— du nom de Jésus, à Henley-on-Thames, 1721.
— des Notaires, à Tournai, 6277.
— des Peintres, à La Haye, 5105.
— de Saint-Fabien et de Saint-Sébastien, à Verdun-sur-Garonne, 6481.
— de Saint-Luc, à Tournai, 479.
— du Saint-Sacrement, à Dijon, 929.
— du Saint-Sacrement, à Limoges, 407.
— de la Sainte-Famille, à Saint-Omer, 6858.
— de San Marco, à Venise, 5697, 5702.
— de Santa Maria della Misericordia, à Gubbio, 5634, 5645.
— de Santa Marina, à Venise, 5732.
— des Prêtres, à Straubing, 4348.
— de la Vierge, à Pilton, 7220.
— Cf. Gildes.
Congrès archéologiques de France, 283, 376, 383, 440, 504.
CONINGTON (William), 1726.
Connétables, de Castille, D. Alvaro de Luna, 4893.
— de France, Raoul de Clermont, 45.

Connétables, de France, Raoul, comte d'Eu, 156.
— « Le comte de Saint-Paul, 281.
— de Naples (Grand), Don Filippo Colonna, 5963.
Conq, 6409.
Conques, église de Sainte-Foy, 1121.
CONRAD VON DUNA, archevêque, 4301, 4303.
CONRAD DE HAGENAU, 4284.
CONRAD DE KROSIGK, évêque, 4260.
Conseil d'Écosse (Le), 4788.
Conseil de Ville d'Altenbourg, 4404.
— « de Hambourg, 4324, 4325, 4360.
— « de Wismar, 4332.
Conseiller municipal, 3989.
Conseiller du Roi, 679, 857.
Consolat, chapelle, à Montpellier, 332.
Conspiration des Poudres, 4039.
Constance, cathédrale, 4275, 4276, 4495.
CONSTANTIN (Le trésor de), 5600, 5603, 5609.
CONSTANTIN DE LA LORIE, 681, 682, 684, 711, 712.
Constantinople, 17, 18, 4260, 6266.
— Chapelle de l'Empereur, 6085, 6087.
— Reliques, 6633.
CONTANT (Jacques), pharmacien, 6614.
CONTANT (Paul), pharmacien, B, 6614.
CONTANT D'IVRY (Pierre), architecte, 1300.
CONTARINI (Agarino), 1696.
Contrôleur de la Maison du Roi, 1848.
Convention (La), 978, 988, 7034, 7036.
CONY (Thomas), 7346.
CONYERS (Alice), 3643.
CONYERS (Edward), 3797.
CONYERS (Sir George), 3743.
CONYERS (Ralph), 3799.
CONYERS (Richard), 3946.
CONYERS (Robert), 3710.

Conyers (William), 3634.
Cooper (C.-H.), b, 1969, 4134.
Cooper (H.), b, 4057.
Cooper (J.), b, 4774.
Cooper (Thomas), 1600, 7383.
Cooper (W.-D.), b, 2878, 4111, 7209.
Cook (Richard), 3674.
Cooke (Christophe), 3798.
Copenhague, château, 4734, 4745.
—   Église de N.-D., 4717.
—   Franciscains, 4714.
—   Université, 4747.
Copmanthorpe, 7162.
Copford, église, 2496.
Coppola (Pasquale), 5562.
Coplane (John), 3718.
Coquebert de Monbret (Le baron), b, 609.
Coquilles, 1425, 6205.
Cor, 1367, 4865, 5182, 5559.
Cor orné d'argent, 6194.
Cor d'unicorne, 1873, 4349.
Corail, 4662, 4748, 5607, 6205.
Corbeil, 70.
—   Église de Saint-Spire, 179, 354.
Corbeille de mariage, 811, 5131.
Corbie, 715.
Corbières, 6333.
Corbridge, église, 2942.
Corcubion, église, 4939.
Cordages, 6672.
Cordeliers, 7112.
—   Couvent, à Amiens, 951.
—   « Avignon, 98.
—   « Beaucaire, 6705, 7112.
—   « Chartres, 437.
—   « Le Mans, 923.
—   « Limoges, 643.
—   « Paris, 893.
—   « Pierrepont, 967.
—   « Roye, 965.
Cordes, 5693.
Cordonnier, 3716, 3950.
Corfe, château, 1436, 4154.
Corfou, château Saint-Ange, 5538.
Corinaldo, forteresse, 5676.
Corio, b, 5618.
Corlay, château, 257.

Corley, église, 3165.
Cornaro (Laura), dogaresse, 5971.
Corneille (Thomas), 766.
Corner (G.-R.), b, 3827.
Cornets, 5747.
Corneville, abbaye, 799.
Corney, église, 2273.
Cornforth (John), 3678.
Cornillon, château, 125, 6321.
Cornium, église, 5034.
Cornu (Robert), 1148.
Cornutiana Ecclesia, 5476.
Cornwall, comté, 1365, 1420, 1421, 1925, 1953, 2072, 3628, 3820, 3829, 3852, 4034, 4042, 7171, 7271, 7369.
Cornwall (*Journal of the Royal Institution of*), 1919, 1925, 1953, 2089, 2129, 3820, 7318, 7351.
Coroleu (J.), b, 4876, 4877, 4885.
Coronelli, 710.
Corporations de Douai, 937. Cf. Confréries.
Corps saints, 315.
Corpus Christi (Confrérie du), à Maidstone, 1683.
Corpus Christi (Gilde du), à York, 1664, 2013, 4021.
Corpus Christi, église de Breslau, 4411.
Corpus Christi, église de Cracovie, 6093.
Corrèze (*Bullet. de la société scient. histor. et archéol. de la*), 27, 103, 582, 665, 776, 6346, 6463, 6464, 6478, 6551, 6552, 6644.
— (*Bullet. de la Société des lettres, sciences et arts de la*), 847, 867, 878, 6738, 6739, 6799.
Corsages, 5188.
Corsecomb, cantaric, 7261.
Corswood, 4766.
Cort (Cornelius), graveur, 5844.
Cortés (Fernand), 4920.
Cortone, 5900.
Cosentino (G.), b, 5612.
Cosmato Gentilis, collecteur du Pape, 1493.
Cossac (Le comte J. de), b, 628, 4158.
Cossey House, 4085.
Costadoni (A.), b, 5512.

Costanza, fille de Pasquale Coppola, 5562.
Coste (A.), b, 451, 612.
Costgaw (Hans von), 4361.
Coston, église, 2846.
Costumes, 815, 5241.
Costume d'après les sceaux (Le), 156.
Côte d'or (Commission des Antiquités de la), 929.
Cotes, église, 2829.
Coton-in-the-Elms, église, 2331.
Cottam, église, 2959, 3473.
Cottered, église, 2625.
Cottes, 367, 4809.
Cottingham, église, 3557.
Cottom (Margaret), 3715.
Cotton (W.), b, 7271.
Coüard-Luys (E.), b, 6451, 6809.
Coudekerque, église, 6863.
Coudre (Jos.), b, 6495.
Coudrecieux, église, 1062.
Coughton, église, 3209.
Coulans, église, 1013.
Coulhon (G.), b, 6855.
Coulsdon, église, 3080.
Couper, abbaye, 7126.
Coupes, 71, 1371, 1385, 1399, 1411, 1446, 1522, 1596, 1608, 1791, 1845, 1958, 4064, 4094, 4156, 4301, 4302, 4327, 4473, 4795, 4957, 5189, 5738, 5747, 5798.
— de cristal, de jaspe, de nacre, 5559, 5695.
— d'or et d'argent, 5559.
Cour, 1394, 1410, 1619.
Cour des Comptes de Provence, 673.
Courajod (L.), b, 114, 459, 685, 976, 5795.
Courcebœuf, église, 1014.
Courcemond, église, 1015.
Courchelettes, église, 6977.
Courdomer (Louis de), 863.
Courel (H.), b, 5113.
Couronne d'Angleterre (Joyaux de la), 1340, 4040.
— d'Écosse, 4811, 4824.
— de France, 363, 366, 399, 400, 422, 427, 429, 469, 499, 634, 645, 697, 853, 924.
Couronne de France (Mobilier de la), 634, 6678, 6723, 7115.
— de Savoie, 671.
— de Suède, 6182.
— Cf. Insignes royaux, Trésor.
Couronnes, 43, 66, 1371, 1374, 1399, 1446, 1474, 1520, 1521, 1791, 1845, 4036, 4040, 4058, 4506, 4672, 4868, 4871, 4882, 5211, 5543, 5559, 5580, 5599, 5699, 5704, 5725, 6254.
Couronnes d'or, 169, 173.
Couronnes royales, 4156, 4442.
Couronne royale d'Écosse, 4794, 4795.
Couronnement (Vêtements de), 1446, 1557.
Couronnement de Henri IV, roi d'Angleterre, 1521.
Coursan (Le seigneur de), 291.
Courteaud (Ch.), b, 6590.
Courtines, 319, 4882.
Courtisols, église, 2.
Courtois (R. de), b, 6501.
Courtrai, 62.
Courtrai (Béatrice de), 34.
Cousin (V.), b, 995.
Coussemaker (Ed. de), b, 14, 6839, 6840, 7030.
Coussins, 1356, 1667, 1868, 1943, 3841, 4282, 4721, 4881, 5023, 5196, 5198, 5228, 5736, 5808, 6187.
Couteaux, 8, 1371, 5189, 5201, 6186.
Coutelier, 1605, 3752.
Coutiches, église, 6978.
Couvents anglais, 1891.
Couvents d'ordres mendiants et autres.
— Abbeville, 957.
— Alais, 6501.
— Altenbourg, Jungfrauenkloster, 4451.
— Amiens, 950, 951, 952, 953, 955.
— Amsterdam, 6194.
— Anvers, 6777, 6778, 6779, 6784, 6785, 6786, 6789, 6790.
— Aoste, 5886.
— Arras, 6282.
— Avignon, 98.
— Bangor, 1908.

Couvents. Beaucaire, 6705.
— Beaupré, 7033.
— Bechamp, 7033.
— Benschop, 5032.
— Bodmin, 1925.
— Bordeaux, 824.
— Bridgwater, 7256.
— Bristol, 1916.
— Bruges, N.-D. de Sion, 468.
— Bruisyard, 1891, 7251.
— Bruxelles, 6549.
— Buda, 5125.
— Burgos, 4935.
— Cambrai, 938.
— Cambridge, 1915.
— Cardiff, 1909, 1914.
— Carmarthen, 1910.
— Catane, 6035.
— Chartres, 437.
— Chemnitz, 4456.
— Copenhague, 4714.
— Denbigh, 1912.
— Douai, 905, 906, 927.
— Dresde, 4453, 4461.
— Esclimont, 397.
— Exeter, 1918, 1923.
— Falster (Ile de), 4724.
— Flensburg, 4722.
— Freiberg, 4387, 4417.
— Galles (Le pays de), 1911.
— Gloucester, 1891, 1899, 1900.
— Gravelines, 7031.
— Gubbio, 5590, 5605.
— Guildford, 1928.
— Hall, 4685, 4695.
— Haverfordwest, 1911.
— Hereford, 1906.
— Hulne, 1528.
— Ijsselstein, 5032.
— Ilchester, 1917.
— Innspruck, 4686, 4702.
— Insula Leporum, 5125.
— Ipswich, 1897.
— Josephsberg, 4700.
— La Lance, 6237.
— La Thieulloye, à Arras, 6282.
— Le Mans, 923, 942.
— Lienz, 4697.
— Lille, 7104.

Couvents. Limoges, 643.
— Llanfais, 1913.
— Löbau, 4475.
— Londres, 1786.
— Losenham, 1945.
— Ludlow, 1905.
— Lunéville, 7033.
— Maria Steinach, 4689.
— Mariathal, 4692.
— Maria Weissenstein, 4701.
— Marlborough, 1397.
— Melcombe Regis, 1922.
— Méran, 4687.
— Milan, 5748.
— Montdidier, 963.
— Mount-Grace, 1786.
— Nantes, 202.
— Naples, 5707.
— Nazareth (Les Pères de), 915.
— Newcastle - under - Lyme, 1903.
— Newcastle - upon - Tyne, 1949, 7258.
— Oxford, 1901, 7255.
— Paderborn, 4703.
— Padoue, 5625.
— Palerme, 5981, 5982.
— Paris, 88, 886, 887, 888, 889, 893, 894, 903, 914, 915, 916, 920, 995, 1100.
— Picpus, 916.
— Pierrepont, 967.
— Pilsen, 4327.
— Plymouth, 1924.
— Pontefract, 1942.
— Prague, 4282.
— Ravenne, 5585.
— Recanati, 5788.
— Reims, 945.
— Rhuddlan, 1904.
— Roquefort, 6736.
— Roskilde, 4714.
— Rottenbuch, 4688.
— Roye, 965, 966.
— Saint-Omer, 6858.
— Saint-Charles, à Saint-Jean-le-Blanc-lèz-Orléans, 6806.
— Sainte-Claire, à Roquefort, 6736.

Couvents. Saint-François, 6780.
— Saint-Fortunat, à Todi, 5564.
— Saint-Jean hors les Murs, à Recanati, 5788.
— Saint-Maximin (Var), 322.
— Sainte-Marie-Madeleine, à Altenbourg, 4451.
— Sainte-Marie de Pénitence, à Freiberg, 4419, 4468.
— Sainte-Trinité d'Aldgate, 1363.
— Sainte-Trinité, à Burgos, 4935.
— Salisbury, 1938, 1939.
— Schnals, 4691.
— Schwaz, 4693.
— Seefeld, 4696.
— Shrewsbury, 1891.
— de la Somme, 947.
— Stafford, 1920, 1921.
— Sternberg, 4403, 4443, 4449.
— Syracuse, 6041.
— Todi, 5564.
— Truro, 1919.
— Tückelhausen, 4588.
— Valladolid, 4960, 4961.
— Vincennes, 907.
— Waldrast, 4690.
— Winchester, 1891, 1902.
— Worcester, 1907, 1944.
Couvents. Augustines, 4693.
— Augustins, 643, 824, 886, 920, 950, 1110, 6777.
— Capucins, 889, 923, 938, 963, 4702, 4703, 6786.
— Carmélites, 888, 995.
— Carmes, 88, 202, 643, 888, 938, 1397, 1528, 1891, 1912, 1915, 1924, 1937, 1945, 1949, 4697, 5707, 6778, 7033, 7258.
— Carmes déchaussés, 6779.
— Chanoinesses de Sainte-Catherine, 5886.
— Chartreux, 903, 957, 1786, 4588, 4691, 6194, 6237.
— Célestines, 4688.
— Célestins. 397.

Couvents. Clarisses, 945, 4685, 4687, 5585, 7251.
— Clarisses Anglaises (Pauvres), 7031.
— Cordeliers, 98, 437, 643, 893, 923, 951, 965, 967, 6705. Cf. Franciscains.
— Dominicaines, 4689, 4692, 5125.
— Dominicains, 322, 577, 1899, 1901, 1902, 1903, 1904, 1905, 1906, 1907, 1908, 1911, 1914, 1916, 1917, 1918, 1919, 1922, 1928, 1938, 1942, 1961, 5748, 6784, 6789. Cf. Jacobins.
— Ermites de Saint-Augustin, 1905, 1921, 4282, 4403, 4443, 4449, 4453, 4461, 4696, 5590, 5605, 6035.
— Fakons, à Anvers, 6790.
— Franciscains, 1891, 1897, 1900, 1909, 1910, 1913, 1920, 1923, 1925, 1939, 1944, 4327, 4387, 4417, 4456, 4475, 4714, 4722, 4724, 4960, 5564, 5625, 5981, 5982, 6041, 7255, 7256. Cf. Cordeliers et Recollets.
— Hiéronymites, 4700.
— Jacobins, 437, 643, 887, 923, 953, 6501. Cf. Dominicains.
— Jésuites, 938.
— Minimes, 894, 907, 923, 952, 966.
— Pères de Nazareth, 915.
— Recollets, 6785, 7104. Cf. Franciscains.
— Religieux de Picpus, 916.
— Servites, 4686, 4690, 4701.
— Théatins, 914.
— Ursulines, 955.
— Visitandines, 955.
Couvertures, 5196, 5198, 5211, 5216, 5228.
— de chevaux, 2028.
— de livres, 265.

Coventry, 1717.
— Cathédrale, 1957.
— Église de Saint-Michel, 1874, 4162.
— Gilde de Saint - Jean, 1437.
— Hôpital de Bablake, 4138.
Coventry (Antiquities of), 4162.
Cowdale, 4216.
Cowlam, église, 3449.
Cowper (H.-S.), b, 7355, 7371, 7421, 7423.
Cowper (J.-M.), b, 1703, 3853, 7431.
Cowper (W.), b, 7344, 7383, 7391.
Cox (J.-C.), b. 1434, 1464, 1465, 1668, 1699, 1712, 1768, 1777, 1804, 1823, 2023, 2396, 3836, 3844, 3998, 4070, 4109, 4112, 4119, 4126, 4130, 4200, 4227.
Coxan, monastère, 4844.
Covecque (Em.), b, 6270, 6426, 6440, 6442, 6443, 6445, 6449, 6450, 6453, 6454, 6455, 6456, 6457, 6461, 6462, 6468.
Coypel (Charles-Antoine), peintre, 1208.
Coypel (Noël-Nicolas), peintre, 1154.
Coysevox (Antoine), sculpteur, 1143.
Cracovie, cathédrale, 6089, 6090, 6091.
— Églises, Corpus Christi, 6093.
— « Sainte - Marie , 6173.
Cranmer (Thomas), 1873.
Cranach (Lucas), 4365.
Cranbrook, église, 1753.
Cranham, église, 2441.
Cranlegh (Thomas), 1513.
Cranley, église, 3044.
Crannes, église, 1016.
Craon, 410, 411, 412.
— Baronnie, 288.
— Château, 288, 289, 380, 393, 478.
Craon (La dame de), 6341.
Crassier, 361.
Craven (Antiquities of the Deanery of), 3861, 4000, 4141.
Craw (Thomas), 3885.
Crawley (Sir Francis), 4150.

Crayford, église, 2694.
Crayons, 811.
Craywick, église, 6869.
Crediton, église, 1803, 7235.
Crémone, 5795.
— Cathédrale, 5505.
Crescimbeni (G.), b, 5480.
Cressé (Marie de), 589.
Cressent (Charles), sculpteur, 1272.
Crevalcore (Le prévôt de), 5956.
Crewkerne, cantarie, N.-D. du Cimetière, 7261.
— « N.-D. en l'Église, 7261.
Creyke (Thomas), 1711.
Crich, église, 1465, 1804, 2333.
Crichton (Ninian de), 4776.
Cristal, 6547.
Cristaux, 368, 678, 1356, 1367, 1615, 1693, 4064, 4279, 4393, 4459, 4605, 4606, 4662, 4672, 4748, 4752, 4895, 5006, 5502, 5607, 5646, 5889, 5959.
Cristobal, 4910.
Croce (Église della), à Venise, 5697, 5702.
Crochte, 6870.
Croft (E.), b, 3815.
Croft (J.), 2054.
Croix, 169, 298, 369, 432, 1339, 1356, 1371, 1374, 1385, 1391, 1399, 1521, 1527, 1644, 1691, 1713, 1791, 1873, 1883, 1943, 1958, 2134, 4079, 4087, 4232, 4243, 4261, 4274, 4279, 4301, 4305, 4316, 4320, 4327, 4371, 4397 , 4434, 4450 , 4470 , 4486 , 4858, 4868, 4872, 4878, 4887, 4925, 5006, 5013, 5023, 5125, 5164, 5182, 5478, 5481, 5502, 5543, 5559, 5565, 5580, 5599, 5631, 5649, 5683, 5699, 5730, 5738, 5786, 5808, 5877, 6216, 6227, 6398, 6620, 6731, 7193.
Croix antiques, 6068.
— émaillée, 4937.
— d'ivoire, 4871.
— d'or et d'argent, 437, 4103, 4108, 4871, 5128.
— processionnelle, 1542.
— avec pierreries, 4458.
Cromer, église, 2906.
Cromford, église, 2335.
Cromwell (le protecteur), 7406.

Cromwell (Thomas), 1822, 1873.
Crone (A.), b, 4740.
Croome d'Abitot, église, 3303.
Croome (Earls), église, 3304.
Croome (Hill), église, 3338.
Cropthorne, église, 3305.
Crosby (Richard), 3645.
Croscombe, église, 7219, 7220, 7226, 7319.
Cross Canonby, église, 2293.
Crosses, 298, 678, 1356, 1373, 1873, 1958, 4279, 5114, 5127, 5164, 5182, 5893.
Crosthwaite, église, 2295.
Croston, chapelle de Rufford, 2016.
Crowle [Worcester], église, 3306.
— « Manoir, 1844.
Croÿ (Le duc Ernest Bogislav de), 4646.
Croÿ (Philippe de), duc d'Arschot, 6485.
Croydon, 3865.
— Église, 3085.
Croxall, église, 2332, 7378.
Croxteth, 7430.
Croxton Keyrial, église, 2869.
Crozat, 6746.
Cruce Veliterna (De), 1620.
Cruches, 1411.
Crucifix, 1579, 1845, 3647, 4740.
Cruden (R.-P.), b, 1961.
Cruets [burettes], 1399.
Crull, b, 4332, 4467.
Crull (F.), b, 4352, 4405, 4435.
Crundall, église, 2695.
Cruzada Villaamil (D.-G.), b, 4878.
Csánki (D.), b, 5122.
Csúzi (Madeleine), 5133.
Cubbington, église, 3133.
Cublington, église, 2216.
Cudham, église, 2693.
Cugnoni (G.), b, 5740, 5746, 5762, 5773, 5779, 5780, 5782, 5785.
Cuillières, 1411, 1791, 1845, 1958, 5189, 5559, 5747, 7262.
Cuincy, église, 6979.
Cuir (Gilde des Vendeurs de), 1709, 1747, 1960.
Cuirs dorés, 7113.
Cuirs de tentures, 4899.
Cuisine, 41, 47, 679, 769, 1394, 1643,

T. III.

1871, 3651, 4354, 4537, 4718, 4899, 5585, 5882, 5924, 5931, 6387, 6463, 6672, 6719, 6766, 6821.
Cuivre, 993, 7066.
Cullum (J.), b, 4124.
Culmstock, église, 7151, 7152, 7174.
Culuaga (Bartolomé de), 4914.
Cumberland, comté, 1440, 1790, 2241, 3864, 4015, 4024, 4065, 4160, 4165, 4197, 4202, 4203, 4216, 4218, 4219, 4221, 4224, 7432.
Cumberland (Clifford, comte de), 4141.
Cumberland (Henry Clifford, comte de), 3861.
Cumberland and Westmoreland Antiquarian Society (Transactions of), 1440, 2312, 3864, 4015, 4024, 4065, 4099, 4133, 4160, 4165, 4197, 4202, 4203, 4214, 4216, 4218, 4219, 4221, 4224, 7337, 7341, 7355, 7371, 7409, 7417, 7421, 7423, 7434.
Cumberworth (Sir Thomas), 1606.
Cumbroke, église, 3231.
Cumrew, église, 2260.
Cumwhitton, église, 2258.
Curdworth, église, 3160.
Curé, 1561, 2119, 3646, 3662, 3668, 3672, 3677, 3680, 3683, 3698, 3699, 3722, 3725, 3757, 3758, 3782, 3796, 3842, 3855, 3857, 3929, 3930, 3938, 3968, 3973, 3978, 3979, 3980, 3981, 3982, 3984, 3999, 4010, 4030, 4031, 4123, 4190, 4203, 6315, 6499, 7225, 7338, 7373, 7419. Cf. Prêtre.
Curiale (Maison). Cf. Maison Curiale.
Curiosités, 159, 794, 1097, 1105, 4129, 4395, 4540, 4554, 4597, 4600, 4609, 4662, 4665, 4670, 4672, 4677, 4678, 4680, 4681, 4684, 4748, 6589, 6642, 6651.
Curiosité universelle (La), 6728.
Curry Malet, cantarie de Saint Jacques, 7261.
Curteys (Richard), évêque, 7349.
Curtoni (Giovanni Pietro), 5917.
Curwen (Sir Henry), 4015.
Curwen (Thomas), 4160.
Curzon (H. de), b, 876.
Cussans (J.-E.), b, 1368, 2651, 2652, 2653.

5

Cutsdean, église, 3299.
Cuthbert (Saint), sa châsse. 1570.
Cuthbert (Thomas), 1752.
Cuyp (Gerrit Gerrittsz). 5047.
Cysoing. église, 42.
Czarnożyły, église. 6133.

Czastary, église, 6146.
Czemer (La dame Ladislas Zay de), 5218.
Cziráky (Éva), 5214.
Czobor (Elisabeth), 5207.
Czerny (A.). B, 4564.

D

Dacre, église, 2304.
Dacre (Lord), 1863.
Dacres (Christopher), 1862.
Dagenham, église, 2476.
Dagg (William), 3762.
Daglingworth, église, 4204.
Daguerre, 873, 1105.
Dagues, 4662, 4909, 4953.
Dahlerup (H.), B, 4743.
Dais, 4806, 4807, 4821.
Dala, 5309.
Dalay (Mauro), 6063.
Dalby Little, église, 2845.
Dalby (Thomas), 1814.
Dalby (Thomas de). 1524.
Dale, abbaye, 1933.
Dallari (U.), B, 5630, 5726.
Dallaway (J.), B, 1560.
Dalles, 6814.
Dallison (William), 3976.
Dalmatiques, 4799.
Dalr, église, 5448.
Dalston, église, 2248.
Dalton (North), 3603.
Dalton (South), église, 3561.
Dame d'honneur de la Cour de l'électeur Palatin, 6242.
Dan (P.), B, 6624.
Danby (John), 1613.
Dandré Bardon (Michel-François), peintre, 1316.
Danemark. Archives, 6205.
    — Rois, Chrétien III, 4736.
    — « Christian V, 4748.
    — « Éric, 4706.
    — « Frédéric Ier, 4725.
    — « Frédéric IV. 4751.
    — Tapisseries, 5665.
Dangibeaud (Ch.). B, 590. 6594.

Daniel-Tyssen (J.-R.), B, 2033, 2056, 2105, 3085.
Danier (Jacques). 6445.
Danicarum medii aevi (Script. rerum), 4708, 4714, 4717.
Dankerode, église, 4508.
Dankó (J.), B, 5111, 5127, 5128, 5131, 5136, 5182, 5261.
Dankòw, église, 6115.
Danmarks Kirkehistorie, 4719.
Danoise (Société pour la publication des sources pour l'histoire), 4733, 4735.
Dansk Bygnings- og Kunsthistorie (Samlinger til), 4744, 4745, 4749.
Danske Kancelliregistranter, 4733, 4735.
Danske Magazin, 4706, 4709, 4710, 4711, 4712, 4713, 4716, 4718, 4720, 4721, 4723, 4724, 4726, 4727, 4728, 4729, 4730, 4731, 4732, 4736, 6189, 6656.
Danske Magazin (Nye), 4725, 4738, 4744, 4751, 6187.
Danske Samlinger for Historie. 4734, 4739, 4746, 4747.
Danti (Giulco), orfèvre, 5815.
Dantiscus (Johannes), évêque, 6158.
Danvila (M.), B, 4976.
Darcy (Lord), 1788.
Dardathon (Gabriel), architecte. 6726.
Dardesheim, église, 4508.
Darenth, église et chapelle de Sainte-Marguerite, 2696.
D'Argenville, B, 6817.
Dargut (Jeanne), 6438.
Darholcz (La dame François), 5210, 5219.

Darley, abbaye, 1932.
Darney, château, 6492.
Darnley, 4816.
Darras (Le chanoine), b, 321, 840.
Darsy (F.-I.), b, 265, 969, 6566.
Dart (J.), b, 1391, 1408, 1529.
Dartford, 2771.
    — Église, 2698.
Dartford (Ash), église, 2660.
Dartford (Kingsdown), église, 2730.
Darwin (G.-H.), b, 4092.
Dashwood (G.-H.), b, 1362.
Datchet, église, 2204.
Datchworth, église, 2585.
Dauphin de France, 6961.
Dauphine de France, 844.
    — Marie-Josèphe de Saxe, 811.
Dauphiné, 6299.
Dauphiné (Bullet. de l'Acad. delphinale), 404, 635.
Dauphinois (Chevaliers), 6284.
Dauphins, 6298, 6299, 6301.
Dave, château, 797.
Dave (La vicomtesse de), 797.
Davenport (William), 1972.
David de Bourgogne, évêque, 5010.
David de Voullour, 1478.
Davies (W.-H.-S.), b, 1900.
Davillier (Le baron Ch.), b, 1101, 4906, 4909, 4912, 4913, 4915, 4919, 4932, 4940, 4943, 4947, 4949, 4955, 4956, 4957, 4958, 4984, 4985, 4986.
Davis (J.-E.), b, 1733, 3846, 4071, 4180.
Dawlish, église, 7143.
Dawson (Thomas), 3778.
Daylesford, église, 3308.
Daxlanden, église, 4615.
Dean, église, 2794.
Dearham, église, 2294.
Deblaye (L'abbé), b, 686.
Dechristé (Louis), b, 882, 883, 884, 905, 906, 927, 930, 935, 936, 937, 973, 990, 7028, 7029.
Déchy, église, 6980.
Declarasvaux (Jacques), tapissier, 6669.
Décorations d'église, 4436.
Dedham, église, 2484.

Defford, église, 3309.
Dehaisnes (Le chanoine), b, 3, 29, 30, 31, 34, 38, 42, 43, 45, 46, 47, 49, 50, 52, 53, 57, 62, 71, 75, 76, 82, 84, 96, 97, 100, 106, 111, 112, 121, 127, 129, 132, 147, 158, 167, 169, 6323, 6325, 6338, 6374, 6957, 7125.
Delafosse (Élisabeth), 1135.
Delaporte (Denis), 733.
Delaporte (François), 733.
Delattre, b, 924.
Delaunay (Pierre), peintre, 1295.
Delavall (Sir John), 3773.
Delaville Le Roulx (J.), b, 4879.
Delayant, b, 216, 355.
Delft, 5075, 5080.
    — Églises, Nieuwe Kerk (Sainte-Ursule), 5028.
    — « Oude Kerk (Saint-Hippolyte), 5014, 5017.
Delisle (Léopold), b, 21, 51, 89, 154, 6265, 6276, 6289, 6297, 6302.
Della Palude (Le comte), b, 6070.
Delom (Pierre-Étienne), 6269.
Delort, b, 6304.
Deloye, b, 6261.
Delpit (Jules), b, 672.
Delves (La dame Cicely), 3841.
De Lyen (Jacques-François), peintre, 1243.
Demaison (Louis), b, 41, 87, 253, 6305, 6335.
Demarteau, b, 770.
Demay, b, 25, 156.
Denais (J.), b, 823.
Denbigh, Carme, 1912.
Denby, église, 2336.
Denier de Judas, 4513.
Denifle (H.), b, 6294.
Denis (L'abbé F.-A.), b, 6279.
Denis (Jean-Adrien), 1259.
Dennington, maison, 4026.
Denrées, 6361.
Denton Nether, église, 2263.
Denzinger (J.), b, 4588.
Depoin (J.), b, 260, 829, 992, 1107, 6499, 6500.
Deptford, église, 2699.
Député, 7436.

Dequoy (Pierre-Simon), 1251.
Derby, chapelle de Sainte-Marie-
      sur-le-Pont, 1712.
   —   Églises, All Saints, 1668,
            1699, 1823, 3836,
            3844, 4112, 4119.
   —   «   St-Werburgh, 4062,
            4083, 4169, 4170,
            4174.
Derby, comté, 1464, 1465, 1668,
   1712, 1768, 1804, 1881, 1932, 1933,
   1934, 2023, 2313, 3823, 3970, 3998,
   4059, 4070, 4109, 4126, 4130, 4153,
   4173, 4189, 4195, 4199, 4200, 4223,
   4227, 7378, 7387.
Derbyshire, 2396.
*Derbyshire Archaeological and Na-
   tural-History Society,* 1434, 1777,
   1934, 3998, 4059, 4070, 4109, 4184,
   4195.
*Derbyshire (Notes on the Churches
   of),* 2313-2396.
Dereige (André), peintre, 1228.
Derode (Victor), b, 7059.
De Roever (N.), b, 5041, 5044, 5045,
   5049, 5050, 5051, 5052, 5054, 5059,
   5060, 5061, 5067, 5071, 5088, 5089,
   5090, 5091, 5093.
Derses, pricuré, 6552.
Desaint (Jean), libraire, 6759.
Desbarreaux (B.), b, 308.
Desbatisse (Claude), sculpteur, 1242.
Deschamps de Pas, b, 417, 6701,
   6858.
Desclozeaux, b, 6569, 6570, 6771.
Desimoni (G.), b, 5563.
Desjardins (Gustave), b, 263, 277,
   687, 6376, 6435.
Desmazes (Charles), b, 157.
Desoches (René-Gabriel), peintre,
   1234.
Desportes (Nicolas), peintre, 1324.
Desrais (Étienne), peintre, 1172.
Desrosiers (Nicolas), peintre, 727.
Dessinateurs, 1129, 1194, 1203, 1255.
Dessins, 652, 690, 696, 702, 707,
   1118, 4565, 4603, 5103, 5770, 5773,
   5822, 5867, 5878, 5899, 5900, 5904,
   591 936, 5939, 5950, 5968, 5970,
   6075, 6713, 6714, 6746, 6810.
De Stuers (V.), b, 5072.

*Deutsches Bürgerthum im Mittelal-
   ter,* 4343.
*Deutschtirol (Die Aufhebung der
   Kloester in),* 4685, 4686, 4687,
   4688, 4689, 4690, 4691, 4692, 4693,
   4695, 4696, 4697, 4698, 4699, 4700,
   4701, 4702.
Deutsches Volksblatt, 4355.
Deventer, église de Saint-Lebuin,
   5025.
Deville (A.), b, 331, 403.
Deville (J.), b, 6280, 6349, 6350,
   6570, 6584, 6603, 6627, 6649, 6678,
   6692, 6694, 6721, 6723, 6730, 6754,
   6769, 6801, 6807, 6822, 6961.
Devillers (L.), b, 95, 1113, 6342,
   6348, 6423.
Devizes, église, 2045.
Devon, comté, 1400, 1419, 1803,
   1924, 2397, 7134, 7152, 7156, 7167,
   7171, 7176, 7178, 7271, 7286, 7320,
   7333.
Devon (Antiquities in), 7171.
Devon (Monasteries in), 7235.
Devon (F.), b, 1344.
De Vries (A.-D.), b, 5074.
Dewhurst (John), 7390.
Deydier, brodeur, 6559.
Deyma (Jan-Baptista), 5078.
Dezègre (Nicolas), sculpteur, 1145,
   1188.
Dezzori (Suzanna), 5514.
Diadèmes, 5198, 5223.
Diamants, 924, 5196.
Diana, 451, 612.
Dickson (Th.), b, 4769.
Dictionnaire d'orfèvrerie, 414.
Didier, évêque, 6252.
Didron [aîné], b, 994.
Die, évêque, 6306.
Dieul (Ch.), b, 6088.
Diekamp (W.), b, 4241, 4242.
Dietsche Warande (De), 5063, 5070,
   5104, 6605.
Dieulacres, abbaye, 7257.
Digne, cathédrale, 6295, 6758.
Digby (Anne), 7362.
Dignités, 315.
Digot (Aug.), b, 316, 488, 4243,
   6288, 6553.
Digswell, église, 2577.

Dijon, 201, 436.
— Confrérie du St-Sacrement, 929.
— Orfèvres, 436.
— Église de Saint-Médard, 929.
— Sainte-Chapelle, 447, 791, 871.
Dillon (Arthur-Richard), archevêque, 6959, 6834.
Dillon (H.-A.), b, 2028, 7229.
Dillon (J.), b, 4759.
Dillwyn (L.-W.), b, 2106.
Dilwyn, église, 4053.
Dinan, 6404.
Dinanderie, 5189.
Diner (Menu de), 180, 225.
Dion (A. de), b, 39, 610, 763, 771, 778, 789, 819, 826, 850, 6650.
Diplomatarium Islandicum, 5290, 5320, 5415, 5468, 5473, 5474, 5475.
Diptyques d'ivoire, 4846.
Diseworth, église, 2818.
Dissais (Le Seigneur de), 662.
Distington, église, 2282.
Ditges (A.), b, 4363.
Dittrich (Le dr. Fr.), b, 6180.
Divék-Ujfalussy (Claire), 5252.
Divék-Ujfalussy (Suzanne), 5242.
Dixon (Matthew), 3657.
Döbner (R.), b, 4292, 4322.
Dobson (George), fermier, 7426.
Documents et extraits divers concernant l'Histoire de l'art dans la Flandre, l'Artois, le Hainaut, avant le XV⁰ siècle, 15, 29, 30, 34, 38, 42, 43, 45, 46, 47, 49, 50, 52, 53, 57, 62, 71, 75, 76, 82, 84, 96, 97, 100, 106, 111, 112, 121, 127, 129, 132, 147, 158, 167, 169, 6325, 7125.
Documents inédits, 5537.
Doddenham, église, 3311.
Dodderhill, église, 3310.
Dodding (Robert), 3653.
Doddington, église, 2219.
Dodsworth (Ed.), b, 1883.
Dodt van Flensburg (F.-J.), b, 5013, 5031, 5033, 5036, 5038, 5048.
Dogaresse, Laura Cornaro, 5971.

Doges de Venise, Faliero (Marin), 5598.
— Mocenigo (Giovanni Alvise), 6065.
— Morosini (Francesco), 5943.
Doinel (J.), b, 6725.
Dol, 6402.
— Cathédrale de Saint-Samson, 6334.
— Chapitre, 235.
Dolleron (Guy), peintre, 1152.
Dollon, église, 1063.
Dolmans, 5201.
Dombrain (J.), b, 2040, 7412.
Domenicani (Pittori, Scultori ed Architetti), 5768, 5770.
Domenichino, 5918.
Dominicains, à Anvers, 6784, 6789.
— Bangor, 1908.
— Bristol, 1916.
— Cardiff, 1914.
— Exeter, 1918.
— Gênes, 5657.
— Gloucester, 1899.
— Guildford, 1928.
— Haverfordtwest, 1911.
— Helsingborg, 4733.
— Hereford, 1906.
— Ilchester, 1917.
— Inverness, 4802.
— Lund, 4733.
— Melcombe Regis, 1922.
— Newcastle under Lyme, 1903.
— Oxford, 1901.
— Pirna, 4469.
— Pontefract, 1942.
— Roskilde, 4733.
— Rhuddlan, 1904.
— Salisbury, 1938.
— Valladolid, 4961.
— Winchester, 1902.
— Wismar, 4405.
— Worcester, 1907.
Dominicaines, Arras, La Thieulloye, 6282.
— Insula Leporum, 5125.
— Maria Steinach, 4689.
— Mariathal, 4692.
Dominique III, abbé, 4667.
Domkirche, église de Halle, 4380.

Domkirche, église de Lübeck, 4422.
DONDIOROLOGIO (F.-S.), II, 5523, 5567.
DONIUS (Io.', II, 5476, 5477.
DONZI (Le baron de), 167.
DOORNINCK (J.-J. van), II, 6540.
Dordogne, Société d'agriculture, sciences et arts, 632.
DORIEU (Louis-Henri), 826.
Dorking, église, 2993.
Dormans Beauvais, collège, 6322.
Dormston, église, 3313.
Doreur, 1214.
Doroirs, 169.
Dorset, comté, 1436, 1501, 1532, 1549, 1621, 1630, 1647, 1678, 1682, 1922, 1965, 1995, 2003, 2406, 3824, 3835, 3854, 4011, 4139, 4217, 7119, 7200, 7274.
— Églises, 7195.
Dorset (Antiquities of County of), 4139, 4154, 4217.
Dossiers, 1415.
Douai, 6963, 7029.
— Abbayes, 990.
— Bourgeois, 6311.
— Confréries et corporations, 937.
— Couvents, 905, 906, 927.
— Églises, 927, 930, 6824, 6963.
— « N.-D., 210.
— « Saint-Alban, 882.
— « Saint-Amé, 31, 121, 936, 973, 6278, 6323.
— « Saint-Jacques, 883.
— « Saint-Nicolas, 884.
— « Saint-Pierre, 935.
— Marchand, 111.
— Société d'agriculture, 905, 906, 927, 930, 935, 936, 937, 973, 990, 6287, 7028, 7029.
Douai [Angleterre], monastère de Saint-Grégoire, 7388. Cf. Downside.
Douaire, 5131.
DOUAIS (Le chanoine), II, 23.
DOUBLET (Dom), II, 573.
DOUBLET DE BOISTHIBAULT, II, 717, 864, 976.
Doubs, Société d'émulation, 509, 580, 6591.

DOUET D'ARCQ, II, 11, 70, 85, 91, 99, 152, 180, 193, 200, 205, 206, 224, 225, 232, 369, 480, 492, 6359, 6360.
DOUGLAS (William), 4768.
Douvres, château, 1432, 1453.
— Hôpital de Sainte-Marie, 1867.
— Prieuré de Saint-Martin, 1870.
Dovercourt, église, 2489.
Doverdale, église, 3312.
Downe, église, 2700.
Down Hatherley, église, 2505.
DOWNES (George), 7363.
Downside, monastère de Saint-Grégoire, 7388.
Downside Review, 1339, 7388.
DOYEN, peintre, 885.
Doyen de Westminster (Le), 1562.
DOYNET (Jean), 253.
DRACH (C.-A. von), II, 4368, 4388, 4521, 4531, 4560, 4566, 4595, 4596.
Draflastadir, église, 5343.
Draguignan, 312, 487.
— Notaire, 6550.
— Société d'études scientifiques, 6550.
DRAKE (Sir Francis), 7351.
Drames liturgiques (Les), 6277.
Drapiers, 3632, 3845, 3848.
Draps, 58, 5563, 5747, 5749.
— d'autel, 1807.
— de laine, 184, 272.
— d'or, 167, 184, 293, 5558, 6471.
— précieux, 390, 6538.
— de soie, 66, 160, 167, 184, 293, 367, 4817.
Draycot and Bourton, 3097.
Drayton-Basset, 4117.
DRASKOVICH (Le comte), 5231.
DRASKOVICH (Jeanne-Marie), 5231.
DREFF (Ralph), 1625.
Dregel, château, 5261.
Dresde, couvents des Ermites, de Saint-Augustin, 4461.
— Églises, 4455.
— « Ermites de Saint-Augustin, 4453.
— « Sainte-Croix, 4347.
DREVET (Claude), graveur, 1308.

Dreyhaupt (J.-C. von), b, 4365, 4380.
Driffield (Little), 3596.
Drinchan, église, 6871.
Dringhan, église, 7038.
Drochon (L'abbé), b, 6753.
Droitwich, églises, Saint-André, 3314.
— « Saint-Edmond, 3317.
— « Saint-Nicolas, 3315.
— « Saint-Pierre, 3316.
— « Saint-Thomas, 3318.
Drontheim, archevéché, 6187, 6194, 6195.
Drouyn (Léon), b, 556.
Drübeck, Bénédictines, 4409.
Drugeth, 5126.
Drumlanrig, 4768.
Drury (Sir William), général, 4820.
Dry Stoke, 7362.
Drypool, église, 3512.
Du Barry (La comtesse), 1102, 1108.
Du Bauquet (Adam), 353.
Du Bellay (Jean), cardinal, 5819.
Dublioli (Guglielmo), 5879.
Dubois (L'abbé), b, 6393.
Dubois (J.), b, 986, 987.
Du Bos (Simon), 112.
Du Bosc (Guillaume), 178.
Du Bourg, b, 56.
Du Boys (Aug.), b, 644.
Ducs, d'Albuquerque, 4901.
— d'Arschot, 548.
— d'Anjou, 107, 131, 273.
— d'Autriche, 286.
— de Bavière, 229, 4510, 4549, 6348.
— de Berry, 159, 183.
— de Bouillon, 7107.
— de Bourbon, 330.
— de Bourgogne, 127, 128, 144, 160, 163, 167, 184, 201, 252, 266, 286, 6260, 6312, 6338.
Ducs de Bourgogne (Les), 67, 139, 248, 266, 286, 287, 290, 296.
Ducs, de Bretagne, 48, 202, 269, 1485.
— de Brunswick, 4589.
— d'Épernon, 512.
Ducs, d'Este, 5930.
— de Ferrare, 5731, 5737, 5800, 5801, 5804, 5810, 5817, 5835, 5837.
— de Gloucester, 144, 1542, 1644.
— de Gueldre, 5018.
— de Hesse-Darmstadt, 4178.
— de Lancaster, 144.
Ducs de Lorraine (Les), 388, 483, 525, 539, 6469, 6474, 6479, 6482, 6483, 6484, 6486, 6487, 6488, 6489, 6491, 6492, 6512, 6543, 6544, 6557, 6558, 6573, 6588.
Ducs, de Mantoue, 5889, 5919.
— de Meklembourg (Albert VII), 4513.
— de Mercœur, 6544.
— de Milan, 5665, 5700, 5705, 5748.
— de Modène, 5864, 5871, 5878, 5901, 5903, 5907, 5911, 5921, 5933.
— de Norfolk, 1669.
— d'Orléans, 145, 151, 164, 173, 185, 189, 222, 248, 868.
— de Parme, 5927, 5959.
— de Poméranie, 4349, 4482, 4501, 4558, 4565, 4579.
— de Roannès, 475.
— de Savoie, 236, 243, 293, 510, 5664, 5724, 5747, 5749, 5840, 5875, 5891, 6391.
Ducs de Savoie (Les), 293, 294.
Ducs, de Saxe, 4470, 4511.
— de Stettin, 4565.
— de Suffolk, 1663.
— de Toscane (Le Grand-), 5838, 6076.
— de Tyrol, 4307, 4311.
— d'Urbin, 5746, 5810.
— de Würtemberg, 4437.
— d'York, 144.
Duc (P.-E.), b, 5856, 5882, 5886, 6248.
Ducarel, b, 1740.
Du Castels (Georges), 6577.
Ducaunès-Duval, b, 790.
Ducéré (E.), b, 6293, 6316, 6318, 6430, 6436, 6438, 6439, 6441, 6444, 6446, 6447, 6452, 6459, 6465, 6475, 6476, 6567, 6568, 6575, 6582, 6601.

6622, 6667, 6674, 6682, 6684, 6845,
7111.
Duchemin (La dame), 6302.
Duchesne (L'abbé L.), b, 5476.
Duchesses, d'Aremberg, 797.
    — d'Aiguillon, 663.
    -- de Bar, 6474.
    — de Beaufort, 519.
    --- de Bourbonnais, 330.
    — de Bourgogne, 128, 162,
      169.
    — de Bretagne, 130, 269, 313,
      1485.
    de Brunswick-Zell, 4659.
    -- de Calabre, 6474.
    — de Ferrare, 5769.
    — de Longueville, 341.
    -- de Lorraine, 6474.
    -- d'Orléans, 170, 173, 248,
      290, 782.
    — de Parme, 5866.
    — de Poméranie, 4349.
    — de Savoie, 420.
    — de Somerset, 7350.
    — de Suffolk, 1666, 7213.
    — de Valentinois, 339.
    — de Vendomois, 444.
    — de Zell, 4653, 4659.
Duchet (Th.), b, 29, 30.
Duckett (Anne), 3640.
Ducourtieux, b, 643.
Ducreux (Michel-Joseph), peintre,
1133.
Du Deffant (La marquise), 856.
Dudik (Beda), b, 4597, 4598.
Dudley, églises, Saint-Edmond,
      3317.
    --   «   Saint-Thomas,
      3318.
Dudley (Robert), 3988.
Duffield (James), 2060.
Duffield (William), chanoine, 1646.
Duffus-Hardy, b, 194.
Du Fou (Raoul), évêque, 334.
Dufour (A.), b, 179, 354.
Du Friche (Robert), 6500.
Dugdale (W.), b, 1335, 1367, 1369,
    1498, 1572, 1585, 1737, 1884, 2054,
    3622, 3625, 3810, 7116.
Duggleby Chapel, église, 3428.
Du Guesclin, 313.

Du Guesclin (B.-R.), évêque, 843.
Duhamel (L.), b, 336, 6327.
Du Laurens (Gaspard), archevêque,
    552.
Dulin (Nicolas), 1204.
Dulwich, collège, 7405, 7424.
Dumas (Jacques), 714.
Dumas de Rauly (Charles), b, 344.
Dumbar (G.), b, 5025.
Dumbarton, château, 4819, 4822,
    4825.
    — Église, 4762.
Du Molinet, b, 6706.
Du Monstier (Le P.), b, 374.
Dumont, dit Le Romain (Jacques),
    peintre, 1309.
Du Mortier (B.), b, 246, 455.
Du Mur (Nicolas), 6435.
Duna (Conrad von), archevêque, 4301,
    4303.
Duncan (J.-D.), 7436.
Dunchurch, église, 3106.
Dundee, 4804.
    — Église Sainte-Marie, 4763.
Dunfermline (Le comte de), 4831.
Dunkerque, abbaye, 6872.
    — Églises, 6872, 7039.
Dunkin (E.-H.-W.), b, 4034.
Dung, 6521.
Dunmow, couvent, 1891.
Dunnington, église, 3538.
Dunois (Le comte de), 6378.
Dunsfold, église, 3040.
Dunster, cantarie du Saint-Sacre-
    ment, 7261.
Dunvall, 4188.
Du Perrier, 6589.
Duperron (Le cardinal), 4076.
Duplès-Agier, b, 20.
Duplessis (G.), b, 546, 593, 710, 767.
Duplessis-Mornay, 561, 562.
Dupont (Cécile-Geneviève), 1175.
Dupont (J.-B.), sculpteur, 1219.
Du Port (Magallone), 487.
Duprat (Le chancelier), 378.
Dupré, b, 6630, 6631.
Dupré (A.), b, 151, 191, 207, 228,
    6848.
Dupré (Daniel), peintre, 743.
Durand (Julien), b, 5570.
Durand (V.), b, 6259.

Durbare (Rumwell), 7386.
Durbon, Chartreuse, 7103.
Dürer (Albert), 4551, 5085.
Durham, 1382, 1390, 1402, 1531, 1552, 2012.
— Comté, 1384, 1488, 1489, 1492, 3620, 3977, 4066, 4077, 4082, 4121, 4122, 4161, 4168, 4175, 4225.
— Cathédrale, 1496, 1570, 2135, 4032.
— Églises, St-Nicolas, 2012, 4171, 4205.
— « Saint-Oswald, 2012, 4038.
Évêques, 1389, 1544, 2012, 2051, 2135, 2953, 3855, 3857, 3968, 3973, 3982, 3984, 3999, 4010, 4030, 4032.
— Monastère, 1509, 4753.
— Prieur, 1661, 1686.
— Prieuré, 1619, 1686.
Durham (Antiquities of the County Palatine of), 4003, 4114, 4121, 4122.
Durham (Wills and Inventories from the Registry at), 3966.

Durham (North), 1439, 1441, 1457, 1462, 1509, 1566, 1569, 1589, 1595, 1598, 1642, 1694, 1723, 1797, 1855, 3859, 4031, 4035, 4048, 4073, 4113, 4132, 7175.
Durham (Antiquities of North), 1404.
Durier (Ch.), b, 6419, 6625.
Durieux (A.), b, 926, 938, 1104, 6352, 6626, 6638, 6808, 6849, 6958.
Durmersheim, église, 4624.
Duro (Cesareo-Fernandès), b, 4989.
Durrer (R.), b, 6251.
Dursley, église, 7342.
Duru (L'abbé L.-M.), b, 6252.
Dusevel (H.), b, 715, 6607.
Du Tartre (La famille), 6473.
Dutilleux (A.), b, 260, 829, 992, 1107, 6506, 6641.
Duurstede, château, 5016.
Duval (Louis), b, 933, 1106.
Du Val (Le Sr), 753.
Du Verdier, b, 658.
Du Verger (Johannot), boucher, 6444.
Dwyer (P.), b, 7147.
Dymchurch, église, 2701.
Dyrholar, église, 5472.
Dzietrzkowice, église, 6140.
Dzietrzniki, église, 6130.

E

Ealing, 1357, 1652, 2063.
— Église, 2063.
Earwaker (J.-P.), b, 1684, 1890, 2034, 2061, 2126, 3809, 3819, 3856, 3863, 3985, 3991, 4028, 4123, 4127, 4136, 4198, 7310, 7311, 7336, 7372, 7380, 7398.
Easebourne, Bénédictines, 1638.
Easington, église, 3503.
Easingwold, église, 7389.
East Anglian (The), 1729, 2134, 2492, 2502, 2503, 2918, 2919, 2920, 2992, 3805, 3869, 3987, 7240, 7245, 7260.
Eastbury Chapel, église, 2167.
Easthorpe, église, 2499.
Easton-Neston, 1966.

East-Riding, 3425.
Eastrington, église, 3589.
Eastry, 4023, 4072.
Estriae (Liber), 4013.
Eastwell, église, 2702, 2854.
Eastwick, église, 2641.
Eastwood, église, 2412.
Eastwood (J.), b, 1422, 4007, 4229.
Eatington, église, 3223.
Eaton, église, 2835.
Eaton Little, église, 2338.
Eaton Long, église, 2337.
Ebblinghem, église, 6921.
Ebchester (Robert), prieur, 1686.
Ébène (Objets d'), 1425, 5889, 5959, 6205.
Ébéniste, 779, 1218.

Eberbach, abbaye, 4454.
Ebernburg, 4388.
Ebner (A.), ii, 4348.
Ebony, église, 2704.
Ecaillon, église, 6981.
Eccard (J.-G.), ii, 4232.
Eccles, cantaries de la Trinité et de Jésus, 2016.
— Église, 2792.
Ecclesfield, 4007.
— Église, 4229.
— Prieuré, 1422.
Ecclesiologist (The), 1644, 1753, 1775, 1833, 2133, 2134, 2653, 2882, 3621.
Écharpes, 169.
Échecs, 5738, 6184.
Échevins de Londres, 7182.
— de Newcastle-upon-Tyne, 7365.
— de Winchester, 2004.
Eching, église, 4561.
Échiquier d'Angleterre (L'), 1781, 1849.
— Chambellans, 1399.
— Trésorier, 1631, 1632.
Ecija, 4902.
Eckington, église, 3319.
Éclairage, 110.
École centrale d'Auch, 1118.
École française d'Athènes, 5559.
École des Chartes (Bibliethèque de l'), 20, 57, 85, 89, 99, 102, 108, 120, 138, 150, 180, 212, 213, 219, 225, 271, 292, 313, 318, 320, 402, 446, 505, 519, 531, 777, 5559, 5574, 6280, 6285, 6724.
École française de Rome, 5553, 5559, 5672, 5867.
École de grammaire de Sandwich, 4131.
École d'Ilsenburg, 4562.
Écoliers bénédictins, 1643.
— de Bologne, 5557.
— de Cambridge, 1969.
— d'Oxford, 1610, 1611, 1627, 1649.
Économe de la Cour de Modène, 5954.
Ecorpain, église, 1064.
Écosse, chancelier, 4831.

Écosse, insignes royaux, 7429.
— Régente, 4806.
— Reine, 429, 4787, 4788.
— Rois, 1588, 4752, 4769, 4787, 4794, 4795, 4797, 4808, 4821, 4823, 4824, 7126, 7381, 7429.
— *Compota Thesaurariorum Regum Scotorum,* 4769.
— *Chronicles and Memorials,* 7123, 7126, 7127.
Écossais, 1781.
Écouis, collégiale, 450.
Écrins, 17, 75.
Écurie, 110, 769.
Écurie (La Grande), 206.
Écurie impériale, 4929.
Écuyer de France (Le Grand), 475.
Eden (John), 3932.
Edenhall, église, 2252.
Edgbaston, église, 3176.
Édimbourg, 4752.
— Bourgeois, 4765, 4781.
— Château, 4769, 4797, 4814, 4820, 4824, 7126.
— Église de Saint-Gilles, 4801.
— Holyrood, abbaye, 4772.
— Holyrood, palais, 4828.
Édit de Nantes (Révocation de l'), 4215.
Edlesborough, église, 2203.
Edmond (Saint), 803.
Edmondthorpe, église, 2848.
Édouard-le-Confesseur (Saint), roi d'Angleterre, 1360.
Édouard Ier, roi d'Angleterre, 1371, 4752, 7124, 7125, 7133.
Édouard II, 1385, 1447, 1449.
Édouard III, 1411, 1443, 1444, 1448, 1475, 1480, 1486, 7186.
Édouard VI, 1368, 2027, 2043, 2199, 3621, 3624, 3625, 3626, 4108, 7272, 7310.
Edyndon (William de), trésorier d'Angleterre, 1430.
Edzell, église, 4838.
Eecke, église, 6922.
Eelem (Johan), 5022.

Eem, château, 5003.
Effets, 934, 944, 1680, 1810, 4932, 6391.
Egerton, église, 2070.
Egerton (Mary), 4018.
Egerton Papiers (The), 7357.
Egerton (Sir Philip), 3843.
Egginton, église, 2339.
Egham, église, 3029.
Egilolf, prêtre, 5503.
Egleston (William), 3739.
Eglinton (Le comte d'), 4835, 4836.
Eglington (La comtesse d'), 4835.
Églises, 600, 1584, 4239, 4850, 6370.
— Abaer, 5378.
— Abberton, 3271.
— Abbey Gate [Leicester], 2831.
— Abbots Langley, 2538.
— Abenhall, 4185.
— Aberdeen, St-Nicolas, 4774.
— Abinger, 2996.
— Ab-Kettleby, 2840, 7280.
— Acrise, 2657.
— Acton, 2889.
— Adalvik, 5312.
— Addingham, 2254.
— Addington, 3071.
— Afrique, 5521, 5522.
— Aigné, 998.
— Aigues-Mortes, 520.
— Aix, 6963.
— Akrar, 5289.
— Albert, 1.
— Albourne, 2045.
— Albury, 2620, 3039.
— Alcester, 3203.
— Aldham, 2480.
— Aldbury, 2547.
— Aldenham, 2539.
— Alderley, 2061.
— Aldermaston, 2137.
— Alderminster, 3272.
— Aldeworth, 2138.
— Aldington, 2658.
— Alençon, 933, 1106.
— Alfold, 3037.
— Alkham, 2668.
— Allègre, 502.
— Allenstein, 6167.

Églises, Allerthorpe, 3594.
— Allesley, 3110.
— Allestree, 2316, 3158.
— Alne, 3218.
— Alnes, 6964.
— Alsop-en-le-Dale, 2315.
— Altenbourg, 4404.
— « Sainte-Marguerite, 4391.
— Alton, 2045.
— Alvaston, 2313.
— Alverstoke, 2107.
— Alveston, 3211.
— Amiens, St-Germain, 234.
— Amwell, 2634.
— Angers, Saint-Pierre, 6731.
— « Sainte-Croix, 6620.
— Anjou, 630.
— Aniche, 6965.
— Ansley, 3177.
— Anstey, 2615, 2822.
— Antoing, 1113.
— Anvers, Saint-André, 6774.
— « St-Georges, 6773.
— « St-Jacques, 6772.
— « Sainte-Walburge, 6771.
— Apavatn, 5276.
— Arbaer, 5467.
— Ardeley, 2611.
— Ardenay, 999.
— Ardleigh, 2421.
— Arembouts Cappel, 6860.
— Argam, 3481.
— Argençon, 7066.
— Arlecdon, 2285.
— Arleux, 6966.
— Arley, 3093.
— Arneke, 6910.
— Arnes, 5424.
— Arnsdorf, 6162.
— Arram, 3541.
— Arras, Saint-Waast, 15.
— Arrow, 3204.
— Arskogr, 5361.
— Arthuret, 2257.
— Asgeirsa, 5406.
— Ash [Dartford], 2660.
— Ash [Surrey], 3015.
— Ashbourne, 2318.

Églises, Ashburton, 7138, 7173.
— Ashby de la Zouche, 2808.
— Ashford, 2659.
— Ashingdon, 2409.
— Ashow, 3126.
— Ashton, under Lyne, 2790.
— Ashwell, 2600.
— Askyrkia, 5328.
— Asolfsskali, 5266, 5447.
— Aspenden, 2612.
— Aspres-les-Veynes, 7067.
— Assé, Notre-Dame, 6604.
— Ast, 4581.
— Aston, 2575, 3184.
— Aston Cantelow, 3219.
— Aston Clinton, 2208.
— Aston-on-Trent, 2314.
— Asturies (Royaume des), 4959.
— Atherstone on Stour, 3228.
— Atlow, 2317.
— Attleborough, 3181.
— Atwick, 3541, 3543.
— Au-am-Rhein, 4619.
— Auberchicourt, 6967.
— Aubigny-au-Bac, 6968.
— Auburn, 3431.
— Auburne Chapel, 3478.
— Auby, 6969.
— Auchy, 6970.
— Audkula, 5397.
— Auzéville, 620, 640.
— Avallon, Ste-Marie, 6260.
— Aveley, 2439.
— Avington, 2139.
— Avon Dassett, 3240.
— Awbright, 3504.
— Awston in Overbury, 3273.
— Axminster, 7176.
— Ayme, 6364, 6539.
— Ayot, St-Lawrence, 2590.
— Ayot, Saint-Peters, 2572.
— Bacton, 2899.
— Bade, 4645.
— Baddesley Clinton, 3157.
— Bæterlingen, 6236.
— Bagès, Saint-Benoît, 4861.
— Baginton, 3117.
— Bagnères, Saint-Vincent, 6419.
— Bailleul, 6911.

Églises, Bainton, 3483, 3601.
— Baldock, 2573.
— Ballidon, 2325.
— Ballon, 1000, 1002, 1003, 1004.
— Balsall, 1962.
— Bambecque, 6861.
— Banelle, N.-D., 6685.
— Barbastro, N.-D., 4882.
— Barcheston, 3252.
— Bard, 5367.
— Bari, Saint-Nicolas, 5560.
— Barford, 3263.
— Barkestone, 2855, 7280.
— Barking, 2124.
— Barkway, 2614.
— Barley, 2618.
— Barling, 2410.
— Barmby-on-the-Moor, 3615.
— Barmston, 3544.
— Barnes, 3045.
— Barnet (East), 2531.
— Barnstaple, 7320, 7333, 7438.
— Barnstone, 2091.
— Barret-le-Bas, 7068.
— Barret-le-Haut, 7069.
— Barrow-on-Trent, 2321.
— Barston, 3168.
— Barton, 2900.
— Bassingbourn, 1729.
— Bast, 4496, 4503.
— Bath, 7219, 7220, 7226.
— Battersea, 3056.
— Bavinchove, 6912.
— Baxterly, 3159.
— Bayford, 2639.
— Bearley, 3215.
— Beaujeu, N.-D., 6618, 6818, 6837, 6838.
— Beaumont [Angleterre], 2247, 2422.
— Beaudesert, 3196.
— Beckenham, 2661.
— Beckermet, St-Johns, 2275.
— Beddington, 3079.
— Bedlington, 2944.
— Bedworth, 3113.
— Beedon, 2140.
— Beeford, 3542.

Églises, Beeston - next - Milcham, 2008. 4041, 7448.
— Beetley, 7439.
— Begworth, 2504.
— Beine, 3.
— Belbroughton, 3275.
— Belton, 2810.
— Bempton, 3486.
— Bengeo, 2629.
— Bennington, 2592.
— Bentley Chapel (Shustoke and), 3148.
— Bentley (Little), 2423.
— Bentley (Much), 2486.
— Beoley, 3274.
— Berfay, 1057.
— Bergkirchen, 4233.
— Bergstadir, 5395.
— Bergues, 6862, 7036.
— Bermondsey, 3086.
— Berne, Saint-Vincent, 6238.
— Berkhampstead (Great), 2544.
— Berkhampstead (Little), 2632.
— Berkswell, 3167.
— Berquin (Neuf), 6937.
— Berquin (Vieux), 6952.
— Berrow, 3276.
— Berthen, 6913.
— Besford, 3277.
— Bessé, 1058.
— Bessingby, 3492.
— Beswick, 3595.
— Bethersden, 2662.
— Beuvry, 6971.
— Beverley, Saint-Jean, 3580.
—   «   St-Nicolas, 3559.
—   «   Ste-Marie, 3558.
— Bewdley, 3280.
— Bexley, 2663.
— Béziers, Saint-Aphrodise, 585.
— Biała, 6152.
— Biberach, 4436.
— Bickenhill, 3147.
— Bidford, 3202.
— Bierne, 6863.
— Bietigheim, 4621.
— Bildsfell, 5279.
— Billingham, 4121.

Églises, Bilsington, 2664.
— Bilton, 3101, 3523.
— Binley, 3095.
— Binton, 3205.
— Birch (Great), 2494.
— Birch (Little), 2495.
— Bircholt, 2665.
— Birdingbury, 3132.
— Birdsall, 3438.
— Birlingham, 3281.
— Birmingham, 3150.
—   «   St-Martin, 1583, 4187.
— Birstall, 2832.
— Birtley, 2951.
— Birts Morton, 3357.
— Bischofsburg, 6175.
— Bischofstein, 6176.
— Biseglia, Sainte-Marguerite, 5527.
— Bishampton, 3278.
— Bishop Burton, 3617.
— Bishops Itchington, 3119.
— Bishop's Stortford, 1894, 2041, 2114, 2125, 2649.
— Bishopthorpe, 2058.
— Bisley, 3030.
— Bittering (Little), 2025.
— Blackrod, 2797, 7278.
— Blacktoft, 3588.
— Blaringhem, 6914.
— Blessy, 6858.
— Bletchingley, 2093.
— Blockley, 3279.
— Blöndudalshólar, 5396.
— Bludau, 6163.
— Bobbingworth, 2458.
— Bodmin, 1953, 3852.
— Boeschèpe, 6915.
— Boeseghem, 6916.
— Bolesławiec, 6143.
— Bollezeele, 6864.
— Bolstadarhlid, 5394.
— Bolton, 2290, 2793.
— Bonnington, 2666.
— Bonsall, 2324.
— Bordeaux, Saint-Seurin, 790, 6586.
— Borg, 5443.
— Borne, Saint-Sauveur, 661.
— Borre, 6917.

Églises, Boston, 2115, 2876, 3623.
— Bothal, 2952.
— Bothel, 2267.
— Bottesford, 2874, 7280.
— Bottisham, 1381, 2225, 7170, 7273.
— Boughton Aluph, 2667.
— Boulton, 2323.
— Bourbourg, 6865, 7030, 7037.
— Bourecq, 1.
— Bourg St-Maurice, Notre-Dame, 6619.
— Bourton and Draycot, 3097.
— Bouvignies, 6972.
— Bovingdon, 2548.
— Bowness, 2243.
— Boxford, 2141.
— Boxstead, 2992.
— Brabourne, 2668.
— Bradbourne, 2326.
— Bradenham (East), 7301.
— Bradenham (West), 7300, 7427.
— Bradford, 2045.
— Brading, 2519.
— Bradley (Stoke and), 3389.
— Bradley (North), 2045.
— Brailes, 3242.
— Brains, 1005.
— Bramfield, 2542.
— Brampton, 2261.
— Brancaster, 7295.
— Brandesburton, 3522.
— Branscombe, 7147, 7157.
— Bransford, 3283.
— Brantingham, 3565.
— Brassington, 2322.
— Braughing, 2642.
— Braunsberg, Sainte-Catherine, 6165.
— Bray, 4025, 4086, 4166.
— Breage, 2077.
— Breaston, 2320.
— Bredicote, Saint-Jacques, 3285.
—   «   Saint-Jean. 3284.
— Bredon, 3286, 3359.
— Breedon on the Hill, 2820.
— Breidabolstadr [Rangarvalla], 5454.

Églises, Breidabolstadr [Vatnsdalr], 5404.
— Breidabolstadr [Vestrhop], 5407.
— Brenchley, 1414.
— Brentingby, 2871, 7280.
— Brentwood, 2450.
— Brenzett, 2669.
— Breslau, Corpus Christi, 4411.
—   «   St-Bernardin, 4382.
—   «   St-Jacques, 4382, 4400.
—   «   Saint-Maurice, 4415.
—   «   St-Nicolas, 4413.
—   «   St-Vincent, 4412.
—   «   Ste-Croix, 4356.
—   «   Ste-Élisabeth, 4333, 4374, 4448.
—   «   Sainte-Marie-Madeleine, 4318.
—   «   Sand Kirche, 4414.
— Bretby, 2319.
— Brette, 1006.
— Bricklehampton, 3287.
— Bridekirk, 2302.
— Bridgwater, 1622, 1634.
— Bridlington, 3489.
— Bridport, 1682.
— Bric-Comte-Robert, 247.
— Brieg, 4281.
— Brigham, 2276.
— Brightlingsea, 2425.
— Bright Waltham, 2142.
— Brightwell, 2144.
— Brimpton, 2143.
— Bristol, All Saints, 1512.
—   «   Christchurch, 3849.
—   «   Saint-Jean-Baptiste, 1674.
—   «   Saint-Ouen, 7212.
— Britsum, 5634.
— Brinkburn, 2943.
— Brinklow, 3121.
— Broadwas, 3288.
— Broadway, 3282.

Églises , Bromley, 2672.
— Bromley (Great), 2424.
— Bromsgrove, 3289.
— Brook, 2670.
— Brookland, 2671.
— Brouckerque, 6866.
— Broughton, 2207.
— Broughton Hackett, 3290.
— Brownsover, 3091.
— Broxbourne, 2627.
— Broxeele, 6867.
— Bruilles, 6973.
— Bruis, 7072.
— Brunemont, 6974.
— Brunswick, Saint-Blaise, 4523, 4607, 4611, 4612.
— Brusson, 5847.
— Bruxelles, 6549.
— Bubbenhall, 3109.
— Bubwith, 3586.
— Buckingham, 2202.
— Buckland, 2607.
— Bucklebury, 2145.
— Buckminster, 2850, 7280.
— Buckrose, 3453.
— Buckthorpe, 3454.
— Budardalr (sur le Skards-strönd), 5428.
— Budock, 2688.
— Budbrook, 3216.
— Bucil, Saint-Pierre. 448.
— Bugnicourt, 6975.
— Bulach, 4616.
— Bulkington, 3103.
— Burbach, 4636.
— Burfell, 5293.
— Burgh-by-Sands, 2242.
— Burghfield, 2146.
— Burgos, Ste-Trinité, 4931.
— Burmarsh, 2673.
— Burmington, 3249.
— Burnham, 7284.
— Burnt Pelham, 2606.
— Burton Agnes, 3484.
— Burton Dasset, 3261.
— Burton Fleming, 3477.
— Burton Hastings, 3098.
— Burton Lazars, 2844, 7280.
— Burton (Long), 7197.
— Burton on Trent, 2002.
— Bury, 2801, 7279.
Églises , Burythorpe, 3452.
— Bushey, 2549.
— Bushley, 3291.
— Buston, 3552.
— Butlers Marston, 3224.
— Butterwick, 3475.
— Buysscheure, 6918.
— Byfleet, 3032.
— Bygrave, 2604.
— Bywell Andrew, 2945.
— Bywell Peter, 2946.
— Caestre, 6919.
— Calais, N.-D., 6490.
— Calcutt, 3171.
— Caldecote, 2596.
— Caldwell, 2329.
— Calke, 2327.
— Calne, 2045, 2122.
— Caltascibetta, 6649.
— Camberwell, 3055.
— Cambrai, St-Aubert, 938. 6958.
— Cambridge, Great Saint Mary, 1376, 1746, 1763, 4116.
— « St Mary the Less. 1775.
— Cammerton, 2292.
— Canewdon, 2411.
— Cantin, 6976.
— Cantorbéry, All Saints. 2674.
— « N.-D. de North-gate, 2680.
— « St-André, 1703.
— « Saint-Dunstan. 1735, 3853.
— « Saint-Elphège, 2675.
— « Saint - Martin , 2677.
— « St Mary Bre-din, 2679.
— « St-Paul, 2681.
— « Sainte - Croix , 2676, 7431.
— « Sainte-Margue-rite, 2678.
— « Ste-Mildred (?, 2682.

Églises, Cantorbéry, Hôpital d'East-
bridge, 2683.
— « Hôpital de St-
Jean, 2684.
— Capel, 2069, 2994.
— Carlisle, 2249.
— Carnaby, 3479.
— Carrion, Saint-Zoyl, 4966.
— Carshalton, 3077.
— Carsington, 2334.
— Cartmel, 4133, 4165, 4202,
4230.
— Cassel, 6920.
— Castle Donington, 2813.
— Castle Morton, 3292.
— Castle Sowerby, 2251.
— Castor, 2922.
— Catane, N.-D. de Eleemo-
syna, 6036.
— « dell'Ognina, 6038.
— Caterham, 2994, 3059.
— Catton, 2328.
— Catwick, 3550.
— Cave (North), 3581.
— Cave (South), 3573.
— Cee, Sainte-Marie de Jun-
queira, 4938.
— Chaceley, 3294.
— Chaddesley Corbett, 3293.
— Chaddleworth, 2147.
— Chadshunt, 3257.
— Chaldon, 3070.
— Chalfont, S.-Peter, 2205.
— Challes, 1007.
— Challock, 2685.
— Châlon, Saint-Georges,
436.
— Châlons, N.-D.-en-Vaux,
357.
— Chalton, 2520.
— Champagné, 1008.
— Chanousse, 7074.
— Charing, 2686.
— Charlton, 2687.
— Chart (Great), 2715.
— Chart (Little), 2734.
— Chartham, 2688.
— Chartres, 389, 437.
— Charvensod, Ste-Colombe,
5554.
— Château-du-Loir, 1088.
Églises, Chatellerault, N.-D., 6598.
— Chaufour, 1010.
— Cheam, 3074.
— Cheddleton, 7307.
— Chellaston, 2336.
— Chelmsford, 3830, 3839.
— Chelsea, 2062.
— Chelsfield, 2689.
— Chelsham, 2995, 3060.
— Chemiré-le-Gaudin, 1011.
— Chemnitz, Franciscains,
4456.
— Cherbury, 2976.
— Cherington, 3268.
— Cheriton, 2690.
— Cherryburton, 3574.
— Chertsey, 3028.
— Cheshunt, 2633.
— Chester, 2230-2240, cf.
2311.
— « Saint Mary at
Hill, 7310.
— « St-Michel, 7311,
7336.
— « St-Pierre, 7413.
— Chesterton, 3227.
— Cheswardine, 7321.
— Chevaigné, 1012.
— Chich Saint Osyth, 2438.
— Chickney, 2468.
— Chiddingfold, 3000.
— Chieveley, 2148.
— Chigwell, 2463.
— Childerditch, 2440.
— Chilham, 2692.
— Chilvers Coton, 3179.
— Chipchase, 2946.
— Chipping Barnet, 2525.
— Chislehurst, 2691.
— Chiswick, 1357, 1652,
2064.
— Chivesfield, 2584.
— Chobham, 3031.
— Chollerton, 2947, 2948.
— Chotów, 6136.
— Church Hetton, 2950.
— Churchill, 3295, 3296.
— Churchover, 3104.
— Cieszęcin, 6145.
— Clacton (Great), 2426.
— Claines, 3297.

Églises. Clamecy, St-Martin, 385, 670.
— Clandon (East), 3009.
— Clandon (West), 3014.
— Clapham, 3050.
— Claverdon, 3190.
— Clausonne, 7075.
— Clawson(Long), 2843, 7280.
— Cleator, 2286.
— Cleeve Priors, 3376.
— Cleveload, 3298.
— Clifton, 3144.
— Clothal, 2594.
— Cloughton. 3464.
— Cluny, 126.
— Clyst Honiton. 7150.
— Codicote, 2540.
— Cotton, 3300.
— Cogners, 1060.
— Colaton Raleigh, 7167.
— Cold Overton, 2842, 7280.
— Colebrooke, 7135.
— Coleshill, 2149, 3174.
— Colne (Earls), 2497.
— Colne (White), 2503.
— Cologne, St-Georges, 4248, 4264, 4358.
—   «   Saint-Jacob, 4248, 4264.
—   «   Sainte - Brigitte. 4363.
— Colwell (Chollerton), 2948.
— Colyton, 7145.
— Comberton Magna, 3301.
— Comberton Parva, 3302.
— Commercy, 6727.
— Compiègne, Saint-Antoine, 6854.
—   «   Saint-Germain, 6854.
—   «   Saint-Jacques, 6853.
— Compton, 2998.
— Compton (Long), 3258.
— Compostelle (Diocèse de), 4936.
— Contlans, 1061.
— Conques, Sainte-Foy, 1121.
— Copenhague, Franciscains, 4714.

Églises, Copenhague, N.-D., 4717.
— Copford, 2496.
— Corbeil, Saint-Spire. 179. 354.
— Corbridge, 2942.
— Corcubion, 4939.
— Corley, 3165.
— Corney, 2273.
— Cornium, 5034.
— Coston, 2846, 7280.
— Cotes, 2829.
— Cottam, 2959, 3473.
— Cottered, 2625.
— Cottingham, 3557.
— Cotton-in-the-Elms, 2331
— Coudekerque, 6868.
— Coudrecieux, 1062.
— Coughton, 3209.
— Coulans. 1013.
— Coulsdon, 3080.
— Courcebœufs, 1014.
— Courcemont, 1015.
— Courchelettes, 6977.
— Courtisols, 2.
— Coutiches, 6978.
— Coventry, Saint - Michel, 1874, 4162.
— Cowlam, 3449.
— Cracovie, Corpus Christi, 6093.
—   «   Sainte-Marie, 6173.
— Cranbrook, 1753.
— Cranham, 2441.
— Cranley, 3044.
— Crannes, 1016.
— Crayford, 2694.
— Craywick, 6869.
— Crediton, 1803, 7235.
— Crich, 1465, 1804, 2333.
— Crochte, 6870.
— Cromer, 2906.
— Cromford, 2335.
— Croome d'Abitot, 3303.
— Croome (Earls), 3304.
— Croome (Hill), 3338.
— Cropthorne, 3305.
— Croscombe, 7219, 7220. 7226, 7319.
— Cross Canonby, 2293.
— Crosthwaite, 2295.

Églises, Crowle, 3306.
— Croxall, 2332.
— Croxton Keyrial, 2869, 7280.
— Croydon, 3085.
— Crundall, 2695.
— Cubbington, 3433.
— Cublington, 2216.
— Cudham, 2693.
— Cuiney, 6979.
— Culmstock, 7151, 7152, 7174.
— Cumbroke, 3231.
— Cumrew, 2260.
— Cumwhitton, 2258.
— Curdworth, 3160.
— Cutsdean, 3299.
— Cysoing, 42.
— Czastary, 6146.
— Czarnożełv, 6133.
— Dacre, 2204.
— Dagenham, 2476.
— Daglingworth, 4204.
— Dalby (Little), 2845, 7280.
— Dale, 5448.
— Dalston, 2248.
— Dalton (North), 3603.
— Dalton (South), 3561.
— Dankerode, 4508.
— Danków, 6115.
— Dardesheim, 4508.
— Darenth, 2696.
— « Chapelle de Sainte-Marguerite, 2697.
— Dartford, 2698.
— Dartford (Ash), 2660.
— Dartford (Kingsdown), 2730.
— Datchet, 2204.
— Datchworth, 2585.
— Dawlish, 7143.
— Daxlanden, 4615.
— Daylesford, 3308.
— Dean, 2794.
— Dearham, 2294.
— Dechy, 6980.
— Dedham, 2484.
— Defford, 3309.
— Delft, Saint-Hippolyte (Oude Kerk), 5014.

Églises, Delft, Sainte-Ursule (Nieuwe Kerk), 5028.
— Denby, 2336.
— Denton (Nether), 2263.
— Deptford, 2699.
— Derby, All Saints, 1668, 1699, 1823, 3836, 3844, 4112, 4119.
— « Saint Werburgh, 4062, 4083, 4170, 4174.
— Deventer, Saint-Lébuin, 5025.
— Devizes, 2045.
— Digswell, 2577.
— Dijon, Saint-Médard, 929.
— Dilwyn, 4053.
— Diseworth, 2818.
— Distington, 2282.
— Doddenham, 3311.
— Dodderhill, 3310.
— Doddington, 2219.
— Dollon, 1063.
— Dorking, 2993.
— Dormston, 3313.
— Dorset (Comté), 7195.
— Douai, 906, 927, 930, 6824, 6963.
— « N.-D., 210.
— « Saint-Albain, 882.
— « Saint-Amé, 121, 973, 6278, 6323.
— « Saint-Jacques, 883.
— « Saint-Louis de la Couture, 885.
— « Saint-Nicolas, 884.
— Dovercourt, 2489.
— Doverdale, 3312.
— Downe, 2700.
— Down Hatherley, 2505.
— Draflastadir, 5343.
— Draycot and Bourton, 3097.
— Dresde, 4455.
— « Ermites de Saint-Augustin, 4453.
— « Sainte-Croix, 4347.
— Driffield (Little), 3596.
— Drincham, 6871.
— Dringham, 7638.

Églises, Droitwich, Saint-André, 3314.
    « Saint-Edmond, 3317.
    « Saint-Nicolas. 3315.
— « Saint-Pierre, 3316.
— « Saint-Thomas, 3318.
— Drypool, 3512.
— Dudley, Saint-Edmond, 3317.
-- « Saint-Thomas, 3318.
— Duggleby Chapel, 3482.
— Dumbarton, 4762.
— Dunchurch, 3106.
— Dundee, Sainte-Marie, 4763.
— Dunkerque, 6872. 7036, 7039.
— Dunnington, 3538.
— Dunsfold, 3040.
— Durham, Saint-Nicolas. 2012. 4171, 4205.
— « Saint-Oswald. 2012, 4038.
— Durmersheim, 4624.
— Dursley, 7342.
— Dymchurch, 2701.
— Dyrholar, 5472.
— Dzietrzkowice, 6140.
— Dzietrzniki, 6130.
— Ealing, 2663.
— Easington, 3503.
— Easingwold, 7389.
— Eastbury Chapel, 2167.
— Easthorpe, 2499.
— Eastrington, 3589.
— Eastwell, 2702, 2854.7280.
— Eastwick, 2641.
— Eastwood, 2412.
— Eatington, 3223.
— Eaton, 2835, 7280.
— Eaton (Little), 2338.
— Eaton (Long), 2337.
— Ebblinghem, 6921.
— Ebony, 2704.
— Écaillon, 6981.

Églises, Eccles, 2792.
— Ecclesfield, 4229.
— Eching, 4561.
— Eckington, 3319.
— Ecorpain, 1064.
.. Edenhall, 2252.
— Edgbaston, 3176.
— Edimbourg, Saint-Gilles. 4801.
— Edlesborough, 2203.
— Edmondthorpe, 2848.7280.
— Edzell, 4838.
— Eecké, 6922.
— Egerton, 2070.
— Egginton, 2339.
— Egham, 3029.
— Egremont, 2287.
— Einarstadir, 5337.
— Einholt, 5277.
— Elbing, 6157.
— Elchesheim, 4620.
— Eldersfield, 3320.
— Elford, 2979.
— Elham, 2705.
— Elingtone, 3577.
— Ellerker, 3566.
— Ellerton, 3585.
— Elmbridge, 3321.
— Elmdon, 3166.
— Elmley Castle, 3322.
— Elmley Lovett, 3323.
— Elmsted, 2706.
— Elne, 6256.
— Elstead, 3027.
— Elstree, 2532.
— Elstronwick, 3513.
— Eltham, 2707, 3827.
— Elton, 2341.
— Elvaston, 2340.
— Elvington, 3619.
— Embleton, 2280.
— Embrun, N.-D., 866, 6493, 6555.
— Enborne, 2150.
— Encre, 1.
— Enford, 2045.
— Engaine (Colne), 2492.
— Enger, 4242.
— Englefield, 2151.
— Eourres, 7076.
— Epinal, 6844.

Églises. Epperstone, 2957.
—	Equerchin, 6982.
—	Erchin, 6983.
—	Eringhem, 6873.
—	Erith, 2708.
—	Ermland (Diocèse d'), 6161, 6167, 6175.
—	Erre, 6984.
—	Escote, 2045.
—	Eskdale, 2269.
—	Espiémont, St-Martin, 249.
—	Esquelbecq, 6874.
—	Essendon, 2636.
—	Estaires, 6923.
—	Estrées, 6985.
—	Étival, N.-D., 1031.
—	Étoiles, 7077.
—	Ettlingen, 4633.
—	Ettlingenweier, 4632.
—	Etton, 3572.
—	Évaillé, 1065.
—	Evenlode, 3324.
—	Ewelme, 7302.
—	Ewhurst, 3638.
—	Exeter, 2397-2405, 7286-7291.
—	«	All Hallows, 2401, 7288.
—	«	Saint-David, 7286.
—	«	Saint-Georges, 7287.
—	«	Saint John Bowe, 2404, 7290.
—	«	St-Kyeran, 1567.
—	«	St-Martin, 2402.
—	«	St Martin Arches, 2399.
—	«	St Olave, 2405.
—	«	St-Pancras, 2400, 7291.
—	«	St-Paul, 3398.
—	«	St-Petrock, 2397.
—	«	Ste-Sidwell, 7289.
—	«	Ste-Trinité, 2403.
—	Exhall, 3203.
—	Eye, 2929.
—	Eyguians, 7078.
—	Eyjadalsá, 5339.
—	Eynsford, 2709.
—	Eyri [sur le Seydisfjördr], 5422.

Églises,	Eyri [sur le Skutilsfjördr], 5311.
—	Eyvindarmuli, 5452.
—	Fagranes, 5388.
—	Fairfield. 2710.
—	Fambridge (South), 2413.
—	Fangfoss-Chapel, 3616.
—	Farlam, 2262.
—	Farley, 2096, 3063.
—	Farnborough, 2153, 2656, 3226.
—	Farne, 1569, 1642.
—	Farnham, 3024.
—	Farningham, 2711.
—	Fatines, 1017.
—	Faumont, 6986.
—	Faversham, 1761.
—	Fawkham, 2712.
—	Fawley (North), 2154.
—	Fay, 1018.
—	Fécamp, Sainte-Trinité. 402.
—	Fechain, 6987.
—	Feckenham, 3326.
—	Feering, 2483.
—	Fell [Diocèse de Holar], 5368.
—	Fell [Diocèse de Skalholt], 5308.
—	Felton, 2935.
—	Fenain, 6988.
—	Fenny Compton, 3254.
—	Ferin, 6989.
—	Filey (?), 3462.
—	Fillé, 1019.
—	Fillongley, 3182.
—	Finchale, 1384, 1445.
—	Finchampstead, 2156.
—	Findern, 2343.
—	Finmere, 7442.
—	Fladbury, 3325.
—	Flamborough, 3460.
—	Flamstead, 2558.
—	Flatatúnga, 5377.
—	Flatey, 5304, 5344.
—	Flauden, 2550.
—	Flensburg, Franciscains. 4722.
—	«	N.-D., 4737, 4742.
—	Flers, 6990.

Églises, Flètre, 6924.
— Flines, 6992.
— Flines-les-Raches, 6991.
— Flixton, 2788.
— Flyford Flavel, 3327.
— Flymmey, 3436.
— Folke, 7200.
— Folkton, 3474.
— Fontainebleau, Sainte-Trinité, 6624.
— Fontenay, N.-D., 381, 466.
— Footscray, 2713.
— Forbach, 4638.
— Forchheim, 4618.
— Fordham Magna, 2498.
— Fordingbridge, 2112, 2508.
— Fordwich, 1741.
— Foremark, 2342.
— Forestmontier, 1.
— Foston-on-the-Wolds, 3476.
— Foulness, 2414.
— Foxholes, 3465.
— Fraisthorpe, 3480.
— Framlington, 2934.
— Francker, Saint-Martin, 5024.
— Frankton. 3139.
— Frauenbourg, 6172, 6180.
— Freeby, 2836, 7280.
— Freiberg, Franciscains, 4387, 4417.
— « Saint-Jocuff, 4419.
— Frensham, 3026.
— Fressain, 6993.
— Fridaythorpe, 3447.
— Frilsham, 2155.
— Fribourg, 4567, 4615.
— « Saint-Nicolas, 6249.
— Frodingham, 3554.
— Fulham, 2066.
— Gaddesden Magna, 2559.
— Gaddesden Parva, 2561.
— Galicie(Royaume de), 4959.
— Gand, Saint-Bavon, 6546.
— Ganton, 3463.
— Gap, 7066.
— « Saint-Arnoul, 426.
— Gardar, 5284, 5318.

Églises, Gardr, 5326.
— Garpsdalr, 5305, 5418.
— Garston (East), 2152.
— Garthorpe, 2867, 7280.
— Garton, 3468, 3502.
— Gattone, 3482.
— Gaulverjarbaer, 5275.
— Geldingaholt, 5385.
— Genève, La Madeleine, 6231.
— Germoe, 2074.
— Gernsbach, 4640.
— Gérone, Saint-Félix, 4881.
— Ghyvelde, 6875, 7040.
— Gilsbakki, 5314.
— Gilston, 2651.
— Girgenti, Le Sauveur ad Emporium, 5988.
— Givendale, 3609.
— Glaesibaer, 5360.
— Glasney (?), 2089.
— Glastonbury, Saint-Jean. 7203, 7223.
— Glinton, 2926.
— Gloucester, All Saints, 2506.
— « St-Ouen, 2507.
— Gluvias. 2072.
— Guesen (Diocèse de), 6099. 6106.
— Gnupi, 5431.
— Gnupr (Midfjördr), 5413.
— Gnupufell, 5353.
— Goadby Marwood. 2849. 7280.
— Godalming, 3006.
— Goddalir, 5380.
— Godewaersvelde, 6925.
— Godmersham, 2714.
— Godstone, 2097.
— Godstone, 3067.
— Goeulzin, 6994.
— Golino, 6224.
— Goodmanham, 3587.
— Goslar, Saint-Simon-et-Saint-Jude, 4263.
— Goxhill, 3555.
— Grafton Flyford, 3328.
— Grafton Temple, 3212.
— Grandborough, 3128.
— Gravelines, 6876, 7041.
— Graveley, 2582.
— Grębień, 6127.

Églises, Greenham Chapel, 2157.
— Greenstead, 2466.
— Greenwich, 2716.
— Greifenberg, N.-D., 4463.
— Grendon, 3146.
— Grenjadarstadir, 5332.
— Gresley, 2344.
— Greystoke, 2310.
— Grimley, 3329.
— Grimsey, 5350.
— Grimston (North), 3446.
— Grimstungur, 5402.
— Grindall, 3494.
— Grund, 5357.
— Grytubakki, 5346.
— Grzegorzew, 6102.
— Guécélard, 1020.
— Gubbio, Ermites de Saint-Augustin, 5590, 5605, 5610.
— Guesnain, 6695.
— Gufunes, 5269.
— Guildford, Saint-Nicolas, 3021.
—   «   Sainte-Marie, 3022.
—   «   Sainte-Trinité, 3023, 3812.
— Gunnarsholt, 5458.
— Gunnerton, 2949.
— Gunwalloe, 2073.
— Gutstadt, 6171.
— Hackwell, 2416.
— Hadham (Little), 2623.
— Hadham (Great), 2616.
— Hadleigh, 1691, 1865, 2009, 2027, 3818, 4045.
— Hadleigh Castle, 2415.
— Hadzor, 3330.
— Hafrafellstúnga, 5324.
— Haga, 5310.
— Hagley, 3331.
— Haguenau, Saint-Georges, 6398.
— Halfield, 3548.
— Halford, 3256.
— Hall, Clarisses, 4685.
—   «   Königliches Stift, 4695.
— Hallam (West), 2348.
— Hallam (Kirk), 2349.

Églises, Halle, Dom Kirche, 4380.
— Hallow (Grimley), 3332.
— Hals, 5341.
— Ham (East), 2471.
— Ham (West), 2475.
— Hambledon, 2509, 2999.
— Hamel, 6996.
— Hammersmith, 4178.
— Hampstead, 2886.
— Hampstead Marshall, 2158.
— Hampstead Norris, 2159.
— Hampton-in-Arden, 3151.
— Hampton-on-Avon, 3194.
— Hampton Lovett, 3333.
— Hanbury, 3334.
— Hanley Castle, 3335.
— Harberton, 7137.
— Harborough Magna, 3141.
— Harbury, 3125.
— Harby, 2856, 7280.
— Hardiford, 6926.
— Hardwick, 2919.
— Hardwick (Priors), 3245.
— Harpham, 3491.
— Harsham, 3511.
— Hartington, 2351.
— Hartley, 2717.
— Hartshorne, 2345, 4059.
— Hartwell, 2209.
— Harvington, 3336.
— Haselor, 3214.
— Hesely, 3198.
— Haslach, 4570.
— Haslemere, 3002.
— Hastingleigh, 2718.
— Hatfield, 2591.
— Hathern, 2827.
— Hatton, 3197.
— Haueneberstein, 4643.
— Haukadalr, 5291, 5436.
— Haunwang, 4581.
— Hautecour, 6367.
— Hauxton, 7169.
— Havant (?), 2510.
— Havering Bower, 2479.
— Haveskerque, 6927.
— Hawkinge, 2719.
— Hawsted, 4124.
— Hayes, 2720.
— Hayton, 3590.
— Hazebrouck, 6928.

Églises, Heacham, 2918.
— Healaugh, 2057.
— Heanor, 2347.
— Heddon, 2933.
— Hedon, 3506.
— Heidelberg, Saint-Esprit, 4293.
— Heilbronn, 4309.
— Heilsberg, 6170.
— Helgastadir, 5336.
— Helperthorpe, 3435.
— Helpston, 2930.
— Helsingborg, Dominicains, 4733.
— Helston, 2081.
— Hemel Hempstead, 2554.
— Hemingborough, 3604.
— Hempstead, 2913.
— Hempton, 3528.
— Hemsby, 2912.
— Henley-on-Thames, 2967.
— Herbolzheim, 4568.
— Hermannstadt, Sainte-Marie, 4290, 4314.
— Herment, 6480, 6722.
— Hertford, All Saints, 2637.
—   «   Saint-André, 2638, 4050.
—   «   Saint - Nicolas, 2628.
— Hertingfordbury, 2635.
— Herzeele, 6877, 7042.
— Heslerton, 3444.
— Hexton, 2527.
— Heybridge, 1828.
— Heytesbury, 1343, 1550.
— Hildersham, 2222.
— Hill Deverell, 1351.
— Hillmorton, 3090.
— Hilston, 3532.
— Hjaltabakki, 5399.
— Himbleton, 3339.
— Hindlip, 3340.
— Hinxhill, 2725.
— Hinxworth, 2602.
— Hipton, 3598.
— Histon, 7168.
— Hitarnes, 5272.
— Hockley, 2417.
— Hof [Alvtefjördr], 5475.
— Hof [Arness], 5430.

Églises, Hof [Höfdaströnd], 5371.
— Hof [Skagaströnd], 5390.
— Hof [Vestrdalr], 5379.
— Höfdabrekka, 5470.
— Höfdi, 5347, 5370.
— Hofweier, 4574.
— Hognaston, 2350.
— Holar, 5354, 5408, 5442
— Holbeach, 2031, 7263, 7435.
— Holl [en Bolungarvik], 5423.
— Holland (Great), 2427.
— Holland (Little), 2428.
— Hollym, 3533.
— Holme (aujourd'hui Glaumbaer), 5383.
— Holme Cultram, 2299.
— Holme Hale, 7299.
— Holme Pierrepont, 2965.
— Holme next the Sea, 2917.
— Holme-on-Spalding-Moor, 3611.
— Holnest, 7198.
— Holque, 6878.
— Holt, 3337.
— Holt (Eyjaljalla), 5299, 5446.
— Holtastadir, 5393.
— Hondeghem, 6929.
— Hondschoote, 6879, 7043.
— Honington, 3229.
— Hope-in - Romney-Marsh, 2721.
— Hordle, 2111, 2515.
— Horkesley (Much), 2481, 2500.
— Hormead (Great), 2609.
— Hormead (Little), 2610.
— Hornaing, 6997.
— Hornchurch, 2478.
— Horne, 2097.
— Horningsea, 7155.
— Horningsham, 1354, 7202.
— Hornsea, 3537, 3547.
— Horsell, 3033.
— Horsley [Derby], 2346.
— Horsley (East), 3020.
— Horsley (West), 3008.
— Horton, 7306.
— Horton Kirby, 2723.

Églises. Horton, Monks, 2722.
— Horwich, 2796.
— Hose, 2860, 7280.
— Höskuldstadir, 5392.
— Hotham, 3578.
— Hothfield, 2724.
— Houghton, 2795.
— Houghton (Much), 2932.
— Houghton-le-Spring, 4161, 4168, 4175.
— Houtkerke, 6930.
— Howden, 2018.
— Hrafnagill, 5358.
— Hrisar, 5440.
— Hrisey, 5366.
— Hruni, 5433.
— Howden, 3613.
— Huddington, 3341.
— Hughenden, 2206.
— Humbleton, 3531.
— Hungerford, 2160.
— Hunmanby, 3461.
— Hunningham, 3129.
— Hunsdon, 2644.
— Hunstanton, 2915. 3808.
— Huntingfield, 1866.
— Huntingdon, Saint-Benoît, 2654.
— Hunworth, 2902.
— Hurst, 7128.
— Hurley, 2161.
— Húsavík, 5327.
— Husillos, 4965.
— Hutton Cranswick, 3600.
— Hutton-in-the-Forest, 2307.
— Huyton, 7292.
— Hvammr, 5285, 5389, 5401.
— Hvanneyri, 5288.
— Hvoll, 5309.
— Ickleford, 2568.
— Icombe, 3342.
— Idlicote, 3238.
— Iffley, 2968.
— Ightham, 2726.
— Ilford (Little), 2470.
— Ilkeston, 2353.
— Illingen, 4535.
— Illugastadir, 5342.
— Ilmington, 3248.
— Ilsley (East), 2162.

Églises, Ilsley (West). 2163.
— Ingjaldsholl, 5320.
— Ingleby, 2352.
— Ingunnarstadir, 5267.
— Inkberrow, 3343.
— Inkpen, 2164.
— Innichen, 4698.
— Inuriholmr, 5283.
— Innsbruck, Capucins, 4702.
— Innspruck, Servites, 4686.
— Inverness, Dominicains, 4802.
— Inworth, 2501.
— Ippolitts, 2569.
— Ipsley, 3213.
— Ipstones, 7308.
— Ipswich, Saint-Clément, 2985.
—   «   Saint-Étienne. 2986.
—   «   Saint-Laurent, 2981, 7446.
—   «   Saint Mary at Elm, 2989.
—   «   Saint Mary Quay, 2983.
—   «   Saint Mary Stoke. 2990, 7451.
—   «   Saint Mary Tower, 2980.
—   «   Saint-Mathieu, 2988, 7282.
—   «   Saint-Nicolas. 2987.
—   «   Saint-Pierre, 2984.
—   «   Sainte-Marguerite, 2982.
— Ireton (Kirk), 2354.
— Irstead, 2898.
— Irthington, 2264.
— Isell, 2298.
— Isley Walton, 2828.
— Itchington (Long), 3111.
— Ivychurch, 2727.
— Jarrow, 1382.
— Jarzé, 314.
— Jaworzno, 6114.
— Jelsum, 5634.
— Jodlauken, 4657, 4675.

Églises, Joinville, 6613.
— Joyenval, 6506, 6641.
— Kadlub, 6125.
— Kalfholt, 5468.
— Kamenz, 4445.
— Kamion, 6112.
— Kampen, Saint-Nicolas, 5023, 6540.
— Kappel-am-Rhein, 4567.
— Kaupangr, 5351.
— Kayingham, 3524.
— Kegworth, 2814.
— Keldudalr, 5264.
— Keldur, 5459.
— Kelshall, 2595.
— Kelvedon Hatch, 2460.
— Kempsey, 3344.
— Kenilworth, 3087.
— Kennington [Kent], 2728.
— Kensington, 2067.
— Kensworth, 2560.
— Ketteringham, 2910.
— Kidderminster, All Saints, 3345.
Killem, 6880.
— Killom, 3471.
— Kilnesey, 3510.
— Kilnwick, 3610.
— Kilnwick Percy, 3602.
— Kilverstone, 2914.
— Kimpton, 2566.
— Kineton, 3243.
— Kingsbury, 3173.
— Kingsdown [Dartford], 2730.
— Kings Langley, 2553.
— Kings Newton, 3172.
— Kingsnorth, 2729.
— Kings Norton, 3347.
— Kings Walden, 2562.
— Kingston upon Thames, 3081, 7283.
— Kington, 2521, 3349.
— Kintbury, 2165.
— Kinwarton, 3217.
— Kirby-Grindalythe, 3426.
— Kirby-Underdale, 3432.
— Kirk Bampton, 2245.
— Kirkburn, 3605.
— Kirkby Bellers, 2872, 7280.
— Kirkham, 3457.
— Kirkjubaer, 5468.

Églises, Kirkjubol [en Langidalr], 5420.
— Kirkjuhvammr, 5410.
— Kirkoswald, 2309.
— Kirton in Lindsey, 1832.
— Knebworth, 2578.
— Knightwick, 3348.
— Knipton, 2851, 7280.
— Kniveton, 2355.
— Knockholt, 2731.
— Knook, 7132.
— Knörr, 5302.
— Korneuburg, Ermites de Saint-Augustin, 4552.
— Kolbeinstadir, 5271.
— Kolo, 6104.
— Komorniki, 6138.
— Konin, 6103.
— Krísuvík, 5315.
— Krossá, 5450.
— Krossholt, 5300.
— Krzepice, 6116.
— Krzywarzeka, 6124.
— Kuppenheim, 4627.
— La Batie-Mont-Saléon, 7070.
— La Beaume des Arnauds, 7071.
— La Chapelle d'Arnage, 1034.
— La Chapelle-Auzac, 837.
— La Chapelle-Gaugain, 1059.
— La Chapelle-St-Fray, 1009.
— La Faurie, 7079.
— Lagardelle, 6347.
— La Genétay, 557.
— Lagiewniki, 6153.
— La Gorgue, 6931.
— La Grand, 7080.
— La Guierche, 1021.
— Lallaing, 6998.
— Lambeth, 3057.
— Lambley, 2964.
— Lambourn, 2166.
— Lambourne, 2464.
— Lambres, 6999.
— La Meignanne, 542.
— La Milesse, 1022.
— Landas, 7000.
— Landbeach, 2226, 7154, 7370.

Églises, Landewednack, 2079.
— Landulph, 3829.
— Langaholt, 5278.
— Langar, 2090.
— Langham, 2502.
— Langley (Kirk), 2357.
— Langtoft, 3472.
— Langton, 3439.
— Lapworth, 3233.
— La Quinte, 1023.
— La Rochelle, St-Nicolas, 6477.
— Las Huelgas, 4962.
— Łaszów, 6129.
— Lathom, 3583.
— Laufás, 5348.
— Lauwin-Planques, 7001.
— Lavardin, 1024.
— Lavaré, 1066.
— La Vega, 4967.
— Lavenay, 1067.
— Laver (High), 2455.
— Laver (Little), 2461.
— Laver Magdalen, 2456.
— Lawford (Church). 3112.
— Layston, 2622.
— Lazez, 7081.
— Lazonby, 2308.
— Lea Marston, 3152.
— Leamington Hastings, 3107.
— Leamington Priors, 3120.
— Le Bersac, 7072.
— Leckhampstead, 2168.
— Lécluse, 7062.
— Leconfield, 3579.
— Lederzeele, 6881, 7044.
— Ledringhem, 6882, 7045.
— Lee [Kent], 2732.
— Leek, 7312.
— Leffrinkhoucke, 6883.
— Legh, 1487.
— Leicester (Abbey Gate), 2831.
— Leicester [Comté], 7280.
— Leigh [Essex], 2418.
— Leigh [Worcester], 3350.
— Leigh (South), 2969.
— Leipzig, St-Jacques, 4460.
— « Saint - Nicolas, 4460.

Églises, Leipzig. Saint - Pierre, 4460.
— « Saint-Thomas, 4450.
— « Sainte - Catherine, 4460.
— « Sainte - Vierge, 4460.
— Leirubakki. 5462.
— Le Mans, 923, 942.
— Le Mans(Églises de l'arrondissement), 997-1090.
— Lench (Church), 3307.
— Lens, N.-D., 276, 315, 6383, 6422.
— Leominster, 4080.
— Léon (Royaume de), 4959.
— Léon, Saint-Isidore, 4969.
— Lépine, 7082.
— Leppington (?), 3455.
— Le Puy, Saint-Georges, 90. 408.
— Le Saix, 7083.
— Les Loges, 1068.
— Les Moeres, 7048.
— Lessines, St-Pierre, 6386.
— Letchworth, 2567, 2583.
— Lewarde, 7003.
— Leven, 3518.
— Leverton (South), 2958.
— Lewisham, 2733.
— Leyton, 2469.
— L'Hermitage, 6686, 6697. 6707.
— Lichfield, Saint - Michel, 4074.
— « Sainte-Marie. 4106.
— Liddes, 6215.
— Liebenwalde, 4530.
— Liège, Saint-Pierre, 1103, 1109, 1114.
— Lienz, Carmes, 4697.
— Liesse, N.-D., 694, 808, 939.
— Lighthorne, 3255.
— Lilburn, 2953.
— Lille, Sainte - Catherine, 132.
— Lilleshul, 1946.
— Lilley, 2563.
— Lillington, 3131.

Églises, Limoges, 643.
—   «   Saint-Pierre du Queyroix, 407.
— Limpsfield, 2099, 3066.
— Lindisfarne, 1404, 1531, 1566, 1855.
— Lindridge, 3351.
- Lindsell, 2467.
— Lingfield, 2100.
— Linslade, 2217.
— Linz, Sainte-Trinité, 4493.
— Lisset, 3549.
— Littleover, 2358.
— Livron, Saint-Pierre, 141.
— Ljósavatn, 5340.
— Londres, All Hallows, 2884.
—   «   Saint Benoit Gracechurch, 3833.
—   «   Saint Christopher le Stocks, 1713, 3822, 3834.
—   «   Saint Dionis Backchurch, 2878.
—   «   Saint - Elphège, 7254.
—   «   Saint Ethelburga, Bishopsgate, 2883.
—   «   ·Saint-Étienne, Coleman Street, 1667, 1980.
—   «   Saint-Gilles, 7401.
—   «   Saint - Grégoire, 1370.
—   «   Saint Laurence Poutney, 4088.
—   «   Saint Margaret Pattens, 1673, 1707, 1758, 2035.
—   «   Saint - Martin -le-Grand, 2036.
—   «   Saint Martin Ludgate, 1555.
—   «   Saint Martin Outwich, 1770, 2029, 2879.
—   «   Saint Mary at Axe, 4125, 4182.

Églises, Londres, Saint Mary Colechurch, 2881, 4061, 4213.
—   «   Saint Mary Hill, 1706, 1807, 3626.
—   «   Saint Mary Somerset, 2877.
—   «   Saint Mildred, Poultry, 2880, 4212, 4213.
—   «   St Nicolas, Cole Abbey, 2882.
—   «   Saint-Pancras, 2065, 2885.
—   «   Saint Peter Cheap, 1590, 1782.
—   «   Saint Stephen Walbrook, 1693, 3817.
—   «   Sainte-Catherine, Aldgate, 4068.
—   «   Sainte-Foy, 1369.
—   «   Templiers, 1378.
— Löbau, 4475.
—   «   Franciscains, 4475.
— Loches, 6752.
— Lockinge, 2169.
— Lockington, 2811, 3562.
— Lodbrook, 3124.
— Loffre, 7004.
— Lögmannshlid, 5359.
— Lombron, 1025.
— Longden, 3352.
— Londesborough, 3599.
— Longfield, 2735.
— Longpré-les-Corps-Saints, 6633, 6662.
— Longthorpe, 2924.
— Looberghe, 6884.
— Loon, 6885.
— Lorette, N.-D., 5701, 5720.
— Lorton, 2278.
— Losenham, Carmes, 1945.
— Loughborough, 2805.
— Louvercy, 4.
— Loweswater, 2277.
— Lowthorpe, 2018, 3466.
— Loxley, 3206.
— Lübeck, Burg Kirche, 4420.
—   «   Dom Kirche, 4422.

Églises, Lübeck, Saint-Clément, 4432.
— « Saint-Esprit, 4425.
— « St-Georges, 4424.
— « Saint-Georges vor dem Mühlentor, 4424.
— « Saint-Gilles, 4428, 4434.
— « Saint-Jacques. 4431.
— « Saint-Jean auf dem Sande, 4423.
— « Saint-Pierre, 4429.
— « Sainte-Catherine, 4421.
— « Sainte-Gertrude, 4433.
— « Sainte-Marie, 4430.
— Lubnica, 6141.
— Luddington, 3200.
— Ludlow, 7354, 7364.
— Luigné, 622, 630.
— Lullingstone, 2736.
— Lullington, 2356.
— Lund, Dominicains, 4733.
— Lundarbrekka, 5338.
— Lutton (East), 3425.
— Lutton (West), 3433.
— Lututów, 6154.
— Lydden, 2737.
— Lyme Regis, 7196.
— Lyminge, 2739.
— Lympne, 2738.
— Lynde, 6932.
— Lynn. Saint-Jacques, 1856.
— « Sainte-Marguerite, 1963.
— Lyon, Saint-Just, 33.
— « Saint-Nizier, 54.
— « Saint-Pierre et Saint-Romain, 613.
— Łyskornia, 6149.
— Mabe, 2087.
— Mackworth, 2362, 4130.
— Madresfield, 3353.
— Maclifell, 5381.
— Maestricht, N.-D., 4613.
— « Saint-Servais, 4613.

Églises, Maidstone, 2048.
— Maisoncelles, 1069.
— Malmesbury, 2045.
— Malmey, 5369.
— Malsch, 4628.
— Malvern, 3354.
— Malvern (Little), 3355.
— Mancetter, 3169.
— Manchester, 2787, 3819. 7277.
— Mansfield, 2954.
— Maplescombe, 2740.
— Mapleton, 2364.
— Mappleton, 3553.
— Mardick, 6886, 7046.
— Marcé, 379.
— Marcq, 7006.
— Marefield, 2806.
— Marfleet, 3525.
— Marholm, 2921.
— Maria Steinach, Dominicains, 4689.
— Mariathal, Dominicains. 4692.
— Maria Weissenstein, Servites, 4701.
— Marienkron, 4379.
— Marlborough, 2045.
— Marlen, 4576.
— Marlston, 2170.
— Marolles, 1070.
— Marsala, Saint-Laurent, 5995.
— Marstadir, 5400.
— Marston (Long), 2557.
— Marston (Priors), 3244.
— Martigny-les-Bains, Saint-Pierre, 986.
— « Saint-Remy, 987.
— Marton, 3123, 3498.
— Marxzell, 4637.
— Masham, 4006.
— Masny, 7007.
— Mathon, 3356.
— Matlock, 2363.
— Mattaincourt, 686.
— Maubuisson, 260.
— Mawnan, 2083.
— Maxey, 2931.
— Maxstoke, 3149.
— Mayet, 1089.

Églises, Measham, 2359.
— Meesden, 2621.
— Mehlsack, 6169, 6181.
— Melmerby, 2306.
— Melstadr, 5411.
— Melbourn, 2360.
— Melton Mowbray, 2858, 7238, 7280, 7334, 7359.
— Melford Holy Trinity, 1831.
— Melford (Long), 1831, 1976, 2026, 3624, 3627, 3826, 4189, 4228.
— Meran, Clarisses, 4687.
— Marcatella, Sainte-Marie et Saint-Nicolas, 5510, 5511.
— Mere, 1342, 1541, 2045.
— Meriden, 3164.
— Merkeghem, 6887.
— Merris, 6933.
— Merrow, 3007.
— Mersham, 2741.
— Merton, 3049.
— Merville, 6934.
— Messine. N.-D. de Arcubus, 6019.
— « N.-D. de Latina, 6019.
— Messing, 2482.
— Metercn, 6935.
— Michelbach, 4641.
— Michelsberg, abbaye, 4334.
— Mickleover, 2365.
— Midbaeli, 5265, 5444.
— Middleton [Lancaster], 2789.
— Middleton [Warwick], 3170.
— Middeleton [Yorks], 3608.
— Midgham, 2171.
— Midley, 2743.
— Mierzyce, 6111.
— Miklibaer [Blönduhlid], 5374.
— Miklibaer [Oslandshlid], 5372.
— Mikligardr, 5356.
— Milan. Saint-Gothard, 5653.
— « Sainte-Marie delle Grazie, 5748.

Églises, Millam, 6888, 7047.
— Millau, N.-D. de l'Espinasse, 6273.
— Milton, 1380, 2224.
— Milverton, 3114.
— Mimms (North), 2545.
— Minsden, 2564.
— Missenden Parva, 2213.
— Mistley, 2490.
— Mitcham, 3078.
— Mittelheim, 4344.
— Mitton (Bredon), 3359.
— Mitton (Lower), 3360.
— Mixbury, 7303, 7408, 7449.
— Mödruvellir, 5352.
— Mokrsko, 6137.
— Molash, 2742.
— Molesey (East), 3082, 7282.
— Monchecourt, 7008.
— Monken Hadley, 2892, 4179.
— Monks Kirby, 3186.
— Mountsorell, 2834.
— Montabon, 1090.
— Montaillé, 1071.
— Montauban, Saint-Jacques, 392.
— Montbizot, 1026.
— Montbrand, 7084.
— Montbrison, N.-D., 669, 902, 6677.
— Monte Cassiano, 5692.
— Montéglin, 7085.
— Montfort, 1027.
— Montfort l'Amaury, Saint-Laurent, 6650.
— Montiérender, N.-D., 651.
— Montigny, 7009.
— Montjay, 7086.
— Montplacé, 762, 862.
— Montreuil-la-Saison, 1072.
— Montreuil-sur-Sarthe, 1028.
— Montrond, 7087.
— Morbecque, 6936.
— Morden, 3075.
— Moreton, 2457.
— Moresby, 2283.

Églises. Mörk, 5449.
— Mortlake, 3046.
— Morley, 2361.
— Morpeth, 2938.
— Mörsch, 4617.
— Morton, 3265.
— Morton Bagot, 3210.
— Mose, 2429.
— Moseley, 3358.
— Moulsford, 2172.
— Moydans, 7088.
— Muckensturm, 4629.
— Mühlenbach, 4569.
— Múli, 5333.
— Müllen, 4577.
— Mullion, 2078.
— Munden (Great), 2576.
— Munden (Little), 2574.
— Murano, Saint-Étienne, 5640.
— Muros, San Pedro, 4936.
— Murn, 4235.
— Murseley, 2212.
— Muskham (North), 2955.
— Muston, 2857, 3470, 7280.
— Nacfrholt, 5461.
— Nafferton, 3487.
— Nafford, 3361.
— Namur, Saint-Aubin, 19, 301, 474, 527, 6267.
— Nantes, N.-D., 599.
— « Saint-Saturnin, 814.
— Naples, Carmes, 5707.
— « Saint-Pierre ad Paternum, 5515.
— « Sainte-Euphémie, 5506.
— Napton, 3136.
— Naramice, 6151.
— Narfeyri, 5286.
— Naunton Beauchamp, 3362.
— Neatisherd, 2901.
— Necton, 7298.
— Nes, 5334.
— Nesi, 5316.
— Nether Denton, 2263.
— Nether Wasdale, 2268.
— Neuf Berquin, 6937.
— Neukirch, 6164.
— Neuville-sur-Sarthe, 1029.

Églises, Newbald, 3560.
— Newbold upon Avon, 3116.
— Newbold Pacy, 3247.
— Newbury, 2136.
— Newcastle on Tyne, Carmes, 1949, 7258.
— Newcastle upon Tyne, All Saints, 4110, 7385.
— Newchurch [Ile de Wight], 2517, 2744.
— Newchurch [Kent], 2744.
— Newland, 3363.
— Newnham, 2529.
— Newnham Regis, 3089.
— Newington [Surrey], 3054.
— Newington next Hythe, 2745.
— Newton Arlosh, 2300.
— Newton (Kings), 2367.
— Newton Linford, 2825.
— Newton Solney, 2366.
— Niederbühl, 4625.
— Niederschopfheim, 4575.
— Nieppe, 6938.
— Njardvik, 5295.
— Nomain, 7010.
— Noordpeenne, 6939.
— Norridge, 2045.
— Northaw, 2537.
— Northchurch, 2556.
— Northcray, 2746.
— Northfield, 3364.
— Norton [Herts], 2530.
— Norton [Yorks], 3442.
— Norton by Bredon, 3366.
— Norton by Kempsey, 3367.
— Norwich, Saint-André, 1468, 2038, 2907, 4208.
— « Saint-Benoît, 2040, 2920.
— « Saint Etheldred, 1473.
— « Saint-Étienne, 1467.
— « Saint-Grégoire, 3805.
— « St-Jean, Maddermarket, 1470.
— « Saint-Laurent, 1469.

Églises, Norwich, Saint Mary Cos-lany, 2039, 2098, 4100, 4211.
—   «   Saint Peter Houndgate, 1471.
—   «   Saint Peter Man-croft, 1466, 1526.
—   «   Saint Peter per Mountergate, 1472, 2037.
— N.-D. de Bon Secours, 6755.
— N.-D. des Champs, 1030.
— N.-D. de Crypta [près de Messine], 6026.
— N.-D. Pauton de Paulha-guet, 689.
— N.-D. du Puy [Anjou], 703, 6326, 6702.
— N.-D. de Torcé, 1032.
— N.-D. de Verdelais, 6848.
— Nunburnholme, 3597.
— Nuneaton, 3178.
— Nunkeeling, 3540.
— Nuremberg, Hôpital, 4291.
— Oakley (Little), 2431.
— Oakley (Much), 2430.
— Oare, 2173.
— Oberweier, 4630.
— Ockham, 3012.
— Ockley, 2997.
— Ochądzin, 6148.
— Ochtezeele, 6940.
— Ockbrook, 2369.
— Ockendon (North), 2452.
— Ockendon (South), 2453.
— Oddi, 5457.
— Oddgeirshólar, 5280.
— Odense (Diocèse d'), 4740.
— Oddington, 3368.
— Ögr, 5421.
— Offchurch, 3137.
— Offley, 2565.
— Oldesloe, Saint-Pierre-et-Saint-Paul, 4339.
— Oldham, 2800.
— Ölfusvatn, 5270.
— Olney, 2201.

Églises, Oos, 4611.
— Oost-Cappel, 6889.
— Orchies, 7011.
— Orléans, Saint-Paul, 257.
—   «   Sainte-Croix, 6368.
— Orlestone, 2747.
— Orpington, 2748.
— Orston, 2960.
— Orton, 2244.
— Osgathorpe, 2823.
— Osmaston by Derby, 2368.
— Ossyjaków, 6131.
— Otigheim, 4622.
— Otrardalr, 5417.
— Ottringham, 3499.
— Oudzeele, 6941.
— Ousby, 2253.
— Out Newton, 3508.
— Overbury, 3369.
— Ovingham, 2937.
— Owthorne, 3519.
— Owthorpe, 2956.
— Oxelaere, 6942.
— Oxhill, 3269.
— Oxted, 2101, 3069.
— Ożarów, 6123.
— Packington, 2830.
— Packington Magna, 3145.
— Packington Parva, 3153.
— Packwood, 3235.
— Paddlesworth, 2749.
— Padoue, Saint-Antoine, 5611.
— Paglesham, 2419.
— Palerme, Grand Hôpital, 6003.
—   «   Saint-Antoine in regia Dohana, 5985.
—   »   San Cataldo, 6002.
—   «   Saint-Jean-Bap-tiste en Castel-lamare, 6005.
—   «   Saint-Jean de Bayda, 5981.
—   «   Saint-Paul in militum sta-tione ou nel quartiere di Galga, 5984.

Églises. Palerme. Sainte-Marie de l'Admirato, 5582.
— « Sainte - Marie - Madeleine de Galga, 5983.
— « Séminaire, 5977.
— Paris, Blancs-Manteaux, 917.
— « La Madeleine-en la-Cité, 910.
— « N.-D. de Lorette, 817.
— « Petits Augustins, 919.
— « Théatins, 914.
« Saint - Barthé - lemy, 861.
— « Saint-Benoît, 897.
— « Saint - Étienne - des-Grés, 897.
— « Saint - Étienne - du-Mont, 598.
« Saint -Germain- des-Prés, 996, 1092.
— « Saint-Germain-le-Vieux, 908.
— « Saint-Gervais, 982.
— « Saint-Honoré, 922.
— « Saint-Landry, 911.
— « Saint-Louis-du-Louvre, 921.
— « Saint - Marcel, 895.
— « Saint-Paul, 760, 869.
— « Saint-Pierre-des-Arcis, 908.
— « Saint-Pierre-aux-Bœufs, 919.
— « Saint - Sépulcre, 124, 898.
— « Sainte-Geneviève, 6320, 6763.
— « Sainte - Marine, 578, 918.

Églises. Partenico, L'Annonciation, 6000.
— Parwich, 2371.
— Parzymiechy, 6113.
— Paston, 2927.
— Patnów, 6128.
— Patrington, 3535.
— Paull, 3536.
— Paul's Cray, 2750.
— Peakirk, 2925.
— Peasemore, 2174.
— Pecquencourt, 7012.
— Pedmore, 3370.
— Pelham Burnt, 1368, 2606.
— Pelham Furneaux, 1368, 2617.
— Pendock, 3372.
— Penrith, 2311.
— Pentrich, 2370.
— Peopleton, 3371.
— Peperharow, 3003.
— Perranarworthal, 2084.
— Pershore, abbaye, 3374.
— « Saint - André, 3373.
— Perth, 4798.
— Peterborough, Saint-Jean-Baptiste, 2923.
— Petite-Synthe, 6890.
— Piacenza, Sti Petri, 5500.
— Piasca, 4854.
— Pichburtone, 3516.
— Picquigny, Saint - Martin, 265.
— Piddle (North), 3365.
— Pillerton Hersey, 3259.
— Pillerton (Over), 3232.
— Pilton, 7219, 7220, 7226.
— Pinner, 2891, 4095, 7337.
— Pinvin, 3377.
— Pirbright, 3016.
— Piré, 362.
— Pirford, 3035.
— Pirna, Dominicains, 4469.
— Pirton, 3378.
— Pistoia, Saint - Jacques, 5589, 5631,
— « Saint-Marc, 5542.
— Pitgam, 6891.
— Pitstone, 2214.
— Pittington, 3977, 4066, 4077.

Églises, Ploen, 4544, 4658.
— Pluckley, 2751.
— Plumbland, 2291.
— Plumstead, 2752.
— Plungar, 2862, 7280.
— Plymouth, Saint-André, 1924, 4120.
— Pobiedziska, 6100.
— Pocklington, 3564.
— Poitiers, 171, 675.
   «   Saint-Hilaire, 271, 328, 401, 437, 443, 471, 485, 547, 691, 809.
   «   Saint-Pierre, 989.
— Polesworth, 3183.
— Poligny, 6388.
— Pomet, 7089.
— Poncé, 1073.
— Pontefract, Dominicains, 1942.
— Ponteland, 2939.
— Pont de Gennes, 1033.
— Pont-en-Royans, 6339, 6717.
— Pontisbright, 2485.
— Pontlieue, 1034.
— Poole, 2003, 3824.
— Popowice, 6126.
— Postling, 2753.
— Powick, 3375.
— Pradelles, 6943.
— Prague, Saint-Castule, 4341.
—   «   Saint-Gall, 4283.
—   «   Saint-Jean in Vado, 4583.
—   «   Saint-Léonard, 4285.
—   «   Saint-Thomas, 4282.
— Praszka, 6121.
— Prestbury, 2034, 4028, 4198.
— Prestholar, 5323.
— Preston, 3530, 7293.
— Preston Bagot, 3191.
— Prestwich, 2799.
— Prittlewell, 2420.
— Pruillé, 1035.
— Psalmody, 300.
— Putney, 3048.

Églises, Puttenham [Herts], 2534.
— Puttenham [Surrey], 3001.
— Puy N.-D. [Anjou], 6326, 6702.
— Quaedypre, 6892, 7049.
— Quarndon, 2372.
— Queenhill, 3379.
— Quorndon, 2819.
— Raches, 7014.
— Raczyn, 6135.
— Radcliffe, 2791.
— Radford, 3143.
— Radway, 3253.
— Radwell, 2598.
— Ragnheidarstadir, 5281.
— Rahay, 1074.
— Raimbeaucourt, 7015.
— Rainham, 2442.
— Ramsey, 2655.
— Randers, 4731.
— Randworth, 2909.
— Rastatt, 4626.
— Ratley, 3241.
— Ravenne, Clarisses, 5585.
— Ravensburg, 4355.
— Ravenston, 2373.
— Reading, Saint-Laurent, 1774, 1802.
— Realmont, 816.
— Rechperg, 4331.
— Redbourn, 2535.
— Redenhall, 3869.
— Redmarley d'Abitot, 3380.
— Redmile, 2852, 7280.
— Redon, Saint-Sauveur, 649.
— Reed, 2619.
— Reichenau, 4236.
— Reighton, 3495.
— Reims, 877.
—   «   Saint-Jacques, 945.
—   «   Saint-Nicaise, 836.
—   «   Saint-Remi, 904, 977.
—   «   Saint-Symphorien, 945.
— Rémiremont, 6699, 6841.
— Renescure, 6944.
— Repton, 2374, 4109.
— Rexpoede, 6893.
— Reykir, 5268.
— Reykjadalr, 5434.

Églises, Reykjaholt, 5287.
— Reykholar, 5307.
— Reykjalid, 5329.
— Reykir, 5382.
— Reynir, 5471.
— Ribeyret, 7090.
— Ribins, 7091.
— Rickmansworth, 2528.
— Ridge, 2543.
— Ridley, 2758.
— Rieulay, 7016.
— Rievaux, 1948.
— Rillington, 3458.
— Rilly-la-Montagne, 5.
— Ringstead, Saint-Andrew, 7296.
— « Saint-Peter, 7297.
— Ringwood, 2108, 2511.
— Ripon, 1410.
— « Saint Peter and Wilfrid, 1704, 3867, 3974, 4022.
— Ripple, 3383.
— Ripr, 5386.
— Rise, 3509.
— Risley, 2376.
— Riston (?), 3552.
— Rivington, 2798.
— Rochdale, 2802.
— Rochester, Saint-Nicolas, 2755.
— « Sainte - Mar - guerite, 2754.
— Rodez, 64, 65, 786.
— « Saint-Amans, 541.
— Roding Abbots, 2459.
— Roize, 1036.
— Romanmoustier, 6236.
— Rome, Saint - Louis des Français, 5778, 5909.
— « Saint - Valentin, 5480.
— « Sainte - Marie in Cosmedin, 5480. Cf. Basiliques.
— Romford, 2477.
— Roos, 3526.
— Roost-Warendin, 7017.
— Rosans, 7092.

Églises, Roskilde, Dominicains, 4733.
— « Franciscains, 4714.
— Rosliston, 2375.
— Rössel, 6177.
— Rosswein, 4524.
— Rothenfels, 4642.
— Rotherham, 4207.
— Rotherhithe, 3658.
— Rothley, 2807.
— Rottenbuch, Célestins, 4688.
— Rottenmann, 4330.
— Roucourt, 7018.
— Rouen, Saint-Ouen, 6851.
— Rouillon, 1037.
— Rous Lench, 3381.
— Routh, 3539.
— Rowington, 3189.
— Rowley, 3570.
— Rowlston, 3493.
— Royston, 2597.
— Ruan Major, 2085.
— Ruan Minor, 2086.
— Ruaudin, 1038.
— Rubrouck, 6945.
— Ruckynge, 2756.
— Ruda, 6109.
— Ruddington, 2962.
— Rudlice, 6132.
— Rudniki, 6118.
— Rudston, 3488.
— Ruc, 6632.
— Rufforth, 2059.
— Rugby, 3100.
— Ruscombe, 7129.
— Rushden, 2624.
— Rushock, 3382.
— Rushton, 7305.
— Ruxley, 2757.
— Ryton on Dunsmore, 3102.
— Sacomb, 2580.
— Saddleworth, 2803.
— Saffron Walden, 2493.
— Sahagun, 4968. Cf. Abbayes.
— Saint-Albans, 2523, 2526, 2536, 2652, 7207.
— Saint-Apollinaire in Runco, 5533.

Églises, Saint-Aubin, 1039.
— Saint-Bees, 2284.
— Saint-Bernard (Le Grand), 6248.
— Saint-Calais, 1075.
— Saint-Célerin, 1040.
— Saint-Chamond, Saint-Jean-Baptiste, 605.
— Saint-Corneille, 1041.
— Saint Cury, 2076.
— Saint-Cuthbert, 1332.
— Saint Cuthbert Chapel, 2301.
— Saint-Cyrice, 7093.
— Saint-Dié, 6700, 6833.
— Saint-Émilien, 4852.
— San Filippi d'Argirò, collégiale, 6050.
—   «   Saint-Georges, 6051.
— Saint-Georges, 1076, 6894.
— Saint-Georges-du-Plains, 1042.
— Saint-Hilaire de la Celle, 386.
— Saint-Jean d'Assé, 1043.
— Saint-Jean de la Palud de la Couronne, 718.
— Saint-Jeans Cappel, 6946.
— Saint-Julien-en-Beauchaine, 7096.
— Saint-Julien-en-Champagne, 1044.
— Saint-Laud, Saint-Germain, 638.
— Saint-Laurent, 1802.
— Saint-Léonard-de-Louplande, 1045.
— Saint-Mars-sous-Ballon, 1046.
— Saint-Mars de Locquenay, 1078.
— Saint Martha, 3042.
— Saint-Martin, Augustins, 4693.
— Saint Martin in Meneage, 2075.
— Saint-Martin de la Place, 757.
— Saint Mary Bourne, 4019.
— Saint Mary Church, 7140.

Églises, Saint Mary Cray, 2759.
— Saint Mary's in the Marsh, 2760.
— Saint-Mathieu, 1933.
— Saint-Maximin, 322, 577.
— Saint Michael's (Saint-Albans), 2536.
— Saint-Michel de Chavaignes, 1079.
— Saint Neots, 7369.
— Saint-Nicolas della Cicogna, 5528.
— Saint-Nicolas-du-Port, 488, 6385, 6553, 6585, 6856, 6857.
— Saint-Osmane, 1080.
— Saint-Omer, Bon-Pasteur, 6858.
—   «   Saint-Bertin, 6858.
—   «   Saint-Denis, 6858.
—   «   Saint-Sépulcre, 6858.
— Saint Osyths, 1952, 2438.
— Saint-Paulien, 940.
— Saint Paul's Walden, 2533.
— Saint-Pavace, 1047.
— Saint Peter's (St Albans), 2523.
— Saint-Pierre-Avés, 7097.
— Saint-Pierre-Broucq, 6895, 7050.
— Saint-Pierre du Lac, 495, 501, 515, 522, 551, 564, 626, 667, 798, 865.
— Saint-Pyran, 1365.
— Saint-Quentin, 149, 157, 418.
— Saint-Rémy-des-Bois, 1048.
— Saint-Sauveur, 3084.
— Saint Stephen's (Saint-Albans), 2526.
— Saint Teath, 4042.
— Saint Wendron, 2082.
— Sainte-Burian, 7171.
— Sainte-Colombe, 7094.
— Sainte-Marie et Saint-Jean de Locum Beteri, 5507.
— Sainte-Marie, 7095.

Églises, Sainte-Radegonde de Pommiers, 524.
— Sainte - Sabine- et-Poché, 1049.
— Saintes, Saint- Eutrope, 590, 859, 6470, 6680, 6681.
— « Collège, 6846.
— Salazuit, 689.
— Salcombe Regis, 7148, 7156.
— Salerans, 7098.
— Salford, 3221.
— Salins, Saint-Anatoile, 581.
— « Saint-Maurice, 486.
— Salisbury, St-Edme l'Archevêque, 2045, 7216.
— « Saint-Thomas, 1839, 2045.
— Salperwicq, 6858.
— Saltby, 2873, 7280.
— Saltwood, 2761.
— Salwarpe, 3384.
— Sameon, 7019.
— San Justo de las Requeras, 4860.
— San Salvador, 4860.
— Sancton, 3567
— Sanderstead, 3072.
— Sandhurst, 2175, 7131.
— Sandiacre, 2385.
— Sandon, 2491, 2603.
— Sandridge, 2524.
— Sandwich, Sainte - Marie, 1678.
— Sarratt, 2522.
— Sarthe (De la), 997.
— Saudanes, 5321.
— Saulx-Saint-Remy, 6.
— Saurbaer, 5274, 5355.
— Saussay, 1051.
— Savigné-les-Le-Mans, 1050.
— Sawbridgeworth, 2646.
— Sawley, 2384.
— Saxby, 2841, 7280.
— Saxilby, 7325.
— Saxthorpe, 2911.
— Scagglethorpe (?), 3451.
— Scalby, 3467.
— Scaleby, 2259.

Églises, Scalford, 2866, 7280.
— Scarborough, 1593.
— Scarning, 4231, 7445.
— Scrayingham, 3441.
— Schöllbron, 4634.
— Sciacca, San Calogero, 5991.
— « Sainte - Marguerite de l'Ordre Teutonique. 5992.
— Scorborough (?), 3575.
— Scropton, 1768.
— Schutterwald, 4573.
— Schweidnitz, 4326, 4542.
— Seal, 2826.
— Scale, 3025.
— Seamer, 3490.
— Seaton, 3591.
— Seckington, 3162.
— Sedgeberrow, 3385.
— Sedgeford, 2916.
— Seeburg, 6178.
— Seefeld, Ermites de Saint-Augustin. 4696.
— Sele, 1560.
— Selling, 2071.
— Semur, 1081.
— Send, 3011.
— Senftenberg, Saint-Pierre et Saint-Paul, 4652.
— Settrington, 3450.
— Severnstoke, 3386.
— Shadoxhurst, 2763.
— Shalbourne, 2045, 2176.
— Shalford, 3056.
— Shanklin, 2518.
— Shapwick, 2406.
— Shaw, 2177.
— Sheepshed, 2821.
— Shefford (Little), 2179.
— Shefford (Magna), 2178.
— Sheldon, 3175.
— Shelford (Great), 7285.
— Shelley, 2462.
— Shelswell, 7304.
— Shenley, 2555.
— Sherborne, 1995, 3201, 4217, 7195.
— Sherburn, 3453.
— Sherburn-in-Elmet, 1334.

Églises, Shere, 3643.
—   Shilton, 3094.
—   Shinfield, 2180.
—   Shood, 2772.
—   Shottesbrooke, 2181.
—   Shotteswell, 3260.
—   Shrewsbury, 7281.
—   «   Saint-Alk-
                 mund, 2970,
                 7281.
—   «   Saint-Chad,
                 2974, 7281.
—   «   Saint-Julien,
                 2972, 7281,
                 7386.
—   «   Sainte-Croix,
                 2971, 7281.
—   «   Sainte-Marie,
                 2973, 7281.
—   Shuckburgh (Over), 3130.
—   Shustoke and Bentley Cha-
       pel, 3148.
—   Shuttington, 3163.
—   Sicile (Royaume de), 5976,
       5998, 6034.
—   Sidbury, 7149, 7158.
—   Sigglesthorne (?), 3551.
—   Silfrastadir, 5376.
—   Sillé-le-Philippe, 1052.
—   Silstone, 3551.
—   Sin-le-Noble, 7020.
—   Sithney, 2080.
—   Sjafarborg, 5387.
—   Skard (sur le Skards-
       strönd), 5426.
—   Skard (Stóra Skard), 5460.
—   Skard (Skard it vestra),
       5464.
—   Skard, 5290, 5303.
—   Skeckling, 3501.
—   Skeffling, 3527.
—   Skelton, 2250.
—   Skeltrenbeke, 3434.
—   Skerne, 3607.
—   Skidby, 3571.
—   Skinnastadir, 5325.
—   Skipsea, 3546.
—   Skipwith, 3614.
—   Skirlaugh, 3500.
—   Skirpenbeck, 3434.
—   Skogar, 5441.

Églises, Skomlin, 6139.
—   Skumstadir, 5456.
—   Skutustadir, 5330.
—   Słupca, 6105.
—   Sledmere, 3445.
—   Smalley, 2383.
—   Smarden, 1941, 2764.
—   Smeeth, 2765.
—   Smisby, 2379.
—   Snargate, 2766.
—   Snave, 2767.
—   Snelston, 2377.
—   Snitterfield, 3199.
—   Snjallshöfdi, 5466.
—   Snoksdalr, 5469.
—   Soberton, 2512.
—   Soex, 6896.
—   Soignies.Saint-Vincent,129.
—   Sokolniki, 6147.
—   Solheimar, 5473.
—   Solihull, 3185.
—   Somerby [Leicester], 2847,
       7280.
—   Somerby [Lincoln], 1606.
—   Sonnefeld, abbaye, 4362.
—   Sorbiers, 7099.
—   Sotwell, 2183.
—   Soulac, 317.
—   Souldrop, 4210.
—   Souligné-sous-Ballon,
       1053.
—   Southam, 3138.
—   Southburton, 3576.
—   South Cliff Chapel, 3582.
—   Southfleet, 2768.
—   South Lynn, All Saints,
       2894.
—   «   Saint-Jac-
                 ques, 1856,
                 2896.
—   «   Saint-Nico-
                 las, 2895.
—   «   Sainte-Mar-
                 guerite,
                 1963, 2897.
—   South Mimms, 2893.
—   Southwark, Saint-Olave,
       3083, 3813.
—   «   Saint-Sau-
                 veur, 2056,
                 7268.

Églises, Southwell, 2966, 7185.
— Southwick, 2109, 2516.
— Souvigny, Bénédictins, 6855.
— Sowe, 3105
— Spakonuffell, 5391.
— Spay, 1054.
— Speen, 2184.
— Spernall, 3208.
— Spetchley, 3388.
— Spire (Diocèse de), 4615.
— Sproatley, 3507.
— Sproxton, 2859, 7280.
— Spycker, 6897, 7051.
— Staðarbakki, 5412.
— Stadarffeld, 5427.
— Staðarhraun, 5273.
— Stadastadr, 5301.
— Stadr, 5313, 5414.
— Stadr (sur le Suganda-fjördr), 5416.
— Staerriarskogr (?), 5361.
— Staffelsee, Saint - Michel, 4232.
— Stainton - in - the - Street, 2941.
— Standon, 2647.
— Stanford, 2769.
— Stanford Dingley, 2185.
— Stanford Rivers, 2454.
— Stanford-in-the-Vale, 3621.
— Stanstead Abbots, 2643.
— Stanton-by-Bridge, 2378.
— Stanton-by-Dale, 2386.
— Stapenhill, 2382.
— Stapleford [Herts], 2631.
— Stapleford [Leicester], 2868, 7280.
— Stapleton, 2256.
— Stathern, 2853, 7280.
— Staunton, 3388.
— Staunton - Wyville, 2875, 7280.
— Staverton, 7139, 7172.
— Steene, 6898.
— Steenwerk, 6948.
— Steenworde, 6947.
— Steinar, 5445.
— Steinmauren, 4623.
— Steinsholt, 5317, 5432.
— Steinstadir, 5415.

Églises, Sternberg, 4520.
— « Ermites de Saint-Augustin, 4403.
— Sterndale, 2387.
— Stevenage, 2571.
— Stifford, 2443.
— Stillingfleet, 3618.
— Stocking Pelham, 2613.
— Stockton, 3142.
— Stoke and Bradley, 3389.
— Stoke near Guildford, 3018.
— Stoke Canon, 7144.
— Stoke Prior, 3390.
— Stone, 3391.
— Stone next Dartford, 2771.
— Stone [près Rye], 2770.
— Stoneleigh, 3088.
— Stonesby. 2863, 7280.
— Stopanna, Saint-Martin, 4874.
— Stori-Klofi, 5463.
— Stórólfshvoll, 5455.
— Storu Vellir, 5465.
— Stoulton, 3393.
— Stour Provost, 2408.
— Stradziec, 6120.
— Strasbourg (Diocèse de), 4567.
— Stratford at Bow, 2887.
— Stratford-on-Avon, 3188.
— Stratton, 3628, 3820, 7318.
— Strazeele, 6949.
— Streatham, 3053.
— Strensham, 3392.
— Stretham, 2220.
— Stretton upon Dunsmore, 3092.
— Stretton-en-le-Field, 2381.
— Stretton upon Fosse, 3246.
— Studley, 3207.
— Stuntney, 2221.
— Stupferich, 4635.
— Sulham, 2186.
— Sulhampstead Abbots, 2187.
— Sunning, 1345.
— Sunninghill, 2182.
— Surfond, 1055.
— Surrey (Comté), 7314.
— Susteren, 5108.

Églises, Sutton, 3076.
— Sutton Coldfield, 3156.
— Sutton-in-Holderness, 3517.
— Sutton at Hone, 2773.
— Svalbard, 5322, 5349.
— Svignaskard, 5419.
— Svinavatn, 5398.
— Swallowcliffe, 1352.
— Swanscombe, 2774.
— Swansea, 2106.
— Swarkeston, 2380.
— Swepston, 2816.
— Swicchum, 5034.
— Swine, 3529.
— Swingfield, 2775.
— Swinford (Old), 3394.
— Swington, 2762.
— Swinnerton, 2977.
— Sydling Saint Nicholas, 4139.
— Synthe (Grande), 7052.
— Syracuse, N.-D. de Jésus, 6041.
— Sysonby, 2870, 7280.
— Tachbrook Bishops, 3262.
— Taddington, 4200.
— Tamworth, 7313.
— Tandridge, 2102, 3068.
— Tamworth, 2046.
— Tanworth, 3234.
— Tardebigge, 3396.
— Tatsfield, 3064.
— Teddington, 3395.
— Teigr, 5453.
— Tendring, 2432.
— Terdeghem, 6950.
— Teresino, 5509.
— Teston, 2776.
— Teteghem, 6899, 7053.
— Tewin, 2626.
— Tey (Great), 2488.
— Thame, 1623.
— Thaunglabakki, 5345.
— Therfield, 2605.
— Therney, 5282, 5294.
— Theydon Bois, 2465.
— Thiennes, 6951.
— Thirkleby Chapel, 3427.
— Thornham, 7294.
— Throckmorton, 3398.
Églises, Thorigné, 1082.
— Thorington, 2433.
— Thorley, 2650.
— Thorngumbald, 3521.
— Thornton, 3593.
— Thoroddstadir, 5335.
— Thoroton, 2961.
— Thorpe [Derby], 2389.
— Thorpe [Surrey], 3034.
— Thorpe Arnold, 2865.
— Thorpe Bassett, 3456.
— Thorpe-le-Soken, 2434.
— Throcking, 2601.
— Thundridge, 2645.
— Thurcaston, 2817.
— Thurrock (Grays), 2445.
— Thurrock (West), 2444.
— Thursby, 2246.
— Thursley, 3005.
— Thvera, 5331, 5373.
— Thwing, 3496.
— Tibberton, 3399.
— Tibenham, 2113.
— Tickenhall, 2388.
— Tichfield, 2110, 2513.
— Tiddington, 3211.
— Tiefenbach, 4581.
— Tilloy, 7023.
— Tilques, 6858.
— Tissington, 2390.
— Titsey, 2103, 3065.
— Tivoli, Saint-Laurent, 5476.
— Tjörn, 5364, 5409.
— Tolba, 4873.
— Tolkemit, 6161.
— Tooting, 3051.
— Tordesillas, 4974.
— Torfastadir, 5438.
— Tottenham, 2890.
— Totteridge, 2593.
— Toulouse, Saint-Pierre des Cuisines, 6304.
—   «   Saint-Sernin, 23, 298.
— Tournai, Saint-Brice, 246, 6272.
—   «   Saint-Piat, 6395.
— Tours, Saint-Gatien, 442.
—   «   Saint-Martin, 431, 441.
— Tracy-le-Mont, 6745.

Églises, Trapani, S. Angeli de Scopello, 5999.
— Tredington, 3397.
— Trescleoux, 7100.
— Tresson, 1083.
— Tring, 2552.
— Tröllatunga, 5306, 5319.
— Troina, 6053.
— Trowbridge, 2045.
— Troyes, Saint-Aventin, 359.
— « Saint-Denis, 356.
— « Saint-Étienne, 759.
— « Saint-Nizier, 358.
— « Sainte-Madeleine, 504.
— Tudeley, 1414.
— Tunga (Braedratunga), 5437.
— Túnga (en Saelingsdalr), 5425.
— Tungufell, 5435.
— Tunstall, 3497.
— Tydd Saint-Gilles, 2218.
— Tysoe, 3264.
— Ufton [Berks], 2188.
— Ufton [Warwick], 3118.
— Uilenhall Chapel, 3220.
— Undunfell, 5403.
— Upaix, 7101.
— Upminster, 2446.
— Upottery, 7159.
— Uppingham, 7391.
— Upsir, 5365.
— Upton, 2200.
— Upton-on-Severn, 3401.
— Upton Snodsbury, 3400.
— Upton Warren, 3402.
— Urdir, 5363.
— Uthlid, 5439.
— Utrecht, Saint-Jacques, 5009.
— « Saint-Jean, 5048.
— « Saint-Sauveur (Oudmunster), 5042, 5043, 5056.
— « Sanctæ Mariæ minoris (Buurkerk), 5013.
— Uxen, 6900, 7054.

Églises, Valence, Saint-Jean-et-Saint-Apollinaire, 118.
— Valenciennes, Saint-Pierre, 6340, 6635.
— Valennes, 1084.
— Valère, 6216.
— Vallanes, 5298.
— Vance, 1085.
— Venise, San Giorgio Maggiore, 5848, 5887.
— « Santa Marina, 5732.
— Vellir, 5362.
— Vellir (Storu Vellir), 5465.
— Vendôme, Saint-Georges, 444.
— « Trinité, 900.
— Ventavon, 7102.
— Vercelli, Sancti Petri de Mullegio, 5756.
— Vere, 5015.
— Vérone, Saint-Benoît, 5717.
— « Saint-Éloi, 5706.
— Vestmanna, 5296.
— Vibraye, 1086.
— Vic, Saint-Gervais, 1077.
— Vic-Fezensac, 415.
— Vidbord, 5297.
— Vididalstunga, 5405.
— Vidimyri, 5384.
— Vidivellir, 5375.
— Vieux-Berquin, 6952.
— Villa Muriel, 4963.
— Villare in Nava, 4857.
— Villers-Campeau, 7025.
— Villers-au-Tertre, 7024.
— Villingaholt, 5292, 5429.
— Villingen, 4594, 4660.
— Vieil-Saint-Remy, 7.
— Vienne, Saint-Pierre, 404, 635.
— Vodmulastadir, 5451.
— Voivres, 1056.
— Volkerinckove, 6901.
— Völkersbach, 4631.
— Vollore, 6703.
— Volnay, 1087.
— Vorau, 4265.
— Vred, 7026.
— Waberthwaite, 2266.
— Walberswick, 1722.
— Waldingham, 3061.

Églises, Waldrast, Servites, 4690.
—   Walkern, 2570.
—   Walkington, 3568.
—   Walknowy, 6150.
—   Wallingford, All Saints,
         2190.
—   «   St-Léonard,
         2191.
—   «   St - Pierrre ,
         2193,7269.
—   «   Sainte-Ma-
         rie, 2192,
         7269.
—   Wallington, 2599.
—   Vallon Cappelle, 6953.
—   Walsingham (Great), 2904.
—   Walsingham (Little), 2905.
—   Walthamstow, 2473.
—   Walton, 3237.
—   Walton-on-Trent, 2391.
—   Walton - on - the Wolds,
         2839, 7280.
—   Wanborough, 3010.
—   Wandignies-Hamage,7027.
—   Wanstead, 2472.
—   Wanlip, 2809.
—   Wansford, 3545.
—   Wandsworth, 3052.
—   Wappenbury, 3122.
—   Ware, 2653, 7276.
—   Warehorne, 2778.
—   Warfield, 2194.
—   Warhem, 6902, 7055.
—   Warley (Little), 2447.
—   Warley (Much), 2448.
—   Warlingham, 2105, 3062.
—   Warmington, 3270, 3404.
—   Wartenburg, 6179.
—   Warter, 3563.
—   Warwick, Saint-Nicolas,
         3267.
—   «   Sainte-Marie,
         1662, 1670,
         3166.
—   Wasdale Head, 2272.
—   Wasdale Nether, 2268.
—   Washbourne Kings, 3346.
—   Wasing, 2195.
—   Wasperton, 3230.
—   Waterbeach, 1377, 2223.
—   Watford, 2541.

Églises, Watten, 6903, 7056.
—   Watton [Herts], 2579.
—   Watton [Yorks], 3606.
—   Wauld Newton, 3469.
—   Wawne, 3514.
—   Waziers, 7028.
—   Weald (South), 2449.
—   Weaverthorpe, 3429.
—   Weddington, 3180.
—   Weeley, 2437.
—   Weissenbach, 4639.
—   Welby, 2838, 7280.
—   Welford, 2189.
—   Welland, 3405.
—   Wellesbourne, 3225.
—   Wells , Saint - Cuthbert,
         1507, 1536, 1582, 1607,
         1620.
—   Welschensteinach, 4571.
—   Welton, 3569.
—   Welwick, 3534.
—   Welwyn, 2589.
—   Wemaerscappel, 6954.
—   Wenlock (Much), 2975.
—   Wennington, 2451.
—   Werrington, 2928.
—   Wertheim, 4394.
—   West Cappel, 6904, 7057.
—   Westerfield, 2991.
—   Westminster, 1943.
—   «   Sainte -Mar-
              guerite ,
              2042,3840,
              4102.
—   «   St - Étienne,
              1535,1562,
              2033.
—   Weston, 2588.
—   Weston - on-Trent, 2395.
—   Weston-under-Wetherley,
         3187.
—   Westow, 3459.
—   Westwell, 2779.
—   Wetwang, 3443.
—   Wharram Percy, 3440.
—   Wharram-le-Street, 3448.
—   Whatcote, 3239.
—   Whatton - cum - Aslacton,
         2963.
—   Whatton (Long), 2812.
—   Wheathampstead, 2546.

Églises, Whichford, 3236.
— Whitacre (Nether), 3161.
— Whitacre (Over), 3155.
— Whitbeck, 2270.
— Whitcham, 2271.
— Whitchurch. 3251.
— Whitfield, 2936.
— White Ladies Aston, 3403.
— Whitnash, 3140.
— Whittington, 3406.
— Whittlesey, Sainte-Marie, 2227.
—   «   Saint - André, 2228.
— Whitwick, 2833.
— Wick, 3407.
— Wickham, 2196.
— Wickham (East), 2703.
— Wickham (West), 2780.
— Wickhamford, 3421.
— Widford. 2640.
— Wieluń, 6106.
—   «   Monastère de Saint-Augustin, 6107, 6108.
— Wiener Neustadt, N.-D., 2268.
— Wieruszów, 6144.
— Wierzbie, 6122.
— Wierzchlas, 6110.
— Wigan, 2804.
— Wigginton, 2551.
— Wighton, 2903.
— Wigtoft, 3983.
— Willerby, 3485.
— Willesborough, 2781.
— Willesden, 2888.
— Willesley, 2392.
— Willey, 3135.
— Willian, 2587.
— Willington [Derby], 2393.
— Willington [Yorks], 3584.
— Willoughby, 3134.
— Willoughby-on-the Wolds, 2092.
— Wilne, 2394.
— Wilmington, 2783.
— Wilmslow, 4127.
— Wimbledon, 3047.
— Wimborne, 1965.

Églises, Winchester, Saint-Pierre, 2514.
— Windlesham, 3017.
— Windsor, 3846, 4071, 4180.
— Winestead, 3505.
— Wing, 1821, 2211.
— Wingham, 2032.
— Wingrave, 2210.
— Winkleigh, 7136.
— Winnezeele, 6955.
— Winterbourn, 2198.
— Wintringham, 3430.
— Wire Piddle, 3422.
— Wirksworth, 2396.
— Wishaw, 3154.
— Wismar, Dominicains, 4405.
—   «   Saint-Georges, 4435.
—   «   Saint-Nicolas, 4435.
—   «   Sainte-Marie, 4435.
— Witchingham, 7322.
— Withcote. 2861, 7280.
— Withernwick, 3556.
— Withernsea, 3520.
— Withybrook. 3099.
— Witley, 3004.
— Witley Magna, 3408.
— Witley Parva, 3423.
— Wittenberg, Aller Heiligen, 4365.
— Wittersham, 2782.
— Wivenhoe, 2487.
— Wix, 2436.
— Wixford, 3222.
— Wójcin, 6142.
— Woking, 3013.
— Wokingham, 7130.
— Wollaston, 7450.
— Wolverhampton , 1973 , 1974.
— Wold (?), 3612.
— Wolfhamcote, 3127.
— Wolston, 3108.
— Wolverley, 3409.
— Wolverton, 3195.
— Wolvey, 3096.
— Wonersh, 3041.
— Woodford, 2474.

Églises, Woodhouse, 2824.
— Woodmansterne, 3073.
— Woolhampton, 2197.
— Woolland, 2407, 7274.
— Woolstone Parva, 2215.
— Woolwich, 2785.
— Worcester, All Saints, 3410.
— « Franciscains, 1944.
— « Saint-Alban, 3411.
— « Saint-André, 3412.
— « Saint-Clément, 3413.
— « Saint-Jean, 3415.
— « Saint-Martin, 3416.
— · « Saint-Michel, 3417.
— « Saint-Nicolas, 3418.
— « Saint-Pierre, 3419.
— « Saint Swithun, 3420.
— « Sainte-Hélène, 3414.
— Wormditt, 6174.
— Wormhoudt, 6905.
— Wormhout, 7058.
— Wormleighton, 3256.
— Wormley, 2630.
— Worplesdon, 3019.
— Worthington, 2815.
— Wörthsee, 4238.
— Wootton (Hill), 3115.
— Wootton (Leek), 3115.
— Wootton-Wawen, 3192, 3220.
— Wotton, 2995.
— Wotton (North), 7199.
— Wouldham, 2784.
— Wrabness, 2435.
— Wroxall, 3193.
— Września, 6099.
— Wulverdinghe, 6906.
— Wycombe (High), 1681, 1744, 1780, 2024, 2130.

Églises, Wyddial, 2608.
— Wydrzyn, 6134.
— Wye, 2786.
— Wyfordby, 2837, 7280.
— Wylder, 6907.
— Wymondham, 2864, 7280.
— Wymondley (Great), 2581.
— Wymondley (Little), 2586.
— Wythop, 2279.
— Yalding, 1414.
— Yapham, 3592.
— Yardley, 3424.
— Yarmouth (Great), Saint-Nicolas, 1743, 7222, 7379.
— Yattendon, 2199.
— Yatton, 7219, 7220, 7226.
— Yedingham, 3437.
— Youlgreave, 4126.
— Zeggers-Cappel, 6908.
— Zeitz, Saint-Michel, 4367.
— Zemendorf, N.-D., 4317, 4321.
— Zermezeele, 6956.
— Żnin, 6101.
— Zumsweier, 4572.
— Zuydcoote, 6909, 7059.
— Zuytpeene, 6957.
— Zytniów, 6119.
Egmont (Le comte d'), 461, 463.
Egremont, église, 2287.
Ehrle (F.), B, 5566, 5573, 5581, 5600, 5603, 5609.
Eichstädt (Geschichte des Hochstiftes und der Stadt), 4667, 4674.
Einarstaðir, église, 5337.
Einholt, église, 5277.
Eisen (Charles-Joseph-Dominique), peintre, 1303.
Elbeuf (Le chevalier d'), 6732.
Elbing, églises, 6157.
— Confréries, 6157.
Elchesheim, église, 4620.
Elderkar (Marmaduke), 3867.
Eldersfield, église, 3320.
Elduara, 4862.
Électeur de Brandebourg, 4479.
— Palatin, 6242.
— de Saxe, 4540.
Elford, église, 2979.
Éléonore d'Autriche, reine de France, 398, 399.

Elham, église, 2705.
Elingtone, église, 3577.
Élisabeth de Hongrie (Sainte), 4329.
Élisabeth, veuve d'Albert II d'Allemagne, 4312.
Élisabeth, reine d'Angleterre, 2089, 3988, 6547, 7351.
Élisabeth de France, reine d'Espagne, 4947, 4957.
Élisabeth, reine de Pologne, 4471.
Élisabeth, Lady Clifford, 1581.
Elizabethan Age (Society in the), 7270, 7326, 7330, 7332, 7343, 7347.
Ellacombe (H.-T.), b. 1375, 1383.
Ellerker, église, 3566.
Ellerton, église, 3585.
Ellis (G.-A.), b. 1922.
Ellis (H.), b. 2028, 2055, 7230, 7349.
Ellison (Cuthbert), 3800.
Elmbridge, église, 3321.
Elmdon, église, 3166.
Elmley Castle, église, 3322.
Elmley Lovett, église, 3323.
Elmsted, église, 2706.
Elne, église, 6256.
Elo (Doña), 4869.
Éloi (Saint, reliques et joyaux, 6376.
Elphinston (John), 7234.
Elphinston (William), évêque, 4770.
Elphinston (Lord), 4793.
Elsham, 7420.
Elstead, église, 3028.
Elstree, église, 2532.
Elstronwick, église, 3513.
Elsynge-Spital, hôpital à Londres, 1626.
Eltham, église, 2707, 3827.
Elton, église, 2341.
Elvaston, église, 2340.
Elvington, église, 3619.
Elvire, reine des Asturies, 4847.
Ely, abbaye, 1336, 1337.
  — Cathédrale, 1954.
  — Évêque, 1851, 4076.
Elzear d'Ecclesia, 312.
Émailleurs, 457, 725, 880.
Émaux, 107, 263.
Embleton, église, 2280.
Embrun, N.-D., 866, 6493, 6555.

Emerson (Lionel), 3714.
Emerson (William), 3895.
Emilia (Storia patria per le Provincie dell'), 5842, 5843.
Emmanuel Collège, à Cambridge, 3990, 4135.
Empereurs d'Allemagne et rois des Romains, 343, 377, 416, 4354, 4369, 4375, 4377, 4378, 4389, 4390, 4399, 4401, 4485, 4489, 4507, 4516, 4517, 4543, 4551, 4597, 4598, 4603, 4986, 6160, 6471, 6549. Cf. Charles-Quint.
Emson (John), 3699.
Enborne, église, 2150.
Encensoirs, 1399, 1791, 1958, 4754, 5479, 5559, 5808, 7193.
Encre, église, 1.
Enderlin de Budweis, 4285.
Enford, église, 2045.
Engaine (Colne), église, 2492.
Engagiste, 543.
Enghien, Bailli, 618.
Enghien [Belgique], château, 555.
  — Cercle archéologique, 555, 618.
Engins de guerre, 6316.
Englefield, église, 2151.
English History (Documents of the Exchequer illustrative of), 1374, 7122, 7166.
Enrique IV (Don), 4899, 4900.
Enriquez (Doña Mencia), 4901.
Enseignes, 4912, 4954.
Enstone, 4633.
Enzersdorf (Gross), château, 4268, 4270.
Enzler (L.), b, 4601.
Eourres, église, 7076.
Épées, 313, 4058, 4087, 4909, 4919, 4952, 4953, 4984, 5253.
  — donnée par le pape, 7429.
Épernon (Le duc d'), 512, 6698.
Éperons, 4550, 5747.
Epurussi (Ch.), b, 873, 1105.
Épiceries, 1383, 1618, 1684, 3943, 4361, 5519, 5520.
Épices, 1784, 6184, 6185.
Épiciers, 3666, 3750, 6468.
  — Gilde, à Norwich, 3851.
Épinal, églises, 6844.

Épinal, Société d'Émulation des Vosges, 6766.
— Société philomatique Vosgienne, 6699, 6710, 6833, 6835, 6841, 6844.
Épine (Sainte), 6504.
Épingles, 5559.
Épitaphes, 838.
Epperstone, église, 2957.
Equerchin, église, 6982.
Équipages de chevaux, 2028, 5736, 6202.
Équipements de cheval, 4058.
Équippement, 251, 5233.
Erario Vecchio, à Rome, 5892.
Erchin, église, 6983.
Erdely (Gouverneur de la province d', 5177.
Erdödy (Le comte Christophe), 5189.
Erdödy (Jeanne-Marie, comtesse Michel), 5231.
Erfurt, 4280.
Erhard (Le dr), B, 4241, 4242, 4337.
Eric, roi de Danemark, 4706.
Eric II, duc de Poméranie, 4349.
Eringhem, église, 6873.
Erith, église, 2708.
Erlau, évêché, 5113.
Ermerins (J.) B, 5015, 5019, 5020.
Ermisch (H.), B, 4384, 4417, 4418, 4419, 4456, 4465, 4468.
Ermitage de Nuestra Señora del Camino, 4937.
Ermites de Saint-Augustin, couvents, 1891, 1905, 1921, 4282, 4403, 4443, 4449, 4453, 4461, 4552, 4696, 5590, 5605, 5610, 6635.
Ermites de Saint-Paul en Hongrie, 5126.
Ermland, diocèse, 6156, 6157, 6158, 6159, 6161, 6164, 6166, 6167, 6169, 6170, 6171, 6172, 6174, 6175, 6179, 6181.
— Évêque, 6156, 6158.
Ermländischen Kunstvereins (Mittheilungen des), 4373.
Erre, église, 6984.
Ersekujvar, 5249.
Erslev (Kr.), B, 4706, 4733, 4735.

Escalona (R.), B, 4852, 4854, 4860, 4866, 4870.
Eschançonnerie, 58.
Esclimont, Célestins, 397.
Escote, église, 2045.
Escouto se ploù, 7035.
Eskdale, église, 2269.
Essault (L'abbé), B, 575, 6732.
Espagne, 4087.
Espagne, reines, 4903, 4906, 4909, 4911, 4912, 4913, 4914, 4915, 4922, 4923, 4925, 4927, 4929, 4932, 4934, 4947, 4957, 4993.
— Rois, 4903, 4904, 4906, 4911, 4916, 4920, 4922, 4925, 4927, 4931, 4933, 4934, 4942, 4943, 4945, 4946, 4947, 4948, 4949, 4950, 4953, 4954, 4555, 4956, 4957, 4958, 4973, 4981, 4984, 4985, 4986, 4991, 4996, 4997, 4999, 6509, 6549.
— Tapisseries, 5665.
Espaly, château, 68.
España (Documentos ineditos para la Historia de), 6545.
España Sagrada, 4841, 4842, 4845, 4846, 4851, 4853, 4855, 4858, 4863, 4865, 4867, 4868, 4871, 4872, 4873, 4881, 4882.
Espéron (Pierre), 6346.
Espéron (Jeanne), 6346.
Espiemont, église de Saint-Martin, 249.
Esquelbecq, église, 6874.
.Essendon, église, 2636.
Essenwein (A.), B, 4536, 4541, 6089, 6090, 6093, 6173.
Essex, comté, 1363, 1542, 1828, 1879, 1952, 1959, 1984, 2124, 2409, 2493, 3830, 4104, 7118, 7125, 7133, 7153, 7160, 7217, 7237.
— Archaeological Society, 1879, 1952, 1959, 1984, 2124, 2420, 2438, 2476, 2491, 2492, 2493, 3830, 3839, 4104.
Essex (Le comte d'), 1396.
Essex House, à Londres, 4118.
Essilmont, 4771.

Estain, 6515.
Estaires, église, 6923.
Estampes, 707, 767, 5844, 5874, 7104.
Estuve (Robert), 3758.
Este (Maison d'), 5738, 5821, 5894, 5896, 5928, 5965, 6050, 6070, 6075, 6079, 6083.
Este (Ducs d'), Alphonse Ier, 5731, 5810, 5852.
— Alphonse II, 5835, 5837, 5850, 5854.
— Alphonse III, 5871, 5878.
— César, 5864.
— François Ier, 5901, 5903, 5907, 5911, 5852.
— François II, 5930, 5939.
— Hercule Ier, 5731.
— Hercule II, 5800, 5801, 5804, 5817.
Este (D'), Alfonso, 5810.
— Le cardinal Alessandro, 5885.
— Cesare Ignazio, 5933, 5946.
— Eleonora, 5737.
— Foresto, 5946.
— Le cardinal Hippolyte, 5781, 5828, 5836.
— Isabella, 5813.
— Luigi, 5946.
Estelan, manoir, 6494.
Esterházy (Le comte François), 5262.
Esterházy (Le comte Jean), 5262.
Esterházy (Le comte Michel), 5258.
Esterházy (Le comte Paul), 5230.
Esterházy (La baronne Ilona), 5230.
Esterházy (La baronne Sophie), 5229.
Estopaz, 1399.
Estouteville (Le cardinal d'), 5723, 5753.
Estrées, église, 6985.
Estrées (Gabrielle d'), 519, 6569, 6570, 6571.
Eszenyi Chapy (Fruzsina), 5139.
Établi, 1394.
Étalons, 636.
Éthelwold (Saint), 1333.
Étienne, 5477.
Étienne, archevêque de Toam, 7122.
Étoffes, 8, 19, 43, 45, 47, 75, 100, 111, 117, 169, 201, 217, 263, 276, 281, 285, 291, 292, 293, 306, 311,

329, 339, 417, 468, 532, 1446, 1493, 1533, 1576, 1586, 1587, 1588, 1618, 1669, 1738, 1785, 3943, 3959, 4550, 4713, 4721, 4728, 4812, 4813, 4817, 4900, 4903, 4924, 4944, 5138, 5548, 5553, 5558, 5559, 5570, 5646, 5712, 5723, 5735, 5805, 6185, 6230, 6361, 6467, 6505, 6649, 7122.
Étoile, église, 7077.
Étrun, abbaye, 6836.
Ettlingen, église, 4633.
Ettlingenweier, église, 4632.
Etton, église, 3572.
Étudiant, 1610, 1611, 1627, 1649, 1969, 4537, 5557, 7343.
Étuis, 811.
Eu (Le sénéchal d'), 186.
Eu (Raoul, comte d'), 156.
Eudes, comte de Nevers, 26.
Eugène de Savoie (Le prince), 4694.
Eult (Den), maison de campagne, 5104.
Eure, 70.
— Société libre d'agriculture, sciences, arts et belles-lettres, 766.
Ecre (Ralph), 3916.
Eure-et-Loir, Archives, 437.
— Société d'archéologie, 934, 971, 976, 980.
Évaillé, église, 1065.
Évangéliaires, 4261, 4278, 4279, 4320, 4327, 4396, 4398, 4411.
Évans (J.), b. 3806, 3816.
Évéchés, Palais à Aberdeen, 4792.
— « Akershus, 6190.
— « Breslau, 4668.
— « Cahors, 843.
— « Chartres, 211.
— « Città di Castello, 5546.
— « Florence, 5578.
— « Hamar, 6199.
— « Londres, 7264.
— « Murau, 4650.
— « Namur, 802.
— « Rochester, 1861.
— « Saint-Maire, 6233.
— « Tulle, 6799.
— « Tynnelsö, 6188.
— « Vich, 4861, 4875.

Evenlode, église, 3324.
Éventails, 811, 4036, 5559.
Évêques, d'Aberdeen, 4770, 4792.
— d'Agen, 758, 6740.
— d'Albano, 5564.
— d'Angers, 810.
— d'Aoste, 5856, 5882, 5886.
— d'Arcadie, 807.
— d'Astorga, 4850.
— d'Autun, 177, 295.
— de Bellune, 5654.
— de Bergen, 6187.
— de Berwick, 3774, 3859.
— de Béziers, 585, 586, 588.
— de Brandebourg, 4500.
— de Cahors, 843.
— de Carlisle, 1401, 1686.
— de Carpentras, 72, 516, 706,
   755, 768, 792, 827.
— de Chartres, 69, 142, 211.
— de Chichester, 1889, 7349.
— de Compostelle, 4849, 4863.
— de Die, 6306.
— de Durham, 1389, 1544.
— d'Ély, 1851.
— d'Erlau, 5113.
— d'Ermland, 6156, 6158.
— d'Exeter, 1344, 1383, 1406,
   1750, 7151, 7152, 7159,
   7167, 7171, 7176, 7178.
— d'Évreux, 334.
— de Feltre, 5654.
— de Florence, 5578.
— de Freising, 4266, 4267,
   4268.
— d'Halberstadt, 4260.
— de Hamar, 6189, 6190.
— de Hereford, 1393.
— de Holar, 5321.
— de Lausanne, 6233.
— de Lavaur, 6675, 6683.
— de Léon, 4858.
— de Lérida, 4883.
— de Liège, 6259.
— de Lincoln, 1764.
— de Londres, 1375.
— de Lugo, 4865.
— de Metz, 325.
— de Mirepoix, 376.
— de Mondoñedo, 4856.
— de Montauban, 659.

Évêques, de Namur, 800.
— de Nantes, 780.
— de Nevers, 6587.
— de Nimes, 6666.
— de Novara, 5849.
— d'Olmütz, 4649, 4650.
— d'Osimo, 5692.
— d'Osona, 4875.
— de Passau, 4237.
— de Recanati, 5654.
— de Reggio, 5904.
— de Rimini, 5846.
— de Rochester, 1446, 1861,
   7243, 7244.
— de Salisbury, 2045.
— de Saint David's, 1875.
— de Senlis, 305, 6451.
— de Skalholt, 5264, 5291,
   5416, 5469, 5475.
— de Spire, 4247.
— de Strengnaes, 6188.
— de Térouanne, 349.
— de Toulouse, 22.
— de Tournai, 345, 6292.
— de Troyes, 6815.
— d'Utrecht, 5003, 5010, 5016.
— de Valence, 6306.
— de Vich, 4848, 4859, 4875.
— de Viviers, 6327.
— de Volterra, 1522, 1533,
   1543.
— de Winchester, 1592, 1596,
   1604.
— de Worcester, 1458.
— de Würzbourg, 4536.
Évêques. Abbati, 792.
— Adventius, 8.
— Arnaldus [de Lérida], 4883.
— Arnolphe [de Spire], 4247.
— Audley, 2045.
— Audun, 5321.
— Beauchamp, 2045.
— Beaufort, 1592, 1596, 1604.
— Bell (Richard), 1686.
— Bertier (Pierre de), 659.
— Bitton (Thomas de), 1383.
— Blois (Henri de), 1339.
— Bolt (Aslak), 6187.
— Bonnet (Simon), 305.
— Bonzy (Clément de), 585,
   586, 588.

Évêques. Bosio (Francesco), 5849.
— Bourgogne (David de),5010.
— Bourgogne (Philippe de), 5011.
— Brantingham (Thomas de), 1344, 1474.
— Bridport, 2045.
— Buzzi (Laurent), 768.
— Calveau (Jean), 6451.
— Calvo (Bernard), 4875.
— Castelli (G.-B.), 5846.
— Cazlaus [de Cracovie], 6089.
— Chalus (Pierre de), 6306.
— Chevreau (Jean), 345.
— Conrad de Krosigk, 4260.
— Coccapani (Paolo), 5904.
— Cohon (Anthème-Denis), 6666.
— Dantiscus (Johannes), 6158.
— Didier [d'Auxerre], 6252.
— Du Fou (Raoul), 334.
— Du Guesclin (B.-R.), 843.
— Elphinston (William), 4770.
— Ferber (Maurice), 6156.
— Fisher (Le bienheureux John), 1861, 7243, 7244.
— Fortia de Montreal, 706.
— Foulques [de Toulouse], 22.
— Frétigny (Jean de), 211.
— Gennadius [d'Astorga],4850.
— Gizurarson (Magnus), 5274.
— Gogueil (Pierre), 68.
— Gordon (Alexandre), 4792.
— Gravesend (Richard de), 1375.
— Gromis (César), 5856.
— Haldorsson (Jon), 5416.
— Helgason (Arn), 5314.
— Hébert (François), 6740.
— Herolf, 4234.
— Idalcarius [de Vich], 4848.
— Indridason (Jon), 5469.
— Inguimbert (Malachie d'), 827.
— Jean de Frétigny, 211.
— Jean de Montaigu, 142.
— Jean [de Rochester], 1446.
— Jean [de Worcester], 1458.
Joigny (Robert de), 69.
— Kellawe (Richard de), 1389.
— Krosigk (Conrad de), 4260.

Évêques. La Rochefoucauld (Dominique de), 816.
— Leofric [d'Exter], 1335.
— Le Sauvage (René), 6675, 6683.
— Levis (Philippe de), 376.
— Louis [de Volterra], 1522, 1533, 1543.
— Lorraine (Henri de), 325.
— Madalwin, 4237.
— Malachie d'Inguimbert,827.
— Martin (Saint), 441.
— Martini (Louis), 5882.
— Mascaron (J.), 758.
— Maurille (Saint), 810.
— Maurus [de Cracovie], 6090.
— Melun (François de), 349.
— Montaigu (Jean de), 142.
— Montreal (Fortia de), 706.
— Muazzo (Luca), 5569.
— Nicolas de Toulon, 177.
— Nivelon [de Soissons], 17.
— Orso (Antonio), 5578.
— Osmond (Saint), 1338, 7117.
— Othon [de Carpentras], 72.
— Ovieco [de Léon], 4858.
— Pélage [de Lugo], 4865.
— Pierre de Bertier, 659.
— Pierre Ier [de Compostelle], 4863.
— Pierre IV de Pleine-Cassagne, 65.
— Poncet de La Rivière, 6815.
— Rawlins (Richard), 1875.
— Raymond [de Lérida],4883.
— Reginard [de Liège], 6259.
— Richard de Gravesend,1375, 1383.
— Richard de Kellawe, 1389.
— Richard de Swinfield, 1393.
— Riculfe [d'Elne], 6256.
— Robert de Joigny, 69.
— Rolin, 295.
— Rudesind (Saint), 4856.
— Sherborne, 1889, 7349.
— Sigers (Karl), 6189.
— Sigurdarson (Jon), 5475.
— Sisenandus [de Compostelle], 4849.
— Skirlaw (Walter), 1544.
— Smith (William), 1764.

Évêques, Sorbin (Arnauld), 6587.
— Sparke (Thomas), 3774, 3859.
— Stapeldon (Walter de), 7151, 7152, 7159, 7167, 7171, 7176, 7178.
— Strickland (Mgr de), 800, 801, 802.
— Swinfield (Richard de), 1393.
— Thettmarsson (Sigurd), 5288.
— Thomas [de Recanati], 5654.
— Thomas de Bitton, 1383.
— Thorhallsson (Thorlak), 5264.
— Thorlakson (Arn). 5291.
— Toulon (Nicolas de), 177.
— Wadamir [de Vich], 4859.
— Waltham, 2045.
— West (Nicolas), 1851.
Évêques protestants, de Chester, 4009.
— de Durham. Cf. Barnes (Richard).
— d'Ely. 4076.
— d'Odense. 4740.
— de Trondhiem, 4747.
— de Winchester, 4075, 4076.
Évêques protestants, Andrewes (Lancelot), 4076.
— Barnes (Richard), 2012, 2051, 2135, 2951, 2953, 3855, 3857, 3968, 3973, 3982, 3984, 3999, 4010, 4030, 4032.
— Bellot (Hugh), 4009.
— Madsen (Jakob), 4740.
— Montagu (James), 4075.
— Pontoppidan (Erik). 4747.
Évreux, 621.
— Bailli, 435.
— Cathédrale, 334.
— Évêque, 334.
Évreux (Jeanne d'), 88, 117.
Ewelme, 1666, 7177, 7213.
— Église, 7302.
Ewen (J.-E.), B, 7413.
Ewers, 1399.
Ewhurst, église, 3038.
Exalata, monastère, 4844.

Excerpta Antiqua. 3815.
Exeter, 1335, 1365, 1400, 1419, 1420, 1421, 1423, 1803.
— Cathédrale, 1364, 706, 1750, 2133, 7271.
— Dominicains, 1918.
— Franciscains, 1923.
— Églises, All Hallows, 7288.
— « All Hallows-on-the-Wall, 2401.
— « Saint-David, 7286.
— « Saint-Georges, 7287.
— « Saint John Bowe, 2404, 7290.
— « Saint-Kyeran, 1562.
— « Saint-Martin, 2402.
— « Saint Mary Arches, 2399.
— « Saint-Olave, 2405.
— « Saint Pancras, 2400, 7291.
— « Saint-Paul, 2398.
— « Saint-Petrock, 2397.
— « Sainte-Sidwell, 7289.
— « Sainte-Trinité, 2403.
— Évêques, 1344, 1383, 1406, 1750, 7151, 7152, 7159, 7167, 7171, 7176, 7178.
— Prieuré de Saint-Jacques, 1423.
— Diocesan Architectural Society, 1918, 1923, 1929, 2405.
Exeter (Le marquis d'), 1826.
Exhall, église, 3203.
Exuviae sacrae Constantinopolitanae, 17, 18, 323, 527, 4260.
Eyam, 4173.
Eye, église, 2929.
Eye-Kettleby, 7358.
Eynsford, église, 2709.
Eyafjardar sysla, 5350.
Eyguians, église, 7078.
Eyjadalsá, église, 5339.
Eyjafjalla, 5299.
Eyvindarmuli, église, 5452.
Eyri [sur le Seydisfjördr], église, 5422.
Eyri [sur le Skutilsfjordr], église, 5311.
Ex voto, 1712, 1847, 4474, 4690, 5976, 6218, 6230, 7220, 7223.

F

Fabre (A. , b, 293, 394, 6493.
Fabriano, château-fort, 5667, 5677.
Fabricant d'huile, 361.
Fabrique de Saint-Étienne de Brie-Comte-Robert, 247.
Fabroni (Angelo), b, 5681.
Fage (René), b, 704, 867, 878.
Fagniez (Gustave), b, 79, 187.
Fagranes, église, 5388.
Faïences, 368, 628, 800.
Fairfax (Sir Thomas), 4089, 4090.
Fairfax (Sir William), 3815, 3994, 3997, 4005.
Fairfield, église, 2710.
Fakons, couvent à Anvers, 6790.
Falckensteyn (Le comte Jean-Philippe), 5038.
Falco, 5527.
Faliero (Marin), doge, 5598.
Falster [Île], 4719, 4720, 4724, 4729.
Fambridge (South), église, 2413.
Fano, 5876.
Fangfoss-Chapel, église, 3616.
Fantuzzi (Le comte Marco), b, 5533, 5534, 5557, 5568, 5569, 5585.
Fara, monastère de Sainte-Euphémie, 5606.
Farbeck (John), 3963.
Farcy (L. de), b, 24, 32, 37, 192, 208, 209, 267, 303, 510, 638, 810, 6351, 6494.
Farfa, abbaye, 5504, 5516, 5517.
Farin, b, 374, 445, 619.
Faringdon, manoir, 4008, 4081.
Farlam, église, 2262.
Farley, église, 2096, 3063.
Farnborough [Berks], église, 2153.
Farnborough [Kent], église, 2656.
Farnborough [Warwick], église, 3226.
Farne, prieuré, 1509, 1569, 1589, 1595, 1642, 1797.
Farnèse (La Maison). 5888, 5923, 5927, 5959.

Farnèse (Alessandro), cardinal, 5829.
Farnèse (Ottavio), 5866.
Farnesina nella Longara, Rome, 6066, 6071.
Farnham, église, 3024.
Farningham, église, 2711.
Farrow (Richard), 3857.
Fastolf (Sir John), 1653.
Fatines, église, 1017.
Fattorini (M.), b, 5541, 5545.
Faubert (Pierre), 737.
Faucon (Maurice), b, 93.
Faukham, église, 2712.
Faulkner (T.), b, 1357, 1652, 2062, 2063, 2064, 2066, 2067, 4178.
Faumont, église, 6986.
Fava (Pietro Ercole), 6059.
Favatier (Léonce), b, 6609.
Faversham, église, 1761.
Fay, église, 1018.
Fay (Jean-Hector de), 6800.
Faye (Hôtel de), 254.
Fawley (North), église, 2154.
Fécamp, abbaye, 102, 120, 150, 219, 320, 402, 676, 6688.
Féchain, église, 6987.
Feckenham, église, 3326.
Feering, église, 2483.
Feith (H.-O.), b, 5004, 5022, 5035, 5039, 5040, 5046.
Feleguházi (François), 5146.
Felibien (André), b, 698.
Felibien (Dom Michel), b, 764.
Felix V, anti-pape, 236.
Felix, prêtre, 4867.
Felix (J.), b, 6361, 6377.
Fell, église, 5368.
Fell [sur le Kollafjördr], église, 5308.
Fell (Andrew), 7415.
Fell (Jennett), 7416.
Fell (John), 7417.
Fell (John), b, 7417.
Felton, église, 2935.
Feltre, évêque, 5654.
Fenain, église, 6988.

Fénelon, château, 632.
Fenham, 4035.
Fenland Notes and Queries, 7437.
Fenny Compton, église, 3254.
Fenton (J.-A.), B, 4167.
Fenwick (John), 3788, 3876.
Fenwick (Marmaduke), 3955.
Fenwick (William), 3786.
Fer, 3700.
Fer à hostie, 5590.
Ferbeaux (Jeanne de), 6590.
Ferber (Maurice), évêque, 6156.
Ferdinand Ier, empereur d'Allema-
  gne, 4485, 4516, 4543.
Ferdinand II, empereur d'Allemagne,
  4543.
Ferdinand III, empereur d'Allema-
  gne, 4597, 4598, 4603.
Ferdinand-le-Catholique, roi d'Es-
  pagne, 4903, 4904, 4906, 4911,
  4916.
Ferdinand, archiduc d'Autriche, roi
  de Hongrie et de Bohême, 4389,
  4390, 4393, 4399, 4401, 4439, 4442.
Ferdinand, roi de Léon, 4871.
Ferdinand, roi des Romains, 4442,
  4446, 4471, 4491.
Ferdinand d'Aragon, roi de Sicile,
  5696.
Ferdinand II, roi des Deux-Siciles,
  5521, 5522.
Ferdinand de Tyrol, archiduc, 4516,
  4518, 4525, 4526, 4528, 4533, 4545,
  4546, 4547.
Ferguson (J.-F.), B, 4051.
Ferguson (R.-S.), B, 1401, 4203.
Feriel, B, 325.
Férin, église, 6989.
Fermaux, 43, 66, 169, 1385, 1399.
Fermes, 21, 1382, 1384, 1390, 1397,
  1398, 1402, 1404, 1411, 1457, 1462,
  1509, 1531, 1538, 1560, 1566, 1577,
  1612, 1619, 1654, 1756, 1777, 1778,
  1795, 1805, 1813, 1840, 1867, 1871,
  1876, 1972, 1994, 3620, 3633, 3636,
  3641, 3667, 3668, 3670, 3671, 3679,
  3681, 3698, 3699, 3706, 3712, 3713,
  3720, 3726, 3730, 3744, 3768, 3775,
  3786, 3789, 3791, 3792, 3794, 3799,
  3802, 3815, 3835, 3841, 3863, 3871,
  3879, 3883, 3884, 3890, 3891, 3899,

3904, 3920, 3921, 3926, 3936, 3955,
  3969, 3982, 3989, 4011, 4063, 4065,
  4160, 4233, 4262, 4350, 4457, 4464,
  4505, 4580, 4711, 4719, 5113, 6183,
  6276, 6279, 6370, 6593, 7118, 7119,
  7120, 7153, 7160, 7177, 7178.
Fermiers, 1488, 1489, 1492, 1640,
  1947, 2014, 3657, 3670, 3673, 3674,
  3694, 3702, 3705, 3707, 3708, 3724,
  3739, 3744, 3786, 3797, 3802, 3890,
  3915, 3921, 4011, 4024, 4155, 4167,
  4201, 4216, 4219, 4224, 7191, 7324,
  7326, 7330, 7426.
Fermiers (Maisons de), 1384.
Fernandiz (Gundisalvo), 4869.
Feuillet, sculpteur, 6814.
Ffarington (S.-M.), B, 4137.
Ffarrington (William), 4137.
Ffolliot (W.), B, 4133, 4165, 4202,
  4230.
Ficker (Jul.), B, 5525.
Fieschi (Sinibaldo), 5791.
Filangieri (G.), B, 5707, 5865.
Filardus (Willelmus), 5520.
Filey, église, 3462.
Filliol (François), 6651.
Fillé, église, 1019.
Fillet (L'abbé), B, 172, 6339.
Fillon (Benj.), B, 526, 553, 561,
  562, 6507.
Fillongley, église, 3182.
Finchale, prieuré, 1384, 1386, 1445,
  1450, 1461, 1515, 1559, 1665, 1686.
Finchampstead, église, 2156.
Findern, église, 2343.
Fineke (Katharina), 4467.
Finhaven, château, 4839.
Finistère, 7061.
  —   Société   archéologique,
  625.
Finlande, 6191, 6193, 6204.
Finlarg, 7360.
Finmere, église, 7442.
*Fiorentina (Lettere di una gentil-
  donna),* 5666, 5703.
Firth (J.-F.), B, 3858.
Fischer (Velten), 4590.
Fisenne (L. de), B, 4648, 5000, 5002,
  5097, 5108.
Fish (J.-L.), B, 1673, 1707, 1758,
  2035.

Fisher (Henry), 3689.

Fisher (Le bienheureux John), évêque, 1861, 7243, 7244.

Fisher (J.), b, 4006.

Fishwick (H.), b, 1756, 4046, 7347, 7390.

Fitch (R.), b, 3851.

Fitch (W.-S.), b, 2047.

Fitzherbert (John), 1777.

Fixon (Pierre), 1327.

Flacons, 811, 4985.

Fladbury, église, 3325.

Flagy-en-Gatinais, 70.

Flamborough, église, 3460.

Flamstead, église. 2558.

Flamsted, couvent, 1891.

Flandre (Guy de), 47, 7125.

Flandre (Isabelle, comtesse de), 38.

Flandre (Jean, comte de), 184.

Flandre (Louis, comte de), 80.

Flandre (Marguerite de), duchesse de Bourgogne, 127, 162, 169.

Flandre (Robert de Béthune, comte de), 49. 53, 62.

Flandre (Yolande de), 6288.

Flandre (Le comte de) (?), 6325.

Flandres, 6379.

— Vice-amiral, 433.

— Guerres, 1499.

Flandres (Art). Cf. Documents.

Flandre Wallonne (Souvenirs de la), 31, 210, 6311, 6323, 6824.

Flandre (Voyage en), 4954.

Flatatúnga, église. 5377.

Flatey [Ile], église, 5304, 5344.

Flaunden, église, 2550.

Flèches (Fabricant de), 7390.

— (Marchand de). 1692.

Fleming (Margaret), 4777.

Flensburg, château, 4707.

— Église de Notre-Dame. 4737, 4742.

— Franciscains, 4722.

Flers, 6990.

Fletam (Allison), 3707.

Fletcher (Is.), b, 1440.

Flètre, église. 6924.

Fleurons de couronne. 169.

Fleurs, 5809.

Fleury (Ed.). b, 351, 694, 808, 830, 931, 939.

Fleury (P. de), b, 594, 788, 6372.

Flines, abbaye, 906.

Flines-les-Raches, église, 6991.

Flixton, église, 2788.

— Monastère, 7246.

Florence, 5789, 5833, 5834, 5940. 5968, 6061, 6076.

— Archevêque, 5761, 5765.

— Évêque, 5578.

— Maisons archiépiscopales, 5761, 5765.

— Maison épiscopale, 5578.

— Palazzo Vecchio, 5741.

Florentinae (Monumenta Sanctae ecclesiae), 5540.

Florez (H.), b, 4841, 4842, 4845, 4846, 4851, 4853, 4855, 4858, 4863, 4865, 4867, 4868, 4871, 4872, 4873, 4881, 4882, 4973.

Florie de Poitiers, 101.

Flotte espagnole. 4988.

Flyford Flavel, église, 3327.

Flymmey, église, 3436.

Foacier (Jacques), 1159.

Foedera, 1359, 1361, 1385, 1485, 1486, 1493, 1522, 1533, 1535, 1542, 1543, 1565, 1584, 1586, 1587, 1588, 1592, 1651, 1993, 3866, 4040, 4078, 4087, 4094, 4103, 4108.

Foix, château, 6671.

Foix (Jean, comte de), 231, 237.

Foix (Marie de), 512.

Foligno, 5661, 5662, 5670, 5682, 5691.

Folke, église, 7200.

Folkton, église, 3474.

Folleville, château, 470, 511, 513, 536.

Fonderie, 1771.

Fondeur, 723, 1728, 1760, 1771, 4907, 4908, 4910, 7398.

Fongate, pavillon, 6710.

Fonmaubert (Étienne Audebert de), 6747.

Fontainebleau, château, 70, 427, 699, 6569. 6623, 6659.

— Église de la Trinité, 6624.

Fontaines, 4904.

Fontana (Guido), potier, 5823.

Fonte Avellana, abbaye, 5642, 5906.
Fontenay-le-Comte, 794.
— Église, N.-D., 381, 466.
— Sénéchal, 6507.
FONTENAY (J. de), B, 177, 295,
Fontenelle, abbaye, 1422.
Fontes rerum Austriacarum, 4238, 4262, 4295.
Fontevrault, abbaye, 6296, 6387, 7121.
Fontgieve , séminaire de Saint-Austremoine, 6823.
FONTIENNE (Antoine de), 6421.
Fonts baptismaux, 4740.
Footscray, église, 2713.
Fordwich, église, 1741.
FORTESCUE (Sir Adrian), 1951.
Forts de Gravesend, 1961.
FORESTIÉ, B, 6303.
FORESTIÉ (E.), B, et non Forestier, 858.
Forbach, église, 4638.
FORBES (Lord), 4793.
Forcalquier, 6343.
Forchheim, église, 4618.
Fordham Magna, église, 2498.
Fordingbridge, église, 2111, 2508.
Foremark, église, 2342.
• FOREST (Jean), 1135.
FOREST (Marguerite-Élisabeth), 1224.
Forestmoutier, église, 1.
Forêt-sur-Sèvre, 562.
Forge, 2055, 3941.
Forgeron, 1991, 2030, 3708, 3887, 3902, 3941, 6446.
FORMOSA, fille de Scrutzelus, 5525.
Formose [Ile], 5069.
Formulis et solemnibus Populi Romani verbis (De), 5477.
FORREST (James), 3874.
FORSTER (Nicolas), 4048.
FORSTER (Thomas), 3926, 3986.
Forteresses, Acqualranca, 5662.
— Assise, 5678.
— Baza, 4902, 4905.
— Corinaldo, 5676.
— d'Espagne, 4902, 4917.
— Fabriano, 5677.
— Gibraltar, 4911.
- Gualdo, 5679.

Forteresses, Gyulafehervâri, 5155.
— Jesi, 5673.
— Pergola, 5650.
- Rocca Contrada, 5675, 5687.
— Rocca Nuova, 5832.
— Serra Sanquirico, 5652, 5674, 5799.
— Tihan, 5140.
Cf. Arsenal, châteaux, citadelles, forts.
FORTESCUE (Sir Adrian), 1951.
FORTESCUE (Sir Faithful), 4172.
FORTESCUE (Thomas), Lord Clermont, B, 4172.
FORTIA DE MONTRÉAL, évêque, 706.
FOSTER (John), 3757.
Foston-on-the-Wolds, église, 3476.
Fotheringhay, 4827.
FOUCART (Paul), B, 6743.
Fougères, 6401.
— Gouverneur, 6661.
Foulness, église, 2414.
FOULON (Nicolas-François), sculpteur, 1173.
FOULQUES, évêque, 22.
FOULQUES DE VILLARET (Mlle A. de), B, 6307.
Fountains, abbaye, 1892.
FOUQUET, 627, 637, 641.
FOURCHÉ (Mathieu), 571.
Fourchettes, 1521, 1557, 4883, 5189, 5646, 5757.
Fournitures de vaisseau, 1842, 2017, 4889, 4891, 4896, 4916, 4928, 4982, 4989, 5537, 5552, 5752, 5792, 5824, 5859, 5895, 7241.
Fourrures, 281, 1397, 1587, 1669, 4806, 5138, 5559, 6184, 6202.
FOVILLE (Denise de), 6377.
FOWBERRY (Robert), maître d'école, 7374.
FOWLER (J.-T.), B, 1372, 1410, 1418, 1478, 1654, 1704, 3867, 3974, 4022.
FOX (F.-F.), B, 4193.
FOX (S.), B, 1933.
Foxholes, église, 3465.
FRA BARTOLOMMEO DA SAN MARCO, peintre, 5768, 5770.
Fraisthorpe, église, 3480.
Framlington, église, 2934.

Frampton (Walter), 1674.
Français en Allemagne, 4703.
France (La), 152, 6379.
— Famille royale, 6961.
— Reines, cf., Reines de France.
— Rois, cf., Rois de France.
France (Élisabeth de), reine d'Espagne, 4947, 4957.
France (Henriette-Marie de), reine d'Angleterre, 650, 4159, 6664.
France (Marie-Thérèse-Charlotte de), 7106.
Francesco de' Tebaldeschi, cardinal, 5613.
Francesi in Roma (*Artisti*), 5819, 5874.
Francfort, 4343.
Franche-Comté, 370.
Franciscains, couvents, Amiens, 951.
— Anvers, 6780, 6785, 6786.
— Avignon, 98.
— Beaucaire, 6705.
— Bodmin, 1925.
— Bridgwater, 7256.
— Cambrai, 938.
— Cardiff. 1909.
— Carmartchen, 1910.
— Chartres, 437.
Chemnitz, 4456.
— Copenhague, 4714.
Exeter, 1923.
— dans l'île de Falster, 4724.
— Flensburg, 4722.
Freiberg, 4387, 4417.
— Gloucester, 1900.
— Innsbruck, 4703.
— Ipswich, 1897.
— Le Mans, 923.
— Lille, 7104.
— Limoges, 643.
— Llanflais, 1913.
— Löbau, 4475.
— Montdidier, 963.
— Oxford, 7255.
— Paderborn, 4703.
— Padoue Saint-Antoine, 5625.
— Palerme, 5981, 5982.
— Paris, 889, 893.

Franciscains, Pierrepont, 967.
— Pilsen, 4327.
— Roskilde, 4714.
— Roye, 965.
— Salisbury, 1939.
— Stafford, 1920.
— Syracuse, 6041.
— Todi, 5564.
— Valladolid, 4960.
— Winchester, 1891.
— Worcester, 1944.
Cf. Couvents, Cordeliers, Récollets.
Francisco, fondeur d'artillerie, 4907, 4908.
Franck (W.), B, 4585, 4591.
François Ier, roi de France, 368, 378, 398.
François II, roi de France, 422, 429.
François II, duc de Bretagne, 269.
François de La Torre, 5530.
Franconie. Cf. Franken, Unter Franken.
Francus (Le dr), B, 661, 6357, 6370.
Franeker, église de Saint-Martin, 5024.
Frangipani (Mario), 5913.
Frank (Endris), 4580.
Franken, 4338.
Franken (*Zeitschrift des historischen Vereins für das Wirtembergische*), 4539, 4580.
Franken (D.), B, 5087.
Frankley, 3992.
Frankton, église, 3139.
Frantz, B, 6554.
Franzius (Wolffgang), B, 4365, 4380.
Fraser (W.), B, 4830, 4834, 4835, 4836, 4837.
Frasniches, château, 45.
Frassineto di Po, château-fort, 5595.
Fratini (G.), B, 5586, 5592.
Frauenbourg, cathédrale, 6166, 6172, 6180.
Frauenmünster, à Zurich, 6229.
Frédéric III, empereur d'Allemagne, 4316.
Frédéric Ier, roi de Danemark, 4725.
Frédéric IV, roi de Danemark, 4751.
Frédéric II, roi de Sicile, 5607.

FRÉDÉRIC DE TYROL (Le duc d'), 4307, 4311.

FREDERIKS (J.-G.), B, 5104.

Frederiksborg, palais royal, 4746.

Freeby, église, 2836, 7280.

Freiberg, 4468.
— Couvents, Franciscains, 4387, 4417.
— « Sainte - Marie de Pénitence, 4419.
— Église, Dom, 4418.
— « Saint-Jocuff, 4419.

Freiburger Diöcesan-Archiv. 4436, 4535, 4567, 4615.

Freising, 4233, 4235, 4266, 4267, 4268, 4269, 4270, 4271, 4273, 4278.
— Cathédrale, 4320.
— Chorévêque, 4234. Cf. Frisingensis.

FRENCH (G.-R.), B, 1794.

Frensham, église, 3026.

FRENSSHE (Jean), orfèvre, 7189.

FRESHFIELD (E.), B, 1667, 1713, 1980, 3822, 3834, 7348.

Fressain, église, 6993.

FRETEVILLE (Peter), 3970.

FRETHEVILE (Sir Peter), 3823.

FRÉTIGNY (Jean de), évêque, 211.

FRETTON (W.-G.), B, 1437, 1874.

FRÉVILLE (F. de), B, 519.

Fribourg [Bade], églises du diocèse, 4567, 4615.

Fribourg [Suisse], église de Saint-Nicolas, 6289.

Fribourg. Cf. Freiburger.

Fridaythorpe, église, 3447.

FRIEDENSBURG (W.), B, 4280.

FRIEDLAENDER (E.), B, 5572, 5584, 5614, 5623, 5624, 5627, 5639, 5643, 5648, 5651, 5668, 5708, 5716, 5728, 5755, 5767, 5790, 5803.

FRIIS (F.-R.), B, 4741, 4745, 4749.

Frilsham, église, 2155.

Fringford, 7303, 7408, 7449.

Frise, Société Frisonne d'Histoire, 5024, 5034.

FRITH (A.-F.), B, 5502, 5503, 5543, 5544, 5593, 5599.

Frisingensis (Historia), 4233, 4234, 4238.

Frodingham, église, 3554.

FROLOIS (Alix de), 114.

Frontaux, 169, 4871.

Frontiers d'autel, 4882, 4937.

Frossasco, château, 5763.

FROTHINGHAM (A.-L.), B, 5547, 5556, 5604, 5613, 5649, 5671, 5730.

FUGGER (Christopher), 4537.

FUGGER (Jacob), 4537.

FUGGER (Marx), 4537, 4550.

FUGGER (Raymund), 4512.

Fulham, église, 2066.

FULLER (Thomas), 1795.

FULTHORPE (Jane), 3663.

FURATU DE GITIL, 5514.

FURGEOT (Henri). B, 81.

FURNEVALL (Guillaume), 1495.

FÜRSTENBERG (Henri VIII, comte de), 4548.

Fyneshed, couvent, 1891.

G

GABALDO (L'abbé), B, 376.

GABBURRI (Francesco-Maria-Nicolò), 5968.

GABELENTZ (Von der), 4457.

GABELENTZ (H.-C. von der), 4451.

GABORIN (Gabrielle), 6748.

GACHARD (L.-P.), B, 4497, 4506, 4946.

GACON, B, 163.

GADDI (Angelo), 5743.

GADDI (Francesco), 5743.

Gaddesden Magna, église, 2559.

Gaddesden Parva, église, 2561.

GAEDECHENS (E.-F.), B, 4407.

Gaesbeek, château, 464.

GAGE (J.), B, 1967, 2049, 4020.

GAGINI (Fazio), sculpteur, 5826.
GAGINI (Nibilio), orfèvre, 5868.
Gagini (I), 5774, 5794, 5826, 5868, 5873.
GAIGNIÈRES (De), 6724.
GAILE (Thomas), 3877.
GAILLAUD (L'abbé M.-E.), b. 6493.
Gaillon, château, 331, 403.
GAINEAU (Jean-Louis), peintre, 1264.
Gainford, curé, 1561.
GAING (François de), 449, 532.
GAIRDNER (J.), b, 1612, 1653, 1663, 1680, 1688, 1708, 1841, 1842, 1845, 1846, 1847, 1848, 1849, 1850, 1851, 1852, 1854, 1857, 1858, 1859, 1860, 1861, 1862, 1863, 1867, 1868, 1870, 1871, 1875, 1876, 1880, 1882.
Gala (N.-D. de), monastère, 6009.
GALABERT (L'abbé), b, 141, 249, 6481.
GALARD (De, b, 668.
Galères, 4989, 5552, 5792, 5824, 5895.
Galerie de château, 227.
GALISLOOT (L.), b, 6549.
Galicie, 4918, 4939.
 — Églises, 4959.
GALITZIN (Le prince Aug.), b, 533.
GALLAY (J.), b, 7034.
Galles (Pays de), 1448, 1904, 1908, 1909, 1914, 2117, 4001.
 — Antiquités, 1837.
GALLETTI (P.-L.), b, 5566.
GAMIR (Beatriz), 4976.
GANCITANO (Antonia), 5714.
Gand, 220.
 — Château, 461.
 — Église de Saint-Bavon, 6546.
Gandersheim, abbaye, 4259.
GANDINI (L.-A), b, 5630.
GANDULFO DI GOTIZONE, 5519.
GANNAY (Antoinette de), 6455.
Gantier, 1808.
Ganton, église, 3463.
Gants, 4486, 4504, 4506, 5220, 5559.
Gap, églises de l'arrondissement, 7066.
 — « Saint-Arnoul, 426, 454, 773.
 — *Bulletin d'histoire ecclésiasti-*
que et d'archéologie religieuse, 661, 6306, 6339, 6357, 6370, 6717, 6780.
GARAT (Johan de), 6439.
Gard, châteaux, 6321.
GARDAR [en Akranes], église, 5284, 5318.
Garde-joyaux, 4956.
Garde-manger, 1394.
Garde-meuble Royal, 91, 685, 780.
Garde-meuble [Paris], 924.
Garde-meuble pontifical, 5694, 5814, 5880.
Garde-robe, 367, 506, 1619, 1785, 1811, 1868, 4505, 4659, 4718, 4794, 4795, 4826, 4915, 4932, 5566, 5681, 5737, 5749, 5838, 6202, 6203, 6549.
Garde-robe pontificale, 5787, 5831.
Garde de la tapisserie, 213.
Gardr, église, 5326.
Garendon, abbaye, 1888.
GARGRAVE (Sir Cotton), 7352.
GARNIER (J.), b, 83, 160, 162, 184, 197, 373, 405, 721.
GARNIER (Jacques), peintre, 1196.
GARNIER (J.-B.-Gabriel), peintre, 1246.
GARNIER D'ISLE (Jean-Charles), architecte, 1221.
GAROFALO (A.), b, 5521, 5522, 5570, 5582.
Garpsdalr, église, 5305, 5418.
Garston (East), église, 2152.
Garton, église, 3468, 3502.
Garthorpe, église, 2867, 7280.
Gascogne, 231.
 — (*Revue de*), 415, 6310.
GASCOIGNE (Margaret), 3747.
GASCOING (Claude), 6595.
GASSENDI, b, 6295.
GASPARD, b, 584.
GASPARI (D.), b, 5650, 5652, 5659, 5660, 5679, 5687, 5799.
GASPAROLO (F.), b, 5719.
GASPARONI (Benvenuto), b, 5807, 5825, 5844.
Gateshead, 4056, 7208.
 — Hôpital de Saint-Edmond, 1402.
Gateshead (History of), 7258, 7265, 7266, 7365, 7374, 7385.

Gâtinais, 70.

— Société hist. et archéol., 354.

Gâtinais (Annales du), 179.

Gattone, église, 3482.

GATTULA (E.), B, 5508, 5514, 5526, 5606, 5744.

GAUCELM (Raimond), abbé, 20.

Gaulois (Le), 6728.

Gaulverjarbaer, église, 5275.

GAUTHIER (Jules), B, 74, 261, 281, 370.

GAUTHIOT D'ANCIER (Ant.-François), 580.

GAUTHIOT D'ANCIER (Fernand), 509.

GAVESTON (Piers de), 1385.

GAYANGOS (P.), B, 4926, 4930.

GAVE (G.), B, 5797, 5839.

Gazette archéologique, 16, 153, 1121.

Gazette des Beaux-Arts, 553, 561, 873, 1091, 1101, 1105, 5683, 5771, 5798, 5867, 6612, 6710.

GEFFROY (M.-A.), B, 6205.

GEISSWURGEL (Michel), 4361.

Geldingaholt, église, 5385.

GEMELENBROUCK (Joh.), 5076.

Gemmes, 5733.

GEMMINGEN (Uriel von), archevêque, 4366.

Gênes, 5518, 5524, 5537, 5563, 5619, 5903.

— Cathédrale, 5628, 5809

— Dominicains, 5657, 5849.

— Église de Santa-Maria di Castello, 5535, 5549, 5656, 5657, 5658, 5849.

— Marchands, 5519, 5520.

— Palais de la Vialata, à Sinibaldo Fieschi, 5791.

Genève, cathédrale, 6232.

— Église de La Madeleine, 6231.

— Société d'archéologie, 6272.

Genève, 6218, 6231, 6238.

GENEVIÈVE (Sainte), 994.

GENNADIUS, évêque, 4850.

Gennep, 4232.

Gentleman's Magazine, 264, 1735, 1736, 1765, 1784, 1854, 1889, 1954, 3813, 4060, 7164, 7317, 7350.

Gentilhomme, 3630, 3634, 3635, 3636, 3644, 3654, 3658, 3661, 3666, 3667, 3671, 3679, 3687, 3690, 3692, 3695, 3703, 3720, 3730, 3731, 3734, 3738, 3741, 3745, 3746, 3760, 3761, 3765, 3766, 3772, 3776, 3777, 3779, 3784, 3785, 3789, 3790, 3792, 3794, 3795, 3798, 3799, 3806, 3809, 3814, 3816, 3821, 3835, 3837, 3847, 3858, 3863, 3864, 3872, 3875, 3876, 3877, 3879, 3884, 3889, 3891, 3899, 3904, 3907, 3908, 3909, 3910, 3914, 3916, 3917, 3920, 3924, 3927, 3928, 3932, 3934, 3936, 3939, 3947, 3952, 3954, 3955, 3962, 3964, 3965, 3970, 3976, 3985, 3986, 4012, 4014, 4016, 4023, 4027, 4034, 4046, 4048, 4054, 4065, 4113, 4114, 4132, 4136, 4137, 4160, 4176, 4177, 4184, 4188, 4195, 4197, 4221, 7353, 7363, 7375, 7378, 7387, 7396, 7420.

GENTILIS (Cosmato), 1493.

GEOFFROI D'ALATRI, cardinal, 5553.

GEOFFROY DE COURLON, B, 36.

GÉRARD, abbé, 4246.

GÉRARD, seigneur de Kuilenburg, 5008.

Germoe, église, 2074.

GERMAIN (Dom), B, 653.

GERMAINE, 5477.

Germanique (La Nation), à l'Université de Bologne, 5572, 5584, 5614, 5623, 5624, 5627, 5639, 5643, 5648, 5651, 5668, 5708, 5716, 5728, 5755, 5767, 5790, 5803.

— à l'Université d'Orléans, 6725.

Germaniae historica (Monumenta), 5504, 5516, 5517, 6206, 6207, 6208, 6209, 6210, 6211, 6254, 6278.

Germaniae historicorum illustrium tomus unus, 4255.

Germaniae medii aevi (Diplomataria et Scriptores Historiae), 4362.

Germanicarum (Bibliotheca rerum), 4255.

Germanicarum (Fontes rerum), 4255.

Germanischen Nationalmuseum (Anzeiger des), 4291, 4306, 4366, 4458.

Gernsbach, église, 4640.

GEROGY DE LA CORTE, sculpteur,
5773.

Gerona, cathédrale. 4977.
— Collégiale de Saint-Félix,
4881.

GERSDORF (E.-G.), B, 4328, 4470.
GERSEI PETHEO (Sára). 5156.
GERVAISE (Dom), B, 441.
Geschichtsfreund (Der), 6217. 6243.
GESTOSO Y PEREZ (J.), B, 4983.

Ghyvelde, église, 6875, 7040.
GIACOMO DEL SODOMA, 5789.
GIACOSA (P.), B, 5763.
GIANANDREA (Antonio), B, 5739.
GIBBONS (A.), B, 7191, 7325.
Gibecières, 193.
GIBELLI (Le R. P.), B, 5642, 5906.

Gibraltar, 1011.
GIEFEL (Le d'), B, 1355.

Giessen, 4514.
GIESSERIN Margaretha, 4306.
GIJSELMAN (Paulus Hendrik), 5107.
GILBERT (Richard), 1484.
GILBERT (W.-B.), B, 1683.
Gildes, All Saints, à Wymondham.
1755, 1796.
— Cabaretiers, à Londres, 1794.
— Cardeurs, à Coventry, 1874.
— Charpentiers, à Londres, 1603.
— Corpus Christi, à Durham,
2012.
— Corpus Christi, à York, 1664,
2013, 4021.
— à Coventry, 1717.
— Épiciers, à Norwich, 3851.
— Fabricants de bourses, à Lon-
dres, 1773.
— Fondeurs, à Londres. 1728.
— à Kingston-upon-Hull, 7180.
— Libraires. à Londres, 3811.
3825, 3832.
— Marchands de vin, à Rotter-
dam, 5106.
— Merciers, à Shrewsbury, 1701,
1806.
— N.-D., à Utrecht, 5009.
— Orfèvres, à Shrewsbury, 1701.
— Pelletiers, à Londres, 1609.
— Quincailliers, à Londres, 3804,
4004, 4140,
4209.

Gildes, Quincailliers, à Shrews-
bury, 1701.
— Saint-Georges, à Norwich,
1672.
— SS. Gilles-et-Julien, à Lynn,
1856.
— Saint-Jean, à Coventry, 1437.
— Sainte-Catherine, à Wolver-
hampton, 1974.
— Sainte-Marie, à Yarmouth
West Town, 2001.
— Tonneliers, à Kingston-upon-
Hull, 7422.
— «   à Londres, 3858.
— Tailleurs. à Bristol, 4193.
— «   à Londres, 1719,
1759, 4049.
— Vendeurs de cuirs, à Londres,
1709. 1747, 1960.
— Sainte-Vierge, à Boston, 1864.
— à Wolverhampton, 1974.

Gillant (L'abbé), B, 620, 640.
Gilling, 3994. 3997, 4005
Gilsbakki, église, 5314.
Gilston, église, 2651.
Gimel, château, 27.
Gingembre, 3700.
GINCES (Reginald de), 1363.
GIORDANO (Luca. 4994.
*Giornale araldico-genealogico-diplo-
matico,* 5685.
Giornale di erudizione artistica, 5650,
5808, 5816, 5819. 5831. 5869, 5872,
5876, 5891, 5900.
GIOVANNI ANTONIO DA FAENZA, potier.
5766.
GIRARDOT (Le baron de), B, 166, 382,
498, 518, 714, 822. 978, 1122.
GIRAUD (F.-F.), B. 1761.
GIRAUD (L'abbé Magl.), B, 6354.
GIRAUDET (Le d'), B, 6432, 6561.
GIRBAL (E.-C.), B, 4977.
Girgenti, cathédrale, 5987.
— Église du Sauveur ad Em-
porium, 5988.
Gironde, 556.
Gironde, Archives historiques, 460,
500, 540, 587, 672. 709, 790,
6586, 6653.
— *Commission des monuments
historiques,* 824.

Giroussens, château, 6345.

Giry (A.), b, 29, 30.

Gisselfeld, château, 4739.

Gitu (Furatu de), 5514.

Giustiniani (La Famille), 6078.

Givendale, église, 3609.

Gizurarson (Magnus), évêque 5274.

Glaesibaer, église, 5360.

Glamorgan, comté, 1398, 2106.

Glaseor (William), 3989.

Glasgow, 7436.

— Archevéché, 4789, 7231.

— Archevêque, 4789.

— Cathédrale, 4759.

— Archaeological Society, 7231, 7436.

— Sons of the Rock Society, 7234.

Glasgow (Burgh Records of the City of), 7345.

Glasney (?), église, 2089.

Glasscock (J.-L.), b, 1894, 2041, 2114, 2125.

Glastonbury, abbaye, 7119.

— Église de Saint-Jean, 7203, 7223.

— Hôpital de La Madeleine, 7261.

Glaumbaer, 5383.

Glenurchy (Les Campbell de), 7360, 7393.

Glinton, église, 2926.

Globes, 710.

Gloucester, comté, 1778, 1813, 2504, 4185, 4204, 7342.

— Abbaye de Saint-Pierre, 1778, 1813.

— Couvents, Carmes, 1891.

— « Dominicains, 1899.

— « Franciscains, 1900.

— Églises, All Saints, 2506.

— « Saint-Ouen, 2507.

Gloucestershire Archaeolog. Society (Transactions of the Bristol and), 1813, 1900, 2507, 4185, 4204, 7212.

Gloucester (Le duc de), 144.

Gloucester (Humfroi, duc de), 1542, 1587, 1644, 5006.

Gluvias, église, 2072.

Gmelin (M.), b, 4548.

Gnesen, archevêque, 6092, 6105, 6155.

— Cathédrale, 6092, 6094.

— Églises du diocèse, 6099, 6106.

Gnupi, église, 5431.

Gnupr [Midfjördr], église, 5413.

Gnupufell, église, 5353.

Goadby Marwood, église, 2849, 7280.

Gobelins, 690, 696.

Gobert (Philippe-Alexis), 1277.

Goblets, 4302.

Godard-Faultrier, b, 37, 140, 192, 208, 217, 250, 273, 275, 284, 583, 1120, 6371, 6380, 6581, 6382, 6390, 6708, 7110.

Godalming, église, 3006.

Goddalir, église, 5380.

Godefroy Ménil-Glaise (Le marquis de), b, 66.

Godets, 1385, 1399.

Godewaersvelde, église, 6925.

Godhue (Margaretta), 5101.

Godmanston, cantarie, 2045.

Godmersham, église, 2714.

Godo (Doña), 4864.

Godstone, église, 2097, 3067.

Goguen (Pierre), évêque, 68.

Goes, 5063.

Gœtkint (Pierre), marchand de tableaux, 6626.

Gœulzin, église, 6994.

Goisy (Jean de), 662.

Goldenkron, abbaye, 4295, 4299.

Goldmann (Le d' A.), b, 6275.

Golino, église, 6224.

Golopy (La dame Gaspar), 5147.

Golwynne (Dom Thomas), chartreux, 1786, 7232.

Gombault (Jean), 361.

Gondreville, palais, 6487.

Gonesse, Hôtel-Dieu, 89.

Gonfoloniers de Bologne, 5726.

Gonod (B.), b, 6257.

Gontier (René), 1125.

Gonzaga (Giulio-Cesare), 5925.

Gonzague (La Maison des), 5889.

Gonzague (Élisabeth de), 5617.

Gonzague (François de), 5617.
Gonzague (Louis de), 5617.
Gonzalo, cardinal, archevêque de Tolède. lisez Sancho II, 4878.
Gonzalo IV, archevêque de Tolède. 4887.
Goodchild (Robert), 3696.
Goodmanham, église, 3587.
Gordereix (Pierre), 993.
Gordon (Alexandre), évêque, 1792.
Görgey (Marguerite), 5162. 5199.
Gori (F.), B, 5816.
Gories (Fr.). B, 5476.
Goslar, 4254.
— Église de Saint-Simon et Saint-Jude. 4263.
Goethe (W. von). B, 5625.
Gotizone (Gandulfo di). 5519.
Gotland (Ile), 4716.
Giotti (A.), B, 5741. 5822.
Gottlieb (Th.). B, 4239.
Gottorp, 4725.
Gotzdaill, abbaye. 4351.
Götzendorf, château, 4593.
Gouffier (Claude), 475.
Gougenot (Louis). 1269.
Gourdaine, église du Mans, 923.
Gouvernet (Le marquis de). 4215.
Gower (Ralph), 3666.
Goxhill, église. 3555.
Goy (Claude), 744.
Göve (Éline), 4734.
Göve (Heinrick). 4734.
Grabowski (A.), B, 6093. 6173.
Grâce-Dieu, prieuré. 1935.
Grædisch, 4381.
Graesse, B. 4365.
Graetz, 4392, 4393, 4543.
— Château, 4609, 4671, 4673. 4679. 4680. 4681.
Grafton Flyford, église, 3328.
Grafton Temple, 3212.
Grains, 1392. 1654, 4580, 6377.
Grampian Club, 7224.
Gran, cathédrale. 5111, 5127. 5128, 5136, 5164. 5182. 5261.
Grand (Jean), archevêque, 4274.
Grandborough, église, 3128.
Grandei (Joseph), 703, 713.
Grandi (G.), B, 5212.
Grandjean (Henri). 1282.

Grandmaison (Ch. de), B, 327, 431, 441, 442, 1094, 6724. 7114.
Grandmont, abbaye, 304, 342, 457. 644, 870, 880, 881.
Grandson (La seigneurie de), 6237.
Grange, 1394, 1410.
Grant (John de), 4778.
Grantham (Hugh). 1554.
Granvelle (La Maison de), à Besançon, 4551, 6591.
Granvelle (Le cardinal de), 4551, 6549.
Granville, 242.
Gratien, 5477.
Graveley, église, 2582.
Gravelines, couvent des Clarisses Anglaises, 7031.
— Église, 6876, 7041.
Gravesend, forts, 1961.
Gravesend (Richard de), évêque, 1375.
Graveurs, 728, 1128, 1138, 1177, 1276, 1281, 1287, 1290, 1292, 1308, 1317. 5059, 5844, 5874.
Graveur de caractères. 1183.
Graveur général des monnaies, 860.
Gravures, 1118, 5082, 5085, 5844. 6548, 6817.
Gray, 509.
Gray (Lady Isabel), 3878.
Gray (Thomas), 3768.
Great Harry, vaisseau, 2017.
Great Saint Mary, église de Cambridge, 1376, 1746, 1763, 1975. 4116.
Grebber (F.-P. de), 5066.
Grębień, église, 6127.
Gredilla (C.-P.), B, 4945.
Green (M.-A.-E.), B, 2089.
Green (V.), B, 1871, 1958.
Greenham Chapel, 2157.
Greenstead, église, 2466.
Greenwell (W.), B. 1661, 3966.
Greenwell (William). marchand, 3961.
Greenwich, 7229.
— Armurerie royale, 4111.
— Église, 2716.
Greenwood (Thomas), chanoine, 1372.

Greffier du Châtelet, 679.
Grégoire XI, pape, 136, 5609.
Gregorio (Angela di), 5710.
Gregorio (R.), B, 5607.
Gregory (George), 2053.
Greifenberg, église de N.-D., 4463.
Greive, 1108.
Gremaud (J.), B, 6215, 6216, 6237.
Grenade, 4902.
Grendon, église, 3146.
Grese (John), 1808.
Grese (Philip), 3888.
Grenjaðarstadir, église, 5332.
Grenoble, 6284, 6679.
— *Bulletin d'histoire ecclé-
siastique et d'archéolo-
gie religieuse,*661,6306,
6339, 6357, 6370,6717,
6758.
Grese, 4467.
Gresley, église, 2344.
Grésy (Eug.), B, 368.
Grey (Edward), 2117.
Grey (Henry), 4113.
Grey (Lady Jane), 7315.
Grey (William), 3903, 4183.
Greystoke, église, 2310.
Grez-en-Gâtinais, 70.
Gries, ferme, 4262.
Griffith ap Madoc, 7194.
Griffon (Œuf de), 1425.
Griffcetti (Adriano), 5612.
Grigny (Le sire de), 6283.
Grimley, église, 3329, 3332.
Grimsey [Ile], église, 5350.
Grimsey (B.-P.), B, 7446, 7451.
Grimston (North), église, 3446.
Grimstungur, église, 5402.
Grindall, église, 3494.
Grindlow, chapelle, 2023.
Gripsholm, château, 6196, 6201.
Gris (Fourrure de), 184.
Groningen, 5004, 5022, 5035, 5039,
5040, 5046, 5086.
— Zusterhuis [Maison des
sœurs], 5035.
Gros (Jean), 6344.
Grose (Fr.), B, 1762, 4156.
Grossmünster, à Zurich, 6214, 6228,
6229.
Grotte de Bethléem, joyau,5010,5031.

Groucin (Le vicomte de), B, 769,
6646, 6659, 6670, 6673, 6676, 6687,
6689, 6691, 6695, 6712, 6715, 6716,
6719, 6728.
Grund, église, 5357.
Gryssop (Thomas), 1618.
Grytubakki, église, 5346.
Grzegorzew, église, 6102.
Gualandi (M.-A.), B, 5611, 5937,
5940, 6061.
Gualdo, forteresse, 5679.
Guarino (Francisco), 5830.
Guasco (Bartolommea), 5712.
Guastalla, château, 5713.
Guasti (C.), B, 5666, 5703.
Gubbio, confrérie de Santa Maria
della misericordia, 5634,
5645.
— Ermites de Saint-Augustin,
5590, 5605, 5610.
Guécelard, église, 1020.
Gueldre, Stadholder, 5021.
Gueldre (Le duc de), 5018.
Gueldre (Arnoul, duc de), 5005,
5007.
Gueldre (Renaud II, comte de), 5001.
Guélon (L'abbé P.-F.), B, 554, 6703.
Guérard (B.), B, 2, 3, 4, 5, 6, 7, 9,
146, 4232.
Guérard (Fr.), B, 234.
Guerber (L'abbé), B, 6398.
Guéret, 793.
Guerrende, 6413.
Gueslain (Antoine-Charles), peintre,
1260.
Guesnain, église, 6995.
Guest (J.), B, 4207.
Gufunes, église, 5269.
Guglielmo di Posterla, podestat de
Bologne, 5541.
Guglielmotti (A.), B, 5537, 5792,
5824, 5832, 5859, 5895.
Gui, comte de Flandre, 7125.
Guibert (Louis), B, 20, 304, 342, 776,
849, 870, 6346.
Guido, 5517.
Guido di Pazo, 5541.
Guienne, 231.
Guiffrey (J.), B, 159, 167, 187, 212,
378, 384, 473, 567, 578, 598, 633,
634, 642, 690, 692, 693, 695, 696,

701, 702, 707, 722, 754, 760, 787,
795, 817, 821, 869, 893, 1123, 6320,
6362, 6498, 6749, 7108, 7113, 7115.
Guignard (L.), b, 6499, 6500.
Guigue, b, 33, 54.
Guigues, avocat, 6636.
Guilbert (L'abbé), b, 6742.
Guildford, Dominicains, 1928.
   —   Églises, Saint-Nicolas,
           3021.
   —   «   Sainte - Marie,
           3022.
   —   «   Sainte-Trinité,
           3023, 3812.
Guillaume, 7190.
Guillaume (L'abbé Paul), b, 6493.
Guillaume As Feives, 44.
Guillaume IV, duc de Bavière, 229.
Guillaume Furnevall, 1495.
Guillaume II, comte de Hainaut, 95.
Guillaume III, comte de Hainaut, 95.
Guillaume, landgrave de Hesse, 4596.
Guillaume, comte de Nassau-Dillen-
burg, 4527.
Guillaume, prince d'Orange, 4527.
Guillaume-le-Taciturne, 462.
Guillemot (Ant.), b, 6703.
Guillotin de Corson (L'abbé), b,
6334, 6760, 6843.
Guimard (Mademoiselle), 6822.
Guimart, b, 490.

Guingand (Pierre), 6650.
Guinigi (Paolo), 5646.
Guintrange (François), 1328.
Guirlandes, 1960.
Guise (Marie de), régente d'Écosse,
4806.
Guldeford (Sir Henry), 1848.
Gunnarsholt, église, 5458.
Gunner (W.-H.), b, 1810.
Gunnerton, église, 2949.
Günther, b, 4614, 4667.
Gunther de Pairis, b, 18.
Gunton (S.), b, 1955.
Gunwalloe, église, 2073.
Gurnell (Richard), 3632.
Gustave Adolphe, roi de Suède, 4599.
Gutch (J.), b, 1656, 1837.
Gutstadt, église, 6171.
Guy de Flandres, 47.
Guyenne (Le duc de), 182.
Guyenne (Robert de), marchand,
1443.
Guyot (Ch.), b, 6469, 6474, 6479,
6482, 6483, 6484, 6486, 6487, 6488,
6489, 6491, 6492, 6543, 6544, 6557,
6558, 6573, 6588.
Gyldenstierne (Peder), 4710.
Györi Törtenelmi ès Régi Füzetek,
5200, 5258.
Gyulafehervári, forteresse, 5155.
Gyulaffi (Samuel), 5178.

H

Haarlem, 5064, 5066.
   —   Chevaliers de Saint-Jean,
      5029.
Habillements, 487, 1663, 4823, 6503.
   —   de masques, 4818.
Habits, 319, 812, 6703, 6719.
   —   de guerre, 4532.
*Habsburgicae (Genealogia diploma-
tica Augustae Domus),* 6212.
Haches, 313.
Hackney, 4096.
Hackwell, église, 2416.
Haddington, (Le comte de), 4833.
Haddington (Earls of), 4830.

Hadham (Great), église, 2616.
Hadham (Little), 2623.
Hadleigh, château, 1542.
   —   Église, 1691, 1865, 2009,
      2027, 3818, 4045.
Hadleigh Castle, église, 2415.
Hadzor, église, 3330.
Hafrafellstúnga, église, 5324.
Haga, église, 5310.
Hagenau (Conrad de), 4284.
Hagley, église, 3331.
Haguenau, église de Saint-Georges,
6398.
Hahoth, monastère, 5114.

HAILSTONE (E.), B, 1381, 2225.
Hainaut, 6379.
HAINAUT (Le comte de), 50, 6342.
HAINAUT (Guillaume de Bavière, comte de), 6348.
HAINAUT (Guillaume II, comte de), 95.
HAINAUT (Guillaume III, comte de), 95.
HAINAUT (Guillaume IV, comte de), 229.
HAINAUT (Jean, comte de), 46.
HAINAUT (Jacqueline de), 1587, 5006.
HAINAUT (Jacqueline de Bavière, comtesse de), 95, 220, 1527, 5006.
HAINAUT (Jeanne de), 66.
HAINAUT (Marguerite de), 40, 66.
HAINAULT (Philippe de), reine d'Angleterre, 1475.
Hainaut (Art en). Cf. Documents, 15.
Hainaut (Cartulaire des comtes de), 95.
HAIZÉ (François), sculpteur, 1265.
HAKENAYE (Isabelle de), 7182.
Halberstadt, 4372, 4508.
    — Cathédrale, 4260.
    — Évêque, 4260.
Hald, château, 4735.
HALDORSSON (Jon), évêque, 5416.
HALE (W.-H.), B, 7118, 7120, 7153.
Hales-Owen, abbaye, 1748.
HALESWOOD (F.), B, 7251.
Halfield, église, 3548.
Halford, église, 3256.
Halhill, château, 4790.
Hall, 4365.
    — Couvent des Clarisses, 4685.
    — Église du Königliches Stift, 4695.
HALL (G.-B.), B, 7254.
HALL (Hubert), B, 7270, 7326, 7330, 7332, 7343, 7347.
HALL (Robert), 7239.
HALL (Thomas), 3933.
Hallam (Kirk), église, 2349.
Hallam (West), église, 2348.
Halle, 6338.
Halle, Dom Kirche [Neues Stift], 4380, 4458.
HALLE (Arnoul de), chanoine, 223.
HALLER [jeune fille], 5260.
HALLIER (Nicolas), 740.
HALLIER (La veuve de Nicolas), 745.

Hallincourt, château, 337.
Hallinge, 3976.
HALLIWELL (J.-O.), B, 3988, 4054, 4097, 4117, 4118, 7410.
HALLIWELL-PHILLIPPS (J.-O.), B, 7384.
Hallow, église, 3332.
Hals, église, 5341.
HALSALL (Richard), 3842.
Halse, cantarie, 2045.
Halton, 7375.
HALUM (John de), clerc, 1504.
Ham (East), église, 2471.
Ham (West), église, 2475.
Hamar, château, 6199.
    Évêque, 6189, 6190.
Hambourg, conseil de ville, 4324, 4325, 4360.
    — Hôpital du Saint-Esprit, 4407.
Hambledon, église, 2509, 2999.
Hamel, église, 6996.
HAMELIN (Jean), 6453.
Hames, château, 6497.
HAMILTON (James, Lord), 4775.
HAMILTON (W.), B, 4789, 7368.
HAMMERSCHMID (J.-F.), B, 4341, 4583.
Hammersmith, église, 4178.
Hampshire, 1968.
HAMPSON (T.), B, 7441.
Hampstead, église, 2886.
Hampstead Marshall, église, 2158.
Hampstead Norris, église, 2159.
Hampton-in-Arden, église, 3151.
Hampton-on-Avon, église, 3194.
Hampton Lovett, église, 3333.
Hampton Court, 1765, 2028, 7228.
    — Palais, 7406.
Hanaps, 71, 1579.
    — d'or et d'argent, 1399.
Hanbury, église, 3334.
Hanley Castle, église, 3335.
Hanningfield, 7160.
Hanse (La), comptoir à Bruges, 6540.
HANSEN (J.), B, 4703.
Hants, comté, 1366, 1591, 1968, 2107, 2508, 4019, 7330.
Happlegenne, château, 805.
Haquenées, 184.
HAQUINET-HIERCHE, joaillier, 294.
HARAMBORO (Saubat de), argentier, 6438.

Harberton, église, 7137.
Harborough Magna, église, 3141.
Harbottell (George), 3792.
Harbottell (Richard), 3784.
Harbottle, 4132.
Harbury, église, 3125.
Harby, église, 2856.
Hardenne (Louis de), 603.
Hardes, 6305, 6664.
Hardifort, église, 6926.
Harding (William), 3980.
Hardwick, église, 2919.
Hardwick (Priors), église, 3245.
Hardy, sculpteur, 1168.
Hardy (T.-D.), B, 1340, 1389, 1390, 1402.
Harecourt (Perronnèle de), 6302.
Haritssague (Pernaud), batelier, 6459.
Harkev (Joan), religieuse, 2128.
Harnachements de chevaux, 4899, 5201, 5233, 5253, 5534.
Harnais, 169, 184, 206, 375, 3870, 4929, 5189, 5220.
    — de guerre, 4369.
Harpesfield (Le d' Nicholas), curé, 2119.
Harpham, église, 3491.
Hartow Hill, 7426.
Harrod (H.), B, 1378, 1466, 1526, 2037.
Harry Grace de Dieu, vaisseau, 2017.
Harrys (John), 1637.
Harsham, église, 3511.
Hart (Thomas), 1815.
Hart (W.-H.), B, 1778, 1813.
Hartay (La Dame Bálint), 5215.
Hartburne (John), 3702.
Hartfelder (K.), B, 4297.
Hartington, église, 2351.
Hartley, église, 2717.
Harton, 1488.
Hartshorn, église, 4059.
Hartshorne, église, 2345.
Hartshorne (C.-H.), B, 1528.
Hartwell, église, 2209.
Harvey (W.-M.), B, 4210.
Harvington, église, 3336.
Harwood (T.), B, 4074, 4106.
Harz-Vereins für Geschichte und Alterthumskunde (Zeitschrift des,

4372, 4396, 4397, 4398, 4409, 4486, 4562, 4610.
Hasche (J.-C.), B, 4347, 4455.
Hase (Ed.), B, 4404, 4408.
Hase (Giertgin), 4376.
Haselor, église, 3214.
Hasely, église, 3198.
Haslach, église, 4570.
Haslemere, église, 3002.
Haslewood (F.), B, 1941, 7282.
Hasselt (G. Van), B, 5007.
Hastingleigh, église, 2718.
Hatcher (Henry), B, 1338.
Hatfield, cellule, 1819.
    — Église, 2591.
Hatfield Peverel, prieuré, 1879, 7217.
Hatfield Priory, 4104.
Hatfield Regis, couvent, 1891.
Hathalmy (Pierre), 5133, 5144.
Hatherley (Philip), 3968.
Hathern, église, 2827.
Hatton, église, 3197.
Hatton Chatel, 6514.
Haueneberstein, église, 4643.
Haukadalr, église, 5291, 5436.
Haule (Jane), 3742.
Haunwang, église, 4581.
Haut-de-Cœur (Jean), 6287.
Hautecour, église, 6367.
Haute-Marne (La), 6427, 6613, 6639, 6750.
Hautemer (Guillaume de), 435.
Haut-Jouat-en-Aure, congrégation, 6625.
Hauxton, église, 7169.
Havant, église, 2510.
Havelberg, cathédrale, 4406.
Haveloes (Corneille), 6428.
Haverfordwest, château, 1523.
    — Dominicains, 1911.
Havering Bower, église, 2479.
Haveskerque, église, 6927.
Hawkinge, église, 2719.
Hawkshead Hall, 7355.
Hawsted, église, 4124.
Hayes, église, 2720.
Hayton, église, 3590.
Hazebrouck, district, 6860.
    — Église, 6928.
Heacham, église, 2918.

Healaugh, église, 2057.
HEALES (A.), B, 7283.
Heanor, église, 2347.
HEARN (J.-H.), B, 1964.
HÉBERT (François), évêque, 6740.
Heddon, église, 2933.
HÉDERVÁRY (Catherine), 5245.
HEDGES (J.-K.), B, 7269.
Hedon, église, 3506.
HEDWORTH (Lady), 3748.
HEDWORTH (Sir Ralph), chevalier, 3728.
HEDWORTH (Ralph), gentilhomme, 3928.
HEDYAN (James), bachelier d'Oxford, 1614.
Heeren Hof, à Arnhem, 5021.
Heidelberg, église du Saint-Esprit, 4293.
HEIDER (G.), B, 5110.
Heilbronn, abbaye, 4309.
Heiligthumsbuch, de Halle, 4380.
—   de Wittenberg, 4365.
Heilsberg, château, 6156, 6158, 6170.
—   Église, 6170.
HEINEMANN (O. von), B, 4239, 4240, 4254.
HEINRICH (Fr.), B, 4298.
Hékla [Mont], 5460.
HELBIG (J.), B, 1103, 1109, 1114, 4255, 6259.
Helfenberg, château, 4593.
HELGASON (Arn), évêque, 5314.
Helgastadir (Reykjadalr), église, 5336.
Hellesdon, 1663.
Helperthorpe, église, 3435.
Helpston, église, 2930.
Helsingborg, château, 4732.
—   Église des Dominicains, 4733.
Holston, église, 2081.
Hemel Hempstead, église, 2554.
HEMERY (Martin), 1229.
Hemingborough, église, 3604.
Hempstead, église, 2913.
Hempton, église, 3528.
Hemsby, église, 2912.
HENDERICX (Catharina), 5073.

Hengrave (*Antiquities of*), 2049, 4029.
Henham, maison, 4026.
Heningham, couvent, 1891.
Henley-on-Thames, confrérie du nom de Jésus, 1721.
—   Église, 2967.
Henneberg (*Kirchen- und Schulen-Staat des Fürstenthums*), 4277.
HENNEBERG (Christoph, comte de), 4440.
HENNET DE BERNOVILLE (H.), B, 6353.
Hennebont, 6410.
HENRI II, roi d'Angleterre, 6263.
HENRI III, roi d'Angleterre, 1344, 1359, 1360.
HENRI IV, roi d'Angleterre, 1521, 1542, 1587.
HENRI V, 1564, 1565, 1576, 1584.
HENRI VI, 1579, 1592, 1608.
HENRI VIII, roi d'Angleterre, 1745, 1762, 1766, 1769, 1783, 1785, 1791, 1799, 1809, 1812, 1822, 1824, 1825, 1830, 1835, 1841, 1845, 1846, 1850, 1852, 1854, 1868, 1873, 1880, 1896, 1954, 1982, 1993, 2015, 2028, 4001, 4108, 4788, 7229, 7262.
HENRI II, roi de France, 406, 420.
HENRI III, roi de France, 6503.
HENRI IV, roi de France, 543, 6580, 6593.
HENRI D'ANGLETERRE (Le prince), 1745.
HENRI DE BLOIS, évêque, 1339.
HENRI VIII, comte de Furstenberg, .4548.
HENRI, duc de Richmond, 1809, 1880.
HENRI DE WHITLEY, 1506.
HENRICUS DE SOLIACO, abbé, 7119.
HENRIET (Louis), peintre, 1235.
HENRIETTE-MARIE DE FRANCE, reine d'Angleterre, 650, 4159, 6664.
HENRY [de Perpignan], B, 4890.
HÉRAL (Réné d'), 756.
HÉRAULT (Charles), peintre, 1137.
HERBET (Félix), B, 699.
Herbolzheim, église, 4568.
HERCULE Iᵉʳ, duc de Ferrare, 5731, 5737.
HERCULE II, duc de Modène, 6070.

Hereford, comté, 1396, 2521, 4053, 4190.
Hereford, cathédrale, 1393.
— Dominicains, 1906.
Hérétiques, 445. Cf. Calvinistes, Huguenots.
Hermann de Wiesbaden, doyen, 4287.
Hermannstadt, église de Sainte-Marie, 4290, 4314.
Hermenegild, 4852.
Herment, église, 6480, 6722.
Hermine, 184.
Herolf, chorévêque, 4°
Heron (Sir Georges), 3/o
Heron (Tristram', 3896.
Heron (William), 3760.
Herrgott (M.), b, 4491, 5736, 6212.
Herschel, b, 4258.
Hertford, comté, 1368, 1710, 1819, 1894, 1956, 2522, 7120.
Hertford, églises, All Saints, 2637.
— « Saint-André, 2638, 4050.
— « Saint-Nicolas, 2628.
Hertfordshire (Parish Churches of), 2651, 2653.
Hertingfordbury, église, 2635.
Hervart (Esther), 4215.
Hervilly (Baptiste de), 664.
Herzeele, église, 6877, 7042.
Hesdin, château, 227, 6283.
Hesilden, 1492.
Heslerton, église, 3444.
Hesse, landgraves, 4368.
— « Guillaume, 4596.
— « Maurice, 4560.
— « Philippe, 4388, 4566.
— Landgravines, Juliane, 4595.
— « Sabine, 4531.
Hesse-Darmstadt (Anne-Éléonore, princesse de), 4578.
Hesse-Darmstadt (Ludwig V, duc de), 4578.
Hessen (Quartalblätter des historischen Vereins für das Grossherzogthum), 4284, 4287.
Hessische Geschichte und Alterthumskunde (Archiv für), 4557,
4578, 4585, 4591, 4614, 4666.
Hessische Geschichte und Landeskunde (Zeitschrift des Vereins für), 4329.
Hethe, 7303.
Heures, 169.
Heworth (John), 3763.
Hexham, prieuré, 1401.
Hexton, église, 2527.
Heybridge, église, 1828.
Heynes (William), 3845.
Heytesbury, chapelle de Knook, 1355.
— Église de Horningsham, 1354.
Heytesbury, 1343, 1351, 1547, 1550, 7202.
Hidda, abbesse, 4250.
Hiéronymites, couvent, 4700.
Hierurgia Anglicana, 4076.
Highclose, 4065.
Highhead, 3864.
High-Wycombe. Cf. Wycombe (High).
Hilarius, abbé, 4384.
Hildebrand (B.-E.), b, 6182, 6183, 6184.
Hildeprand de Castello Matenano, 5504.
Hildersham, église, 2222.
Hildesheim, cathédrale, 4292.
Hill (A.-G.), b, 7170, 7273.
Hill Deverell, église, 1351.
Hillmorton, église, 3090.
Hilston, église, 3532.
Hilton (Margaret), 3731.
Hilton (Sir Thomas), 3701.
Hilton (William), 3703.
Himbleton, église, 3339.
Hinart (Louis), tapissier, 751.
Hind (W.-M.), b, 2891, 4095, 7377.
Hinde (J.-H.), b, 1332.
Hindlip, église, 3340.
Hingeston-Randolph (F.-C.), b, 1567, 7151, 7152, 7159, 7167, 7171, 7174, 7176, 7178.
Hinxhill, église, 2725.
Hinxworth, église, 2602.
Hipler (Fr.), b, 4373, 6156, 6157, 6158, 6159, 6164, 6165, 6166, 6169, 6170, 6171, 6172, 6174, 6179, 6181.

Hipton, église, 3598.
Hireçon (Thierry d'), 6280, 6285.
Hirn (J.), b, 4526.
Histoire de France (Publications et Bullet. de la Société de l'), 66, 70, 91, 152, 193, 196, 242, 279, 288, 6637.
Histoire de Paris et de l'Ile de France (Bullet. et Mém. de la Société de l'), 232, 484, 876, 6659, 6812.
Histoire naturelle, 4663, 4664, 6614, 6696, 6706, 6811.
Histon, église, 7168.
Historiae patriae monumenta, 5501, 5505, 5518, 5519, 5520.
Historisch-theologischer Grundriss der alt- und jeweiligen christlichen Welt, 4275, 4353.
Historiska Handlingar, 6200, 6202, 6203.
Hítarnes, église, 5272.
Hiver, b, 558, 592.
Hiver de Beauvoir, b, 166, 183.
Hjaltabakki, église, 5399.
Hnappadal, 5300.
Hoare (R.-C.), b, 1338, 1341, 1342, 1343, 1351, 1352, 1353, 1354, 1484, 1541, 1547, 1550, 1551, 1676, 1839, 7202.
Hobhouse (Bishop), b, 7219, 7220, 7226, 7319.
Hochberg (Jeanne de), 341.
Hockley, église, 2417.
Hodgkinson (Christopher), 3673.
Hodgson (J.), b, 7201.
Hœning (G.), b, 4657.
Hof, église, 5430.
Hof [Alvtefjördr], église, 5475.
Hof [Höfdaströnd], église, 5371.
Hof [Skagaströnd], église, 5390.
Hof [dans le Vestrdalr], église, 5379.
Höfdabrekka, église, 5470.
Höfdaströnd, 5371.
Höfdi, église, 5347, 5370.
Hoffmann (Marguerite), 5208.
Hofman (J.-H.), b, 5070, 5096, 5099.
Hofweier, église, 4574.
Hognaston, église, 2350.
Hoheneicher (Fr.), b, 4278, 4320.
Hohen-Sax (Le baron Jean-Philippe de), 6245.

Hohen-Sax (Élisabeth de), 6242.
Höhingen, château, 4297.
Hólar, diocèse, 5321-5415.
— Églises, 5354, 5442.
Hólar [Vestrhop], église, 5408.
Holbeach, église, 2031, 7263, 7435.
Holbeach (Amilion), 4014.
Holbein (Hans), 2028.
Holck (H.), b, 4748.
Holcroft (Sir John), 3828.
Holderness (Antiquities of the Seigniory of), 3969.
Holgate (Robert), archevêque, 7317.
Holl (en Bolungarvik), église, 5423.
Holland (Great), église, 2427.
Holland (Little), église, 2428.
Holland (Oud-), 5041, 5044, 5045, 5047, 5049, 5050, 5051, 5052, 5054, 5059, 5060, 5061, 5065, 5067, 5071, 5074, 5075, 5077, 5080, 5081, 5087, 5088, 5089, 5090, 5091, 5093, 5101.
Hollande, 6140.
Hollande (Le comte de), 6348.
Hollande (La comtesse de), 1587, 5006.
Hollande (Ambassadeur d'Angleterre en), 4094.
Holloway (J.), b, 7330.
Hollym, église, 3533.
Holme (Glaumbaer), église, 5383.
Holme Cultram, église, 2299.
Holme Hale, église, 7299.
Holme Pierrepont, église, 2965.
Holme next the Sea, église, 2917.
Holmegaard, 4739.
Holme-on-Spalding-Moor, église, 3611.
Holnest, église, 7198.
Holque, église, 6878.
Holstein, 4544, 4602, 4651, 4658.
Holstein (Catherine, comtesse de), 4706.
Holstein (H.), b, 4504.
Holt, église, 3337.
Holt (en Eyjafjalla), église, 5299, 5446.
Holt (Peyrote), hôtelier, 6447.
Holtastadir, église, 5393.
Holte (Robert), 3837.
Holy Cross (Waltham), abbaye, 1959, 7259.
Holy Island, 1404.

Holyrood, abbaye, 4772.
— Palais, 4806, 4807, 4828.
Homfroi, duc de Gloucester, 1542, 1587, 1644, 5006.
Hompesch (La baronne de), abbesse, 4648.
Hondeghem, église, 6929.
Hondschoote, église, 6879, 7043.
Hongrie, reines, Anne, 4399, 4402, 4481, 4490, 4940.
— « Marie d'Autriche, 421, 4472, 4945.
— Rois, Ferdinand, 4399, 4401, 4439, 4442.
— « Jean Ier, 5128.
— Société hongroise d'histoire, 5220.
— Tapisserie, 5665.
Hongrie (Clémence de), reine de France, 70, 6286.
Hongrie. Monumenta Hung. Hist. Scriptores, 5247.
Honington, église, 3229.
Honoré (Gervais), épicier, 6468.
Hontheim (J.-N.), b, 4243.
Hope in Romney Marsh, église, 2721.
Hope (W.-H. St-John), b, 1434, 1593, 1662, 1673, 1699, 1707, 1712, 1758, 1823, 1934, 1949, 2035, 3836, 3844, 4112, 4119, 4227.
Hôpital, Abingdon, 7206.
— Aubenas, 6357, 6370.
— Bablake, 4138.
— Ballon, 1001.
— Bath, 7261.
— Beaune, 319.
— Borgo d'Ale, 5709.
— Bridport, 1647.
— Cantorbery, Eastbridge, 2683.
— « Saint-Jean, 2684.
— Chester, Saint-Gilles, 2239.
— « Saint-Jean Without Northgate, 2240.
— Compiègne, 6854.
— Douvres, 1867.
— Gateshead, 1402.
— Glastonbury, 7261.

Hôpital, Hambourg, 4407.
— Königsberg, 4373.
— Krzepice, 6117.
— Leipzig, Saint-Georges, 4460.
— « Saint-Jean, 4460.
— Londres, Sainte-Catherine, 1740, 2010.
— « Sainte-Marie, (Elsynge Spital), 1626.
— « de Savoie, 7366.
— Lynn, 1856.
— Mâcon, 6392.
— Millau, 6365.
— Mons, 226.
— Neufchâteau, 6766.
— Newcastle-upon-Tyne, 7208.
— Nuremberg, 4291.
— Ormskirk, 2016.
— Palerme, Grand Hôpital, 6003.
— « Saint Barthélemy, 6006.
— Paris, La Charité, 1093.
— Reims, 1096.
— Ripon, Saint-Jean-B., 1478.
— « Sainte-Marie-Madeleine, 1372, 1410, 1418.
— Saffron Walden, 7237.
— Sandwich, 1505, 1545, 1578, 1715, 1742.
— Sherburn, 4122, 4225.
— Tournai, 6366.
— Wismar, 4352.
— York, 7221. Cf. Hôtel-Dieu, Maison-Dieu.
Hôpital (Grand), église, à Palerme, 6003.
Hopper (Ed.-C.), b, 3631.
Horda Angel-Cynnan, 1842, 1951, 1966, 2028.
Hordle, église, 2111, 2515.
Horgabe, mercier, 6475.
Horkesley (Much), église, 2481, 2500.
Horloges, 1979, 4078, 4087, 4605, 4981, 6160.
Hormead (Great), église, 2609.
Hormead (Little), église, 2610.

Hornaing, église, 6997.
Hornby, chapelle, 1775.
— Château, 1801, 7376.
Hornchurch, église, 2478.
Horne, église, 2098.
Hornes (Le comte de), 458.
Horning (G.), B, 4675.
Horningsea, église, 7155.
Horningsham, église, 1354, 7202.
Hornsea, église, 3537, 3547.
Horræus (Rembertus), 5036.
Horric de Beaucaire, B, 4653, 4659.
Horsell, église, 3033.
Horsley, église, 2346.
Horsley (East), église, 3020.
Horsley (West), église, 3008.
Horsley (Agnès), 2000.
Horstmar, prêtre, 5022.
Horton, église, 7306.
Horton Kirby, église, 2723.
Horton (Monks), église, 2722.
Horton (Walter), 7378.
Horváth (Ilona), 5143.
Horváth Zaberdini (Jeanne), 5153.
Horwich, 7441.
— Église, 2796.
Hose, église, 2860, 7280.
Hosear (John), 1659.
Höskuldstadir, église, 5392.
Hospitaliers de Toulouse, 56.
Hôtel de Faye, 254.
Hôtel-Dieu, Gonesse, 89.
— Paris, 6426, 6454, 6461.
— Reims, 943. Cf. Hôpital.
Hôtel de Ville, Bourges, 636.
— Langres, 6751.
— Montauban, 858. Cf.
Maison de Ville.
Hôtelier, 6447.
Hôtellerie, 1676.
Hottinger (J.-H.), B, 6214, 6228.
Hotham, église, 3578.
Hothfield, église, 2724.
Houdoy (J.), B, 97, 158, 390, 6373,
6538, 6757, 7104.
Houghton, église, 2795.
Houghton (Much), église, 2932.
Houghton-le-Spring, église, 4161,
4168, 4175.
Housses, 5233.
Houtkerke, église, 6930.

Houzeaux, 268.
Howard (Henry), comte de Nor-
thampton, 4064.
Howard (Henry), comte de Surrey,
2020.
Howard (Sir John), duc de Norfolk,
1669.
Howard (Thomas), duc de Norfolk,
2020.
Howden, église, 2018, 3613.
Howlett (R.), B, 6263.
Hoynck van Papendrecht (C.-P.), B,
6546.
Hozomány, 5131.
Hrafnagill, église, 5358.
Hrisar, église, 5440.
Hrisey (Ile), église, 5366.
Hruni, église, 5433.
Huddington, église, 3341.
Hudleston (Frances), 7432.
Hudleston (Wilfrid), 7434.
Hudson (John), 3898.
Huett (Robert), 4148.
Hughenden, église, 2206.
Hugo (C.-L.), B, 1572.
Hugon (Pierre), 4079.
Huguenots, 431, 432, 434, 440, 441,
442, 443, 6508, 6555. Cf. Calvi-
nistes, Hérétiques.
Hugues (Saint), son chef, 7233.
Huguet (Étienne-Jacques), peintre,
1167.
Huissier, 603.
Huitfeldt (H.-J.), B, 6194, 6195, 6197,
6198.
Hulne, Carmes, 1528.
Hulton (W.-A.), B, 1893.
Humbert II, dauphin, 6299, 6301.
Humbleton, église, 3531.
Humeralia, 4373.
Humphrey (Cornelius), 4201.
Humphrey de Bohun, 1396.
Húnavatns Sysla, 5390.
Hundt (F.-H.), B, 4235.
Hungerford, église, 2160.
Hungerford (Lady Agnes), 1800.
Hungerford (Robert), 1675, 2045.
Hungerford (Walter de), 2045.
Hunmanby, église, 3461.
Hunn (Richard), 4167.
Hunningham, église, 3129.

Hunsdon, église, 2644.
Hunstanton, église, 2915, 3808.
Hunter (J.), b, 2910, 2974.
Huntingdon, comté, 2654.
Huntingdon, église de Saint-Benoit, 2654.
Huntingdon (La comtesse de), 1463.
Huntingfield, église, 1866.
Huntly (Le comte de), 4811.
Hunworth, église, 2902.
Hunyadi (La dame Michel), 5217.
Hurley, église, 2161.
Hurst [Berks], chapelle, 1348, 7128.
Hurtault (Le sʳ de), 6593.
Húsavík, église, 5327.
Husey (Le doyen), 7261.
Husillos, église, 4965.
Huszt, 5254.
Hutchins (J.), b, 1436, 1501, 1502, 1621, 1630, 1679, 1682, 1965, 1995, 2003, 2406, 3824, 3854, 4011, 4139, 4154, 4217.

Hutchinson (W.), b, 4122, 4225.
Hutton (Elizabeth), 3745.
Hutton-John, 7432.
Hutton (John), gentilhomme, 3738.
Hutton (John), curé, 4056.
Hutton (Le dʳ Matthew), archevêque protestant, 4105.
Hutton (Ralph), 3712.
Hutton (Sir Timothy), 4105, 4107, 7382.
Hutton Cranswick, église, 3600.
Hutton-in-the-Forest, église, 2307.
Huveaume, abbaye, 133.
Huyton, église, 7292.
Hvammr, église, 5285, 5389, 5401.
Hvanneyri, église, 5288.
Hvoll, église, 5309.
Hyde (John), 4123.
Hymans (H.), b, 6605.
Hymers (John), 1999.
Hyndmer (Reginald), 3680.
Hyndmer (Robert), 3698.

I

Icart (Doña Cecilia de), 4990.
Ickleford, église, 2568.
Icombe, église, 3342.
Icônes, 5551, 5570, 5580, 5582, 5730.
— grecques, 4256.
— de Sicile, 4898. Cf. Images.
Idalcarius, évêque, 4848.
Idlicote, église, 3238.
Ievan ap Kenric Vaghan, gentilhomme, 1454.
Iffley, église, 2968.
Iford, 4057.
Ightham, église, 2726.
Ignace-Joseph (Le P.), b, 6632.
Ijsselstein, couvent, 5032.
Iklánd (La dame Barabas-Étienne), 5236.
Ilchester, cantarie, 7261.
— Dominicains, 1917.
Ilford (Little), église, 2470.
Ilkeston, église, 2353.
Ille-et-Vilaine, Société archéol. du

département, 517, 529, 550, 571, 6661.
Illingen, église, 4535.
Illugastadir, église, 5342.
Illyésházy (La comtesse Catherine), 5235, 5238, 5239.
Illyésházy (Le comte Gaspar), 5191.
Ilmington, église, 3248.
Ilminster, cantarie de Sainte-Catherine, 7261.
Ilsenburg, 4562, 4563.
— Abbaye, 4350, 4563.
Ilsley (East), église, 2162.
Ilsley (West), église, 2163.
Images, 64, 169, 240, 293, 309, 376, 468, 1360, 1371, 1374, 1430, 1579, 1608, 1644, 1693, 1713, 1791, 1822, 1845, 1873, 1883, 1889, 1958, 2134, 4078, 4156, 4279, 4300, 4305, 4327, 4382, 4384, 4392, 4397, 4411, 4434, 4450, 4458, 4465, 4470, 4474,

4486, 4559, 4589, 4671, 4985,
5031, 5130, 5559, 5649, 5699,
5730, 5744, 5747, 5784, 6216,
6218, 6230, 6232, 6239, 6373,
6489. Cf. Icônes.
Images, d'ivoire, 1615, 5559.
— d'or et d'argent, 4349, 5481,
5738.
— de pierre et de bois, 119.
— de la Vierge, 7220.
Imagerie populaire, 6495.
Imagier, 6312. Cf. Sculpteurs.
Imhoff (Willibad), 4509, 4522, 4528.
Immerzeel (J.), b, 5079.
Immeubles, 23, 57.
Imola, 5541.
Impératrice, Mathilde, 6263.
— d'Allemagne, Doña Maria, 4986.
— Isabelle de Portugal,
4922, 4925, 4927,
4929, 4932.
— Marie - Thérèse, 4671,
4681.
Imprimerie, 6495.
Imprimeur, 6457.
Indridason (Jon), évêque, 5469.
Infant, Adelgastro, 4841.
— Ordoño, 4868.
— de Portugal, roi de Catalogne,
D. Pèdre, 4898.
Infante de Portugal, Isabelle, 4922,
4925, 4927, 4929, 4932.
— Johanna, comtesse d'Ampurias, 4890.
Infirmerie, 576.
Ingénieur, 1127.
Ingjaldsholl, église, 5320.
Ingleby, église, 2352.
Ingledew (C.-J.-D.), b, 1613, 1734.
Inguimbert (Malachie d'), évêque, 827.
Ingunnarstadir, église, 5267.
Inkberrow, église, 3343.
Inkpen, église, 2164.
Innes (C.), b, 4759, 4760, 4764, 4770,
4773, 4790, 4791, 4792, 4799, 4802,
4803, 4832, 4840.
Innichen, église, 4698.
Innocent VI, pape, 93, 5600, 5603.
Innocent VIII, pape, 5771.
Innriholmr, église, 5283.

Innsbruck, 4378, 4410, 4483, 4494,
4529.
— Arsenal, 4370.
— Château, 4389, 4439,
4518.
— Église et couvent des Capucins,
4702.
— « « des Servites,
4689.
Inquisition (Tribunal de l'), 4976.
Inscriptiones Antiquae, 5476, 5477.
Insignes de la dignité impériale,
4497, 4506.
Insignes royaux, 1340, 1344, 1359,
1791, 4279, 4736, 4748, 5561, 6182,
6184, 7429.
Instruments d'agriculture, 681. Cf.
Agriculture.
— d'armuriers, 7229.
— de fondeurs de canons,
4907.
— de musique, 1979, 2028,
3988, 7034.
— de physique, 1100.
*Insterburger Kreise (Geschichte der
Kirche Jodlauken im)*, 4657.
Institute of Great Britain and Ireland (Archaeological), 1500, 4129.
Intailles, 5840, 5899.
Intendant, 767.
Inthay (Paul), 5170.
*Inventaire des richesses d'art de la
France*, 928, 972, 1092, 1093, 1110,
1111, 1112, 1115, 1117.
Inverness, église des Dominicains,
4802.
Inworth, église, 2501.
Ió Maté, bourgeois de Nagy-Szombat,
5149.
Ippolitts, église, 2560.
Ipsley, église, 3213.
Ipstones, église, 7308.
Ipswich, collège, 1837.
— Couvent des Franciscains,
1897.
— Églises, Saint-Clément,
2985.
— « Saint-Étienne,
2986.

Ipswich, Églises, Saint-Laurent, 2981, 7446.
— « Saint Mary at Elms, 2989.
— « Saint Mary Quay, 2983.
— « Saint Mary Stoke, 7451.
— « Saint Mary Tower, 2980.
— « Saint-Mathieu, 2988, 7282.
— « Saint-Nicolas, 2987.
— « Saint-Pierre, 2984.
— « Sainte-Marguerite, 2982.
— « Sainte-Trinité, 7247.
Ireton Kirk, église, 2354.
Irlande, comté de Clare, 7447.
Irminon (Polyptique de l'abbé), 9, 4232.
Ironmongers (Worshipful Company of), 3804.
Ironside (John), 3802.
Irstead, église, 2898.
Irthington, église, 2264.
Irving (J.), b, 4762, 4819, 4822.
Isaacsz (Pieter), peintre, 5054.
Isabelle, reine d'Angleterre (femme d'Edouard II), 152, 1447, 1449.
Isabelle, reine d'Angleterre (femme de Richard II), 152.
Isabelle-la-Catholique, reine d'Espagne, 4903, 4906, 4909, 4911, 4912, 4913, 4914, 4915, 4923.
Isabelle, infante de Portugal, reine d'Espagne et impératrice, 4922, 4925, 4927, 4929, 4932.
Isabelle, comtesse de Flandre, 38.

Isabelle, infante de Savoie, 5871.
Isafjördr, 5420.
Isell, église, 2298.
Isère, 172.
— Société de statistique, 6284, 6298, 6301, 6679.
Islandicum Diplomatarium. Cf. *Diplomatarium.*
Isley Walton, église, 2828.
Istria ed il Trentino (Archivio storico per Trieste, l'., 5597, 5601, 5602, 5636, 5638, 5704, 5725, 5745, 5775, 5783.
Istvánffy (Étienne), 5132.
Italia sacra, 5527.
Italiae diplomaticus (Codex), 5618.
Italiana (Miscellanea di Storia), 309, 310, 311, 570, 671, 4694, 5709, 5735, 5747, 5749, 5763, 5926, 6391.
Italiano (Archivio Storico), 5564, 5813.
Italicae medii aevi (Antiquitates), 5508, 5512.
Italicarum scriptores (Rerum), 5504, 5618.
Italie, 156, 6746.
— Roi, Bérenger, 5502, 5503.
— Expédition d', 4928.
— Tapisseries, 5605.
Italla, monastère des SS. Pierre-et-Paul, 6018.
Itchington (Long), église, 3111.
Ivoires, 368, 418, 1338, 1339, 1356, 1367, 1371, 1374, 1378, 1425, 1430, 1593, 4247, 4398, 4450, 4672, 4681, 4748, 4752, 4881, 4883, 4977, 5005, 5478, 5502, 5508, 5545, 5556, 5564, 5565, 5570, 5581, 5607, 5681, 5747, 5889, 5959, 6205, 6216, 6254, 6256.
Ivychurch, église, 2727.

J

Jabach, collectionneur, 652, 6668, 6761.
Jabots, 5196.
Jackson (C.-J.), b, 7262.

Jackson (J.-E.), b, 1675, 2045, 7119.
Jackson (W.), b, 3864, 4015, 4024, 4065, 4160, 4197, 4214, 4216, 4219, 4221, 4224, 7337, 7341, 7434.

Jackson (William), curé, 3672.
Jackson (William), chapelain, 4782.
Jacob (E.), B, 1761.
Jacobins, couvents, à Alais, 6501.
— « Amiens, 953.
— « Chartres, 437.
— « Le Mans, 923.
— « Limoges, 643.
— « Paris. 887.
Cf. Dominicains.
Jacobs (E.), B, 4350, 4409, 4527, 4562, 4563.
Jacobsen (N.), B, 4747.
Jacopo (Bartolomeo di), 5619.
Jacqueline de Bavière, comtesse de Hainaut, 95, 220, 1587, 5006.
Jacquemin, B, 552.
Jacques Ier, roi d'Angleterre, 4037, 4040, 4051, 4058, 4078, 4079, 4087, 4091.
Jacques II, roi d'Angleterre, 4192, 4206.
Jacques Ier, roi d'Écosse, 1588.
Jacques III, roi d'Écosse, 4769.
Jacques IV, roi d'Écosse. 7429.
Jacques V, roi d'Écosse. 4794, 4795, 4797.
Jacques VI, roi d'Écosse. 4808, 4821, 4823, 4824, 7381.
Jadart (H.), B, 566, 1096, 1097, 1098, 6592, 6606.
Jaegersborg, maison de chasse, 4749.
Jaffé (J.-P.), B, 4255.
Jahrbuch der Königlichpreussischen Kunstsammlungen, 4985.
Jahrbuch der kunsthistorischen Sammlungen des Allerhöchsten Kaiserhauses, 4307, 4311, 4312, 4316, 4317, 4321, 4335, 4336, 4340, 4342, 4345, 4354, 4369, 4370, 4375, 4381, 4389, 4390, 4392, 4393, 4399, 4401, 4402, 4410, 4437, 4439, 4442, 4446, 4452, 4471, 4472, 4476, 4477, 4478, 4481, 4483, 4485, 4490, 4491, 4492, 4493, 4494, 4506, 4516, 4517, 4518, 4519, 4525, 4528, 4533, 4534, 4543, 4546, 4551, 4600, 4603, 4605, 4606, 4608, 4656, 4661, 4662, 4665, 4669, 4670, 4672, 4677, 4678, 4682, 4684, 4906, 4914, 4922, 4923, 4925, 4929, 4931, 4933, 4934, 4944, 4945, 4948, 4950, 4951, 4952, 4953, 4954, 4957, 4974, 4985, 5736, 6160, 6458, 6467, 6471, 6547.
Jahrbücher der Literatur, 4237, 4545.
Jaignes, 6279.
Jaime Ier, roi d'Aragon, 4876, 4877.
Jal (A.), B, 5537, 5752, 7241.
Janvier (Philippe de), 6565.
Jardinier (Outils de), 7192.
Jardins, 5104, 6821.
Jarnac, château, 6663.
Jarretière (Ordre de la), 7400.
Jarretières, 169.
Jarrow, prieuré, 1382, 1387, 1388, 1394, 1395, 1403, 1409, 1413, 1416, 1417, 1424, 1426, 1429, 1431, 1433, 1435, 1438, 1451, 1455, 1456, 1477, 1479, 1481, 1482, 1491, 1494, 1508, 1516, 1519, 1546, 1553, 1568, 1690, 1714, 1720, 1749, 7201.
Jarry (L.), B, 6378.
Jarzé, église, 314.
Jaspe. 1425, 4156, 4662, 5005, 5607, 6205.
Jaudoin (Judith de), 662.
Javelle (L'abbé), B, 901.
Jaworzno, église, 6114.
Jean XXII, pape, 5577.
Jean, roi d'Angleterre, 1340.
Jean II, dit le Bon, roi de France, 91, 99, 105.
Jean Ier, roi de Hongrie, 5128.
Jean Ier, roi de Portugal. 1586.
Jean, duc de Berry, 159, 183.
Jean II, duc de Bretagne, 48.
Jean V de Bretagne, 202.
Jean de Montfort, duc de Bretagne, 1485.
Jean Frédéric, duc de Saxe, 4511.
Jean, comte d'Angoulême, 268.
Jean de Bourgogne, 184.
Jean de Chalon, 74.
Jean, comte de Foix et de Bigorre, 231, 237.
Jean, comte de Hainaut, 45.
Jean, comte de Nassau-Dillenburg, 4521.
Jean, bâtard d'Orléans, comte de Dunois, 6378.
Jean, évêque de Rochester, trésorier d'Angleterre, 1446, 1458.

JEANNE D'ANGLETERRE, princesse, 1444.

JEANNE D'ARC, 313.

JEANNE DE BOULOGNE, reine de France, 99.

JEANNE, duchesse de Bretagne, comtesse de Penthièvre, vicomtesse de Limoges, 130, 1485.

JEANNE DE BRETAGNE, dame de Cassel, 71, 100.

JEANNE D'ÉVREUX, 88, 117.

JEANNE DE HAINAUT, 66.

JEANNE LA FOLLE, reine, 4919, 4974.

JEANNE DE VALOIS, 6291.

Jelsum, église, 5634.

JENISON (William), 3919.

JERNINGHAM (H.-E.-H.), B, 7175, 7357.

JEROENEN (Neelken), 5055.

JÉROME (François), sculpteur, 1168.

Jersey, 3975.

— Jersiaise (Société), 3975.

JERVISE (A.), B, 4838.

Jesi, forteresse, 5673.

— Palais, 5739.

Jésuites, Anvers, 6781.

— Cambrai, 938.

— Londres, 4101.

— Saintes, 6597, 6600, 6765.

Jésus, cantarie à Eccles, 2016.

— « Yeovil, 7261.

Jeux, 110, 1390.

JEWITT (LL.), B, 4062, 4063, 4083, 4169, 4170, 4174.

Joachim II, électeur de Brandebourg, 4479.

Joaillier, 294, 1199.

Jodlauken, église, 4657, 4675.

JOHAN Ier, roi d'Aragon, 4885.

JOHANNA, comtesse d'Ampurias (L'infante), 4890.

JOHN DE HALUM, clerc, 1504.

JOHN RAYNTON, 1492.

JOHN DE SCARDEBURG, curé, 1511.

JOHN DE SCARLE, chanoine, 1539.

JOHNSON (John), 3943.

JOHNES (Thomas), 3751.

Joigny, Commanderie, 55.

JOIGNY (Robert de), évêque, 69.

JOIN LAMBERT (A.), B, 489.

Joinville, château, 325, 6427.

— Église, 6613.

JOLIBOIS, B, 110, 338, 360.

JOLY D'AUSSY (Denis), B, 254, 597.

JONES (Ll.), B, 7354, 7364.

JONES (W.-A.), B, 1634.

JONES (W.-H.-R.), B, 1341, 1342, 1343, 1345, 1346, 1347, 1349, 1350, 1351, 1352, 1353, 1354, 1355, 7132.

Jonville, château, 6337.

JOPPI (V.), B, 5597, 5601, 5602, 5636, 5638, 5704, 5725, 5745, 5775, 5783.

JORDAN (J.), B, 4033.

Josaphat, abbaye, 498.

JOSEPH II, empereur d'Allemagne, 872.

Josephsberg, couvent et église des Hiéronymites, 4700.

Jouarre (L'abbesse de), 114.

JOUBERT (A.), B, 288, 289, 380, 393, 410, 411, 412, 478, 574, 681, 682, 684, 711, 712, 6593, 6648, 6744.

JOUVENET (François), peintre, 1200.

Joyaux, 34, 38, 40, 43, 45, 48, 63, 88, 92, 99, 105, 107, 111, 117, 126, 132, 135, 139, 142, 143, 149, 152, 158, 159, 160, 161, 163, 166, 167, 169, 171, 173, 175, 176, 181, 182, 184, 185, 189, 190, 195, 201, 202, 214, 216, 218, 226, 230, 243, 246, 247, 248, 252, 256, 257, 265, 266, 278, 285, 287, 299, 300, 306, 319, 329, 332, 337, 344, 350, 352, 356, 357, 369, 373, 377, 382, 383, 390, 395, 398, 399, 402, 415, 417, 422, 427, 429, 431, 432, 442, 446, 459, 461, 465, 512, 559, 602, 614, 645, 671, 678, 697, 854, 934, 971, 1339, 1340, 1358, 1359, 1360, 1361, 1371, 1374, 1375, 1383, 1385, 1390, 1391, 1396, 1399, 1411, 1425, 1428, 1440, 1443, 1446, 1447, 1458, 1480, 1485, 1497, 1511, 1520, 1521, 1524, 1527, 1537, 1563, 1564, 1576, 1590, 1592, 1596, 1604, 1608, 1631, 1632, 1637, 1644, 1663, 1669, 1693, 1708, 1737, 1745, 1746, 1750, 1757, 1763, 1766, 1769, 1780, 1783, 1791, 1800, 1803, 1810, 1812, 1822, 1829, 1830, 1831, 1835, 1852, 1889, 1892, 1896, 1943, 1959, 1965, 1973, 1975, 1981, 1982, 2013, 2015, 2019, 2020, 2049, 2052, 2054, 2131, 3647, 3814, 3840, 3866, 3996, 4021, 4036, 4037, 4040,

4058, 4064, 4067, 4073, 4087, 4094,
4103, 4108, 4132, 4206, 4215, 4255,
4274, 4276, 4288, 4299, 4301, 4302,
4311, 4312, 4316, 4329, 4340, 4342,
4345, 4348, 4349, 4351, 4372, 4373,
4376, 4378, 4379, 4387, 4389, 4394,
4403, 4407, 4416, 4420, 4439, 4440,
4446, 4467, 4470, 4474, 4476, 4481,
4483, 4484, 4485, 4486, 4510, 4515,
4516, 4517, 4523, 4525, 4527, 4528,
4537, 4539, 4548, 4557, 4585, 4591,
4603, 4604, 4605, 4662, 4671, 4672,
4690, 4704, 4706, 4713, 4725, 4730,
4738, 4739, 4747, 4748, 4759, 4760,
4767, 4769, 4770, 4773, 4775, 4787,
4788, 4795, 4800, 4801, 4805, 4806,
4807, 4808, 4809, 4810, 4811, 4812,
4813, 4815, 4816, 4817, 4818, 4820,
4821, 4823, 4824, 4826, 4831, 4835,
4836, 4837, 4879, 4895, 4899, 4900,
4901, 4903, 4906, 4915, 4918, 4922,
4927, 4932, 4935, 4942, 4943, 4944,
4950, 4951, 4980, 4990, 4993, 4999,
5005, 5006, 5007, 5008, 5011, 5019,
5031, 5033, 5040, 5042, 5043, 5062,
5125, 5540, 5543, 5548, 5553, 5581,
5599, 5607, 5617, 5618, 5631, 5641,
5646, 5664, 5681, 5683, 5695, 5699,
5701, 5705, 5707, 5710, 5712, 5722,
5723, 5729, 5730, 5736, 5738, 5743,
5746, 5751, 5754, 5757, 5760, 5769,
5775, 5780, 5785, 5793, 5798, 5810,
5816, 5817, 5830, 5833, 5881, 5890,
5893, 5911, 5926, 5959, 5976, 6067,
6094, 6095, 6156, 6160, 6166, 6173,
6185, 6187, 6218, 6229, 6230, 6232,
6242, 6243, 6245, 6263, 6273, 6298,
6310, 6329, 6353, 6361, 6368, 6387,
6397, 6470, 6485, 6489, 6496, 6509,
6538, 6547, 6572, 6588, 6594, 6639,
6641, 6731, 6733, 6737, 6757, 7125,
7126, 7182, 7189, 7350, 7351, 7393.

Joyaux antiques, 5733.

Joyaux d'or, 4401, 4799, 4925, 5010, 6471.

Joyaux de la Couronne, 59, 193.

Joyaux de la Couronne. Cf. Bapst (G.).

Joye (William), 1612.

Joyenval, abbaye, 6506, 6641.

Joyeuse (Mgr. de), archevêque, 6596.

Jean (Don), 4903, 4906.

Jubien (Alfred), B, 6296, 6387, 7121.

Jubinal (A.), B, 6319, 6320.

Judas (Denier de), 4513.

Jules II, pape, 7429.

Jules Romain, peintre, 5776, 5919.

Juliana de Leyborne, 1463.

Juliana de Richmond, 1392.

Juliane, landgravine de Hesse, 4560, 4595.

Juliers (Guillaume de), 5005.

Jullien (Nicolas), peintre, 1261.

Julliot (G.), B, 36, 614, 624.

Jungfrauen Kloster, à Altenbourg, 4451.

Jupes d'été et d'automne, 5196.

Jupons, 5198, 5211, 5220.

Jupp (E.-B.), B, 1603.

Jura, 99, 345.

— Société d'émulation, 617.

Jurisprudence romaine (Histoire de la), 5477.

Juriste, 5619.

Justi (C.), B, 4985.

Justinat (Augustin-Oudard), peintre, 1184.

Jutland, 4710.

Juvénal des Ursins (Jacques). 334.

K

Kabinet van Mode en Smaak, 1101.
Kadłub, église, 6125.
Kalendars and Inventories, 1399,
1405, 1407, 1415, 1425, 1428, 1430,
1443, 1444, 1446, 1447, 1449, 1458,
1474, 1480, 1497, 1517, 1520, 1521,
1523, 1537, 1557, 1563, 1564, 1579,
1592, 1596, 1599, 1604, 1608, 1631,
1632, 1633, 1745, 1845, 4036, 4037.
Kallenbach (Hans), 4539.
Kalfholt, église, 5468.
Kâlund, B, 5264.

Kamenz, 4475.
— Église, 4445.
Kamion, église, 6112.
Kampen, 5092.
— Église de Saint-Nicolas.
5023, 6540.
Kamuthy (Balázs), 5172.
Kappel-am-Rhein, église, 4567.
Kapy (La famille), 5154.
Kapy (La dame Alexandre), 5208.
Kapy (Catherine), 5137.
Kapy (George), 5137.
Kapy (Sara), 5148.
Karlstein, château, 4296, 4319, 4371.
Károlyi (Anna), 5158.
Károlyi (Catherine), 5165, 5167.
Károlyi (La baronne Ève), 5241.
Károlyi (Georges), 5142.
Károlyi (Pierre), 5138.
Károlyi (Suzanne), 5167.
Katzenellenbogen (Guillaume, comte
de), 6297.
Kaufmann (A.), b, 4394, 4539, 4584,
4590.
Kaupangr, église, 5351.
Kayingham, église, 3524.
Keble (Thomas), avocat, 1736.
Keczer (Gábor), 5250.
Keczer (Meni), 5259.
Kegworth, église, 2814.
Keldudalr, église, 5264.
Keldur, église, 5459.
Keller (F.), b, 6213.
Kelshall, église, 2595.
Kelvedon Hatch, église, 2460.
Kemble (J.-M.), b, 1332, 1335.
Kemnater (Lucas), 4316.
Kempe (A.-J.), b, 2022, 2028, 3086,
3629, 4067.
Kempe (Thomas), 7326.
Kempsey, église, 3344.
Kenilworth, château, 3988.
— Église, 3087.
Kenninghall, 7260.
Kennington, église, 2728.
Kensington, église, 2067.
Kensworth, église, 2560.
Kent, comté, 1414, 1463, 1487, 1505,
1545, 1578, 1678, 1687, 1715, 1742,
1753, 1761, 1781, 1795, 1848, 1876,
1941, 1945, 1961, 2032, 2048, 2068,
2656, 3827, 4013, 4023, 4072, 4131,
4181.
Kent [La sainte Pucelle de], 1857,
1859, 1860.
Kent (La duchesse de), 1563.
Kepler (Jean), astronome, 4586.
Ker (Duncan), 7329.
Keranroix, 7064.
Kerberzou, château, 529.
Keresztúry (Suza), 5204.
Kerjean, 7063.
Kermelin, château, 489.
Kerry (C.), b, 7221.
Kerry (Ch.), b, 1774, 1802, 4025,
4086, 4166.
Kerswell, chapelle, 7141.
Keszö, 5163.
Ketteringham, église, 2910.
Kexby (William de), 1556.
Keys (Harry), écolier d'Oxford,
1610.
Kidderminster, 3295.
— Église d'All Saints.
3345.
Kiem (M.), b, 6212.
Kighley (Henry), 3675.
Kilburne, prieuré des Bénédictines,
1877.
Kildare (Le comte de), 1779.
Killaloe (The diocese of), 7447.
Killom, église, 3471.
Killon, ferme, 21.
Kilnesey, église, 3510.
Kilnwick, église, 3610.
Kilnwick Percy, église, 3602.
Kilravock (Rose of), 4790, 4802.
Kilverstone, église, 2914.
Kimpton, église, 2566.
King (H. W.), b, 1984, 2117, 2124,
2420.
Kinder (J.-E.), b, 4544, 4602, 4651,
4658.
Kineton, église, 3243.
Kingsbury, 7330.
— Église, 3173.
Kings College, Aberdeen, 4796.
— Cambridge, 1639,
1644, 4017, 4169,
7211.
Kingsdown [Dartford], église, 2730.
Kings Langley, église, 2553.

Kings Lynn, 1362. Cf. Lynn, South Lynn.
Kings Newton, église, 3172.
Kings Norton, église, 3347.
Kingsnorth, église, 2729.
Kingston-upon-Hull, 4220.
— Gilde des tonneliers, 7422.
— Gilde des marchands, 7428.
Kingston-upon-Hull, Gilds and Trading Companies. 7180.
Kingston-upon-Thames, 3081.
— Églises, 7283.
Kings Walden, église, 2562.
Kington, église, 3349.
Kinloss (Lord Bruce de), 4829.
Kintbury, église, 2165.
Kinwarton, église, 3217.
Kirby Bellers, prieuré, 1887.
Kirby-Grindalythe, église, 3426.
Kirby Underdale, église, 3432.
Kirchheim, 4550.
Kirk (R.-E.-G.), B, 7192, 7204, 7205, 7206, 7214.
Kirk Bampton, église, 2245.
Kirk of Field, 4816.
Kirkburn, église, 3605.
Kirkby Bellers, église, 2872, 7280.
Kirkby-Thore, 4203.
Kirke (H.), B, 4199.
Kirkham, église, 3457.
Kirkhouse (Elizabeth), 3913.
Kirkjubaer, collégiale, 5468.
Kirkjubol [en Langidalr], église, 5420.
Kirkjuhvammr, église, 5410.
Kirklands (Edward), 3686.
Kirkoswald, église, 2309.
Kirton in Lindsey, 1784.
— Église, 1832.
Kirton (Thomas de), 1558.
Kist (N.-C.), B, 5032.
Kittensteyn (Cornelis), 5064.
Kjalarness, 5268.
Kjos, 5267, 5268, 5274, 5282.
Klemm (G.), B, 4540.
Klosterneuburg, 4484.

Knauth (J.-C.), B, 4524.
Knauz (Nándor), B, 5136.
Knebworth, église, 2578.
Knightwick, église, 3348.
Knipton, église, 2851, 7280.
Kniveton, église, 2355.
Knoblich (A.), B, 4356.
Knockholt, église, 2731.
Knolles (Robert), 1497.
Knollis (John), 4780.
Knook, chapelle, 1355, 1551.
— Église, 7132.
Knörr, église, 5302.
Knothe (H.), B, 4445, 4475.
Knowles (W.-H.), B, 7208.
Knyvett (William), 3636.
Kobelov, 4719.
Koepl (K.), B, 4534.
Koevorden, 5039.
— Château, 5003.
Kohler (Karen), 4747.
Kokedal [Jutland], 4710.
Kolbeinsstadir, église, 5271.
Kollafjördr, 5308.
Koło, église, 6103.
Kolos (B.-M.-V. de), monastère, 5121.
Komorniki, église, 6138.
Königliches Stift, couvent et église, à Hall, 4695.
Königsberg, château, 4373, 4646.
— Hôpital, 4373.
Konin, église, 6103.
Koninck (Jacob de), peintre, 5074.
Köpl (K.), B, 4600, 4656, 4661, 4665, 4677, 4678, 4682, 4684.
Kopp (F.), B, 6212.
Koppan Monostra (B.-M.-V. de), monastère, 5118.
Korneuburg, église des Ermites de Saint-Augustin, 4552.
Kornis (Dora), 5147.
Korpona, 5200.
Korytkowski (J.), B, 6105.
Kraak, Commanderie, 4488.
Krabbe, B, 4447.
Krappe, chapelle, 4374.
Kraus (F.-X.), B, 854, 4276, 4495, 4559, 4594, 4660.
Krause (Charles-Auguste), peintre, 1252.
Kreyczi (F.), B, 4393.

Kreysig (G.-C.), b, 4362, 4652.
Kremsier, 4650.
Kremsmünster, abbaye, 4245, 4246.
Krilgk (G.-L.), b, 4343.
Krísuvík, église, 5315.
Krognos (Magdeleine), 4713.
Kronborg, château, 4741.
Krossá église, 5450.
Krossholt, église, 5300.
Krummau, château, 4295, 4299.
Krumpen (Otte), 4730.
Krzepice, hôpital, 6117.
—   Église, 6116.

Krzywarzeka, église, 6124.
Kuilenburg, 5027.
Kuilenburg (Gérard, seigneur de),
    5008.
Kun Domonkos (Rosályi), 5142.
Kuppenheim, église, 4627.
Kurtz (A.), 4290, 4314.
Kyloe, 4113.
Kyrkby (Roger de), 1561.
Kyrke (Henry), 4223.
Kytson (Sir Thomas), 2049.
Kytson (Sir Thomas), 4029.
Kytson (Thomas), mercier, 1967.

L

Labanoff (Le prince), b, 4826, 4827.
La Barre, château, 6648.
La Barre (Le seigneur de), 6647.
La Barre du Bierné (Le marquis de),
    6648.
Labarte (J.), b, 123, 313, 5699.
La Bastille Saint-Antoine, à Paris,
    193, 224, 6349, 6355, 6359, 6360,
    6375. Cf. Château.
La Batie-Montsaléon, église, 7070.
Labbe, b, 6252.
Labbé (Michel), pâtissier, 6462.
Labbé (Reginald), 1366.
La Beaume des Arnauds, église,
    7071.
La Boétie (Étienne de), 460.
Laborde (Le comte de), b, 67, 107,
    123, 134, 135, 139, 145, 165, 170,
    173, 185, 189, 201, 203, 222, 223,
    227, 248, 266, 286, 287, 290, 296,
    313, 352, 6458, 6668, 6761.
La Borderie (A. de), b, 130, 269,
    649, 6397, 6416, 6417.
Laboureur, 7344.
Labrouche (P.), b, 6625.
La Chapelle d'Arnage, église,
    1034.
La Chapelle-Auzac, église, 837.
La Chapelle-Gaugain, église, 1059.
La Chapelle-sur-Oudon, 681.
La Chapelle Saint-Fray, église,
    1009.

La Charité, hôpital de Paris, 1093.
La Châtre, 339.
La Châtre (Henriette de), 592.
La Chaussée, 6513.
Lack, château, 4267, 4271, 4273.
La Couronne, abbaye, 270, 413,
    432, 576, 783, 913, 981.
La Couronne (Saint-Jean de la
    Palud de), église, 718.
La Cressonnière (Le seigneur de),
    6748.
Lacroix, (A.), b, 95, 229.
Lacroix (P.-L.), b, 427, 652, 979.
La Cueva (D. Beltran de), 4901.
Lacurie (J.-L.), b, 466.
Lademan (Alice), 3647.
Ládonyi (Michel), 5124.
La Douze (La dame de), 324.
Lady Baldoon, 4837.
—   Byron, 3967.
—   Gray (Isabel), 3878.
—   Hedworth, 3748.
—   Montgomerie (Helenor), 4837.
—   Mordaunt, 4144.
—   Read (Margaret), 4073.
—   Ruthven, 4813.
—   Stuart (Arabella), 4044.
La Ensenada (Le marquis de), 4999.
La Faurie, église, 7079.
Laferrière Percy (Le comte H. de),
    b, 353.
La Folie, château, 481.

Lafons-Melicoq (Le baron de), b,
167, 199, 602.
La Fuente (V. de), b, 4926, 4930.
La Garde (Augerot de), 6436.
Lagardelle, église, 6347.
La Genetay, église, 557.
Lagiewniki, église, 6153.
La Gorgue, église, 6931.
La Grand, église, 7080.
La Grande Maitresse, vaisseau, 6460.
La Grange (A. de), b, 282, 294, 479,
6272, 6292, 6366, 6395.
La Grange (Joost de), 5077.
Lagrange (Léon), b, 6710.
La Grua (Ilaria), 5632.
La Guierche, église, 1021.
La Hanse, comptoir à Bruges, 6140.
La Haye, 5084, 5085, 5100.
—   Bibliothèque, 6636.
—   Confrérie,Schilders,5105.
La Haye de Saint-Hilaire (Le comte
de), 6661.
Lahner (A.), b, 4334, 4683.
La Lance, Chartreuse, 6237.
Lalanne (L'abbé), b, 6598.
Lalanne (Lud.), b, 534.
La Levraudière, 6611, 6617.
Lalizeau (Raoul), libraire, 6440.
Lallaing, église, 6998.
La Loo (Alonso de), 458.
Lalore (L'abbé),b, 168, 323, 803, 806,
6733.
La Lorie, château, 681, 682, 712.
La Lorie (Le seigneur de), 681, 682,
684.
La Lorie (Constantin de), 711, 712.
La Madeleine, église de Genève, 6231.
La Madeleine, église du Mans, 923.
La Madeleine-en-la-Cité, à Paris,
910.
La Madeleine, hôpital de Glaston-
bury, 7261.
La Marche, 6531.
La Marche (Adolphe, comte de), 184.
Lambe (George), 3662.
Lambe (Robert), 3905.
Lambert (J.-M.), b, 7180, 7422, 7428.
Lambeth, archevêché, 3865.
—   Église, 3657.
Lambourn, église, 2166.
Lambourne, église, 2464.

Lambres, église, 6999.
Lambton (Ralph), 3954.
Lambton (Robert), 3891.
La Meignanne, église, 542.
La Ménitré, château, 273, 6380.
Lami (J.), b, 5540, 5578, 5761, 5765.
La Milesse, église, 1022.
La Montoire, château, 6324.
Lamoral, 463, 464.
La Mothe, 6528.
Lamothe (De), b, 824.
Lamothe (A. de), b, 335.
La Mothe de Feully, château,
339.
Lampes, 1667, 1713, 4243, 5478.
Lampton (Robert), 3713.
La Muette, château, 6749.
Lamure (Jean-Marie de), chanoine,
6677.
Lanark, 4789.
—   Sheriffdom, 7368.
Lancashire and Cheshire (Historic
Society of), 1893, 1895, 2240,
4222, 7190, 7292, 7353, 7376, 7390,
7392, 7398, 7399, 7430.
Lancashire and Cheshire Wills and
Inventories, 1972, 1977, 2053, 2116,
2126, 3630, 3803, 3809, 3814, 3819,
3821, 3828, 3837, 3838, 3841, 3842,
3843, 3847, 3856, 3862, 3863, 3871,
3967, 3985, 3989, 3991, 3993, 3995,
4009, 4012, 4016, 4018, 4043, 4128.
Lancaster [Comté], 1684, 1772,
1790, 1834, 1890, 1893, 1895, 2016,
2787, 4027, 4046, 4137, 7292, 7347,
7355, 7357, 7373, 7392, 7407, 7430,
7441.
Lancaster, abbaye, 1885.
Lancastre (Le duc de), 144.
Lancelot du Lac, 313.
Lançon (Alfr. de), b, 6847.
Landas, église, 7000.
Landau (G.), b, 4329.
Landbeach, église, 2226, 7154, 7370.
Landes, Archives, 6505, 6577, 6736.
—   Marchand Landais, 453.
Landewednack, église, 2079.
Landgraves de Hesse, 4368.
—   Guillaume de Hesse,
4596.
—   Maurice de Hesse, 4560.

Landgraves, Philippe de Hesse, 4388, 4566.

Landgravines, Juliane de Hesse, 4595.

— Sabine de Hesse, 4531.

Landshut, 4581.

Landulph, église, 3829.

Lang (Caspar), b, 4275. 4353, 6249.

Langar, église, 2090.

Langaholt, église, 5278.

Lange (C.-C.-A.), b, 6184, 6185, 6189, 6190, 6192, 6199.

Lange (Pierre), 1222.

Langebek (J.), b, 4708, 4714, 4717.

Langford (William, 3631.

Langham, église, 2502.

Langidalr, 5420.

Langley, abbaye, 1872.

— Prieuré de Bénédictines, 1705, 7218.

Langley Kirk, église, 2357.

Langobardia (*Codex diplomaticus*). 5501, 5505.

Langres, 777.

— Cathédrale, Saint-Mammès, 360, 6262, 6542, 6733, 6804.

— Chanoine, 110.

— Église, 338, 6639.

— Hôtel de Ville, 6751.

— Société historique et archéologique, 6804.

Langtoft, église, 3472.

Langton, église, 3439.

Langton (Anne), 3862.

Langue de serpent, 6186.

Languedoc (*Mémoires de l'Hist. du*), 22.

La Nicollière (Stéph. de), b, 297, 299, 599, 780, 814.

Laniel (Étienne), 746.

Lanmary (La dame de), 508.

Lannes (*Revue de Béarn, Navarre et*). Cf. Béarn.

Lannoy (Louis de), 470.

Laon, cathédrale, 321, 351, 840.

La Papillaye [Anjou], prieuré, 680.

La Papinière (Le seigneur de), 839.

La Plagne-Barris (P.), b, 415, 6310.

La Planche (De), 633.

Lapworth, église, 3233.

La Quinte, église, 1023.

Lara (Casa de). 4935. .

La Redorte, 6734.

Largillière (Nicolas de), peintre, 1190, 1224.

Lari (Anton-Maria), 5806.

Larking (L.-B.), b, 1397, 1463.

Laroche (La comtesse de), 797.

La Rochefoucauld, château, 788.

La Rochefoucauld (Dominique de), évêque, 816.

La Rochefoucauld (Éléonor de), 655.

La Rochefoucauld (François VIII de), 788.

La Rochefoucauld (Louis de), 6594.

La Rochelle, 767.

— Diocèse, 6477.

— Église de Saint-Nicolas, 6477.

La Rovere (Francesco de), 5810.

La Rovere (Giulia de), 5810.

La Sauvetat-Rossille, 554.

Lasco (Joannes de), archevêque, 6105, 6155.

Lascombe (A.), b, 502.

Las Huelgas, église, 4962.

Lassberg (Fr. von). b, 6238.

Lassehowe (John), 1649.

Lassus (Pierre), sculpteur, 1180.

Lastman (Pieter), peintre, 5060.

Lastours (Jeanne de), 353.

Łaszów, église, 6129.

La Terne, château, 788.

La Terre-Clapier, 7035.

Lateyssonnière, b, 163.

Lathom, église, 3583.

Laton (John), 3641, 3687.

Laton (Roger), 3633.

La Torre (François de), 5530.

La Tour (Charles de), 4215.

La Tour Maubourg (Le marquis de), 6800.

Latran (Le), basilique, 5481.

La Tremoille (François de), 391.

La Tremoille (Georges de), 288, 289, 6337.

La Tremoille (Guy de), 175.

La Tremoille (Guy VI de), 6337.

La Tremoille (Louis de), 391.

La Tremoille (L. de), ii, 175, 289, 6337.
Latus (Agnès), 7433.
Laufás, église, 5348.
Launditch, 2008, 2025, 4041, 4231.
Launditch, 7439, 7445, 7448.
Laurent-le-Long, 7180.
Lausanne, cathédrale, 6218, 6230, 6234, 6235, 6238, 6239.
— Évêque, 6233.
Lausanne [Diocèse], 6218, 6231, 6238.
Lauthier (Toussaint), 629, 6657.
Lauwin-Planques, église, 7001.
Lavagna (Bonifazio di), archevêque, 5557.
Lavagna (Opizone di), 5557.
Laval (Anne de), 391, 410, 411.
Lavardens, château, 6310.
Lavardin, église, 1024.
Lavare, église, 1066.
Lavaur, évêque, 6675, 6683.
La Vega, église, 4967.
Lavenay, église, 1067.
Laver (High), église, 2455.
Laver (Little), église, 2461.
Laver Magdalen, église, 2456.
Lavocat (L'abbé L.-F.), ii, 651.
Lavours, 1399.
Law (Anthony), 4219.
Law (E.), ii, 7228, 7406.
Law (Edmund), 4224.
Law (John), 4024.
Law (Thomas), 4216.
Lawes (Nicolas), 3753.
Lawford (Church), 3112.
Lawful Church Ornaments, 2132, 3621.
Lawson (Jane), 3697.
Lawson (John), 3872, 3936.
Lawson (William), 2127.
Laxardalr, 5331.
Laxardalr [Thvera], église, 5331.
Layston, église, 2622.
Layton (Harry), 1624.
Layton (W.-E.), ii, 7240.
Lazez, église, 7081.
Lazonby, église, 2308.
Lea, maison, 4092.
Leach (A.-F.), ii, 7185, 7239.
Leacroft, maison, 4092.
Lea Marston, église, 3152.

Leamington Hastings, église, 3107.
Leamington Priors, église, 3120.
Leaud (Th.), ii, 1100.
Le Baacle (Guillaume), chanoine, 209.
Le Bas (Jacques-Philippe), 1317.
Lebeau (Adrien), 1273.
Le Bec, abbaye, 6263.
Leber (C.), ii, 117, 215.
Le Bersac, église, 7072.
Le Bevere (Hugues), 7181.
Lebeuf (L'abbé), ii, 78, 204, 256, 6252, 6508.
Leblanc-Bellevaux (Félix), ii, 452.
Le Bot, 7061.
Leboucher (Claude), 6607.
Le Boullay, 6537.
— Château, 6482.
Le Breton (G.), ii, 507.
Le Breton (Galeran), 6275.
Lebreton (Odet), sculpteur, 730.
Le Brun (Ch.), peintre, 690.
Lebrun, expert, 885.
Le Brun d'Albanne, ii, 545, 6713.
Le Caron (Jehan), 6336.
Lechantre (J.-B.), 1318.
Lechner (K.), ii, 4649, 4650.
Leckhampstead, église, 2168.
Lécluse, église, 7002.
Lecocq (G.), ii, 296.
Le Comte (Robert), 679.
Leconfield, 3579.
Leconte (Sauveur), peintre, 749.
Lecoy de la Marche, ii, 131, 181, 273, 274, 275, 284.
Le Croisic, 6414.
Lecti (Angela de'), 5530.
Ledain (Bélisaire), ii, 272, 428, 683, 6750.
Ledale (William), prêtre, 1602.
Lederzeele, église, 6881, 7044.
Ledieu, ii, 805, 1119.
Ledos (E.-G.), ii, 108.
Ledoux (Paul-Guillaume), peintre, 1310.
Ledringhem, église, 6882, 7045.
Ledyard (Adam), orfèvre, 7188.
Lee, église, 2732.
Lee (George), 4155.
Lee (J.), ii, 3860.
Lee (Roger), 4063.

Lee (Thomas), 3860.
Lee (William), 3879.
Leeds, château, 1848.
Leek, église, 7312.
Leek, 1931, 7257, 7308, 7312.
Lees (J.-C.), b, 4801.
Le Faou, 7061.
Lefevre (L'abbé Ant.-Magl.), b, 6762, 6763, 6764.
Lefevre (Jean), 1170.
Leffrinkhoucke, église, 6883.
Le Forestier (Jean-Esprit), 839.
Lefroy (J.-H.), b, 7369.
Legeay (F.), b, 928, 942, 991, 1090.
Legendre (Pierre), 337.
Legg (J.-W.), b, 1503.
Legh, église, 1487.
Legh (Dorothy), 4128.
Legh (Sir William), 7194.
Leighton (Robert), 3982.
Legile, 5111.
Leglay, b, 343.
Legnano (Antonio de'), 5686.
Le Grand (Albert), b, 214, 349.
Legrand (Jean-Louis), 1278.
Le Grand (Léon), b, 262, 537.
Leguay (Françoise), 1188.
Lehoczky Tivadar, b, 5258.
Le Hule (Dom Guillaume), b, 6688.
Leibnitz (G. W. von), b, 4232, 4263.
Leicester [Abbey Gate], église, 2831.
Leicester [Comté], 1705, 1776, 1886, 1887, 1888, 1935, 7227, 7334, 7335, 7358, 7359.
—   Églises, 2805, 2831, 7280.
Leicestershire (History of), 1886, 1887, 1888, 1935, 2834, 7315.
Leicester (Le comte de), 3988.
Leicester (Lettice, comtesse de), 4117, 4118.
Leicestershire Architectural Society, 2875, 7218, 7280, 7238, 7334, 7335, 7358, 7359.
Leigh [Essex], église, 2418.
Leigh [Worcester], église, 3350.
Leigh (South), église, 2969.
Leighton (W.-A.), b, 1701, 1806.
Leipzig, 4361, 4464.
—   Églises, Saint-Jacques, 4460.

Leipzig, églises, Saint-Nicolas, 4460.
—   «   Saint-Pierre, 4460.
—   «   Saint-Thomas, 4450.
—   «   Sainte-Catherine, 4460.
—   «   Sainte-Vierge, 4460.
—   Hôpitaux, Saint-Georges, 4460.
—   «   Saint-Jean, 4460.
—   Monastère de Saint-Thomas, 4289, 4450.
Leirubakki, église, 5462.
Leis (Henri), 4765.
Lekeer, monastère, 5120.
Le Keux, b, 1746.
Leland (J.), b, 1360.
Le Lande (Pes de), 6465.
Le Lorrain (Robert), sculpteur, 1185.
Lemaigre (Jean), curé, 6317.
Lemaire, b, 247.
Le Marchand (Albert), b, 703, 713.
Le Massa, monastère, 6028.
Le Mans, 6732.
—   Communautés, 942.
—   Cathédrale, 6393.
—   Églises, 923, 942, 991, 997.
—   «   Le Pré, 997.
—   «   Saint-Pavin, 997.
—   «   Saint-Vincent, 997.
Lembeck (Hennequin), sa chapelle, 4705.
Le Men (R.-F.), b, 28.
Lemesle (Jacques), 1149.
Lemesle (Pierre), 1174.
Lemmi (Niccolò), 5937.
Lemon (Edmond), 4046.
Lemon (R.), b, 4087.
Lemonnier, b, 932.
Lemonnier, 976, 6851, 6852.
Lemoyne (François), peintre, 795, 1163.
Lench (Church), 3307.
Leno, abbaye, 5717.
Lenoir (Alex.), b, 976, 1099, 1117.
Le Northerne (Étienne), 7184.
Lens, église de N.-D., 276, 315, 6383, 6422.

Lentini, 6039.
Leodulphus, prêtre, 4849.
Leofric, évêque, 1335.
Leominster, église, 4080.
Léon, province, 4860, 4864, 4867.
—   Cathédrale, 4970.
—   Églises, 4959.
—   «   Saint-Isidore, 4969.
—   Évêque, 4858.
—   Reine, Sanche, 4871.
—   Rois, Ferdinand, 4871.
—   «   Ordoño II, 4851, 4853.
—   «   Vérémond II, 4868.
Léon X, pape, 5771.
Leonardo di Bosco, 5742.
Leoni (Anna), 6246.
Leoni (Leone), sculpteur, 4987.
Leoni (Pompeo), sculpteur, 4975, 4987.
Léopold (Châsse de saint), 4484.
Léopold-Guillaume d'Autriche, archiduc, 4603, 4605, 4606.
Lepage (H.), b, 482, 591, 983, 6385, 6364, 6579, 6585, 6655, 6856, 6857, 7033, 7105.
Le Paultre (Pierre), sculpteur, 1189.
Le Pelletier (Anne), 711, 712.
Lepicié, b, 818.
Lépine, église, 7082.
Lépinois (E. de), b, 69, 142, 155, 211.
Lépinois (H. de), b, 396.
Le Pois, b, 6548.
Leppington (?), église, 3455.
Lepreux (J.), b, 210.
Lépreux, 86, 6389.
Le Prevost (Aug.), b, 113.
Leprince (J.-B.), peintre, 1311.
Léproserie, 86, 87, 4405, 6563.
Le Puy, 68, 375.
—   Cathédrale, 240, 608, 703, 720.
—   Église de Saint-Georges, 90, 408.
—   Société Académique, 240.
—   Société d'agriculture, 68, 122, 6309.
Le Rebours (Élisabeth - Thérèse), 6741.
Lerida, 4879, 4884.
—   Évêque, 4883.
Le Roi (François), peintre, 1191.

Leroux (A.), b, 6264.
Le Roux (Jean-Baptiste), architecte, 1192.
Leroux de Lincy, b, 57, 302, 313, 318, 326, 446, 505, 676.
Leroy (Charles), peintre, 1201.
Le Roy de la Grange (Jacques), 543.
Le Saix, église, 7083.
Le Sauvage (René), évêque, 6675, 6683.
Les Baux, château, 221.
Lescalopier, 6744.
Lescrope (Henri), 1563.
Lesdiguières (Les ducs de), 6679.
Le Sergeant de Monnecove (Félix), b, 6324.
Les Loges, église, 1668.
Les Moeres, église, 7048.
Lesneucq-Jouret, b, 6386.
Lesneven, 7062.
Lespinasse (Mademoiselle de), 856.
Lespy (V., b, 6341.
Lessine, église de Saint-Pierre, 6386.
L'Estourbeillon (Le comte Régis de), b, 572, 680.
L'Estrange (J.), b, 2038, 2039, 4100, 4208.
Lestrange (Guillaume de), archevêque, 136.
Lestrange (Le comte H. de), b, 136.
Lesueur, peintre, 765.
Letchworth, église, 2567, 2583.
Le Tellier (Michel), chancelier de France, 6691.
L'Étoile, abbaye, 6830.
Le Tor (Pierre de), apothicaire, 6441.
Letowski (L.), b, 6089, 6090.
Letters and Papers of the reign of Henry VIII, 1769, 1781, 1783, 1785, 1786-1788, 1795, 1798, 1799, 1800, 1801, 1809, 1812, 1814, 1815, 1822, 1824-1826, 1829, 1830, 1835, 1836, 1837, 1841, 1842, 1845-1852, 1854, 1857-1863, 1867, 1868, 1870, 1871, 1875, 1876, 1880, 1882.
Leupe (P.-A.), b, 5062, 5069, 5078, 5084, 5102, 5103.
Levasseur (Louis), peintre, 1164.
Levé (Pierre), architecte, 1130.
Leven, église, 3518.
Le Verger, château, 823.

Leveson-Gower (G.), B, 1805, 1994.
Leverton (South), église, 2958.
Levis (Philippe de), évêque, 376.
Lewarde, église, 7003.
Lewis (Philip), 4190.
Lewisham, église, 2733.
Lex (Léonce), B, 6317.
Leyborne (Juliana de), 1463.
Leyland (Thomas), 3847.
Leymarie (A.), B, 849.
Leyston, monastère, 7250.
Leyton, église, 2469.
Lhautard (Antoine), 6344.
L'Hermitage, église, 6686, 6697, 6707.
L'Hermitage, Missionnaires, 6827.
Lhuillier (Th.), B, 543, 679, 863.
Liber Crucis, 5719.
Liber Pontificalis, 5476.
Libraires, 6440, 6456, 6609, 6759, 7392, 7399.
  — du Roi, 484.
  — de Londres [Gilde], 3811, 3825, 3832.
Librairie, 346.
Lichfield, églis. de Saint-Michel, 4074.
  — « de Sainte-Marie, 4106.
Lichfield (Antiquities of), 4074.
Liddell (Thomas), 3793.
Liddes, église, 6215.
Liddington, 7191.
Liebenau (Th. von), B, 6223, 6241, 6244.
Liebhaber-Bibliothek alter Illustratoren in Facsimile-Reproduction, 4365, 4380.
Liechtenstein (Le cardinal Karl von), 4649.
Lienz, couvent et église des Carmes, 4697.
Liège, 6379.
  — Église, Saint-Lambert, 770.
  — « Saint-Pierre. 1103, 1109, 1114.
  — Évêque, 6259.
  — Société d'art, 770, 1103, 1109, 1114.
Liégeois (Institut archéologique), 6379.

Liégeois (Société des Bibliophiles), 6251.
Lieutenant-particulier, 574.
Lightfoot (R.-P.), B, 7391.
Lighthorne, église, 3255.
Ligne (Marie del Patrocinio de), 797.
Lignereux, bijoutier, 873, 1105.
Ligueurs, 496.
Ligueur Angevin, 6593.
Liguria, 5809.
Ligure (Società Ligure di Storia patria), 5791.
Lignstico (Giornale), 5619, 5628, 5638, 5641, 5727, 5758, 5770.
Lilburn, église, 2953.
Lilburne (Barthol.), 3705.
Liljegren (J.-G.), B, 6182, 6183, 6184.
Lille, château, 119.
  — Collégiale de Saint-Pierre, 147.
  — Couvent des Recollets, 7104.
  — Église de Sainte-Catherine, 132.
  — Société des sciences, 7104.
Lilleshull, abbaye, 1946.
Lilley, église, 2563.
Lilliendhal (Melchior), 4602.
Lillington, église, 3131.
Limbourg, 5000.
Limoges, 457, 705, 880.
  — Abbayes, 643.
  — « Saint-Gérald, 643.
  — « Saint-Martial, 643.
  — « Saint-Martin, 643.
  — Églises, 643.
  — « Saint-Pierre du Queyroyx, 407.
Limoges (Jeanne, vicomtesse de), 130.
Limoges (Annales manuscrites de), 643.
Limours, château, 575.
Limousin, Société archéologique, 20, 407, 497, 503, 644, 6747, 7060.
Limousin (Documents sur le), 6264.
Limousin historique (Le), 849.
Limousin (Bas), 6552.
Limpsfield, église, 2099, 3066.

Linas (Ch. de), B, 16, 1121, 6836.
Lincoln [Comté], 1500, 1606, 1784, 1817, 1832, 1864, 1884, 2014, 2031, 205., 2115, 2876, 3623, 3983, 4055, 7324, 7325, 7420, 7435.
— Archidiacre, 1500.
— Cathédrale, 2052, 3622, 3810, 7193, 7233, 7253, 7267, 7309, 7323, 7440.
— Évêque, 1764.
Lincoln college, à Oxford, 1689.
Lincolnshire Notes and Queries, 2052, 7346.
Lincolnshire (Old). 7324, 7420.
Lincoln Wills (Early), 7191.
Lindenast (Sebastian), chaudronnier, 4416.
Lindohlm, château, 4727.
Lindisfarne, prieuré, 1404, 1439, 1441, 1457, 1462, 1552, 1566, 1598, 1694, 1723, 1855.
Lindner (A.), B, 4685, 4686, 4687, 4688, 4689, 4690, 4691, 4692, 4693, 4695, 4696, 4697, 4698, 4699, 4700, 4701, 4702.
Lindsay (W.-S.), B, 1842, 2017.
Lindsays (Land of the), 4838.
Lindsell, église, 2467.
Lindridge, église, 3351.
Lingfield, collège, 1805, 1994, 7236.
— Église, 2100.
Lingua grossa, abbaye de Sainte-Catherine, 6052
Linge, 51, 89, 110, 111, 141, 159, 173, 184, 240, 247, 249, 266, 272, 281, 292, 293, 305, 306, 307, 319, 325, 337, 339, 345, 373, 466, 521, 544, 679, 681, 684, 711, 722, 845, 856, 925, 991, 1367, 1383, 1390, 1397, 1402, 1440, 1500, 1505, 1509, 1511, 1513, 1524, 1576, 1577, 1589, 1590, 1593, 1623, 1646, 1663, 1667, 1678, 1710, 1764, 1785, 1800, 1807, 1809, 1811, 1827, 1848, 1868, 1893, 1968, 1997, 2121, 3620, 3636, 3651, 3655, 3667, 3671, 3794, 3815, 3830, 3835, 3841, 3847, 3854, 3865, 3871, 3894, 3913, 3929, 3938, 3969, 3970, 3976, 3989, 3996, 3997, 4001, 4002, 4009, 4035, 4063, 4064, 4065, 4159, 4160, 4206, 4232, 4256, 4274, 4290, 4298, 4304, 4313, 4416, 4465, 4482, 4539, 4557, 4580, 4590, 4599, 4721, 4732, 4735, 4753, 4754, 4765, 4807, 4808, 4811, 4821, 4823, 4883, 4895, 4906, 4934, 4990, 4993, 5002, 5006, 5019, 5024, 5043, 5096, 5113, 5131, 5188, 5216, 5228, 5245, 5540, 5548, 5553, 5559, 5572, 5590, 5604, 5615, 5637, 5646, 5681, 5709, 5710, 5735, 5736, 5753, 5760, 5786, 5805, 5809, 5810, 5816, 5822, 5877, 5924, 5976, 6160, 6183, 6188, 6204, 6227, 6246, 6317, 6361, 6377, 6387, 6428, 6454, 6472, 6488, 6594, 6620, 6635, 6672, 6677, 6719, 6731, 6737, 7360, 7393, 7436.
Lingerie, 100, 343.
Lingg (M.), B, 4233.
Linköping, cathédrale, 6183.
Linslade, église, 2217.
Linz, église de la Sainte-Trinité, 4493.
Lisch (G.-E.-F.), B, 4383, 4385, 4403, 4443, 4449, 4474, 4487, 4488, 4513, 4520.
Lisieux, cathédrale, 435.
Lisieux (Pouillés de), 113.
Lisset, église, 3549.
Literie, 110, 162, 1493, 4706, 4709, 4718.
Litill Barw, 1657.
Lits, 40, 66, 1375, 1383, 1415, 1447, 1533, 1586, 1666, 1799, 1848, 1868, 3864, 3972, 3988, 4001, 4467, 4580, 4590, 4599, 4735, 479., 4806, 4807, 4811, 4821, 4864, 5006, 5559, 5578, 5681, 5709, 5710, 5735, 5760, 5810, 6317, 6463, 7360, 7393.
— de camp, 4793.
— du roi, 2028.
Little (A.-G.), B, 7255.
Littleover, église, 2358.
Liverpool, 7353, 7397, 7403, 7418.
Liverpool (Adam de), 7190.
Livet (G.-M.), B, 2966.
Livey, château, 289.
Livres, 16, 19, 45, 68, 89, 96, 106, 110, 129, 158, 159, 167, 189, 201, 222, 223, 230, 238, 239, 241, 247, 256,

257, 260, 263, 276, 278, 279, 292,
295, 296, 311, 329, 330, 331, 345,
350, 352, 357, 365, 373, 377, 390,
403, 418, 468, 509, 521, 533, 572,
681, 683, 684, 707, 710, 711, 769,
854, 1333, 1334, 1335, 1356, 1371,
1375, 1378, 1397, 1399, 1402, 1448,
1462, 1498, 1503, 1509, 1511, 1512,
1528, 1531, 1540, 1566, 1570, 1577,
1593, 1600, 1646, 1662, 1666, 1713,
1736, 1737, 1746, 1767, 1770, 1827,
1868, 2042, 3806, 3830, 3854, 3929,
3963, 3983, 3989, 4000, 4035, 4206,
4232, 4234, 4235, 4237, 4243, 4247,
4248, 4256, 4265, 4274, 4283, 4284,
4295, 4348, 4355, 4363, 4372, 4395,
4444, 4468, 4486, 4495, 4505, 4539,
4559, 4585, 4659, 4719, 4740, 4754,
4759, 4763, 4767, 4787, 4800, 4805,
4806, 4807, 4808, 4809, 4810, 4811,
4812, 4813, 4815, 4816, 4817, 4818,
4820, 4821, 4837, 4847, 4848, 4849,
4851, 4853, 4858, 4859, 4868, 4872,
4874, 4878, 4881, 4882, 4894, 4895,
4899, 4906, 4918, 4946, 4950, 4979,
5022, 5023, 5029, 5082, 5095, 5111,
5182, 5476, 5478, 5479, 5480, 5504,
5508, 5514, 5515, 5516, 5523, 5528,
5531, 5532, 5535, 5543, 5546, 5553,
5554, 5560, 5564, 5567, 5568, 5570,
5572, 5581, 5599, 5607, 5615, 5633,
5688, 5695, 5697, 5709, 5723, 5735,
5743, 5745, 5758, 5783, 5786, 5806,
5808, 5869, 5816, 5831, 5834, 5843,
5877, 5902, 5976, 6090, 6184, 6187,
6216, 6256, 6265, 6268, 6317, 6322,
6323, 6383, 6387, 6428, 6451, 6456,
6509, 6593, 6609, 6641, 6687, 6697,
6719, 6731, 6737, 6741, 6821, 7178,
7356.

Livres d'affaires, 6194.
— anglais, 5006.
— de chant, 1615, 1833, 4543.
— de chapelle, 1396.
— de chœur, 6709.
— de comptes, 5637, 5780.
— de dessins, 5844.
— de droit, 1500, 3976, 4884.
— d'église, 1367, 1369, 1391,
     1411, 1440, 1448, 1449, 1623,
     1644, 1667, 1675, 1678, 1691,

Livres d'église (suite), 1750, 1764,
     1831, 1943, 1996, 4276, 4283,
     4290, 4300, 4304, 4314, 4403,
     4407, 4444, 4543, 4796, 5005,
     5114, 5569, 5590, 5602, 5625,
     5636, 5672, 5707, 5722, 5747,
     5753, 6094, 6096, 7210.
— d'église grecs, 5582.
— historiés, 5747.
— de musique, 5844.
— de musique d'église, 1871.
— d'orgue, 1678.
— de prières, 4079, 4748.
Livrées, 1648.
Livron, église de Saint-Pierre, 141.
Lizy-sur-Ourcq, 6279.
Llanffais, Franciscains, 1913.
Ljósavatn, église, 5340.
Löbau, église des Franciscains, 4475.
Löbau (Urkundenbuch der Städte Kamenz und), 4445.
Lobineau (Dom Gui-Alexis), n. 48.
Lockinge, église, 2169.
Lockington, église, 2811, 3562.
Locksmith (Robert), 1843.
Locarno, château, 6221.
Loches, église, 6752.
Lodbrook, église, 3124.
Loders, 4011.
Loffre, église, 7004.
Loftus (Élisabeth), 4022.
Loftus (Léonard), 3648.
Lögmannshlíd, église, 5359.
Loi somptuaire, 5630.
Loir (Alexis), orfèvre, 1131.
Loire-Inférieure, Société archéol.
de Nantes et de la Loire-Inférieure.
Cf. Nantes.
Loire (Haute), 689.
— Société agricole et scienti-
tique, 940.
Loiret, 70.
Lombarda (Società storica), 5505.
Lombardi (Alfonso), sculpteur, 5797.
Lombardo (Archivio Storico), 5505,
     5731, 5736, 5748, 5751.
Lombardi Artisti, 5798, 5812, 5815,
     5845, 5861, 5902, 5905, 5915, 5920,
     5934.
Lombron, église, 1025.

Loménie (L.-H. de), 6654.

Londesborough, église, 3599.

Londinium redivivum, 3626, 3833, 4068, 4125, 4182.

London (Antiquities of), 3811, 3833.

London (Memorials of), 1442.

London and Middlesex Archaeological Society, 1609, 1693, 1794, 2033, 2877, 2878, 2891, 2892, 3817, 3832, 4095, 4179, 7264, 7377.

London (Old), 2028, 2050, 4129.

Londres, 1357, 1484, 1503, 1708, 1710, 1719, 1798, 1841, 1848, 1877, 1951, 1967, 2050, 3866, 4096, 4118, 4178, 7186, 7348, 7367, 7424.

— Baynards Castle, 1868.

— Botolph Lane (Maison dans), 1696.

— Brasserie, 7180.

— Cathédrale de Saint-Paul, 1356, 1367, 1369, 1370, 1534, 1615, 1617, 2054, 2134, 3625, 7272, 7316.

— Chapelle de Saint-Thomas-sur-le-Pont, 1442.

— Chartreuse, 1786.

— Clerkenwell, maison des Jésuites, 4101.

— Coleman Street, 1667.

— Échevin, 7182.

— Évêché (Palais de l'), 7264.

— Évêque, 1375, 1383.

— Églises, All Hallows, 2884.

—   « Saint-Benoît, Grace Church, 3833.

—   « Saint Christopher le Stocks, 1713, 3822, 3834.

—   « Saint Dionis Backchurch, 2878.

—   « Saint Elphege, 7254.

—   « Saint-Étienne (Coleman Street), 1667, 1980.

Londres, églises, Saint-Grégoire. 1370.

—   « Saint-Gilles, 7401.

—   « Saint Laurence Poultney, 4088.

—   « Saint Margaret Pattens, 1673, 1707, 1758, 2035.

—   « Saint-Martin-le-Grand, 2036.

—   « Saint Martin Ludgate, 1555, 7180.

—   « Saint Martin Outwich, 1770, 2020, 2879.

—   « Saint Mary at Axe, 4125, 4182.

—   « Saint Mary Colechurch, 2881, 4061, 4213.

—   « Saint Mary Hill, 1706, 3626.

—   « Saint Mary Somerset, 2877.

—   « Saint Mildred Poultry, 2880, 4061, 4212, 4213.

—   « Saint Nicolas Cole Abbey, 2882.

—   « Saint Pancras, 2065, 2885.

—   « Saint Peter Cheap, 1590, 1782.

—   « Saint Stephen, Coleman Street, 1667, 1980.

—   « Saint Stephen Walbrook, 1693, 3817.

—   « Sainte-Catherine, Aldgate, 4068.

—   « Sainte-Ethelburge, Bishopsgate, 2883.

Londres, églises, Sainte-Foy, 1369.
— « Templiers, 1378, 7165.
— Fondeurs, 1728.
— Gilde des cabaretiers, 1794.
— « des charpentiers, 1603.
— « des fabricants de bourses, 1773.
— « des libraires, 3811, 3825, 3832.
— « des pelletiers, 1609.
— « des quincailliers, 3804, 4004, 4149, 4209.
— « des tailleurs, 1759, 4049.
— « des tonneliers, 3858.
— « des vendeurs de cuir, 1709, 1747, 1960.
— Hôpital de Sainte-Catherine, 1740, 2010.
— « de Sainte-Marie, « Elsynge-spital, » 1626.
— « de Savoie, 7366.
— Lord Maire, 3996.
— Marchand de vin, 1060.
— Mercier, 1967, 7187.
— Orfèvre, 1518, 3866, 7188, 7189.
— Palais de Saint James, 2050.
— Palais de Savoie, 7366.
— Pont, 7183.
— Port, 1961.
— Quincaillier, 7184.
— Société des Antiquaires de Londres, 1401.
— Somerset House, 4158.
— Tour, 1340, 1399, 1557, 1648, 1740, 2010, 2028, 4033, 4036, 4037, 4111, 4163.
— Temple (Le), 1340.

Londres, Templiers, 1378, 7165.
— The Mouth Tavern, 4060.
Long (C.-E.), B, 7236.
Long (Lady Margaret), 2049.
Longchamp (Maheline de), 6335.
Longden, église, 3352.
Longfield, église, 2735.
Longhi (Martino), architecte, 5915.
Longin (E.), B, 6618, 6818, 6837, 6838.
Long Melford, église, 1831, 1976, 2026, 3624, 3627, 3826, 4189, 4228.
Longpré-les-Corps-Saints, église, 6633, 6662.
Longstaffe (W.-H.-D.), B, 4052.
Longthorpe, église, 2924.
Longueville (La duchesse de), 341.
Longwy, 6519.
Looberghe, église, 6884.
Loon, église, 6885.
Loose (W.), B, 4361, 4416.
Lopez, fondeur de canons, 4907, 4908.
Lopez Ferreiro (A.), B, 4918, 4939.
Lopez (M.), B, 5846.
Loránteffy (Catherine), 5205.
Lord (Edward), 1790.
Lord Binning (Thomas), 4836.
— Bruce de Kenloss, 4829.
— Elphinston, 4793.
— Forbes, 4793.
— Hamilton (James), 4775.
— Lyle, 4767.
— Maire de Londres, 3996.
— Ogle, 3651.
Lords Auditors in Civil Causes 1466-1494 (Acts of the), 4765, 4766, 4767, 4768.
Lords of the Council in Civil Causes, A. D. 1478-1495 (Acts of the), 4771, 4786.
Lorenzi (G.-B.), B, 5622.
Lorette, 5654, 5701, 5720, 5788.
— N.-D., 5701, 5720.
— Santa Casa, 6067.
Lorge (Montgomery de), 6562
Lorin, B, 6645, 6658, 6660.
Loriot (Antoine-Joseph), 1314.
Lorraine, 6482.
— Société d'archéologie et

Comité du Musée Lorrain, 482, 569,
584, 591, 686, 983, 4243,
6288, 6385, 6469, 6474,
6479, 6482, 6483, 6484,
6486, 6487, 6488, 6489,
6491, 6492, 6537, 6543,
6544, 6557, 6558, 6573,
6579, 6585, 6588, 6602,
6655, 6727, 6755, 6767,
6856, 6857, 6859, 7033,
7105.
LORRAINE (La Maison de), 6588.
LORRAINE (La duchesse de), 6474.
LORRAINE (Les ducs de), 388, 483,
525, 539.
LORRAINE (Madame de), 420.
LORRAINE (Anne de), 6485.
LORRAINE (Le duc Antoine de), 6469.
LORRAINE (Le duc Charles II de),
6488, 6489.
LORRAINE (Le duc Charles III de), 6512.
LORRAINE (Henri de), évêque, 325.
Lorraine (Les ducs de), 6469, 6474,
6479, 6482, 6483, 6484, 6486, 6487,
6488, 6489, 6491, 6492, 6543, 6544,
6557, 6558, 6573, 6588.
Lorrez-le-Bocage [S. et M.], 70.
Lorris-en-Gatinais [Loiret], 70.
Lorton, église, 2278.
Losely, 3806, 3816.
Losely Manuscripts, The, 2022, 2028,
3086, 3629, 4067.
Losenham, Carmes, 1915.
LOSERTH (J.), B, 4245, 4246.
LOS RIOS (Amador de), B, 4871.
Lot, 837, 993.
— Société des études litt., scient.
et artistiques, 843.
Loterie de tableaux, 5064, 5066, 5072.
LORRO (Lorenzo), peintre, 5759.
Loughborough, église, 2805.
LOUIS IX, roi de France, 313, 5537.
LOUIS X, 58, 70.
LOUIS XI, 289.
LOUIS XII, 1766, 1769.
LOUIS XIII, 606, 6720.
Louis XIII et Richelieu à Reims,
566.
LOUIS XIV, 633, 634, 652, 679, 691,
693, 702, 722, 765, 4215, 6701,
6713, 6714, 6720, 7113.

LOUIS XV, 812, 818, 842, 852, 6801.
LOUIS XVI, 1101, 6809, 6810, 6961.
LOUIS D'AMBOISE, 272.
LOUIS Ier, duc d'Anjou, 107, 131.
LOUIS, comte de Flandres, 80.
LOUIS, duc d'Orléans, 5618.
LOUIS Ier, duc d'Orléans, 151.
LOUIS, évêque de Volterra, 1522,
1533, 1543.
Louppy-le-Château, 6524.
LOURDET (Anne), 1162.
Louveciennes, château, 1091, 1102.
Louvercy, église, 4.
LOUVIER (Guillaume), peintre, 1253.
Louvre, Palais et Musée, 59, 107, 123,
193, 205, 313, 534, 563, 652, 690.
LOVENSKIOLD (C.-L.), B, 4734.
Loweswater, église, 2277.
Lowiez, chapelle, 6155.
LOWNDES (G.-H.), B, 4104.
Lowthorpe, église, 2018, 3466.
Loxley, église, 3206.
Lozère, 255.
—   Archives, 6329, 6368, 6504,
6615, 6735.
LOZZI (Carlo), B, 5843.
LUARD (R.-H.), B, 1368.
Lubeck, 4324, 4325, 4360.
—   Églises, Burgkirche, 4420.
—   «   Domkircke, 4422.
—   «   Saint-Clément,
4432.
—   «   Saint-Esprit, 4425.
—   «   Saint-Georges,
4424.
—   «   Saint-Gilles, 4428,
4434.
—   «   Saint-Jacques,
4431.
—   «   Saint-Jean, 4423.
—   «   Saint-Pierre, 4429.
—   «   Sainte-Catherine,
4421.
«   Sainte-Gertrude,
4433.
—   «   Sainte-Marie,
4430.
—   Monastères de Saint-Jean,
4426.
—   «   Sainte-Anne,
4427.

Lubeck, monastère de Sainte-Catherine, 4421.
Lübeckische Geschichte und Alterthumskunde (Zeischrift des Vereins für), 4434.
Łubnica, église, 6141.
Lucas van Leyden, 5685.
Lucerne, 6223, 6241, 6243, 6244.
— Canton, 6217.
— Chapelle de Saint-Pierre, 6217.
Luciliburgensia, 4592.
Lucques, 5646.
— Église, 5478.
— Monastère de Saint-Pierre, 5479.
Luddington, église, 3200.
Ludlow, 3631.
— Château, 4159.
— Églises, 7354, 7364.
— Ermites de Saint-Augustin, 1905.
Ludovic-le-More, 5736, 5748, 5751.
Ludwig V, duc de Hesse-Darmstadt, 4578.
Ludwig der Bærtige, comte Palatin, 4302.
Lugo, cathédrale, 4846, 4865.
— Évêque, 4865.
Łukowsky (J.), b, 6105, 6155.
Luigné, église, 622, 630.
Lullingstone, église, 2736.
Lullington, église, 2356.
Lumby (J.-R.), b, 1729.
Luminaire, 5476.
Luna (Don Alvaro de), connétable de Castille, 4893.
Lund, cathédrale, 4708.
— Église des Dominicains, 4733.
Lund (T.), b, 4739.
Lundarbrekka, église, 5338.
Lunéville, 7033.
Lunig (J.-C.), b, 5618.
Lunigiani Artisti, 5766.
Lussi (Le colonel), 6246.

Luther, 4365.
Lutton (East), église, 3425.
Lutton (West), église, 3433.
Lutterrow (Achim), 4383.
Lużutów, église, 6154.
Luxembourg (Le Petit), à Paris, 663.
Luxembourg (Jeanne de), 160.
Luxembourg (Nicolas de), patriarche d'Aquilée, 5602.
Luxembourg (Le bienheureux Pierre de), 6327.
Lydbery (W.), 1658.
Lydden, église, 2737.
Lyle (Lord), 4767.
Lyme Regis, église, 7196.
Lyminge, église, 2739.
Lympne, église, 2738.
Lynde, église, 6932.
Lynn, chapelle de Saint-Nicolas, 1724, 1985, 3850.
— Églises, Saint-Jacques, 1856.
— « Sainte-Marguerite, 1963.
Cf. Kings Lynn, South Lynn.
Lynschall (Isabel), 1983.
Lynton (Robert), 3709.
Lyon, 901, 6313, 6391.
— Archevêché, 946, 974.
— Églises, 245, 784, 946.
— « Saint-Just, 33.
— « Saint-Nizier, 54.
— « Saint-Pierre et Saint-Romain, 613.
— La Monnaie, 6837.
— Serrurier, 116.
— Société littéraire, 6313.
— *Revue Lyonnaise,* 974.
Lyonnais (Revue du), 6315.
Lyons (Richard), 1484.
Łyskornia, église, 6149.
Lysons (D.), b, 1357.
Lysons (S.), b, 1648.
Lyte (H.-C.-M.), b, 7361.
Lyttelton (Sir John), 3992.

M

Maaltyden (*Oudegeldersche*), 5907.
Mabbe (John), orfèvre, 3866.
Mabe, église, 2087.
Mabillon (J.), B, 1, 5476, 5477, 5481.
Macclesfield, 2034.
Macdonald (Gr.-W.), B, 7263, 7435.
Macé (Jean), peintre, 6670.
Macé (Jehan), 165.
Macgregor (George), B, 7231.
Machell (Thomas), 4203.
Mac Ettrick (Thomas), 4786.
Machineries, 227.
Machines, 4684, 5693.
Macinghi (Alessandra), 5666, 5703.
Mackintosh, 4790.
Mackworth, église, 2362, 4130.
Maclean (J.), B, 1813, 2507, 3852,
    4042, 4185, 7212.
Macon, Académie, 6759, 6832.
    — Hôpital de Saint-Antoine,
        6392.
    — Libraire, 6759.
Maçon, 1554, 1601, 1616.
Macqueron (H.), B, 6662.
Macray (W.-D.), B, 1573, 1591, 1638,
    1655, 1700, 7132, 7396.
Madalwin, chorévêque, 4237.
Madan (F.), B, 6664.
Madden (Fr.), B, 1981, 1982, 2015,
    2019.
Madre de perle, 4078, 4094, 4156.
Madresfield, église, 3353.
Madrid, 4975.
    — Palais, 4987, 4991, 4994,
        4995, 4998.
    — Palais Royal (Atelier de
        peinture du), 4994.
Madsen (Jakob), évêque, 4740.
Maelar [Lac], 6188.
Maelefell, église, 5381.
Maestrich, églises, N.-D., 4613.
    — « Saint-Servais,
        4613.

Magasins, 704, 1605, 1618, 1641,
    1684, 1692, 1702, 1738,
    1760, 1771, 1784, 3632,
    3642, 3666, 3682, 3684,
    3685, 3688, 3700, 3709,
    3735, 3750, 3751, 3769,
    3885, 3901, 3905, 3918,
    3943, 3948, 3963, 3996,
    4361, 5766, 5798, 6456,
    6457, 6475, 6476, 6495,
    6574, 6609, 7184, 7187,
    7188, 7399. Cf. Mar-
    chandises.
    — d'orfèvrerie, 312, 1518,
        1716, 3866, 5798, 5812,
        5815, 5868, 5873, 5905.
Magasins de la ville d'Anvers, 6798.
Magdalen college, à Oxford, 1655.
Magdebourg, 4380, 4504.
Magenta (Carlo), B, 5700, 5705, 5718.
Maguy (Paul), 5129.
Magistrat breton, 625.
Magistrat de Cambrai (Le), 6808.
Magistrature municipale, 777.
Magner (Antoine), peintre, 1279.
Magnus Smek, roi de Suède, 6184,
    6185.
Magny (Louis-Eugène), peintre, 1274.
Magny (Pierre), doreur, 1214.
Magyar Családélet és háztartás, 5112,
    5123, 5124, 5129, 5131, 5132, 5133,
    5134, 5135, 5137, 5138, 5139, 5140,
    5141, 5142, 5143, 5144, 5145, 5146,
    5147, 5148, 5149, 5150, 5151, 5152,
    5153, 5154, 5155, 5156, 5157, 5158,
    5159, 5160, 5161, 5162, 5163, 5164,
    5165, 5166, 5167, 5168, 5169, 5170,
    5171, 5172, 5173, 5174, 5175, 5176,
    5177, 5178, 5179, 5180, 5181, 5183,
    5184, 5185, 5186, 5187, 5188, 5189,
    5190, 5191, 5192, 5193, 5194, 5195,
    5196, 5197, 5198, 5199, 5200, 5201,
    5202, 5203, 5204, 5205, 5206, 5207,

5208,5209,5210,5211,5212,5213,
5214,5215,5216,5217,5218,5219,
5220,5221,5222,5223,5224,5225,
5226,5227,5228,5229,5230,5231,
5232,5233,5234,5235,5236,5237,
5238,5239,5240,5241,5242,5243,
5244,5245,5246,5247,5248,5249,
5250,5251,5252,5253,5254,5255,
5256,5257,5258,5259,5260,5262,
5263.

Magyar Nyelv Emlékek (Régi), 5123,
5131,5133, 5134, 5135, 5139,5141,
5144, 5147, 5150.

Mahaut d'Artois, 40, 57, 6281, 6282,
6283.

Mahé (Claude de), 794.

Maheu (Didier), libraire, 6456.

Mahon (Pagan Jean, seigneur de),
101.

Maidstone, confrérie du Corpus
Christi, 1683.

— Église, 2048.

Maillard (Fernand de), b, 6463,
6464.

Maine (L.-G.), b, 3621.

Maine-et-Loire, 638.

— Archives, 6326,
6620,6702,6731.

Maineville [Eure], 70.

Mains, 4279.

Maire de Langres, 777.

Maisoncelles, église, 1069.

Maisons, 138, 509, 705, 1384, 1404,
1439, 1504, 1657, 1696,
4026, 4131, 4298, 4324,
4325, 4343, 4360, 4400,
4544, 4710, 4711, 4712,
6279, 6280, 6285, 6357,
6370, 6734, 7215, 7348,
7410.

— archiépiscopale de Rouen,
331.

— de campagne, 1951, 5104.

— canoniales, 897, 1646,4499.

— de chasse [Jaegersborg],
4749.

— commune, 517, 636.

— du Consulat et du Poids du
Roi, 375.

— curiales, 1768, 4888, 5004,
7185.

Maisons, Dieu, 355, 1867.

— de l'Echevinage, à Poitiers,
340.

— d'église, 3628, 7219, 7226.

— épiscopale, 60, 4668, 5546,
5578. Cf. Evêché.

— du gouverneur de l'île de
Tayouan, 5069.

— des Pouppées, 4549.

— prébendale, 1539.

— du prélat de Saint-Florian,
4564.

— du prieur de Straussberg,
4466.

— religieuses, 975, 7033. Cf.
Abbayes, Couvents, Mo-
nastères, Prieurés.

— des Sœurs, à Groningen,
5035.

— «   à Lübeck,
4434.

— du Saint-Esprit, à Wismar,
4435.

— du roi d'Angleterre, 1848.

— de Ville, 550,684,711, 1733,
6796.

Maitland (Robert), 4768.

Maitland Club, 4759, 4787, 4789,
7210, 7345.

Maître d'école, 4544, 7374.

Maître des requêtes, 6744.

Majoliques, 4446.

Makovicza, 5244.

Maladrerie du Mont-aux-Malades,
6389.

— de N.-D. des Barres,
6307.

Malaga, 4905.

— Fonderie de canons, 4907,
4908, 4910.

Malafosse (J. de), b, 6347.

Malagola (C.), b, 5572, 5584, 5614,
5623,5624, 5627, 5639, 5643, 5648,
5651, 5668, 5708, 5716, 5728, 5755,
5767, 5790, 5803.

Malcolm (J.-P.), b, 1555, 1626, 1706,
1770,3626, 3833, 4068, 4125, 4183.

Maletta (Manfredi), 5539.

Maleville (De), b, 632.

Malines (Sophie de), 5001.

Malliard (Jean de), 6463.

Malmey [Ile], église, 5369.
Malsch, église, 4628.
Malvern, église, 3354.
Malvern (Little), église, 3355.
Malvezzi (La Famille), 6084.
Man (J.), b, 1774.
Mancetter, église, 3169.
Manchester, collégiale, 2016.
— Églises, 2787, 3819, 7277.
Manchester Courier, 1890.
Mandanici, monastère de N.-D., 6021.
Mandres, 6527.
Mangredi (Biagio), 6082.
Manini (Maria-Maddalena), 5945.
Manning (C.-R.), b, 7411.
Manno (A.), b, 5709, 5791, 5840.
Manœuvres de vaisseau, 5537.
Manoirs, Ashby Canons, 1412.
— Beaurepaire, 1660.
— Bowcomb, 4172.
— Buckland, 1778.
— Cheseworth, 2055.
— Clifford-Chambers, 1813.
— Crowle, 1844.
— Estelan, 6494.
— Faringdon, 4008, 4081.
— Preston, 1463.
— Scarisbrick, 1834.
— Selaby, 4114.
— Sheffield, 3972.
— Treygof, 1398.
— Wadley, 4008.
— Wakebridge, 1464.
— Warley, 1363.
Mansardes, 6801.
Mansergh (Edward), 1989.
Mansfield, église, 2954.
Manteaux, 4800, 4805, 4806, 4807, 4808, 4809, 4810, 4811, 4812, 4813, 4815, 4816, 4817, 4818, 4820, 5196, 5198, 5211.
— d'images, 830, 1512, 1712, 1831, 4394, 4542, 4690, 5017, 5745, 5783.
Mantes, 499.
Mantivado (Capella in Curte), 5488.
Mantoue, 5617, 5948.
— Collections du Palais, 5889.

Mantoue (Les ducs de), 5889, 5919.
Mantoue (Le marquis de), 5635.
Mantoue (La marquise de), 5813.
Mantova (Arti e Artefici di), 5813, 5889, 5919, 5948.
Manuscrits, 28, 159, 279, 350, 418, 4376, 5683, 5831, 6696.
Maplescombe, église, 2740.
Mapleton, église, 2364.
Mappleton, église, 3553.
Marascu (Benvenuta), 5711.
Maratti (Carlo), chanoine, 4996.
Marbres, 1100, 5841, 5911, 5914, 5961, 5962, 5963, 5973, 6066, 6071, 6074, 6077, 6078, 6205, 6696, 6814.
Marburg, 4329.
Marca d'Ancona, 5652.
Marca Hispanica, 4844, 4861.
Marca (P. de), b, 4844, 4861.
Marcé, église, 370.
Marcel II, pape, 5814.
Marcel (L'abbé), b, 6262.
Marcello-Agostini, 6058.
March (Ausias), poète catalan, 4894.
March (John), 3937.
Marchands d'Amsterdam, 5067, 5078.
— Anglais, 1443, 1605, 1618, 1684, 1692, 1702, 1716, 1738, 1760, 1771, 1784, 1798, 1808, 1843, 1967, 2127, 3632, 3642, 3666, 3682, 3684, 3685, 3688, 3691, 3700, 3709, 3733, 3735, 3750, 3751, 3752, 3767, 3769, 3793, 3800, 3801, 3866, 3880, 3885, 3892, 3894, 3898, 3900, 3901, 3905, 3918, 3919, 3923, 3933, 3935, 3937, 3942, 3943, 3948, 3950, 3958, 3961, 3963, 3996, 4060, 4183, 6269, 6440, 6449, 6456, 7184, 7187, 7188, 7392, 7398, 7399.
— d'Anvers, 1787, 6626.
— de Barcelone, 4896.
— de Bordeaux, 540.
— de Kingston - upon-Hull [Gilde], 7428.
— Landais, 453.
— de Narbonne, 6269.

Marchands, de Nevers, 6595.
— de Paris, 6449.
— de Surat, 5062.
— de Tournai, 361.
— de Tulle, 704.
— de Venise, 1696.
Marchands de bois, 5067.
— de vins, 3690, 3733, 4060.
— « [Gilde], 5106.
Marchande de lait, 5046.
Marchandises, 540, 1362, 1787, 4924, 5519, 5520, 5524.
MARCHANT, B, 447, 791, 871.
Marcharegia (Capella in Curte), 5486.
Marche (La), 793.
Marche (Documents sur la), 6264.
Marche et per l'Umbria (Archivio Storico per le), 5546, 5590, 5605, 5610, 5634, 5645, 5650, 5659, 5660, 5662, 5667, 5670, 5679, 5682, 5684, 5687, 5691, 5786.
MARCHEGAY (P.), B, 109, 241, 254, 400.
MARCHESE (P.), B, 5768, 5770.
MARCHI (Eleonora), 5912.
Marchiennes, abbaye, 906, 7005.
MARCILLAC (Mlle de), 783.
MARCLAND (Richard), étudiant, 7343.
MARCO POLO, 5598.
MARCOTTI (G.), B, 5698.
Marcq, église, 7006.
Mardick, église, 6886, 7046.
Maréchal de Bretagne, 297.
Maréchal de France, 6800.
Maréchal de Saulx Tavannes, 544.
Marefield, église, 2806.
MAREŠ (F.), B, 4606.
Mareuil-les-Arras, maison épiscopale, 60.
Marfleet, église, 3525.
Margravine de Burgau, 4529.
MARGRY (Am.), B, 6821.
MARGUERITE, reine d'Écosse, 4788.
MARGUERITE D'ANGOULÊME, 353.
MARGUERITE D'AUTRICHE, 343, 350, 352, 365, 4345, 4903, 4906, 6458, 6467, 6471, 6547.
MARGUERITE, duchesse de Bretagne, 269.
MARGUERITE DE FLANDRES, duchesse de Bourgogne, 127, 162, 169.

MARGUERITE DE HAINAUT, comtesse d'Artois, 40, 43.
MARGUERITE DE HAINAUT, 66.
MARGUERITE DE SAVOIE, 5664.
MARGUERITE, veuve d'Enderlin de Budweiss, 4285.
Marholm, église, 2921.
MARIA (Doña), impératrice d'Allemagne, 4986.
MARIA RICCIARDA, duchesse de Massa, 6069.
Mariager, abbaye, 4743.
— Château, 4743.
MARIÁSSY (André), 5180.
MARIÁSSY (La dame André), 5162.
MARIÁSSY (Anne), 5202.
MARIÁSSY (La dame Jean), 5213.
Maria Steinach, couvent et église des Dominicaines, 4689.
Mariathal, couvent et église des Dominicaines, 4692.
Maria Weissenstein, couvent et église des Servites, 4701.
MARIE, reine de Hongrie et de Bohème, gouvernante des Pays-Bas, 421, 4472.
MARIE D'ANGLETERRE, reine de France, 1766, 1769.
MARIE-ANNE D'AUTRICHE, régente d'Espagne, 4993.
MARIE-ANTOINETTE, 873, 1105, 6961.
MARIE DE BRETAGNE, abbesse, 7121.
MARIE DE CLÈVES, 296.
MARIE-ÉLÉONORE, reine de Suède, 4599.
MARIE DE GUISE, régente d'Écosse, 4806.
MARIE DE PORTUGAL, reine d'Espagne, 4934.
MARIE STUART, reine de France et reine d'Écosse, 429, 3972, 4787, 4800, 4805, 4806, 4807, 4808, 4809, 4810, 4811, 4812, 4813, 4815, 4816, 4817, 4818, 4820, 4826, 4827, 4828.
MARIE-THÉRÈSE, impératrice d'Allemagne, 722, 4671, 4681.
MARIE-THÉRÈSE-CHARLOTTE DE FRANCE, 7106.
MARIE TUDOR, reine d'Angleterre, 1785, 1799, 1981, 1982, 2015, 2019, 2047, 3021, 3626.

Marienkloster, sur le Münzenberg, abbaye, 4397.

Marienkron, abbaye, 4379.

Marienschloss, abbaye, 4557.

Mariette (P.-J.), b, 868, 6746, 6810.

Marigny (Le marquis de), 852.

Marin, b, 5574.

Marin (Jean-Cyriac), 1215.

Marin, 3756.

Marina Pontificia (Storia della), 5537, 5792, 5824, 5832, 5895.

Marine marchande, 1787, 1842, 2017.

Marini (G.), b, 5477.

Market Drayton, 7321.

Market Harborough, 7227.

Marlborough, Carmes, 1937.

— Église, 2045.

Marle (Le comte de), 281.

Marlen, église, 4576.

Marlston, église, 2170.

Marly, château, 1111.

Marmaduke (John-Fitz), chevalier, 1390.

Marmoutiers, abbaye, 327.

Marolles, église, 1070.

Marolles (L'abbé de), b, 59.

Marot (Jean), architecte, 6695.

Maróthy (Susanne), 5186.

Marples (Robert), 4184.

Marquis de Berghes (Jean), 463.

— d'Exeter, 1826.

— de Mantoue, 5635.

— de Rémoville, 584.

Marquise du Deffant, 856.

Marquises [tentures], 6801.

Marrat (W.), b, 2031.

Mars (Dom Noël), b, 6630, 6631.

Marsala, église de Saint-Laurent, 5995.

Marseille, 251, 845, 6803, 6811.

— Abbé de Saint-Victor, 94.

— Église de La Major, 521.

Marshall (D.), b, 7402.

Marshall (E.), b, 2968.

Marshall (Richard), 3873, 3930.

Marshall (T.-P.), b, 7321.

Marske, 4107, 7382.

Marstadir, église, 5400.

Marston (Long), église, 2557.

Marston (Priors), 3244.

Marsy (Gaspard de), 736.

Marsy (Le comte de), b, 530, 932, 6576, 6718, 6852, 6853, 6854.

Martel [Lot], 993.

Martella (Bono), 5644.

Martène (E.), b, 6259.

Martigny-les-Bains, 986, 987.

Martin, évêque de Tours (La vie de saint), 441.

Martin, abbé, 18, 6266.

Martin (Ch.), peintre, 729.

Martini (Louis), évêque, 5882.

Martini Galli Chronicon. 6092, 6094.

Martinsberg, abbaye, 5109.

Martock, cantarie, 7261.

Marton, église, 3123, 3498.

Marvéjols, 255.

Marville (Jean de), imagier, 6312.

Marxzell, église, 4637.

Mary of Modena, 6664.

Marzo (G. di), b, 5607, 5774, 5794, 5826, 5868, 5873.

Mascaron (J.), évêque, 758.

Masdion, abbaye, 781.

Masham, église, 4006.

Mas-Latrie (Le comte de), b, 5574.

Masny, église, 7007.

Mason (Ambrose), teinturier, 3959.

Masques (Habillements de), 4818.

Massa (La duchesse de), 6069.

Massanès, château, 537.

Massé (J.-B.), peintre, 1270.

Masse (Nicolas), sculpteur, 738.

Massias (Ét.), 594.

Master (Richard), curé, 1860.

Massie (William), 3929.

Masson (Frédéric), b, 6756.

Matériaux, 7183.

Matériel de guerre, 5249. Cf. Munitions.

Mathias, archiduc, 4517, 6547.

Mathieu, b, 929.

Mathieu (A.), b, 229.

Mathieu (E.), b, 618.

Mathieu (Jean-Adam), peintre en émail, 1216.

Mathilde, impératrice, 6263.

Mathilde de Savoie, 4302.

Mathon, église, 3356.

Matières d'or et d'argent, 939, 946, 970, 974.

Matlock, église, 2363.

Mattaincourt, église, 686.
Matthaeus (A.), b, 5016.
Matthieu, abbé, 168.
Matthieu Pàris, b, 1358.
Maubuisson, abbaye, 829, 992, 1107.
  — Église, 260.
Maulette (Le seigneur de), 850.
Maulevrier, château, 526.
Maupillé (L.), b, 6661.
Maur (Xavier), abbé, 4674.
Maurès (Anne de), 6698.
Maurisque [Beatriz Gamir], 4976.
Maurice, landgrave de Hesse, 4560.
Maurice, duc de Saxe, 4470.
Maurille (Saint), évêque, 810.
Maurus, évêque, 6090.
Mawnan, église, 2083.
Maxey, église, 2931.
Maximilien Iᵉʳ, empereur d'Allema-
  gne, 343, 4354, 4375, 4377, 4378,
  5736.
Maximilien II, empereur d'Allema-
  gne, 4485, 4517, 4986, 6160.
Maximilien, archiduc, 4517.
Maximilien Iᵉʳ, duc de Bavière, 4549.
Maxstoke, église, 3149.
Maxwell (A.), b, 4763, 4804.
Mayence, 4284, 4357.
  — Altmünster, 4258.
  — Archevêque, 4280, 4301,
    4303, 4366.
  — Cathédrale, 4255, 4458.
  — Église de Sainte-Marie
    ad Gradus, 4287.
Mayet, église, 1089.
Maynard (Edw.), b, 2054.
Mazarin (Le cardinal), 609, 616,
  628, 6637, 6649, 6761.
Mazarin (Palais), à Paris, 628, 4158,
  6668.
Mazarinades (Bibliographie des),
  6637.
Mazens (L.), b, 6271, 6274.
Mazerolle (F.), b, 6502.
Mazière (André), 731.
Mazinod (Et.), 430.
Mazza (Joseph-Antoine), peintre,
  1312.
Mazzara [Vallée], vice-roi, 5632.
  — Abbaye de Saint-Nicolas de
    Regali, 5998.

Mazzara, cathédrale, 5994.
Mazzatinti (G.), b, 5590, 5605, 5610.
Measham, église, 2359.
Meaux, 863.
Meaux [Angleterre], abbaye, 1514.
Meauzé (Jehan de), dit de Vouvray,
  armurier, 6432.
Mécanicien, 1314.
Mecklembourg (Albert VII, duc de),
  4513.
Mecklembourg (Anne de), 4368. Cf.
  Meklenburg.
Médailles, 458, 506, 546, 559, 629,
  641, 710, 767, 4079, 4528, 4898,
  4950, 5681, 5695, 5733, 5738, 5757,
  5798, 5800, 5816, 5817, 5827, 5840,
  5892, 5899, 5932, 5996, 6068, 6205,
  6546, 6548, 6608, 6636, 6696, 6706,
  6803, 6821. Cf. Monnaies.
Médailleur, Gaspare Mola, 5902, 5905.
Médaillier, 4898, 6548, 6589.
Médaillon, 559, 1118.
Médecins, 223, 6642, 6809.
Medicis (Catherine de), 5793, 6498.
Medicis (Cosme de), 5681, 5695, 5698,
  5818, 5838.
Medicis (Laurent de), dit le Magni-
  fique, 5733.
Medicis (Marie de), 606.
Medicis (Nannina de), 5698.
Medicis (Pierre de), 5681, 5695, 5698,
  5740.
*Medicis (Collections des Médicis au
  xvⁿ siècle),* 5681, 5695, 5733, 5740.
Medicis (Estienne de), bourgeois du
  Puy, 240, 375.
Meesden, église, 2621.
Mehlsack, église, 6169, 6181.
Meichelbeck (C.), b, 4233, 4234.
*Meinhards II Urbare der Grafschaft
  Tirol,* 4262.
Meissen, cathédrale, 4470.
  — Château, 4328.
Meissonier (Juste-Aurèle), architecte,
  1203.
*Meklenburgische Geschichte und Al-
  terthumskunde (Jahrbücher des
  Vereins für),* 4332, 4352, 4383,
  4385, 4403, 4443, 4449, 4468, 4474,
  4487, 4488, 4514, 4520.
Melbourn, église, 2366.

Melcombe Regis, Dominicains, 1922.
Melford (Long), église, 1831, 1976, 2026, 3826, 4228.
MELICQUE (Nicolas), 679.
MELINGUE (Jacques), peintre, 1147.
MELLET (Le comte de), B, 705.
Melmerby, curé, 7338.
— Église, 2306.
MELMERBY (William), curé, 3979.
Melstaðr, église, 5411.
Melton Mowbray, 7335.
— Église, 2858, 7238, 7280, 7334, 7359.
MELTON (William), 1827.
Melun, château, 123.
— Comte, 543.
MELUN (François de), évêque, 349.
MELUN (Guillaume de), 6720.
MÉLY (F. de), B, 10, 63, 92, 148, 389, 395, 425, 437, 439, 639, 677, 785, 879, 976.
MÉNARD, B, 104.
Mende, cathédrale, 6329, 6504, 6615, 6735.
Mendham Hall, 2047.
Menetou, château, 558, 592.
MENGAU (Cyprien), 6734.
MENICONI (La famille), 5911.
MENILGRAND (Dom), 6962.
MENTE (Le seigneur de), 6436.
Menus-Plaisirs du Roi, 679.
Méran, 4381, 4689, 4700.
— Église et couvent des Clarisses, 4687.
Mercatella, église de Sainte-Marie et de Saint-Nicolas, 5510, 5511.
Merchant Shipping, 2017.
Mercerie, 1618, 1684, 1738, 1784, 3709, 3901,
MERCIER (Clair-Christophe), peintre, 1230
Merciers, 1798, 1967, 3631, 3642, 3682, 3709, 3735, 3750, 3918, 3933, 3963, 6475, 6476, 7188.
— Gilde, à Shrewsbury, 1701, 1806.
MERCŒUR (Le duc de), 6544.
Mercuès, château, 843.
Mere, église, 1541, 2045.

Merevale, abbaye, 1929.
Meriden, église, 3164.
MÉRIEL (Charles), teinturier, 1205.
MÉRIMÉE (Prosper), B, 4886.
Merkeghem, église, 6887.
MERLE (Hugues de), 103.
MERLET (L.), B, 63, 69, 92, 142, 155, 211, 341, 437, 611, 677, 934, 971, 6331.
Merris, église, 6933.
Merrow, église, 3007.
Mersham, église, 2741.
MERSIÉ (Guillaume), 6303.
Merton, église, 3049.
Merville, église, 6934.
Meschede, abbaye, 4250.
Mesdames de France, 6767.
Mesocco, château-fort, 6225.
Messager des sciences historiques de Belgique, 34, 467, 800, 801, 802, 6325.
Messine, cathédrale de Saint-Nicolas, 6016.
— Chapelle de Sacra Litera, 6015.
— Diocèse, 6007, 6011, 6021, 6022, 6023, 6024, 6025, 6026, 6028, 6029, 6052, 6054.
— Églises, de l'Archimandrite, 6027.
— « N.-D. de Latina ou de Arcubus, 6019.
— « SS. Salvatore dei Greci, 6027.
Messing, église, 2482.
Mesures, 110, 636, 1733, 4099, 5589.
Métairies, 682.
METAIS (L'abbé Ch.), B, 444, 899, 900, 6830.
Métaux précieux, 4216, 4484.
METCALFE (Jean), 1978.
METCALFE (Léonard), 1969.
Meteren, église, 6935.
Métiers, 345.
METON (Jean), fermier, 7191.
Metz, cathédrale, 678, 854.
— Évêque, 325.
— Hôtel des Monnaies, 983.
Meubles de maison, 23, 58, 75, 89, 92, 109, 110, 130, 162, 176, 178, 210,

222, 223, 226, 229, 230, 236, 241,
247, 250, 253, 262, 269, 272, 274,
281, 295, 296, 318, 330, 352, 403,
407, 430, 438, 449, 459, 461, 475,
476, 478, 491, 493, 494, 496, 500,
509, 513, 514, 533, 536, 548, 549,
562, 566, 575, 576, 606, 616, 620,
634, 664, 679, 680, 681, 684, 707,
709, 711, 756, 761, 763, 769, 778,
783, 788, 791, 796, 800, 813, 815,
820, 839, 845, 856, 876, 932, 934,
941, 944, 1362, 1375, 1379, 1383,
1389, 1390, 1397, 1398, 1415, 1432,
1436, 1453, 1454, 1463, 1476, 1484,
1488, 1489, 1492, 1495, 1500, 1504,
1506, 1511, 1514, 1517, 1524, 1538,
1540, 1548, 1549, 1554, 1556, 1558,
1561, 1576, 1577, 1581, 1585, 1601,
1602, 1619, 1621, 1628, 1640, 1646,
1653, 1663, 1671, 1676, 1697, 1704,
1708, 1710, 1711, 1725, 1727, 1730,
1731, 1732, 1736, 1738, 1754, 1776,
1777, 1784, 1795, 1798, 1800, 1801,
1805, 1811, 1814, 1822, 1827, 1836,
1851, 1858, 1861, 1862, 1863, 1875,
1880, 1951, 1966, 1967, 1968, 1984,
1994, 2020, 2028, 2117, 2121, 3620,
3806, 3807, 3814, 3815, 3841, 3860,
3861, 3863, 3865, 3871, 3969, 3970,
3972, 3988, 3989, 3996, 4001, 4005,
4008, 4018, 4026, 4029, 4047, 4051,
4054, 4064, 4075, 4089, 4092, 4104,
4117, 4118, 4159, 4177, 4181, 4184,
4195, 4215, 4222, 4266, 4267, 4268,
4269, 4270, 4271, 4273, 4280, 4284,
4287, 4298, 4346, 4372, 4376, 4416,
4440, 4449, 4467, 4482, 4499, 4502,
4503, 4518, 4529, 4539, 4546, 4556,
4564, 4580, 4586, 4590, 4593, 4651,
4653, 4659, 4732, 4739, 4746, 4775,
4790, 4806, 4807, 4821, 4834, 4839,
4840, 4884, 4888, 4894, 4895, 4899,
4976, 4978, 4993, 4999, 5002, 5018,
5019, 5020, 5021, 5029, 5033, 5046,
5070, 5079, 5096, 5099, 5518, 5545,
5546, 5578, 5619, 5637, 5646, 5726,
5735, 5743, 5763, 5782, 5791, 5794,
5798, 5807, 5816, 5822, 5826, 5833,
5851, 5856, 5882, 5902, 6156, 6201,
6243, 6271, 6275, 6303, 6315, 6317,
6332, 6336, 6345, 6361, 6377, 6378,
6387, 6392, 6428, 6436, 6438, 6441,
6444, 6446, 6447, 6452, 6459, 6465,
6475, 6476, 6479, 6483, 6484, 6486,
6487, 6491, 6511, 6543, 6544, 6570,
6591, 6592, 6603, 6609, 6663, 6665,
6676, 6677, 6687, 6730, 6734, 6800,
6821, 6961, 7178, 7227, 7270, 7338,
7345, 7349, 7352, 7358, 7362, 7372,
7378, 7384, 7396, 7431, 7443.

Meubles de laque, 679.
—   à tiroirs, 5228, 5233.
—   précieux, 1101.
Meules à bras, 6316.
Meunier, 3764, 3903.
Meurthe, 316.
Meurthe-et-Moselle, Archives, 6564.
Meuse, 640.
Meusnier (François), tapissier, 1206.
Mez-le-Maréchal (S.-et-M.), 70.
Mézeray (L'abbé), n, 317.
Michaux (A.), n, 828.
Michel (François), n, 563.
Michel (Jean-Louis), peintre, 1248.
Michel-Ange, 4551, 5822, 5825.
Michelant (H.), n, 346, 350, 377, 6458, 6509.
Michelbach, église, 4641.
Michelsberg, abbaye, 4334, 4683.
Mickleover, église, 2365.
Midbaeli, église, 5265, 5444.
Middlemast (Thomas), 4784.
Middlesex, 1740,
—   Comté, 1503, 1877, 2062, 2877, 4095, 4179, 7377.
Middlesex (London and Middlesex Archaeological Society), 1609, 1693, 1794, 2033, 2877, 2878, 2891, 2892, 3817, 3832, 4095, 4179, 7264, 7377.
Middleton, église, 2789, 3170, 3608.
Middleton (Thomas), curé, 3658, 3981.
Midfjördr, 5413.
Midford (Robert), 3717.
Midgham, église, 2171.
Midhurst, 7230.
Midi (*Revue du*), 456.
Midi de la France (Société archéologique du), 56, 298.
Midley, église, 2743.
Mierzyce, église, 6111.
Mignano (La comtesse de), 5805.

Mignard (Pierre), peintre, 702, 6712, 6713, 6714.
Migne (J.-P.), b, Patrologie latine,
— 5476, 5481, 6256.
— Dictionnaire d'épigraphie, 717.
— « l'orfèvrerie, 644, 656.
Mignot (Marion), 6462.
Mignot (Pierre-Philippe), sculpteur, 1283.
Mijleman (Franciscus), S. J., missionnaire, 5086.
Miklibaer [**Blönduhlid**], église, 5374.
Miklibaer |**Oslandshlid**|, église, 5372.
Mikligardr, église, 5356.
Mikó (Le comte Imre), b, 5145, 5190.
Milan, 5544, 5618, 5619, 5629, 5812, 5901, 5949.
— Archevêque, 5781.
— Château, 5734.
— Dôme, 5686.
— Églises, Saint-Gothard, 5653.
— « Santa Maria delle Grazie, 5748.
— Templiers, 5569.
— Voyage de Pompeo Leoni, 4975.
Milan (Les ducs de), 5665, 5700, 5705, 5748.
Milan (Valentine Visconti de), 170.
Milanesi(Documenti diplomatici tratti dagli archivi), 5655.
Milanesi (G.), b, 5789, 5806, 5811.
Milazzo, 6009, 6010.
Milbourn (Fr.). b, 1794.
Milbourn (T.), b, 1693, 2877, 2880, ? . , 3817, 4061, 4212, 4213.
Mildmay, b, 3830, 3839.
Milhalhier (Guillemette), 6314.
Miliarina (Capella in Curte), 5495.
Mili Superiore, monastère de N.-D., 6022.
Millam, église, 6888, 7047.
Millau, église de N.-D. de l'Espinasse, 6273.
— Hôpital, 6365.
Millet (Dom), b, 601, 607.
Million, b, 6619.

Milnehousedale, 4199.
Milner (James), libraire, 7392.
Milton, église, 1380, 2224.
Milton (Elizabeth), 4222.
Milverton, église, 3114.
— Cantarie de N.-D., 7261.
Mimms (North), église, 2545.
Minéralogie (Collections de), 6819.
Minéraux, 3648, 4663.
Mines de Paris (École des), 6819.
Miniatures, 4565, 4748, 5842, 5889, 5959.
Minieri-Riccio (C.), b, 5538, 5539, 5548, 5552, 5561, 5750.
Minimes, couvent à Amiens, 952.
— Le Mans, 923.
— Paris, 894.
— Roye, 966.
— Vincennes, 907.
Ministre, 368, 1822.
— d'Espagne, 4999.
— Protestant, 3727, 6693, 7368.
Minsden, église, 2564.
Minster, prieuré de Bénédictines, 1876.
Mirepoix, évêque, 376.
Mireur, b, 312, 487.
Miroirs, 684, 1397, 1521, 1979, 4087, 4605, 4659, 5712, 5738
— ardents, 5747.
Mirow, Commanderie, 4487.
Mirto, 6031.
Missels, 334, 791.
Missenden (Parva), église, 2213.
Missionnaire Jésuite, 5086.
Missionnaires de l'Hermitage, 6827.
— de Salers, 6826.
Misson (Hubert), sculpteur, 752.
Mistley, église, 2490.
Mitcham, église, 3078.
Mitelli (Giuseppe Maria), 5929.
Mitford (Anthony), 3777.
Mitford (John), 3787.
Mitford (Juliana), 3925.
Mitford (Robert), 3942.
Mitres, 798, 1356, 1367, 1391, 1448, 1522, 1873, 1893, 1958, 4078, 4278, 4320, 4327, 4384, 4465, 4764, 4770, 4878, 5114, 5127, 5164, 5182, 5543, 5559, 5730, 5893.

MITTARELLI (G.-B.), b, 5512, 5576.
MITTE DE CHEVRIÈRES (Melchior), 605.
Mittelfranken (Jahresbericht des historischen Vereins in), 4323.
Mittelheim, église, 4344.
Mitton Lower, église, 3360.
Mitton (Bredon), église, 3359.
Mixbury, église, 7303, 7408, 7449.
Mobilier agricole, 21, 45, 89, 496, 574.
MOCENIGO (Le doge Giovanni Alvise), 6065.
MOCKSAY (La dame Ladislas), 5183.
Modbury, prieuré, 1400.
Modèles de dessin, 5770.
Modène, 5894, 5896, 5921, 5946, 5954, 5965, 6056, 6070, 6075, 6079, 6083.
— Casino du duc d'Este, 5930.
— Galerie de l'Académie des Beaux-Arts, 6079, 6080.
Modenesi artisti, 5766.
MODÈNE (François II, duc de), 5921, 5933.
MODÈNE (Les ducs de), 5864, 5871, 5878, 5901, 5903, 5907, 5911, 6070.
Modena (Mary of), 6664.
Mödruvellir, église, 5352.
Moine (Trousseau d'un), 153.
MOIRIN (Louis-Étienne), peintre, 1249.
Moissac, abbaye de Saint-Pierre, 465, 647.
— Bourgeois, 6303.
Mokrsko, église, 6137.
MOLA (Gasparc), médailleur, 5902, 5905.
MOLARD (Francis), b, 6252, 6472, 6510, 6623, 6737, 6813, 6825.
Molash, église, 2742.
MOLENER (Deryk), 1787.
Molesay (East), église, 3082, 7283.
Molfetta, 5525.
MOLIÈRE, 648, 654, 657, 761, 796.
— Sa mère, 589.

MOLIN (Aluisi), 5952.
MOLINIER (Em.), b, 124, 244, 388, 483, 525, 539, 835, 898, 5559, 6264, 6502.
MOLL (W.), b, 5032.
MOLLERUP (W.), b, 4733, 4735.
MOLLET (Armand-Claude), 1181.
MOLMENTI (P.-G.), b, 5971, 6065.
MOLYNEUX (Le vicomte), 7430.
MOMBEL (Desiderio di), 5763.
MONAKY (Anna), 5216.
MONAKI (Élisabeth), 5210.
MONAKI (Michel), 5210.
Monastères(1), Almazcara, Saint-Michel, 4867.
— Agrò, Saints Pierre et Paul (Ba), 6020.
— Aguilar, 4843.
— Almad, B. M. V. (Bs), 5116.
— Altenbourg, SS. Crucum (Cs), 4875.
— « S. Mariæ Virginis auf dem Berge, 4408.
— Amiens, Visitation, 954.
— d'Angleterre, 1896.
— Arles, Saint-Césaire, 278.
— Bcel (Bs), 5113, 5117.
— Berge, près de Magdebourg, 4504.
— Bergerkloster, à Altenbourg, 4408.
— Bobata, 4864.
— Bordonaro, N.-D. (Ba), 6024.
— Brolo, S. Angelo (Ba), 6029.
— Carlentini, N.-D. de Roccadia (Cs), 6043.
— Centule (Bs), 6253.
— Chaillot (Visitandines), 6664.
— Chataar (Bs), 5115.

(1) Voir au mot Abbayes, la signification des abréviations des ordres religieux.

Monastères, Chieti , S. Liberatore (Bs), 5508.
— Chirac, 255.
— Colbatz, 4364.
— Coxan, 4844.
— de Devon, 7235.
— Esclimont (Célestins), 397.
— Etrun, Refuge de N.-D. (Bes), 615.
— Exalata, 4844.
— Fara, Sainte-Euphémie, 5606.
— Fragalà , San Filippo (Ba), 6631.
— Gala, N.-D. (Ba), 6009.
— Grand - Saint - Bernard (A), 6248.
— Hahoth (Bs), 5114.
— Italia, SS. Pierre et Paul (Ba), 6018.
— Klosterneubourg (A), 4484.
— Kolos, B. M. V. (Bs), 5121.
— Koppan Monostra (Bs), 5118.
— Leipzig, Saint-Thomas (A), 4289, 4450, 4464.
— Lekeer (Bs), 5120.
— Le Massa (Ba), 6028.
— Léon , Saint - Isidore , 4871, 4969.
— « Sainte - Marie , 4868.
— Lerez, San Salvador, 4851.
— Lubeck, Saint - Jean, 4426.
— « Sainte-Anne, 4427.
— « Sainte - Cathe - rine, 4421.
— Lucques, Saint-Pierre , 5479.
— Mandanici, N.-D. (Ba), 6021.
— Maniacis, N. - D. (Ba), 6030.
— Marienkloster sur le Münzenberg, à Qued- linbourg, 4397.

Monastères, Mili Superiore , N. - D. (Ba), 6022.
— Monta Marta, 4904.
— Noto, N.-D. de Arcu (Cs), 6044.
— Obona, N.-D., 4841.
— Patmos, 6088.
— Pise, Saint-Michel (Bs), 5512.
— Placa , Saint - Sauveur (Ba), 6054.
— Rockenberg , Marien - schloss (Ces), 4557.
— Rome, SS. Boniface et Alexis, 5620.
— Rottenmann, en Styrie (A), 4330.
— Saint-Florian [Autriche], (A), 4564.
— Saint-Georgenberg, 4254.
— Saint-Nicolas de la Ficò (Ba), 6007.
— Saint-Sébastien in Monte Illicino, 4849.
— SS. Serge et Bacche, à Naples, 5515.
— Saint-Wipert, à Quedlin- bourg, 4396.
— Sainte-Eulalie de Curtis, 4863.
— San Gregorio lo Gibiso (Ba), 6011.
— San Pedro de Montes, 4847.
— Soliù, Saint-Nicolas (Bs), 5514.
— Staffelsee, Saint-Michel, 4232.
— Stanlaw (Cs), 1895.
— Sraussberg, 4466.
— de Suffolk, 7245.
— Thatha (Bs), 5119.
— Thykkvabaer, 5474.
— Trévise, San Parisio (Re- ligieuses Camaldules), 5576.
— Troina, Saint-Elie de Am- bula (Ba), 6033.
— « Saint - Michel Archange (Ba), 6032.

Monastères, Troina, Saint-Sylvestre (Ba), 6033.
— Tuñon, 4845.
— Villa Cresciz, 4870.
— Wielún, Saint-Augustin dans la ville, 6107.
— « Saint-Augustin hors la ville, 6108.
— Yuste, 4497, 4944.
— Zalka (Bs), 5122.
Monasticon Anglicanum, 1333, 1335, 1336, 1367, 1369, 1498, 1572, 1737, 1820, 1870, 1873, 1877, 1884, 1892, 1898, 1927, 1929, 1936, 1940, 1955, 1993, 1997, 3622, 3625, 3810, 7116.
Monceaux, château, 519, 1117, 6498.
Monceaux (La marquise de), 6569, 6570, 6571.
Monchecourt, église, 7008.
Mondoñedo, évêque, 4856.
Mondouville, château, 6274.
Monks Kirby, église, 3186.
Monkton (John), 1654.
Monk-Wearmouth, 1382.
Monken Hadley, église, 2892, 4179.
Monmerqué (Mathieu), tapissier, 1202.
Monnaie de Lyon (La), 6837.
— de Narbonne, 6643.
— de Paris, 693, 829, 835.
— de Poitiers, 6702.
Monnaies de France (Graveur général des), 860.
Monnaies, 4899, 4900, 5019, 5548, 5932.
Monnaies anciennes, 4476.
Monnaies d'or, 4914. Cf. Médailles.
Monnier (Michel), sculpteur, 741.
Monoky (Élisabeth), 5181, 5219.
Monreale, cathédrale, 6001.
Mons, 6423.
— Château, 95.
— Hôpital de Saint-Jacques, 226.
— Val des Écoliers, 6348.
— Société des Bibliophiles, 229.
Mons (Annales du Cercle archéologique de), 95, 872, 1113.
Monstrances, 468.
— gothiques, 4693.
Montabon, église, 1090.

Montagu (James), évêque, 4075.
Montaiglon (A. de), b, 88, 613, 650, 673, 779, 903, 5931, 6654, 6719.
Montaigne (Thomas de), 460.
Montaigu (Jean de), évêque, 142.
Montaillé, église, 1071.
Montalant (De), 796.
Montalant (Céline de Rachel de), 761.
Monta Marta, monastère, 4904.
Montastruc (La dame de), 668.
Montauban, cathédrale, 344.
— Église de Saint-Jacques, 392.
— Évêque, 659.
— Hôtel de Ville, 858.
Mont aux Malades, maladrerie, 6389.
Mont Aventin [Rome], 5620.
Montbéliard (Jeanne de), 6297.
Montbizot, église, 1026.
Montbran, château, 758.
Montbrand, église, 7084.
Montbrison, 451, 612.
— Église de N.-D. 669, 902, 6677.
Mont Cassin, abbaye, 5526, 5606, 5744, 5805, 6060.
Monte Cassino (I codici et le Arti a), 5508.
Montcontour, 6405.
Montdidier, 963.
Monti (Innocenzo de), cardinal, 5841.
Monteagle (Lord), 1801, 1829, 7376.
Monte Cassiano, église, 5692.
Monte Cavallo, villa, 5828.
Monteglin, église, 7085.
Montégut (H. de), b, 506, 508, 6511, 6960.
Montefeltro (Guido de), duc d'Urbin, 5746.
Montfaucon (B. de), b, 123.
Montfort, église, 1027.
Montfort l'Amaury, 610.
— Prieuré de Saint-Laurent, 39, 6650.
Montfort (Jean de), duc de Bretagne, 1485.
Montfort (Jacob von), 4537.
Montgomerie (Lady Helenor), 4837.

Montgomeries, Earls of Eglinton, 4835.

Montgomery [Comté], 2117.

Montgomeryshire (Collections historical and archaeological relating to), 4079.

MONTGOMERY DE LORGE (Gille de), 6562.

Mont-Hulin, 6628.

Montiérender, abbaye et église de N.-D., 651.

Montigny, église, 7009.

MONTIGNY (Daniel), brodeur, 724.

Montjay, église, 7086.

MONTJOYE (L'abbé de), B, 838.

Montlhéry, 772.

Mont-sur-Loir, 1088.

Montmédy, 596.

Montmorillon, Maison-Dieu, 355.

Montobbio, château, 5791.

Montpellier, chapelle du Consolat, 332.

— Collège de Saint-Benoît, 6418.

— Société archéologique, 332, 6418.

MONTPENSIER (La comtesse de), 279.

Montpezat, collégiale de Saint-Martin, 230.

Montplacé, église, 762, 862.

Montréal, château, 6511, 6960.

Montres, 811, 4064, 4156, 1605, 4672, 6160.

Montreuil-la-Saison, église, 1072.

Montreuil-sur-Sarthe, église, 1028.

Montrond, église, 7087.

Mont Saint-Michel, abbaye, 1420.

Monuments, 1117.

Monumenta Boica, 4232, 4237.

Monumenta Germaniae historica, 4232, 4244, 4245, 4246, 4249, 4255, 4263.

Monuments de la Monarchie Française, 123.

Monza, 5502, 5503, 5513.

— Basilique, 5593, 5599.

MOORE (John), 4052.

MORALES (Ambrosio de), B, 4959, 4973.

MORANT (A.-W.), B, 3861.

MORANT (P.), B, 2493.

MORAND (Le chanoine Sauveur-Jérôme), B, 6831.

MORÀTH (A.), B, 4499.

Moray, 4802.

Morbecque, église, 6936.

Morbihan, Société polymathique, 6396.

MORCALDI (M.), B, 5507, 5509, 5510, 5511.

MORDAUNT (Lady), 4144.

Morden, église, 3075.

MORE (William), 3806, 3816, 4027.

MOREAU (C.), B, 6637.

MOREAU-LE-JEUNE, 932, 6852.

Morebath, 7219, 7220, 7226.

Moresby, église, 2283.

Moreslaw, 1489.

Moret (S.-et-M.), 70.

Moreton, église, 2457.

MORICE (Dom), B, 202.

Morinie (Antiquaires de la), 29, 214, 349, 6324, 6497, 6840, 6858.

Morions, 471.

Mörk, église, 5449.

Morlaix, 6406, 7064.

Morley, église, 2361.

— « Saint-Mathieu, 1933.

MORLEY (Lord), 7376.

MOROSINI (Le doge Francesco), 5943.

Morpeth, église, 2938.

MORPURGO (S.), B, 5597, 5601, 5602.

MORRIS (John), 1624.

MORRIS (Thomas), 4218.

Mörsch, église, 4617.

MORTIMER (Edmond), 1415.

MORTIMER (Roger), 1415.

MORTIMER (Roger de), 1397.

Mortlake, église, 3046.

Morton, 3860.

— Église, 3265.

MORTON (Le comte de), 7402.

MORTON, régent d'Écosse, 4821.

MORTON (Robert), 1710.

MORTON (Thomas), chanoine, 1628.

MORTON (Thomas), marchand, 3892.

Morton Bagot, 3210.

MORVILLIERS (Le seigneur de), 470.

Mosaïques, 5889.

Mosaïques byzantines, 5733.

Mose, église, 2429.

Moseley, église, 3358.

Mosnier (Henri), b, 940.
Motta (E.), b, 5727.
Mottram, 4123.
Mouchet (Antoine), 419.
Mouchoirs, 5196, 5198, 5211, 5216, 5228.
Mouchy, sculpteur, 885.
Mouffle (Benjamin), 793.
Moules, 5773, 5924, 6672.
Moules de sculpteurs, 5773, 5924.
Moulin, 6642.
Moulsford, église, 2172.
Mount Grace, Chartreuse, 1786.
Mountsorrell, église, 2834.
Mountroy, collège à Wells, 7261.
Moutié, b, 397, 763, 771, 789, 819, 826, 841, 850.
Moutier d'Ahun, 623.
Moutier-Grandval, abbaye, 364.
Moutiers, 6364, 6539.
Mower (Rowland), 4173.
Moydans, église, 7088.
Muazzo (Luca), évêque, 5669.
Muckensturm, église, 4629.
Mueller (J.), b, 4501, 4558, 4579, 4646.
Mühlenbach, église, 4569.
Mula (Nordr), 5468.
Mula (Sudr), 5475.
Mulhouse, imprimerie, 6495.
—   Musée historique, 6495.
—   Société industrielle, 6495.
Múli, église, 5333.
Müllen, église, 4577.
Muller (Frédéric-Martin), 1284.
Muller (Jan Harmensz), grav., 5059.
Mullion, église, 2078.
Mülverstedt (Von), b, 4396, 4397, 4398, 4486, 4610.
Munch (A.-P.), b, 4274.
Munden (Great), église, 2576.
Munden (Little), église, 2574.
Münden-sur-le-Weser, 4322.
Munich, 4233.
—   Riche Chapelle, 4601.
Munitions, 340, 348, 4386, 4650, 6492, 6497, 6566, 6582, 6583, 6628, 7127.
Munitions de guerre, 1397, 1432, 1453, 1950, 1961, 2017, 2028, 4307, 4308, 4315, 4323, 4337, 4338, 4370,
4377, 4381, 4410, 4441, 4514, 4534, 4555, 4564, 4608, 4614, 4709, 4716, 4720, 4723, 4732, 4814, 4819, 4821, 4822, 4825, 4902, 4905, 4911, 4917, 5003, 5011, 5026, 5027, 5037, 5200, 5249, 5538, 5594, 5595, 5616, 5621, 5623, 5644, 5647, 5650, 5652, 5659, 5662, 5667, 5670, 5673, 5682, 5684, 5687, 5691, 5734, 5750, 5796, 5799, 5820, 6191, 6199, 6204, 6220, 6221, 6222, 6557, 6564, 6621, 6671, 7179, 7265.
Muñiz (Velasco), 4864.
Munkács, 5255, 5256.
Münster, cathédrale, 4447.
Müntz (Eug.), b, 93, 115, 2028, 5556, 5559, 5604, 5608, 5617, 5635, 5646, 5649, 5665, 5671, 5672, 5680, 5681, 5683, 5688, 5689, 5694, 5695, 5696, 5730, 5733, 5740, 5771, 5783, 5787, 5814, 5818, 5880, 5957, 6320, 6812.
Murano, égl. de Saint-Étienne, 5640.
Muratori (L.-A.), b, 5508, 5512, 5618, 5810.
Mürau, château, 4650.
Mupe (John), 4789.
Muri, abbaye, 6212.
Murn, église, 4235.
Muros, église de S. Pedro, 4936.
Murray, régent d'Écosse, 4818.
Murseley, église, 2212.
Mus (Pommes de), 169.
Muschamp (Katherine), 3953.
Muschamp (Robert), 3927.
Musée du cardinal Carpegna, 5969.
Musée central des arts, 7108.
Musées, Cambrai, 1104.
—   Munich, 4549.
—   Nancy, 7105.
—   Paris, Petits Augustins, 1092.
—   Poitiers, 975.
—   Reims, 1097, 1098.
Musée des Monuments Français (Archives du), 972, 976, 984, 985, 1092, 1093, 1099, 1110, 1111, 1112, 1115, 1117.
Musei d'Italia (Documenti per servire alla storia dei), 5740, 5800, 5828, 5829, 5835, 5836, 5837, 5841, 5850, 5854, 5855, 5860, 5866, 5879,

5884, 5888, 5892, 5894 5913, 5914,
5922, 5923, 5930, 5932, 5938, 5944,
5957, 5961, 5962, 5963, 5973, 5996,
6064, 6066, 6068, 6071, 6072, 6074,
6076, 6077, 6078.
Muselli (La famille), 5916.
Museo Español de Antigüedades,
4842, 4843, 4871, 4893.
Museum Italicum, 5481.
Museum National, 932.
Musicien, 3896.
Musique, compositeurs, 4543.
— Instruments, 1104, 1979,
2028, 4002, 4029, 4056,
4512, 4655, 4941.

Musique, livres, 1871, 4029, 4543,
5844.
Muskett (J.-J.), b, 3805.
Muskham (North), 2955.
Musset (G.), b, 6477.
Muston [Leicester], église, 2857,
7280.
Muston [York], église, 3470.
Musulmans, 5521.
Muti (Orazio), 5840.
Mylle (William), 1645.
Myon, château, 419.
Myre [Islande], 5285, 5289.
Mystères, 1717, 3839, 3851, 3868,
4763, 5645.

N

Nacre, 6205.
Naefrholt, église, 5461.
Nafferton, église, 3487.
Nafford, église, 3361.
Nagy-Károlyi, curé, 5123.
Nagy-Szabó (François), 5190.
Nagy-Szombat, 5232.
— Bourgeois, 5149.
— Gouverneur, 5175.
Nagyváthy (François), 5166.
Nairn, bourgeois, 4785.
Namur, 474, 6379.
— Château, 174.
— Église de Saint-Aubin, 19,
301, 527, 6267.
— Évêché, 802.
— Évêque, 800.
— Huissier du Conseil, 603.
— Société archéologique, 174,
603, 797, 6267.
Namur (Les comtes de), 195.
Namur (Louis de), 747.
Nancy, Armurerie, 6469, 6573.
— Arsenal, 569, 6610.
— Directoire, 6857.
— Hôtel de Salm, 6602.
— Palais et maison ducale,
6483, 6491, 6579.
— Museum, 7105.
— Université, 6859.

Nancy, Comité du Musée Lorrain
et Société d'archéologie.
Cf. Lorraine.
— Société des sciences, 6553.
Nanninga-Uitterdijk (J.), b, 5023,
5083, 5092, 6540.
Nanson (W.), b, 4099.
Nantes, 6416, 6744.
— Château, 299, 6397, 6417.
— Couvent des Carmes, 202.
— Églises, N.-D., 599.
— « Saint-Saturnin,
814.
— Évêque, 780.
— Société archéologique, 269,
297, 299, 572, 599, 680,
780, 814, 820.
— Tour Neuve, 48.
Nanteuil (Robert), 734.
Nanteuil-en-Vallée, abbaye, 270.
Napier (H.-A.), b, 7177, 7213, 7302.
Naples, 4916, 5561, 6064.
— Castelnuovo, 5750.
— Couvent des Carmes, 5707.
— Chapelle de Santa Maria
della Stella, 5865.
— Églises, Saint-Pierre ad Pa-
ternum, 5515.
— « Sainte-Euphémie,
5506.

Naples, expédition, 302.
— Flotte espagnole, 4988.
— Reine, Sancie, 5587.
— Rois, Charles Ier, 5548, 5550, 5552.
— « Charles II, 5558, 5560, 5561.
— « Robert, 5558, 5571, 5575, 5583, 5587, 5591.
Napoli (Archivio di stato di), 5538, 5539.
Napolitane (Archivio Storico per le Provincie), 5548, 5550, 5571, 5583, 5587, 5591, 5865.
Napolitane (Documenti per la Storia, le Arti e le Industrie delle Provincie), 5707.
Nappes, 5196, 5198, 5216, 5228.
Napton, église, 3136.
Naramice, église, 6151.
Narbonne, 6269, 6734.
— Archevêque, 6959.
— Libraire, 6609.
— La Monnaie, 6643.
— Commission archéologique et littéraire de l'arrondissement, 6269, 6609, 6643, 6959.
NARBONNE-TALAIRAN (Jeanne de), 324.
NARDI ARNALDI, 5698.
NARDUCCI (Enrico), B, 5844.
Narfeyri, église, 5286.
Narni, château-fort, 5660.
Nash (T.), B, 1748.
NASSAU (Adolf de), 4280.
NASSAU (Justin de), 5036.
NASSAU-DILLENBURG (Jean, comte de), 4521.
NASSAU-DILLENBURG (Guillaume, comte de), 4527.
NASSAU (Hôtel de), à Bruxelles, 560.
Nassoicarum (Fontes rerum), 4344, 4351, 4379, 4454.
NASTE (Messire de), 75.
Nation Française, à l'Université de Paris, 6294.
Nation Germanique, à l'Université de Bologne, 5572, 5584, 5614, 5623, 5624, 5627, 5639, 5643, 5648, 5651, 5668, 5708, 5716, 5728, 5755, 5767, 5790, 5803.
Nation Germanique, à l'Université d'Orléans, 6725.
Nativité de Bethléem, joyau, 5010, 5031.
NAUDIN (Charles), 1323.
NAUMANN (R.), B, 4276.
NAUNTON (Henry), 4031.
Naunton Beauchamp, 3362.
Navarre, 231, 467.
NAVARRE (Éléonore de), 237.
Navarre et Landes (Revue de Béarn). Cf. Béarn.
Navettes, 5808.
Navires, 4896.
— de guerre, 5752.
— Armements de, 4916, 4928, 4989. Cf. Fournitures.
— Aragonais, 4889, 4891.
— Espagnols, 7351.
— Le Paradis, 5537.
Cf. Galères, Vaisseaux.
Navicules, 5559.
Navorscher (De), 5053, 5055, 5073, 5076, 5098, 5107.
Naworth, château, 1863.
Nazareth, archevêque, 5869.
NEALE (J.-P.), B, 1831.
Neatisherd, église, 2901.
Neaufle-le-Vieux, abbaye, 6331.
NEBE (G.), B, 4508.
Nebojsza, château, 5237.
Necton, église, 7298.
Neerlandicus (Codex diplomaticus), 5006.
Nefs, 1411, 4904, 5738.
Neletici et Nudzici (Pagus), 4380.
NELSON (James), curé, 4010.
Nemours-en-Gâtinais (S. et M.), 70.
Nemours (Hôtel de), à Paris, 6646.
Nérac, château, 514, 6568.
NERI (A.), B, 5633, 5641, 5758.
NERINI (F.), B, 5620.
Nes [Reykjadalr], église, 5334.
Nesi [en Selvogr], église, 5316.
NESLES (Raoul de Clermont, seigneur de), 45.
Nesselbach, 4580.
NETSCHER (Caspar), peintre, 5101.

Nettlecombe, cantarie de Saint-Jean-Baptiste, 7261.

Neuburg (Zeitschrift des historischen Vereins für Schwaben und), 4537.

Neues Archiv, 4249, 4250, 4257, 4264, 4357, 4358.

Neues-Stift, église de Halle, 4380.

Neuf Berquin, église, 6937.

Neufchâteau, 6529.

— Château, 6583.

— Hôpital, 6766.

NEUFMAISON (Pierre de), 1209.

Neuhaus, 4262.

Neukirch, église, 6164.

NEUMANN (W.-A.), B, 4523, 4607, 4611, 4612.

Neumünster, abbaye, 4261, 4272.

NEUSTADT (Balthasar von), prévôt, 4372.

Neustift, 4458.

Neustria Pia, 374.

Neuville-sur-Sarthe, église, 1029.

NEVELL (Thomas), 3764.

Nevers, 600.

— Cathédrale de Saint-Cyr, 12, 925, 6258.

— Château, 452.

— Évêque, 6587.

— Société des sciences, lettres et arts, 12, 385, 452, 670, 925, 6587, 6595.

Nevers, Semaine religieuse, 600.

— *(Inventaire des titres de),* 59.

NEVERS (Le comte de), 167.

NEVERS (Eudes, comte de), 26.

NEVILLE (Anne), 3966.

NEVILLE (George), 3668.

Newbald, église, 3560.

Newbold-upon-Avon, église, 3116.

Newbold Pacy, église, 3247.

Newbury, église, 2136.

Newcastle, 1528.

Newcastle-under-Lyme, Dominicains, 1903.

Newcastle-upon-Tyne, 1949, 4183, 7265, 7266, 7374.

— Carmes, 1949, 7258.

— Église de All Saints, 4110, 7385.

— Échevin, 7365.

Newcastle-upon-Tyne, hôpital de Sainte-Marie, 7208.

— Antiquaries, 1392.

Newchurch, église, 2517, 2744.

New college, à Oxford, 1635.

NEWCOME (P.), B, 7207.

Newhaven, 4201.

Newington, église, 3054.

Newington next Hythe, église, 2745.

Newland, église, 3363.

Newnham, église, 2529.

Newnham Regis, 3089.

Newport, chapelle de Saint-Thomas-le-Martyr, 1964.

NEWTON (W.), B, 2048.

Newton Arlosh, église, 2300.

Newton Kings, église, 2367.

Newton Linford, église, 2825.

Newton (Out), église, 3508.

Newton Placey, 7261.

Newton Solney, église, 2366.

Nice, château, 348, 6290.

NICHOLL (J.), B, 3804, 4004, 4140, 4209.

NICHOLLS (J.-F.), B, 1512, 1674, 3849.

NICHOLS (J.), B, 1696, 1706, 1722, 1736, 1740, 1770, 1807, 1811, 1828, 1886, 1887, 1888, 1935, 1954, 2834, 3811, 3823, 3840, 3970, 3983, 4055, 4060, 4098, 4124, 7315.

NICHOLS (J.-G.), B, 1800, 4008, 4051, 4081, 4101.

NICHOLSON (Allan), 7371, 7409.

NICHOLSON (George), 7423.

NICHOLSON (Rowland), B, 7355.

NICOLAÏ (Avignon), archevêque, 238, 239.

NICOLAS (Saint), 316.

— Bras reliquaire, 6385, 7105.

— Ornements pour le saint, 1667.

NICOLAS III, pape, 5547.

NICOLAS V, pape, 5680, 5771.

NICOLAS (H.), B, 1475.

NICOLAS (Louis), 1296.

NICOLAS (N.-H.) B, 1648, 2028.

NICOLAS DE LUXEMBOURG, patriarche d'Aquilée, 5602.

NICOLAS THINGEYRENSIS, B, 6086.

NICOLAS DE TOULON, évêque, 177.

Nicolaus de Batha, abbé, 5114.
Nicolson (Anne), 3637.
Nicosia (Roggerio di), 5562.
Niederbayern (Verhandlungen des historischen Vereins für), 4337, 4561, 4581.
Niederbühl, église, 4625.
Niederrhein (Annalen des historischen Vereins für den), 4301, 4303, 4363, 4376.
Niedersachsen (Vaterländisches Archiv des historischen Vereins für), 4359.
Niederschopfheim, église, 4575.
Nielsen (O.), B, 4734.
Nielsen (Mourits), 4711, 4712.
Nièpce (Léop.), B, 245, 974.
Nieppe, église, 6938.
Nieuwe Kerk [Sainte-Ursule], église de Delft, 5028.
Nieuwenhuys (C.-J.), B, 5079.
Nightingale (J.-E.), B, 7117, 7200, 7216, 7252, 7274.
Nijhoff (J.-A.), B, 5018.
Nimes, architecte, 6726.
—   Armurier, 6578.
—   Brodeur, 6559.
—   Cathédrale, 559.
—   Évêque, 6666.
—   Hôtel-Dieu, 6560.
—   Hôtel de Ville, 335.
—   Léproserie, 6563.
—   Monastère de Saint-Gilles, 104.
—   Académie, 6559, 6560, 6563, 6578.
—   Comité de l'art chrétien, 6501, 6705, 7112.
Ninian de Crichton, 4776.
Niort, 6693.
—   Société de statistique des Deux-Sèvres, 6748.
Nivelon, évêque, 17.
Njardvik, église, 5295.
Noake (J.), B, 1844, 3845, 3848, 3868, 3870, 4191, 7400.
Noara, abbaye de N.-D., 6008.
Nobilleau (P.), B, 631.
Noces (Cadeaux de), 160, 1669, 4471, 4900, 4925, 5171, 5705.
Nogent-sur-Seine, 6488.

Noinville (Jacques), tapissier, 1175.
Noiret (François-Jérôme), sculpteur, 1254.
Noite de muge, 1425.
Nolhac (P. de), B, 5867.
Nom de Jésus, cantarie, 1789.
Nomain, église, 7010.
Noмény, château, 6544.
Nonce, 136.
Nonesuch, château, 2022.
Noordpeenne, église, 6939.
Norbury, 1777.
Nord, Séminaire du département, 926, 6849.
—   Société d'agriculture de Douai, 6287.
Nord (Bulletin de la commission historique du département du), 147.
Nordisk Oldkyndighed og Historie (Annaler for), 4274.
Nordr-Mula, 5468.
Nordr-Thingeyjar, 5321.
Norfolk, comté, 1362, 1755, 1818, 1856, 1872, 1882, 1963, 1985, 2008, 2025, 2113, 2894, 3808, 3850, 3869, 3987, 4177, 7260, 7294, 7322, 7332, 7379, 7445, 7448.
Norfolk (John Howard, duc de), 1669.
Norfolk (Thomas Howard, duc de), 2020.
Norfolk (Le duc de), 2022.
Norfolk Archaeology, 1362, 1378, 1466, 1526, 1672, 1755, 1796, 2037, 2038, 2039, 2113, 2901, 2909, 3851, 4100, 4177, 4208, 4211, 7322, 7411.
Norfolk (History of the County of), 7222, 7322.
Norham, château, 1389, 7175, 7357.
Norham Castle, 7175.
Normandie, receveur général, 6361, 6377.
—   Société des Antiquaires, 113.
—   Société de l'Histoire, 496, 6361.
Normandie chrestienne (La), 274, 445, 619.
Normandie (Étude sur la condition

de la classe agricole et de l'état de l'agriculture en Normandie au Moyen-Age), 21, 51, 154, 6276.

Normanniae nova chronica, 6265.

NORRES (Henry), 1812.

Norridge, église, 2045.

NORTH (T.), B, 4059, 7334, 7335, 7358, 7359.

Northampton, 1940, 7166, 7383.

— Comté, 1412, 1838, 1966, 2921, 4084, 7225, 7344, 7404, 7450.

NORTHAMPTON (Le comte de), 4064.

Northamptonshire Notes and Queries, 7383, 7391.

Northaw, église, 2537.

Northchurch, église, 2556.

Northcray, église, 2746.

Northfield, église, 3364.

Northumberland, comté, 1528, 2051, 2933, 7179, 7375, 7419, 7426.

NORTHUMBERLAND (Le comte de), 1762.

Norton [Devon], chapelle, 7134.

— [Herts], église, 2530.

— [Northampton], église, 1838.

— [Yorks], 3442.

Norton by Bredon, église, 3366.

Norton by Kempsey, église, 3367.

Norvège (Archives de), 6205.

Norvegicum Diplomatarium, 6184, 6185, 6190, 6192, 6194, 6195, 6197, 6198, 6199.

Norwich, 1663, 4085, 7270.

— Cathédrale, 1672, 7411, 7412.

— Églises, Saint-André, 1468, 2038, 2907, 4208.

— « Saint-Benoît, 2040, 2920, 7412.

— « Saint Etheldred, 1473.

— « Saint-Étienne, 1467.

— « Saint-Grégoire, 3805.

— églises, Saint John Maddermarket, 1470.

— « Saint-Laurent, 1469.

— « Saint Mary Coslany, 2039, 2908, 4100, 4211.

— « Saint Peter Mancroft, 1466, 1526.

— « Saint Peter Houndgate, 1471.

— « Saint Peter per Mountergate, 1472, 2037.

— « Saint Stephen, 1467.

— Gilde des épiciers, 3851.

— « de Saint-Georges, 1672.

— Maison, 4020.

NOSKY (Elias), 5089.

Nostell, 7352.

Notaires, 855, 3873, 4214, 6550.

— Confrérie, à Tournai, 6277.

Notizenblatt, 4294, 4253, 4304, 4305.

Noto, monastère de N.-D. de Arcu, 6044.

NOTT (G.-F.), B, 2020.

N.-D. Angevine, église, 703, 713.

N.-D. de Barbastro, église, 4882.

N.-D. de Bon Secours, église, 6755.

N.-D. des Champs, église, 1030.

N.-D. de la Crypta, église, 6026.

N.-D. d'Étival, église, 1031.

N.-D. de la Garde, gouverneur, 6629.

N.-D. de Liesse, église, 694, 808, 830, 931, 939.

N.-D. Pauton de Paulhaguet, église, 689.

N.-D. de Verdelais, 6848.

ABBAYES.

N.-D. à Altofonte, 6004.

N.-D. de la Couronne. Cf. La Couronne.

N.-D. Le Gard, 939.

N.-D. de Jummariis, à Sciacca, 5989.
N.-D. La Royale |Maubuisson|,
260, 829, 992, 1107.
N.-D. de Sion, à Bruges, 468.
N.-D. de Soissons, 653.
N.-D. de Terrana, 6047.

CANTARIES.

N.-D., à Aller, 7261.
— Crewkerne, 7261.
— du Cimetière, à Crewkerne,
7261.
— Durham, 2012.
— Milverton, 7261.
— Porlock, 7261.

CHAPELLES.

N.-D., à Crich, 1465.
— à High Wycombe, 1744, 1780.
— du Jardin, 6358.
— de Jessé, à Delft, 5017.
— du Miracle, à Saint-Omer, 82,
6496.
— des Sept-Douleurs et de la
Sainte-Croix, à Delft, 5017.

COLLÉGIALES.

N.-D. de Rollot, 968.
N.-D., à Sandomir, 6098.
N.-D., à Vislicy, 6096, 6097.

ÉGLISES.

N.-D., à Aix-la-Chapelle, 4703.
— Amiens, 373.
— de Arcubus, à Messine, 6019.
— à Assé, 6604.
— Avignon, 6261.
— Banelle, 6685.
— Beaujeu, 6618, 6818, 6837, 6838.
— Bourg-Saint-Maurice, 6619.
— Braunsberg, 6159.
— Copenhague, 4717.
— Calais, 6490.
— Cambrai, 6374.
— des Champs, à Ballon, 1002.
— Chartres, 437.
— Chatellerault, 6598.
— de Eleemosyna, à Catane, 6036.
— Embrun, 866, 6493, 6555.
— de l'Espinas, à Millau, 6273.
— Flensburg, 4737, 4742.
— Fontenay, 466.
— Greifenberg, 4463.

N.-D., de Jesu, à Syracuse, 6041.
— de Latina, à Messine, 6019.
— Lens, 276, 315, 6383, 6422.
— Le Puy, 240, 608, 703, 720.
— Lorette, 5701, 5720.
— de Lorette, à Paris, 817.
— Maestricht, 4613.
— La Major, à Marseille, 283.
— Montbrison, 669, 902, 6677.
— Montiérender, 651.
— Nantes, 599.
— Northgate, à Cantorbéry, 2680.
— Noyon, 602.
— Paris, 79, 384, 473, 701, 838,
890, 984, 6362, 6720, 6764,
6816.
— de Pitié, à Ballon, 1003.
— Reims, 646.
— Soulac, 317.
— Torcé, 1032.
— en Vaux, église de Châlons-
sur-Marne, 357.
— Wiener-Neustadt, 4336.
— Zemendorf, 4317, 4321.
N.-D. gilde, à Utrecht, 5009.
N.-D., maladrerie, 6307.

MONASTÈRES.

N.-D. de Arcu, à Noto, 6044.
N.-D. de Maniacis, 6030.
N.-D. Novæ Lucis, à Catane, 6035.
N.-D. d'Obona, 4841.
N.-D. de la Règle, à Limoges, 643.
N.-D. de Roccadia, à Carlentini,
6043.
N.-D. de Montdidier, prieuré, 962.
Nottingham, 1499, 1504, 1506, 1538,
1540, 1548, 1558,
1697, 1725, 1726,
1727, 1730, 1731,
1792, 1998.
— Comté, 2090, 2121,
2954, 4047, 7239.
NOTTINGHAM (Agnès de), 1504.
Nouaillé, abbaye, 719.
Nouches, 1521.
Novara, cathédrale, 5531, 5532.
NOVATI (Fr.), n, 5505, 5619.
Nova Bibliotheca Manuscriptorum,
6252.
Novellara, 5970.

Novellara (Le comte de), 5925.
Novellara (Filippo Gonzaga, comte de), 5970, 6069.
Novellara (Collection), 6082.
Novi Testamenti (Historia ecclesiastica), 6214, 6228.
Noyers, château, 198.
Noyon, 530.
— Cathédrale, 161, 199, 602, 6376, 6829.
— Comité archéologique, 6829.
Noyonnais, gentilhomme, 530, 6576.
Nozeroy, château, 261.
Nudzici (Pagus Neletici et), 4380.
Nuestra Señora del Camino, ermitage, 4937.
Nuisement (Isabeau de), 109.

Nully (Ét. de), 687.
Nunburnholme, église, 3597.
Nuneaton, église, 3178.
Nuñiz (Godina), 4866.
Nunkeeling, église, 3540.
Nunney, cantarie de Sainte-Catherine, 7261.
Nuremberg, 4306, 4316, 4323, 4361, 4416, 4473, 4509, 4522, 4528, 4541.
— Hôpital du Saint-Esprit, 4291.
Nyáry (A.), II, 5113.
Nyáry (Christine), 5203.
Nyborg, château, 4718.
Nykjøbing, château, 4720, 4724, 4729.
Nyslott, château, 6191, 6204.

O

Oakley (Little), église, 2431.
Oakley (Much), église, 2430.
Oare, église, 2173.
Oberaltaich, abbaye, 4256.
Oberbayerisches Archiv für Vaterländische Geschichte, 4278, 4320.
Oberrheins (Zeitschrift für die Geschichte des), 4236, 4284.
Oberweier, église, 4630.
Objets d'agate, 4094, 4108, 4156, 4662, 4672, 4748, 4925, 5959, 6547.
— d'albâtre, 119, 368, 4895, 5962.
— d'ambre, 1440, 4681, 4925, 5959, 6205.
— d'art, 45, 343, 650, 716, 885, 886, 887, 888, 889, 890, 891, 894, 895, 896, 897, 903, 907, 908, 909, 910, 911, 912, 914, 915, 916, 917, 918, 919, 920, 921, 922, 932, 972, 985, 995, 1092, 1093, 1094, 1098, 1115, 4509, 4540, 4597, 4680, 4681, 4748, 4991, 4997, 5060, 5072, 5079, 5085, 5598, 5733, 5776, 5804, 5831, 5833, 5834, 5838, 5839, 5840, 5843, 5867, 5869, 5889, 5918, 5919, 5959, 6064, 6068, 6591, 6605, 6623, 6696, 6836, 6852.
Objets byzantins, 5695.
— de calcédoine, 4895.
— de corail, 4662, 4748, 5607, 6205.
— de cristal, 1385, 1425, 1873, 4156, 4327, 4947, 4985, 5553, 5559, 5646, 5738, 5747, 5808, 5816, 5853, 5889, 6186, 6205, 6547. Cf. Cristal.
— de cuivre, 5233.
— curieux, 159, 523, 534, 710, 767, 794, 875, 4395, 4540, 4597, 4598, 4600, 4609, 4656, 4662, 4665, 4670, 4672, 4677, 4678, 4680, 4684, 5598, 5827, 5831, 6589, 6642, 6651.
— de dévotion, 4079, 4513, 5747.
— d'ébène. Cf. Ébène.
— d'étain, 4659, 5194, 5233.

Objets d'ivoire, 1385, 1615, 4261, 4662, 4846, 4871, 5543, 5553, 5559, 5747, 5889. 6184, 6186. Cf. Ivoires.
— de jaspe, 1425, 4156, 4320, 4662, 4672, 5005, 5559, 5695, 5747, 5962.
— de lapis lazuli, 5853.
— liturgiques, 6171, 6752.
— de nacre, 5559, 6205.
— d'or, d'argent et de vermeil, 1385, 1425, 1527, 1564, 1576. 1608, 1632, 1751, 1791, 1854, 1958, 1967, 1993, 2054, 3996, 4064, 4079, 4156, 4302, 4392, 4393, 4439, 4446, 4589, 4681, 4752, 4769, 4895, 4906, 4922. 4984, 4993, 5006, 5159, 5164, 5166, 5184, 5191, 5196, 5198, 5199, 5219, 5233, 5587, 5646, 5664, 5747, 5959, 6067, 6236, 6860, 6701, 7032.
— montés en or, 5220, 5223, 5228, 5241.
— de viété, 1745, 2046, 4039, 4079, 7029.
— de porphyre, 5962.
— précieux, 684, 1359, 1361, 1371, 1485, 4260, 4311, 4319, 4389, 4395, 4458, 4476, 4510, 4525, 4601, 4612, 5005, 5040, 5124, 5125, 5126, 5128, 5130, 5136, 5151, 5152, 5157, 5180, 5186, 5187, 5192, 5206, 5207, 5223, 5230, 5245, 5261, 5504, 5548, 5559, 5567, 5607, 5870, 6160, 6205, 6249, 6255. 6547, 6618, 6853, 6854.
— de terre, 368, 1425, 1979, 2028, 4728, 6565.
— de toilette, 4659.
— de verre, 1845, 1979, 3806, 3992, 4240, 4528, 4752, 4811, 4913, 4986.
Obligations, 5780.
Obona, monastère de N.-D., 4841.

Obreen (Fr.-D.-O.), n, 5057, 5058.
Observationes in Guntheri historiam Constantinopolitanam, 18.
Obwalden, canton, 6251.
Ochądzin, église, 6148.
Ochsenhausen, abbaye, 4604.
Ochtezeele, église, 6940.
Ockbrook, église, 2369.
Ockendon (North), église, 2452.
Ockendon (South), église, 2453.
Ockham, église, 3012.
Ockley, église, 2997.
Oddgeirshólar, église, 5280.
Oddi, église, 5457.
Oddington, église, 3368.
Odense, diocèse, 4740.
— Évêque luthérien, 4740.
Odescalchi (La famille), 5962.
Odescalchi (Le prince D. Livio) 5962.
Oedt (Wolf von), 4593.
Oesterreichische Geschichte (Archiv für), 4609, 4679.
Oesterreichischen Geschichte (Materialen zur), 4308, 4316.
Oesterreichische Geschischts forschung (Mittheilungen des Instituts für), 4256, 5525.
Oesterreichischen Geschichtsquellen (Notizenblatt. Beilage zum Archiv für Kunde der), 4204, 4253, 4304, 4305.
Œufs, 158.
— d'autruche, 4393.
— de griffon, 1425.
Œuvres d'art, 794, 4509, 5079, 5843, 5845, 5918, 5959.
Offchurch, église, 3137.
Offices, 1382, 1384, 1412. 4354.
Officier de cavalerie, 3951.
Offley, église, 2565.
Offrise, bourgeoise de Tournai, 112.
Ogilvie (Jacques), 4790.
Ogle (Lord), 3651.
Ogle (John), 3904.
Ognina (Dell'), église de Catane, 6038.
Ögr, église, 5421.
Oiron, château, 526.
Oise, Archives, 6376, 6435.
— Société académique d'archéologie, 305, 6451.

Olarte (Diégo de), 4956.
Olbreuze (Éléonore d'), 4653, 4659.
Olco (Capella in), 5483.
Oldbury, maison, 4092.
Oldenbourg (Christophe, comte d'), 4730.
Oldesloe, église de Saint-Pierre et Saint-Paul, 4339.
Oldfield (Philip), 7372.
Oldham, église, 2800.
Ölfusvatn, église, 5270.
Oliver (G.), b, 1364, 1365, 1400, 1406, 1419, 14?, 1421, 1423, 1571, 1750, 1803, 1973, 1974, 7171, 7235.
Olivet (Le seigneur d'), 6455.
Ollioules, 673.
Ollois, 554.
Olmütz, cathédrale, 4253, 4294, 4305.
— Évêque, 4649, 4650.
Olney, église, 2201.
Olorenshaw (J.-R.), b, 7425.
Olshuysen (Anna Francina), 5107.
Olufsborg, 6191.
Omont (H.), b, 7109.
O' Neill (Shane), comte de Tyrone, 4051.
Onyx, 4459, 4748.
Oos, église, 4644.
Oost-Cappel, église, 6889.
Oostergo, 5034.
Opila, abbé, 4843.
Opizone di Lavagna, 5557.
Oppenheim, 4379.
Or, 5253.
Oradour-sur-Glanes (Le seigneur d'), 449.
Orange (Le prince d'), 261, 462, 560.
Orange (Guillaume, prince d'), 4527.
Oratoire, 606.
Orbe, 4506.
Orbec (Louis d'), 435.
Orcades [Iles], 7402.
Orchies, église, 7011.
Ordoño, roi des Asturies, 4847.
Ordoño II, roi de Léon, 4851, 4853.
Ord (C.), b, 1411.
Ordre cistercien. Cf. Abbayes, Cisterciens, Monastères, Prieurés (C).
Ordre constantinien de Saint-Georges, 6063.
Ordres mendiants. Cf. Couvents.

Ordre de Saint-Basile, 6007, 6009, 6011, 6018, 6020, 6021, 6022, 6023, 6024, 6025, 6028, 6029, 6030, 6031, 6032, 6033, 6054.
Ordre de Saint-Benoît. Cf. Abbayes, Bénédictins, Monastères, Prieurés (Bs).
Orelli (Maria Jacopa), 6250.
Orem (W.), b, 4796.
Orfèvres, 312, 436, 546, 1131, 1518, 1701, 1716, 1806, 3866, 5076, 5812, 5815, 5868, 5873, 5902, 5905, 6384, 6599, 7188, 7189.
— Chapelle, à Breslau, 4318.
Orfèvreries, 45, 108, 117, 164, 193, 272, 292, 342, 374, 418, 424, 487, 507, 519, 642, 677, 683, 1835, 3643, 3866, 4378.
Orfèvrerie (Magasin d'), 312, 1518, 1716, 3866, 5798, 5812, 5868, 5873, 5905.
Orfèvrerie (Dictionnaire d'), 644, 656, 994, 4251.
Orfèvrerie en Espagne (Recherches sur l'), 4906, 4909, 4912, 4919, 4932, 4943, 4947, 4955, 4956, 4957, 4958, 4984, 4985, 4986.
Orfeuille, château, 6665.
Orfeur (Charles), 4221.
Orfeur (Cuthbert), 4197.
Orfeur (Edward), 4214.
Orfeur (William), 4065.
Orgelet (Jean de Châlon, seigneur d'), 74.
Orgemont (Amaury d'), 134.
Orgues, 5693.
Orgue (Livre d'), 1678.
Orient (Expédition en), 6299.
Orient (Objets de l'Extrême-), 5598.
Orléanais (Société archéologique de l'), 518, 6307, 6308, 6378, 6725.
Orléans, 518, 6307, 7108.
— Églises, Saint-Paul, 257.
— « Sainte-Croix, 6308.
— Université, 6721.
Orléans (Charles, duc d'), 164, 185, 189, 213, 222, 248, 296, 306.
Orléans (Louis, duc d'), 145, 151, 164, 165, 173, 5618.
Orléans (Philippe d'), 203.

ORLÉANS (Valentine Visconti, duchesse d'), 170, 5618.
ORLÉANS (Le duc d'), 868, 6503.
ORLÉANS (La duchesse d'), 248, 290, 782.
ORLÉANS (Le Bâtard d'), 6378.
Orlestone, église, 2747.
ORMÁNY (La dame Anna), 5157.
Ormskirk, hôpital de Lathom, 2016.
Ornaments (Lawful Church), 2879.
Ornements, 4248, 4257, 4283, 4436, 4648, 4759, 5024, 5508, 6307, 6322, 6373, 6388, 6398, 6472, 6496, 6508, 6604, 6631, 6635, 6650, 6703, 6731, 6737, 7210, 7436.
— d'autel, 441, 4518, 6620.
— de chapelle, 167, 256, 293, 295, 480, 610, 674, 680, 700, 1751, 5014, 6540.
— d'église, 36, 61, 100, 106, 126, 129, 132, 141, 148, 210, 214, 215, 226, 230, 246, 247, 249, 257, 260, 263, 266, 271, 277, 278, 281, 357, 368, 373, 377, 379, 382, 417, 466, 482, 521, 587, 602, 610, 611, 614, 675, 689, 709, 718, 925, 971, 973, 991, 1095, 1369, 1394, 1423, 1662, 1737, 2024, 2027, 2042, 2052, 3840, 4351, 4367, 4652, 4731, 4979, 6326, 6383, 6509, 6686, 6697, 6709, 6727, 7126, 7223.
— épiscopaux, 22, 69, 72, 295, 376, 490, 516, 587, 755, 768, 792, 827, 1356, 1367, 1393, 5546.
— impériaux, 4497, 4506, 4672.
— liturgiques, 813, 817, 820, 864, 1095.
— personnels, 1390, 1830, 1835, 3737, 4073, 4132, 7436.
Ornements pontificaux, 94, 142, 158, 293, 382, 1341, 1356, 1375, 1395, 1401, 1425, 1448, 1503, 1750, 1873, 1943, 2134, 4237, 4278, 4320, 4465, 4883, 5033, 5564, 5602, 7244.
— religieux, 6273.
— de parade d'un recteur, 4796.
— sacerdotaux, 14, 22, 55, 94, 157, 161, 199, 236, 293, 295, 329, 374, 434, 455, 459, 577, 1363, 1371, 1425, 1498, 1959, 4006, 4454, 4563, 4699, 4798, 4887, 5559, 5581, 5669, 5695, 5699, 5701, 5722, 5723, 5730, 5736, 5738, 5747, 5808, 5882, 5877, 5908, 5976, 6156, 6187, 6216, 6239, 6257. Cf. Pontificaux. Vêtements sacerdotaux, sacrés.
— pour la saint Nicolas, 1667.
— de sépulcre, 1667, 1691, 4542.
— de théâtre, 941.
— blanc pour le Vendredi-Saint, 7321.
Orpington, église, 2748.
ORRELL (Élizabeth), 4043.
ORSINI (Fulvio), 5867.
ORSO (Antonio), évêque, 5578.
Orston, église, 2960.
Orthez, château, 237.
Orton, église, 2244.
OSBORNE (Sir Peter), 4146.
Oseney, abbaye, 1996.
Osgathorpe, église, 2823.
Osimo, cathédrale, 5536, 5615.
— Évêque, 5692.
OSIO (L.), B, 5655.
Oslandshlid, 5372.
Osmaston-by-Derby, église, 2368.
OSMOND (Saint), évêque, 1338, 7117. Cf. Saint-Osmond.
Osnabrück, cathédrale, 4589.
Osona, évêché, 4875. Cf. Vich.

Ossibus Apostolorum (Chapelle de), 5613.
Ossorio Gutierrez (Le comte), 4855.
Ossorno (Les comtes d'), 4935.
Ossyjaków, église, 6131.
Osulveston, abbaye, 1886.
Osuna (Le duc d'), 4980, 4988.
Ostensions (Des), 881.
Ostensoirs, 468, 1713, 1958, 4279, 4320, 4411, 4434, 4470, 4486, 4693.
Ostertag (J.-F.), b, 4586, 6243.
Othon, évêque, 72.
Ötigheim, église, 4622.
Otrardalr, église, 5417.
Ottelishausen, maison, 4298.
Otten und haymen Kapellen, à Vienne, 4304.
Otto de Gissey, b, 608.
Otto Heinrich, comte palatin, 4498.
Otto Ludwig (Le Rheingrave), 4591.
Ottringham, église, 3499.
Ouches, château, 451.
Oudekerk [Saint-Hippolyte], église de Delft, 5014, 5017.
Oudmunster, église de Saint-Sauveur d'Utrecht, 5042, 5043, 5056.
Oudry (Jean-Baptiste), peintre en émail, 1150, 1223, 1305.
Oudzeele, église, 6941.
Ousby, église, 2253.
Outils, 45, 681, 4709, 4712, 4716, 4729, 4804, 5693.
— d'armurier, 7229.
— de fondeurs de canon, 4907.
— de jardinier, 7192.
— de sculpteur, 5795.
— de verrier, 4654. Cf. Ustensiles.
Ouvrages d'or et d'argent, 5243.
— de perles, 5243.
Ouvrier en métaux, 4416.
Ouvry (F.), b, 1821.
Ovar, château, 5240.
Oveco, évêque, 4858.
Overbury, église, 3369.
Overijssel, 5023, 5083, 5092, 6540.
Overton (Cold), église, 2842.

Oviedo, 4841.
— Cathédrale, 4842, 4971.
Oviedo (Gonçalo Fernandez de), b, 4903.
Ovingham, 2937, 7419.
Owen ap Meredith, 1599.
Owthorpe, église, 2956, 3519.
Owthorpe (Will.), b, 1730.
Oxe (Peder), 4739.
Oxelaere, église, 6942.
Oxford, 1624, 1625, 1627, 1636, 1637, 1645, 1658, 1659.
— Comté, 1623, 1666, 1721, 1951, 2967, 7177, 7302, 7408, 7442, 7449.
— Bachelier, 1614.
— Brasenose Hall, 1600, 1996.
— Burnells Inn, 1643.
— Cathédrale, 1996.
— Collèges, All Souls, 1656.
— « Balliol, 1643.
— « Brasenose Hall, 1764, 7343.
— « Lincoln, 1689.
— « New, 1513, 1525, 1635.
— « Saint Mary Magdalen, 1573, 1591, 1638, 1655, 1700.
— « Sainte-Frideswide, 1997.
— « Sainte-Marie, 1971.
— Couvents, Dominicains, 1901.
— « Franciscains, 7255.
— Écolier, 1610, 1611, 1627, 1649.
— Historical Society, 1971, 7255.
Oxford (La comtesse d'), 4096.
Oxhill, église, 3269.
Oxted, église, 2101, 3069.
Ożarów, église, 6123.
Ozon, château, 101, 6309.

P

Pace, fille de Roggerio di Nicosia, 5562.
Pacetti (Vincenzo), sculpteur, 6078.
Pacheco (Doña Beatriz), 4900.
Pachmayr (M.), b, 4245, 4246.
Packington, église, 2830.
Packington Magna, église, 3145.
Packington Parva, église, 3153.
Pacqu** (François), peintre, 739.
Packwood, église, 3235.
Paddlesworth, église, 2749.
Paderborn, 4241.
— Capucins, 4703.
Padoue, 5567.
— Cathédrale, 5523.
— Église de Saint-Antoine, 5611, 5625.
— Étudiants, 4537.
Padovan (G.), b, 5634.
Pagan (Jean), 101, 6309.
Pagani (Le d'), b, 6070.
Pagart d'Hermansart, b, 6496.
Page (Thomas), 1488.
Pagès (A.), b, 4894.
Paget (F.-E.), b, 2979.
Paglesham, église, 2419.
Pailly, château, 544.
Pairis, monastère, 18, 6266.
Paix, 1615, 1791, 1958, 4403, 4411, 4434, 4459, 4486, 5130.
Pasky (Catherine), 5131.
Pala d'Oro, à Saint-Marc de Venise, 5974.
Palais royaux d'Angleterre, 2028.
Palais d'Avignon, 115.
— des Anziani, à Bologne, 5726.
— Caetani, à Rome, 5938.
— Colonna, à Rome, 5963.
— dei Diamanti, à Ferrare, 5894, 5896.
— des Doges, à Venise, 5622.
— Farnèse, à Rome, 5944, 6064, 6066, 6072.
— de Marguerite Farnèse, à Rome, 5866.

Palais des Fieschi, à Gênes, 5791.
— Fontainebleau. Cf. Fontainebleau.
— royal, à Frederiksborg, 4746.
— del Giardino, à Parme, 5927, 5959.
— à Gondreville, 6487.
— Hampton Court, 7406.
— Holyrood, 4806, 4807, 4828.
— dell' Isola, 5852.
— de la commune de Jesi, 5739.
— Louvre. Cf. Louvre.
— royal, à Madrid, 4994.
— de Mantoue, 5889.
— Mazarin, 628, 4158, 6668.
— de Modène, 5946.
— Pamfili-Aldobrandini, à Rome, 5961.
— royal, à Rosenborg, 4748.
— de Saint-James, 2050.
— Saint-Marc, à Rome, 5683.
— de Savoie, à Londres, 7366.
— à Turin, 5897, 5898.
— de Westminster, 1562, 1979, 2028.
Palatinat, 4498. Cf. Pfalz.
Palazzo Vecchio, à Florence, 5741.
Palazzolo, 6046.
Palencia, 4843.
— Cathédrale, 4964.
Paler (John), curé, 7373.
Palerme, 5519, 5579, 5612, 5711, 5868, 5873.
— Abbaye de Saint-Georges a Kemonia, 5986.
— « de SS. Jean et Hermès, 5980.
— Cathédrale, 5976.
— Capella Regia, 5521, 5522, 5570, 5978.
— Église du Grand Hôpital, 6003.
— « de Saint-Antoine in regia Dohana, 5985.

Palerme, église de San Cataldo, 6002.

— « de Saint-Jean-Baptiste en Castellamare, 6005.

— « de Saint-Jean de Bayda, 5981.

— « de Saint-Paul in militum statione ou nel quartiere di Galga ou d'Algas, 5984.

— « de Sainte-Marie de l'Admirato, 5582.

— « de Sainte-Marie-Madeleine de Galga, 5983.

— « du Séminaire, 5977.

— Hôpital de Saint-Barthélemi, 6006.

— Maison de la Très-Sainte-Trinité de l'ordre Teutonique, 5979.

Prieuré de Santa Maria delle Grazie, 5982.

— Scuola di Paleografia, 5579.

Palermitaines, 5562.

Palets, 1497, 1520.

Palgrave (Fr.), B, 1399, 1405, 1407, 1443, 1444, 1446, 1447, 1449, 1458, 1474, 1480, 1497, 1517, 1520, 1521, 1523, 1537, 1557, 1563, 1564, 1579, 1592, 1596, 1599, 1604, 1608, 1631, 1632, 1633, 1745, 1845, 4036, 4037.

Pallia, 5881.

Palmer (C.-R.-F.), B, 1899, 1901, 1902, 1903, 1904, 1906, 1907, 1908, 1914, 1916, 1917, 1918, 1919, 1922, 1928, 1938, 1942, 2046, 7313.

Palmer (William), 4143.

Palugyay (Sophie), 5213.

Palustre (L.), B, 6752.

Pamfili (Le prince Giovanni-Battista), 5961.

Pamphile (Horace), peintre, 621.

Pandectis (Epistola de), 5512.

Paneterie, 1394.

Pangerl (M.), B, 4295, 4299.

Panisse-Passis (Le comte de), B, 6460, 6541.

Paniers, 811.

Pannier (Léopold), B, 138, 182.

Panthéon (Le), à Paris, 994.

Paons d'or, 1359.

Pape (Collecteur du), 1493, 1522, 1533, 1543, 1651.

Papes, Boniface VIII, 5556, 5559, 5561, 5565.

— Calixte III, 5688, 5689.

— Clément V, 5573.

— Clément VII, 5787, 5793, 6467.

— Félix V, 236.

— Grégoire XI, 136, 5609.

— Innocent VI, 5600, 5603.

— Innocent VIII, 5771.

— Jean XXII, 5577.

— Jules II, 7429.

— Liberius Ier, 5753, 5754.

— Léon X, 5771.

— Marcel II, 5814.

— Nicolas III, 5547.

— Nicolas V, 5680, 5771.

— Paul II, 5683, 5696.

— Paul III, 4934, 5808.

— Paul IV, 5816.

— Paul V, 5753, 5754, 5880.

— Pie II, 5694, 5757, 5771.

— Pie III, 5757, 5831.

— Serge III, 5481.

— Sixte IV, 5705, 5771.

— Urbain V, 115, 5608, 6328, 6329.

— Urbain VIII, 5869, 5884, 5892.

— *De vitis R. Pontificum*, 5476.

Papiers, 536, 681, 684, 711.

Papon (L'abbé J.-P.), B, 6321.

Paradis (Le Mystère du), 3851.

Paradis (Le), navire, 5537.

Parements, 4796.

— d'autel, 309, 1373, 1831, 1943, 2133, 4300, 4305, 4402, 4733, 5017, 5023, 5048, 5126, 5130, 5590, 5722, 5747, 5808, 5877, 5908, 6096, 6216, 6226, 6229, 6232, 6237.

Parent (Rodolphe), peintre, 748.

Parenti (Mario), 5666.
Parfouru, b, 1118.
Paris, 70, 162, 170, 366. 511, 900,
6675.
— Académie de Peinture, 6817.
— Apothicaire, 6449.
— Bastille (La), 193, 224, 6355,
6359, 6360, 6375.
— Bibliothèque Sainte-Gene-
viève, 6706.
— Bourgeois et Bourgeoises, 44,
6450, 6453.
— Cathédrale de N.-D., 79, 146,
187, 196, 232, 384, 473,
567, 701, 821, 838, 890,
984, 6362, 6720, 6764, 6816.
— Chanoine de N.-D., 196, 232.
— Chatelet (Le), 679.
— Collège d'Autun, 256.
— École des Mines, 6819.
— Épicier, 6468.
— Églises, La Madeleine-en-la-
Cité, 910.
—   «   N.-D. de Lorette, 817.
—   «   Petits Augustins, 920.
—   «   Saint-André des Arts,
256.
—   «   Saint - Barthélemy,
861.
—   «   Saint-Benoît, 831, 897.
—   «   Saint-Étienne des
Grès, 896.
—   «   Saint-Étienne du
Mont, 598.
—   «   Saint-Eustache, 832.
—   «   Saint-Germain l'Au-
xerrois, 833.
—   «   Saint-Germain des
Prés, 1092.
—   «   Saint - Germain le
Vieux, 908.
—   «   Saint-Gervais, 982.
—   «   Saint-Honoré, 922.
—   «   Saint-Jacques l'Hôpi-
tal, 834.
—   «   Saint-Landry, 911.
—   «   Saint - Louis de la
Couture, 885.
—   «   Saint-Louis du Lou-
vre, 921.
—   «   Saint-Marcel, 895.

Paris, églises, Saint-Paul, 760, 869.
—   «   Saint-Pierre des Arcis,
909.
—   «   Saint - Pierre aux
Bœufs, 919.
—   «   Saint-Sépulcre, 124,
898, 6320.
—   «   Saint-Sévérin, 835.
—   «   Sainte-Marine, 578,
918.
—   «   Théatins, 914.
— Garde Meuble, 924.
— Gobelins, 690, 696.
— Hôpital de La Charité, 1093.
— Hôtel-Dieu, 6426, 6454, 6461.
— Hôtel d'Eu, 186.
—   «   de Hainaut, 229, 6342.
—   «   de Nemours, 6646.
—   «   de Nesles, 45.
—   «   du Petit-Séjour, 205.
—   «   Saint-Pol, 123, 193, 205.
—   «   du Roi de Siam, 6694.
—   «   des Ursins, 4079.
— Hôtel de Ville, 334, 6429.
— Imprimeur, 6457.
— Libraire, 6440, 6456, 6457.
— Maisons religieuses, 885.
—   «   Blancs-Manteaux,
917.
—   «   Augustins de la reine
Marguerite, 886.
—   «   Capucins de la rue
Saint-Honoré,
889.
—   «   Carmes de la place
Maubert, 88, 888.
—   «   Carmélites, 995.
—   «   Chartreux, 903.
—   «   Cordeliers, 893.
—   «   Jacobins de la rue
Saint-Honoré,
887.
—   «   Minimes, 894.
—   «   Pères de Nazareth,
915.
—   «   Religieux de Pic-
pus, 916.
—   «   Saint-Éloy, 138.
—   «   Saint-Germain des
Prés, 446, 505,
996, 1095.

Paris, maisons religieuses, Saint-Martin des Champs, 78, 225.
—   «   Saint-Victor, 244.
—   «   Sainte-Geneviève, 6763.
— Monnaie (La), 693.
— Musée des Petits Augustins, 1092, 1110.
— Museum National, 984.
— Cabinet des Antiques, 976.
— Nation Française à l'Université, 6294.
— Palais, Louvre, 59, 107, 123, 193, 205, 313, 534, 563, 652, 690, 6659, 6761.
—   «   Luxembourg, 7115.
—   «   Petit Luxembourg, 663.
—   «   Mazarin, 628, 4158, 6668, 6761.
— Panthéon (Le), 994.
— Patissier, 6462.
— Place Maubert, 88, 888.
— Rues, Fromenteau ou Fromentin, 6570.
—   «   de Jouy, 229, 6342.
—   «   des Murs, 138.
—   «   Saint-Honoré, 887, 889.
—   «   Saint-Jacques, 995.
— Sainte-Chapelle, 369, 480, 891, 912, 6831.
— Sculpteur, 6814.
— Tapissier, 6708.
— Temple (Le), 1359, 1361, 6288.
— Université, 6294.
Paris (Société de l'Histoire de), 44, 124, 244, 262, 537, 637, 722, 769, 787, 898, 996, 5635, 5646, 6270, 6275, 6426, 6440, 6442, 6443, 6445, 6449, 6450, 6453, 6454, 6455, 6456, 6457, 6462, 6468, 7106.
Paris (Histoire de la ville et de tout le Diocèse de), 78, 256.
PARIS (L.), B, 851.
PÀRIS, domestique, 4079.
PARISH (W.-D.), B, 7444.
PARK (J.-J.), 1877.
PARKER (J.), B, 1681.

PARKER (Matthieu), archevêque protestant, 3865.
PARKER (W.), B, 1831, 1976, 2027, 3624, 3627, 3826, 4189, 4228.
PARKERS (Sir Henry), chevalier, 7270.
PARKIN (C.), B, 7222, 7322.
PARKINSON (Edw.), 3741.
Parlement d'Angleterre (Le), 4137, 4142, 4154, 7436.
— de France, 6281, 6815.
— de Provence, avocat, 6636.
Parlement (Actes du), 6281, 6283.
Parme, 5721, 5923, 5942, 5945, 5958, 6063.
— Baptistère, 5846.
— Cathédrale, 5722.
— Palais del Giardino, 5927, 5959.
PARME (Les ducs de), 5927, 5959.
PARME (Marguerite d'Autriche, duchesse de), 5866.
Parma (Storia della Città di), 5712, 5729.
Parmensi artisti, 5766.
PAROOLS (Élisabeth), 218.
PARROCEL (Charles), peintre, 1210.
PARROT (A.), B, 383, 440, 744.
Partenico, église de l'Annonciation, 6000.
Parthenay, 6753.
Parures, 487.
Parwich, église, 2371.
Parzymiechy, église, 6113.
Pas-de-Calais, Commission des Antiquités, 6336, 6383, 6422, 6836.
PASINI (A.), B, 5551, 5580, 5772, 5974, 6081.
PASMORE (Thomas), 3685.
PASQUALONI, avocat, 5969.
Passau, 4337, 4647.
— Chorévèque, 4237.
Passoires, 5559.
Pasteur protestant, 4544.
Paston, 7332.
— Église, 2927.
PASTON (La famille), 1680.
PASTON (John), 1663.
PASTON (William), 1612.
Paston Letters (The), 1612, 1653, 1663, 1680, 1688, 1708.

PATE (G.). B, 1528.
PATE (Edward), 7358.
Patène, 5479.
Patenôtres, 169, 3756, 4332, 4349, 4795, 6546.
PATER (J.-B.), peintre, 1160, 6743.
PATIE (Rogier), 4945.
Pâtissier, 6462.
Pâtisserie (Ustentiles de), 6462.
Patmos, 6088.
Patnów, église, 6128.
Patriarche d'Aquilée, Bertrand, 5597.
— Nicolas de Luxembourg, 5602.
Patrington, église, 3535.
PATRIZZI (D. Costanzo), 5881.
Patrologie latine, 5476, 5481, 6256.
Patti, cathédrale, 6013.
PATY (Emmanuel), B, 674, 700.
Pau, 6441.
— Château, 231, 563, 6502, 6568.
PAUL II, pape, 5683, 5696.
PAUL III, pape, 4934, 5808.
PAUL IV, pape, 5816.
PAUL V, pape, 5753, 5754, 5880.
Paul de Londres (Le), vaisseau de guerre, 7186.
PAUL (Maître), 6328.
Paulhaguet (N.-D. Pauton de), église, 689.
Paull, église, 3536.
Paul's Cray, église, 2750.
PAUMBOL (Michael), 4515.
Pavia (Castello di), 5700, 5705, 5718.
Pavie, 5529, 5619.
— Tapisseries, 5665.
Pavillons, 5908, 6801.
Paysans, 1119, 3771, 4580, 4590, 7425.
Paysans Picards, 805.
Paysanne, 4055, 7444.
Pays-Bas, 6746.
— Gouvernante, 343, 350, 4472.
— Gouverneur, 4603, 6547.
— Soulèvement, 6549.
PAYNE (J.-O.), B, 7272, 7316.
PAZO (Guido di), 5541.
PAZZI (Cosimo de'), archevêque, 5761, 5765.
PEACOCK (E.), B, 1606, 1784, 1832,
1864, 2031, 2057, 2059, 2115, 3628, 3320, 3994, 3997, 4005, 4089, 4090, 7225, 7243.
PEACOCK (Ralph), 1947.
Peakirk, église, 2925.
PEARSON (Alice), 3649.
Peasemore, église, 2174.
Peaux, 5747.
Pêcheur, 3723, 3732.
Pecquencourt, église, 7012.
Pectoraux, 298.
PEDERSEN (Michel), 4719.
Pedmore, église, 3370.
PEDRE IV, roi d'Aragon, 4889, 4891, 4892.
PEDRE DE CASTILLE (Don), 4886.
PEDRO, fils de Jaime Ier, roi d'Aragon, 4877.
PEDRO (Don), infant de Portugal, roi de Catalogne, 4898.
PEGG (Strelley), 4195.
PEGGE (S.), B, 1881.
Peignes, 19, 1356, 1367, 1397, 4874, 5559, 5712.
Peignoirs, 5736.
Peintres, Alard (Nicolas), 1153.
— Alavoine (Georges), 1289.
— Allais (Pierre), 1307.
— Allegrain (Gabriel), 1195.
— Amand (François-Jacques), 1275.
— Ancelin (Jean), 1132.
— Ansiaume (Nicolas), 1321.
— Aubriet (Claude), 1178.
— Bachy (Raphaël), 1267.
— Bardou (Charles), 1179.
— Barroy (Antoine), 732.
— Basseporte (Françoise-Madeleine), 1304.
— Bazzi (Giovanni Antonio), 5789, 5811.
— Bedić (Henri), 1142.
— Belle (Alexis-Simon), 1136.
— Benoît de Savoye, 6689.
— Besançon (Simon), 1156.
— Bethon (Guillaume), 1239.
— Binet (Pierre), 1232.
— Bisson (Jacques), 1161.
— Blakay (Nicolas), 1233.
— Blanchard (Jean), 726.
— Boit (Charles), 1146.

Peintres, Boizot (Antoine), 1313.
— Bondt (Jan de), 5072.
— Bosch (Jérôme), 4985.
— Boudet (Guillaume), 1226.
— Boulongne (Bon), 1162.
— Bourgeois (Jean), 1193.
— Brugnon (Claude Joseph), 1286.
— Brunetti (Paul - Antoine), 1315.
— Campana (Ignace - Jean - Victor), 1322.
— Cavin (Pierre), 1158.
— Cayeux (Claude-Philibert), 1263.
— Champaigne (Jean-Baptiste de), 6687.
— Champaigne (Philippe de), 6676.
— Charlier (Jacques), 1331.
— Charpentier (Jean), 1299.
— Chautereau (Jérôme-François), 1227.
— Chevigny (Antoine), 1213.
— Choulier (Pierre), 1169.
— Clément (Pierre), 742.
— Clovio (Giulio), 5842, 5843, 5959.
— Codde (Pieter), 5065.
— Cornu (Robert), 1148.
— Coypel (Charles-Antoine), 1208.
— Coypel (Noël-Nicolas), 1154.
— Dandré - Bardon (Michel-François), 1316.
— Delaporte (Denis), 733.
— Delaporte (François), 733.
— Delaunay (Pierre), 1295.
— De Lyen (Jacques-François), 1243.
— Denis (Jean-Adrien), 1259.
— Dereige (André), 1228.
— Desoches (René-Gabriel), 1234.
— Desportes (Nicolas), 1324.
— Desrais (Étienne), 1172.
— Desroziers (Nicolas), 727.
— Dolleron (Guy), 1152.
— Doyen, 885.
— Ducreux (Michel-Joseph), 1133.

Peintres, Dumont, dit le Romain (Jacques), 1309.
— Dupré (Daniel), 743.
— Dürer (Albert), 4551.
— Eisen (Charles - Joseph - Dominique), 1303.
— Faubert (Pierre), 737.
— Foacier (Jacques), 1159.
— Forest (Jean), 1135.
— Fra Bartolommeo, 5768, 5770.
— Gaineau (Jean-Louis), 1264.
— Garnier (Jacques), 1196.
— Garnier (J.-B.), 1240.
— Giordano (Luca), 4994.
— Gobert (Philippe-Alexis), 1277.
— Gontier (René), 1125.
— Goy (Claude), 744.
— Grandjean (Henri), 1282.
— Gueslain (Antoine - Charles), 1260.
— Guintrange (François), 1328.
— Hallier (Nicolas), 740.
— Hemery (Martin), 1229.
— Henriet (Louis), 1235.
— Hérault (Charles), 1137.
— Holbein (Hans), 2028.
— Huguet (Étienne), 1167.
— Isaacsz (Pieter), peintre, 5054.
— Jouvenet (François), 1200.
— Jules Romain, 5776, 5919.
— Jullien (Nicolas), 1261.
— Justinat (Augustin - Oudard), 1184.
— Koninck (Jacob de), 5074.
— Krause (Charles-Auguste), 1252.
— Laniel (Étienne), 746.
— Largillière (Nicolas), 1190, 1224.
— Lastman (Pieter), 5060.
— Lebeau (Adrien), 1273.
— Lechantre (J.-B.), 1318.
— Leconte (Sauveur), 749.
— Ledoux (Paul-Guillaume), 1310.
— Legrand (Jean-Louis), 1287.

Peintres, Lemesle (Jacques), 1149, 1174.
— Lemoyne (François), 795, 1163.
— Leprince (J.-B.), 1311.
— Le Roi (François), 1191.
— Leroy (Charles), 1201.
— Lesueur, 765.
— Levasseur (Louis), 1164.
— Lotto (Lorenzo), 5759.
— Louvier (Guillaume), 1253.
— Macé (Jean), 6670.
— Magner (Antoine), 1279.
— Magny (Louis - Eugène), 1274.
— Martin (Ch.), 729.
— Massé (J.-B.), 1270.
— Mazza (Joseph - Antoine), 1312.
— Melingue (Jacques), 1147.
— Mercier (Clair - Christophe), 1230.
— Michel (Jean-Louis), 1248.
— Michel-Ange, 4551, 5822, 5825.
— Mignard (Pierre), 702, 6712, 6713, 6714.
— Moirin (Louis - Étienne), 1249.
— Namur (Louis), 747.
— Nanteuil (Robert), 734.
— Naudin (Charles), 1323.
— Netscher (Caspar), 5101.
— Neufmaison (Pierre), 1209.
— Nicolas (Louis), 1296.
— Pacque (François), 739.
— Pamphile (Horace), 621.
— Parent (Rodolphe), 748.
— Parrocel (Charles), 1210.
— Pater (J.-B.), 1160, 6743.
— Pernot (Jean - François), 1186.
— Petit (Charles), 1141.
— Peyrotte (Alexis), 1280.
— Pick (Adam), 5075.
— Pierre (J.-B.-Marie), 1329.
— Pillet (Antoine-Jean), 1246.
— Pingat (Jacques), 1207.
— Poitreau (Étienne), 1271.
— Pot (Hendrick - Gerritsz), 5081.
Peintres, Quesnel (François), 6715.
— Quesnel (Jacques), 1144.
— Raoux (Jean), 1155.
— Raphael, 4551.
— Redon (François), 1262.
— Refrognée (Edme-Nicolas), 1266.
— Regnaudot (Thomas), 1225.
— Rembrandt, 5071, 5079, 5085, 5090, 5093, 5094.
— Rigaud (Hyacinthe), 1187, 6728.
— Royer (Pierre), 1325.
— Rubens (P.-P.), 4157, 6612.
— Saegmolen (Martinus), 5091.
— Saftleven (Herman), 5058.
— Sebastiano del Piombo, 5807.
— Sevestre (Jean), 1165.
— Sevin de La Penaye (Charles), 1176.
— Sicre (François), 1124.
— Silvestre (Israël), 6704.
— Sodoma (Le), 5789, 5811.
— Spoëde (Jacques), 1231.
— Tallot (Claude), 1211.
— Thibaut (Jean - Baptiste), 1157.
— Thurin, 1241.
— Tibaldi (Domenico), 5851.
— Tramblin (André), 1182.
— Uylenburg (Gerrit), 5094.
— Van Aelst (Evert), 5080.
— Van Beijeren (Leendert-Cornelisz), 5071.
— Van Coninxloo-le-Vieux, 5041.
— Van der Voort (Cornelis), 5044, 5051, 5052, 5061.
— Van der Voort (Pieter), 5049.
— Vandyck, 5085.
— Vanome (Henri - Edme - Christophe), 1257.
— Vasari (Giorgio), 5839.
— Velasquez, 4991.
— Ventura (Nicolò), 5876.
— Vernet (Claude - Joseph), 1330.
— Vialy (Louis-René), 1285.

Peintres, Vincent (Antoine), 1293.
— Vinck (Abraham), 5045.
— Vosmaer (Jacob), 5068.
— Zuccari (Federigo), 5872.
Peintres (Confrérie des), à La Haye, 5105.
Peintres de la collection d'Este, à Modène, 5965.
Peintres célèbres de la galerie de Jacques Ier, roi d'Angleterre, 4091.
Peintres Dominicains, 5768, 5770.
Peintres, 818, 838.
Peintres en émail, Aubert (Louis-François), 1220.
— Auzou (Guillaume), 1212.
— Mathieu (Jean-Adam), 1216.
— Oudry (J.-B.), 1150, 1223, 1305.
— Rouquet (André), 1237.
Peintures, 227, 350, 699, 802, 893, 4522, 4994, 5869, 5900, 6670, 6672. Cf. Portraits, Tableaux.
PEIRESC, 6634, 6636, 6657, 6696.
PÉLAGE, évêque de Léon, 4872.
PÉLAGE, évêque de Lugo, 4865.
PELE (Roger), 1970.
Pèlerinag à Embrun, 6493.
Pelham Burnt, église, 1368.
Pelham Furneaux, église, 1368, 2617.
PELICIER (P.), B, 176.
Pelletiers de Londres (Gilde des), 1609.
Pelletiers (Gilde des), 1773.
PELLISSON (Jules), B, 655.
Pembroke, comté, 4001.
Pembroke college, à Cambridge, 1718, 1757.
PEÑAFIEL (Le marquis de), 4980.
Pendants d'oreilles, 5926.
Pendock, église, 3372.
Pendules, 684, 4659.
Pénitence (Sœurs de Sainte-Marie de la), à Freiberg, 4419, 4468.
PENNINGTON (William), 1853.
Penrith, église, 2311.
Pensionnaires de collèges, 878.
PENTHIÈVRE (Jeanne, comtesse de), 130.
Pentrich, église, 2370.
Peopleton, église, 3371.

Peperharow, église, 3003.
PEPIN D'AQUITAINE, 1121.
PERANDA (Francesco), 5860.
PERATHON (Cyp.), B, 6669.
PERCHERON (Michel), 262.
PERÉN (Étienne de), 5173.
PERÉNYI (Borbála), 5258.
Pères de Nazareth, 915.
PERESON (Edmund), 1986.
PERETTI (Le cardinal Francesco), 5914.
Perg, château, 4556.
Pergola, forteresse, 5650.
Perigord, 6511, 6960.
PÉRIGORD (La comtesse de), 109.
Périgord, société historique et archéologique, 324, 506, 508.
PERINGSKIÓLD (J.), B, 6186.
Perles, 169, 441, 924, 4079, 4108, 5559.
PERNOT (Jean-François), peintre, 1186.
Péronne, 128.
Pérouse, 5566, 5573, 5815, 5911.
PERRAULT (Jehan Ier), brodeur, 6561.
PERRENOT (François), 6591.
PERRERS (Alice), 1486.
Perrianarworthal, église, 2084.
PERROT (Sir John), 4001, 4002.
PERRY (T.-W.), B, 2029, 2132, 2879, 3621.
Pershore, abbaye, 3374.
— Église de Saint-André, 3373.
Perspectif, 4605.
Perth, église, 4798.
PERTZ, B, 8, 4232, 4255, 6254, 6278.
PESSINA DE CZECHOROD (T.-J.), B, 4279, 4296, 4319, 4327, 4371, 4459.
Pesth, Académie Magyare des sciences, 5113, 5122, 5125.
— Musée Magyar, 5122.
PETAU (Pierre-Gédéon), 850.
Peterborough, 2228, 7437.
— Abbaye, 1333, 1955.
— Cathédrale, 7391.
— Église de Saint-Jean-Baptiste, 2923.
Peterborough (Churches in and around), 2655, 2930.
PETERSEN (A.), B, 4746.
PETERSEN (N.-M.), B, 6656.

Pétheö (Sara Gersei), 5156.
Petit (Charles), peintre, 1141.
Petit (Ernest), b, 198.
Petit-Séjour, hôtel à Paris, 205.
Petite-Synthe, église, 6890.
Petits-Appartements, 812.
Petits Augustins, église à Paris, 919, 1110.
Petrarua, vicaire, 6356.
Peyrotte (Alexis), peintre, 1280.
Pez (H.), b, 4245, 4246.
Pezagnus (Salvetus), 5563.
Pezzana (A.), b, 5712, 5721, 5729.
P. F., b, 4942, 4974.
Pfäffers, abbaye, 6206, 6207, 6208, 6209, 6210, 6211.
Pfalz, 4338.
Pfarrvisitation in Deutschland (Geschichte des Instituts der), 4233.
Pfyffer (Ludwig), 6243.
Pharmacie, 4585.
Pharmacien, 6614.
Philibert, duc de Savoie, 6391.
Philippe-le-Long, roi de France, 59.
Philippe de Valois, roi de France, 6289, 6291, 6302.
Philippe-le-Beau d'Autriche, roi de Castille, 4354, 6425.
Philippe II, roi d'Espagne, 4497, 4931, 4934, 4942, 4943, 4947, 4954, 4955, 4956, 4957, 4973, 4984, 4985, 6509, 6549.
Philippe IV, roi d'Espagne, 4991.
Philippe V, roi d'Espagne, 4996, 4997.
Philippe-le-Bon, duc de Bourgogne, 201, 252.
Philippe-le-Hardi, duc de Bourgogne, 127, 128, 160, 167, 6312, 6338.
Philippe de Hainaut, reine d'Angleterre, 1475, 1480.
Philippe d'Orléans, comte de Vertus, 203.
Philippe Ier, duc de Poméranie, 4482, 4501.
Philippe II, duc de Poméranie et de Stettin, 4558, 4565.
Philippe, landgrave de Hesse, 4388, 4566.
Philippe d'Antioche, femme de Manfredi Maletta, 5539.
Philippe de Bourgogne, évêque, 5016.

Phillip (Matthew), 3639.
Philippseck, château, 4614, 4666.
Phillips (M.), b, 7419, 7426.
Philipson (Christopher), 3664.
Philipson (Thomas), 3950.
Phosphorus Septicornis, 4279, 4296, 4319, 4327, 4371, 4459.
Physicien, Arpino (J.-F.), 5932.
Physique (Cabinet de), 878.
— (Instruments de), 1100.
Piacenza, 5497, 5967.
Piasca, église, 4854.
Piazza, prieuré de Saint-André, 6048.
Picardie, 805, 1119, 6379.
Picardie (La), revue, 805, 1119, 6566, 6852, 6853, 6854.
Picardie et de l'Artois (Bibliothèque historique de la), 6574, 6607.
Picardie (Cabinet historique de l'Artois et de la), 6485.
Picardie (Mémoires de la Société des Antiquaires de), 83, 197, 234, 721.
Picardie (Recueil de documents inédits concernant la), 470, 511, 513, 536.
Picardie. Une cité Picarde au Moyen Age, 199.
Picassary (Laurencine), 6446.
Piccenadus (Raimundus), 5518.
Piccolomini (E.), b, 5757.
Piccolomini (Francesco), cardinal, 5757.
Piccope (G.-J.), b, 1772, 1834, 1972, 1977, 2053, 2116, 3630, 3803, 3814, 3821, 3828, 3837, 3838, 3841, 3842, 3843, 3847, 3862, 3871, 3967, 3989, 3993, 3995, 4009, 4012, 4016, 4018, 4043, 4128.
Pichburtone, église, 3516.
Pichler (F.), b, 4609, 4679.
Pichon (Le baron J.), b, 1102.
Pick (Adam), peintre, 5075.
Pickering (Edward), 1988.
Picpus (Couvent des religieux de), à Paris, 916.
Picque (Richard), archevêque, 137.
Picquigny, église de Saint-Martin, 265.
Pictavin (Antoine), 6356.
Picton (J.-A.), b, 7397, 7403, 7418.

Piddle (North), église, 3365.
Pie II, pape, 5694, 5757, 5771.
Pie III, pape, 5757.
Pie V, pape, 5831.
Piémont, 5763.
Pièces d'or et d'argent, 4354.
Pierre IV, roi d'Aragon, 4885.
Pierre (Joachim de), cardinal de Bernis, 6756.
Pierre Iᵉʳ, évêque de Compostelle, 4863.
Pierre IV de Pleine Cassagne, évêque, 65.
Pierre, curé, 5123.
Pierre (J.-B.-Marie), peintre, 1329.
Pierreclos, château, 6832.
Pierrepont, cordeliers, 967.
Pierreries, 87, 146, 339, 677, 806, 810, 844, 924, 939, 1095, 1385, 1425, 1520, 1769, 1787, 1825, 1830, 1835, 1852, 1981, 1982, 2015, 2019, 3814, 4036, 4037, 4058, 4064, 4079, 4087, 4108, 4156, 4393, 4438, 4442, 4481, 4510, 4527, 4662, 4725, 4748, 4767, 4769, 4788, 4795, 4800, 4805, 4821, 4835, 4836, 4906, 4944, 4984, 5005, 5006, 5008, 5011, 5062, 5164, 5566, 5618, 5646, 5729, 5736, 5738, 5747, 5798, 5815, 5890, 5974, 6317, 6471, 6547, 6639, 6659, 6733, 7350, 7351.
— de la couronne d'Écosse, 4824.
Pierres, 4664, 5693, 6509.
— antiques, 6706.
— gravées, 629, 785, 868, 924, 978, 4672, 5617, 5681, 6746.
— précieuses, 64, 69, 110, 169, 193, 316, 414, 429, 432, 1360, 5253, 5559, 5580, 5681.
Pigalle (J.-B.), sculpteur, 1320.
Piganiol de la Force, b, 804.
Pigault de Beaupré, b, 6497.

Pigot (H.), b, 1691, 1865, 2009, 2027, 3818, 4045.
Pigott (Margaret), 1704.
Pijon (V.), 517, 550.
Pillage par les Huguenots, 428, 431, 432, 434, 435, 440, 441, 442, 443, 444, 445.
Pillerton Hersey, église, 3259.
Pillerton (Over), église, 3232.
Pillet (Antoine-Jean), peintre, 1246.
Pillet (J.-B.-Pierre), architecte, 1244.
Pilot (J.), b, 6298, 6679.
Pilsen, couvent des Franciscains, 4327.
Pilton, église, 7219, 7220, 7226.
Pimentel (Doña Juana), 4893.
Pinchart (Alex.), b, 45, 80, 119, 129, 195, 220, 226, 252, 416, 418, 419, 421, 424, 458, 462, 463, 548, 560, 596, 688, 775, 4378, 4565, 4981, 6320, 6325, 6338.
Pingat (Jacques), peintre, 1207.
Pinner, église, 2891, 4095, 7377.
Pinvin, église, 3377.
Pio (Alberto), 5835.
Pio de Savoie (Les princes), 5997.
Piombo (Sebastiano del), peintre, 5807.
Piot (Charles), b, 6425.
Piper (P.), b, 6206, 6207, 6208, 6209, 6210, 6211.
Pipewell, abbaye, 1940.
Pirbright, église, 3016.
Piré, église, 362.
Pirford, église, 3035.
Pirna, 4453, 4461.
— Église des Dominicains, 4469.
Pirton, église, 3378.
Pisamberg, 4647.
Pise, Campo Santo, 5555.
— Monastère de Saint-Michel, 5512.
Pistoia, cathédrale, 5555.
— Églises, Saint-Jacques, 5589, 5631.
— « Saint-Marc, 5542.
Pitgam, église, 6891.
Pitoin (Quentin-Claude), sculpteur, 1301.
Pitstone, église, 2214.
Pittington, église, 3977, 4066, 4077.

Pittori (Domenicani), 5768, 5770.
Placa, monastère de Saint-Sauveur, 6054.
PLACE (Anthony), 3761.
PLANCHER (Dom), B, 128, 143, 144, 163.
Planches gravées, 707, 6695, 6704, 6746, 6812.
Plankstetten, abbaye, 4667, 4674.
Plantes, 5104.
PLANTET (Eug.), B, 852.
Plassenburg, château, 4441.
PLASENCIA (Le comte de), 4899.
Plasentia (Capella in curte infra civitate), 5497.
Plats, 1399, 1411, 4156, 4904, 5194, 5559.
Plâtres, 1118.
PLEINE CASSAGNE (Pierre IV de), évêque, 65.
Plessis de Tours, 367.
Pline, Histoire naturelle, 6814.
Ploen, 4602, 4651.
— Église, 4658.
Plomb, 3700.
PLOMBAR (Henry), 3855.
Plombières, 6767.
PLON (Eug.), B, 4975, 4987, 5798, 5833, 5834, 5838.
Pluckley, église, 2751.
Plumbland, 4065, 4221.
— Église, 2291.
Plumes, 100.
Plumstead, église, 2752.
Plungar, église, 2862, 7280.
Plymouth, Carmes, 1924.
— Église de Saint-André, 1924, 4120.
Pobiedziska, église, 6100.
Poché, église, 1049.
Pocklington, église, 3564.
Podestat de Bologne, 5541.
Podio (Livre du), 720.
Poètes, Boileau-Despréaux, 769.
— Corneille (Thomas), 766.
— March (Ausias), 4894.
— Milton (John), 4222.
— Molière, 648, 654, 657, 761, 796.
— Pope (Alexander), 7443.
— Racine (J.), 6673, 6719.
— Poètes, Shakespeare, 7384.
— Van de Vondel (Joost), 5088.
Poids, 5589, 6706.
Poids et mesures, 1733, 4099, 5589.
Poinçons, 874.
POISSON (L'abbé), B, 10, 148.
Poissons, 3732.
POITEVIN (Dom), 859.
Poitevine et Saintongeaise (Revue), 6590, 6693.
Poitevins (L'art de terre chez les), 526.
Poitiers, 6437, 6614.
— Abbaye de Sainte-Croix, 280, 472, 477, 660.
— Cathédrale, 171, 675, 989.
— Église de Saint-Hilaire, 271, 328, 401, 437, 443, 471, 485, 547, 691, 809.
— La Monnaie, 6702.
— Maison de l'échevinage, 340.
— Museum, 975.
— Pharmacien, 6614.
— Prieuré d'Aquitaine, 579.
POITIERS (Fleurie de), 101, 6309.
Poitou (Archives historiques du), 216, 355, 381, 6437.
Poitou (Paysages et monuments du), 6750.
Poitou (Chronique du Bas-), 662.
Poitou (Revue du Bas-), 6611, 6617, 6647.
POITREAU (Étienne), peintre, 1271.
Polesworth, église, 3183.
Poligny, chapelle de Tournai, 345, 6388.
— Société d'agriculture, 6388, 6473.
Pologne, Catherine, reine, 4483, 4491, 4519, 6160.
— Stanislas, roi, 6755.
— Tapisserie, 5665.
POLOGNE (Élisabeth de), 4471.
POLOGNE (Sigismond II de), 4483, 4491.
Poloniae historica (Monumenta), 6089, 6090, 6091, 6092, 6094, 6095, 6096, 6097, 6098.
POLTHAR (Marguerite Soos de), 5171.
Poméranie, 4463, 4496, 4599.

Poméranie, ducs, Érich II, 4349.
— « Philippe Ier, 4482, 4501.
— « Philippe II, 4558, 4565.
— « Ulrich, 4579.
— duchesse Sophie, 4349.
Pomet, église, 7089.
Pommiers, église de Sainte-Radegonde, 524.
Pommes, 1356, 1367, 5559.
— d'ambre, 1440.
— d'argent, 169.
— de mus, 169.
— d'or, 169.
— royale, 4442.
Pompadour, château, 595, 6739.
Pompadour (La marquise de), 812, 842.
Poncé, église, 1073.
Ponce de Léon (D. Rodrigo), marquis de Cadiz, 4900.
Poncet de la Rivière, évêque, 6815.
Ponsard (Émilion), sculpteur, 1247.
Pont de Londres, 7183.
Ponts (Chapelles sur), à Beverley, 1571.
— Bridgnorth, 4020, 7361.
— Derby, 1712.
— Londres, 1442.
— Rochester, 2044.
Pont-à-Mousson, 6512.
Pont-d'Ain, château, 310, 365.
Pontefract, Dominicains, 1942.
Ponteland, église, 2939.
Pont-en-Royans, 6717.
— Église et prieuré, 172, 6339.
Pont-de-Gennes, église, 1033.
Pontieu, 6632, 6633.
Pontificaux, 69, 94, 142, 158, 240, 293, 382, 1391, 1425, 4305, 5559, 5615. Cf. Ornements.
Pontlieue, église, 1034.
Pontisbright, église, 2485.
Pontoise, 829, 1107.
— Société historique et archéologique, 337, 6499, 6500, 6506, 6641.
Pontoppidan (Érik), évêque, 4747.

Pont-Saint-Vincent, château, 6543.
Pont-Sainte-Marie, 6317.
Poole, église, 2003, 3824.
Pope (Alexander), 7443.
Popowice, église, 6126.
Poquelin (Jean), 648.
Poquelin de Molière. Cf. Molière.
Poquet (L'abbé), B, 653.
Porcelaines, 368, 679, 684, 4156, 4215, 4659, 4662, 4912, 4913, 4999, 5076, 5098, 5107, 5681, 5747, 5817, 6068, 6205.
Porcelaine en Europe (Les origines de la), 4912, 4913, 4915, 4932, 4940, 4949, 4956, 4957, 4985.
Porlier (Charles-Vincent), sculpteur, 1236.
Porlock, cantarie de N.-D., 7261.
Porphyre, 6814.
Port (Saint Nicolas du), cf. Saint-Nicolas-du-Port.
Port (Célestin), B, 475, 606, 6326, 6620, 6702, 6731.
Port (John), 1811.
Port (Magalonne du), 487.
Porta (Guglielmo della), sculpteur, 5845.
Portalon (De), B, 585, 586, 588.
Portercole, 5762.
Portraits, 350, 4091, 4159, 4215, 4558, 4579, 4659, 4748, 4749, 4945, 4950, 6458, 6546, 6724. Cf. Peintures, Tableaux.
Portsmouth, artillerie, 2021.
Portsmouth (Domus Dei of), 2021.
Portugal, roi, Jean Ier, dit le Grand, 1586.
— Isabelle, infante, 4922, 4925, 4927, 4929, 4932.
— Don Pèdre, infant, roi de Catalogne, 4898.
Portugal (Marie de), 4934.
Portusnaonense (Diplomatarium), 5669.
Posern-Klett (K.-Fr. von), B, 4289, 4450, 4453, 4460, 4461, 4464, 4469.
Posterla (Guglielmo di), 5540.
Postling, église, 2753.
Pot (Claude), 592.
Pot (Guillaume), 558.

Pot (Hendrick Gerritsz), peintre, 5081.
Poteries, 5057, 5076.
Potier (L'abbé), B, 392.
Potiers, Fontana Guido, 5823.
— Giovanni Antonio da Faenza, alias, Zambecchino, 5766.
Potière (Jeanne), 6457.
Pots, 1399, 5559.
Potter (Thomas), saunier, 7367.
Pottier (L'abbé), B, 230, 659.
Pottier (Le chanoine), B, 6671.
Potts (Spencer), 4145.
Poulain (Jehan), 134, 145.
Pouchmakers de Londres [Gilde], 1773.
Poulhariès, 6803.
Poulson (G.), B, 1571, 3969.
Poussay, collégiale, 6835.
Powick, église, 3375.
Powys, château, 2117.
Powys (Le baron de), 2117.
Powysland Club, 2117, 4079.
Pradel (Ch.), B, 6642.
Pradelles, église, 6943.
Praemonstratensis ordinis Annales, 1572.
Praenestina Antiqua, 5476.
Praesepe, chapelle à Rome, 5881.
Prague, 4600, 4661, 4665, 4677, 4678, 4684.
— Bourgeois, 4285.
— Cathédrale, 4279, 4286, 4296, 4319, 4327, 4371, 4459.
— Château, 4554, 4597, 4598, 4600, 4656, 4682.
— Églises, Saint-Castule, 4341.
— « Saint-Gall, 4283.
— « Saint-Jean in Vado, 4583.
— « Saint-Léonard, 4285.
— « Ermites de Saint-Augustin, 4282.
Praszka, église, 6121.

Prat (Robert), 3708.
Pratt (Rowland), 3722.
Préchantre, 1556.
Prégent de Cöetivy, 241.
Premitt (Thomas), 3659.
Preney, 6535.
Prentys (Richard), doyen, 1562.
Prény, château, 6564.
Presbytère, 3975.
Président de la Cour des Comptes, 673.
Presles (Jeanne de), 85.
Pressbourg, chapitre, 5130.
— Collégiale, 5110.
— Palais de l'archevêque, 5136.
Pressoir, 1394, 1410.
Prestbury, église, 2034, 4028, 4198.
Presteign, curé, 4190.
Prestholar, église, 5323.
Preston [Kent], manoir, 1463.
Preston [Lancaster], 4046, 7373.
— Église, 7293, 7407.
Preston [York], église, 3530.
Preston (William), 3886.
Preston Bagot, église, 3191.
Prestwich, église, 2799.
Prêteur sur gages, 6476.
Prêtre, 1476, 1511, 1602, 1649, 1768, 2118, 3650, 3659, 3719, 3740, 3749, 3778, 3780, 3803, 3819, 3854, 5022. Cf. Curé.
Pretyman (R.), B, 1500.
Preux (A.), B, 6690, 6824.
Prévost (G.-A.), B, 334 et non Provost.
Prévot de collège, 1639, 4164, 7211.
Prévot d'Halberstadt, 4372.
Prières (Tables de), 1713.
Prieur de Durham, 1661, 1686.
— de Farne, 1589.
— catholique de Sternberg, devenu protestant, 4449.
— de Straussberg, 4466.
— d'Ungula, 6330.
Prieure [Religieuse], 3665, 3697, 6454.
Prieurés (1), à Altavaux, 6264.
— Anglesey (A), 1381.

---

(1) Mêmes abréviations pour les ordres religieux qu'au mot Abbayes.

Prieurés, d'Aquitaine, à Poitiers, 579.
— Ashby Canons (A), 1412, 1891.
— Barnwell (A), 1926.
— Beaurepaire (A), 7022.
— Belvoir (Bs). 1817.
— Berden Leighs (A), 1891.
— Binham (Bs), 1818.
— Brewood (Bes), 1936.
— Blyborough (A), 7249.
— Burscough (A). 1756, 3838.
— Cantorbery [La cathédrale] (Bs), 1391, 1408, 1529.
— Carlisle [La cathédrale] (A), 1401.
— Catesby (Bes), 1891.
— Chacombe (A). 1891.
— Cheshunt (Bes). 1891.
— Cokesford (A). 1891.
— Coldingham (Bs), 4753, 4754, 4755, 4756. 4757, 4758, 4761.
— Colne (Bs), 1891.
— Coventry [La cathédrale] (Bs), 1957.
— Derses (Bs), 6552.
— Douai, Saint-Grégoire (Bs), 7388.
— Douvres, Saint-Martin (Bs), 1870.
— Downside, Saint-Grégoire (Bs), 7388.
— Dunmow (A), 1891.
— Durham [La cathédrale] (Bs), 1496, 1509, 1570. 1619. 1661, 1686, 4753.
— Easebourne (Bes), 1638.
— Ecclesfield (Bs), 1422.
— Ely [La cathédrale] (Bs), 1954.
— Exeter, Saint-Jacques (Bs), 1423.
— Farne (Bs), 1509, 1569, 1589, 1595, 1642. 1797.
— Finchale (Bs), 1384, 1386, 1445, 1450, 1461, 1515, 1559, 1665.
— Flamsted (Bes), 1891.
— Flixton (Aes), 7246.
— Fyneshed (A), 1891.
— Grâce Dieu (Aes), 1935.
T. III.

Prieurés, Hatfield Peverel (Bs), 1879, 7217.
— Hatfield Regis (Bs), 1891.
— Heningham (Bes). 1891.
— Heringfleet (A), 7245.
— Hexham (A), 1401.
— Ipswich. Sainte-Trinité (A). 7247.
— Jarrow. Cf. Jarrow.
— Kilburn (Bes), 1877.
— Kirkby Bellers (A). 1887.
— La Papillaye, 680.
— Langley (Bes), 1705, 7218.
— Lindisfarne (Bs), 1404. 1439. 1441. 1457, 1462. 1531, 1552. 1566. 1598. 1694. 1723, 1855.
— Londres, Aldgate, Sainte-Trinité (A), 1363.
— Longleat (A). 1547.
— Minster (Bes). 1876, 1877.
— Modbury (Bs), 1400.
— Montdidier, N.-D., 962.
— Montfort l'Amaury, Saint-Laurent (Bs), 39, 610, 6656.
— Paris, Saint-Éloy (Bs, 138.
— Paris, Saint-Martin des Champs (Bs), 78, 225.
— Piazza, Saint-André. 6048.
— Pont-en-Royans (Isère). 172, 6339, 6717.
— Redlingfield (Bes), 1891. 7248.
— Repton (A), 1934.
— Rothwell (Bes), 1891.
— Royston (A), 1891.
— Saint-Michael's Mount (Bs), 1420.
— Saint-Martin au Val. 437.
— Saint Olave (A), 7245.
— Saint-Robert d'Authie, 969.
— Saint-Sauveur de Saintes, 859.
— Saint Thomas, près de Stafford (A), 1930.
— Saintes, Saint-Eutrope (Bs). 590, 859, 6470, 6680, 6802.
— Selborne (Bs), 1591.
— Sele (Bs), 1560, 7215.
— Sopwell (Bes), 1891.
— Stratford (Bes), 1891.

Prieurés, Studley (A), 1891.
— Threnhall (A), 1891.
— Torsay, Saint-Pierre, 6681.
— Totnes (Bs), 1419.
— Tywardreath (Bs), 1421.
— Ungula, 6330.
— Waburne (A), 1882.
— Wallingford (Bs), 1820.
— Wearmouth. Cf. Wearmouth.
— Winchester [La cathédrale]
   (Bs), 1844, 1873.
— Worcester [La cathédrale]
   (Bs), 1844, 1871, 1958.
— Wymondley (A), 1891.
Princes, 608.
Prince de Carignan, 5932.
— de Condé, 491, 7115.
— Henri d'Angleterre [Henri
   VIII], 1745.
—   «   [fils de Jacques I], 4058.
— Humfrey d'Angleterre, 1542.
— Noir, 1448.
— d'Orange, 462, 560, 4527.
— de Rudolstadt, 4655.
— de Savoie, 570, 4694, 5997.
— de Viane, 4895.
— Évèque de Würzbourg, 4536.
Princesses, 713.
Princesse Altieri, 5922.
— de Barbanson, 797.
— de Carignan, 570.
— Henriette d'Angleterre,
   650.
— de Hesse Darmstadt, 4578.
— Jeanne d'Angleterre, 1444.
— Marie d'Angleterre, 1766.
— Marie Tudor, fille d'Henri
   VIII, 1785, 1799, 1981,
   1982, 2015, 2019, 2047.
— Madame Victoire, 876.
Prioux (Stanislas), B, 149.
Prittlewell, église, 2420.
Procession du Corpus Christi, 4763.
Professeur de l'Université de Co-
   penhague, 4747.
Pröll (L.), B, 4556.

Promis (Vincent), B, 236, 570, 671,
   5926.
Prost (Bern.), B, 345, 486, 581, 617,
   6312, 6388, 6473.
Prou (M.), B, 36, 153, 5553.
Provençale (Histoire d'une famille),
   6330, 6332, 6333, 6343, 6356, 6421,
   6424, 6431, 6433.
Provence, Cour des Comptes, 673.
— Parlement, 6636.
— Dame de, 487.
Provence, 6321.
Provisions, 681, 1397, 4709, 4712,
   4716, 4718, 4729, 4732, 4735, 4789,
   5594, 6192, 6198, 6199, 7122.
Prudhomme (A.), B, 404, 635.
Prüfening, abbaye, 4257.
Pruillé, église, 1635.
Prüm, abbaye, 4243.
Pryor Hall, 4197.
Psalmody, abbaye, 300.
Pucelle de Kent (La sainte), 1857,
   1859, 1860.
Pudsey (Elizabeth), 4082.
Pudsey (Margaret), 3620.
Purch (Le d'), B, 456, 6559, 6560,
   6563, 6578, 6666, 6726.
Puget (Pierre), sculpteur, 6710.
Pulham Saint Mary, 3987.
Punyalet (Père de), 4885.
Pupitre d'argent, 5136.
Putney, église, 3648.
Puttenham, église, 2534, 3001.
Puy-de-Dôme, 6556.
Puy N.-D., [Anjou], église, 703,
   6326, 6702.
Puyrigaud (Jean de), 597.
Puy Saint-Gulmier, château, 6556.
Pyhy (Conrad von), chancelier du roi
   de Suède, 6200.
Pynchon (Walter), orfèvre, 1518.
Pyrénées (Revue d'Aquitaine et des).
   Cf. Aquitaine.
Pyrénées (Basses), Archives, 6572.
Pyrénées (Hautes), Archives, 6625.
Pyrénées-Orientales, 6256.

Q

Quaedypre, église, 6892, 7049.
Quantin (Max), b, 409,988,6252,6472.
Quantin (René), 574.
Quarndon, chapelle, 4227.
Quarndon, église, 2372.
Quatremares (Hôtel de), 6291.
Quedlinbourg, abbaye, 4398, 4486,
4610.
—   «   M a r i e n -
k l o s t e r ,
4397.
—   «   S a i n t - W i -
pert, 4396.
Queenhill, église, 3379.
Queensbury, 4768.
Queens College, à Cambridge, 4134,
7395.
Quellen und Forschungen zur Vater-
ländischen Geschichte und Kunst.
4312.
Quentin Bauchard (E.), b, 6741.

Quermelin, château, 489.
Quesada, 4902.
Quesnay (François), médecin, 6809.
Quesnel (François), 6715.
Quesnel (Jacques), 1144.
Quesnet (Ed.), b, 234, 362.
Quijada (Luis), 4958.
Quiller, 1399.
Quimper, cathédrale, 28.
Quimper-Corentin, 6408.
Quincaillier, 7184.
—   Gilde des Quincailliers.
à Londres, 3804,
4004,4140,4209.
—   «   à S h r e w s b u r y,
1701, 1806.
Quinquampoix, ferme, 6276.
Quinsonas (Le comte de), b, 365.
Quinze-Vingts, 262, 537.
Quiquerez (A.), b, 364.
Quorndon, église, 2819.

R

Raches, église, 7014.
Racine (J.), 6673, 6719.
Raczyn, église, 6135.
Rada y Delgado (J. de D. de la),
b, 4842, 4843, 4871, 4893, 4912,
4926, 4930, 4954, 4982, 4995,
4998.
Radcliffe, église, 2791.
Radcliffe (Anne), 2126.
Radcliffe (Sir John), 3993.
Radcliffe (R.-D.), b, 7190, 7430.
Radcliffe (Thomas), 3952.
Radford, église, 3143.
Radnor, comté, 4190.
Radvánszky (Le baron Bela), b, 5112,
5123,5124,5129, 5131,5132,5133,
5134,5135, 5137, 5138, 5139, 5140,
5141,5142, 5143, 5144, 5145, 5146,
5147,5148, 5149, 5150, 5151, 5152,

5153, 5154, 5155, 5156, 5157, 5158,
5159,5160, 5161, 5162, 5163, 5164,
5165,5166, 5167, 5168, 5169, 5170,
5171,5172, 5173, 5174, 5175, 5176,
5177,5178, 5179, 5180, 5181, 5183,
5184,5185, 5186, 5187, 5188, 5189,
5190,5191, 5192, 5193, 5194, 5195,
5196,5197, 5198, 5199, 5200, 5201,
5202,5203, 5204, 5205, 5206, 5207,
5208,5209, 5210, 5211, 5212, 5213,
5214,5215, 5216, 5217, 5218, 5219,
5220,5221, 5222, 5223, 5224, 5225,
5226, 5227, 5228, 5229, 5230, 5231,
5232,5233, 5234, 5235, 5236, 5237,
5238,5239, 5240, 5241, 5242, 5243,
5244,5245, 5246, 5247, 5248, 5249,
5250,5251, 5252, 5253, 5254, 5255,
5256,5257, 5258, 5259, 5260, 5262,
5263.

RADVÁNSZKY (La dame Françoise) 5171.
Radway, église, 3253.
Radwell, église, 2598.
Raffaello (Il), 5872.
Ragnheidarstadir, église, 5281.
Rahay, église, 1074.
RAHLENBECK (Ch.), B, 467, et non Rahlenberg.
Raimbeaucourt, église, 7015.
RAINALDUS DE CAMPIS, 5540.
RAINE (J.) [Père et fils], B, 1334, 1382, 1384, 1386, 1387, 1388, 1390, 1394, 1395, 1401, 1402, 1403, 1404, 1409, 1413, 1416, 1417, 1424, 1426, 1427, 1429, 1431, 1433, 1435, 1438, 1439, 1441, 1445, 1450, 1451, 1452, 1455, 1456, 1457, 1459, 1460, 1461, 1462, 1477, 1479, 1481, 1482, 1483, 1490, 1491, 1494, 1495, 1496, 1508, 1509, 1511, 1515, 1516, 1519, 1524, 1531, 1539, 1544, 1546, 1552, 1553, 1554, 1556, 1559, 1561, 1566, 1568, 1569, 1570, 1574, 1575, 1577, 1580, 1581, 1585, 1589, 1594, 1595, 1598, 1601, 1602, 1605, 1613, 1616, 1618, 1619, 1628, 1629, 1640, 1641, 1642, 1646, 1660, 1665, 1671, 1685, 1686, 1690, 1692, 1694, 1695, 1698, 1702, 1711, 1714, 1716, 1720, 1723, 1732, 1734, 1737, 1738, 1749, 1751, 1752, 1754, 1760, 1767, 1771, 1789, 1790, 1797, 1808, 1816, 1827, 1840, 1843, 1853, 1855, 1869, 1947, 1970, 1978, 1983, 1986-1991, 1992, 2000, 2005, 2006, 2007, 2012, 2030, 2043, 2051, 2054, 2060, 2118, 2123, 2127, 2128, 2135, 2953, 3620, 3692, 3802, 3855, 3857, 3859, 3968, 3973, 3982, 3984, 3986, 3999, 4010, 4030, 4031, 4032, 4035, 4048, 4056, 4069, 4073, 4082, 4105, 4107, 4113, 4115, 4132, 4186, 4196, 4753, 4754, 4755, 4756, 4757, 4758, 4761, 7175.
RAINES (F.-R.), B, 2016.
Rainham, église, 2442.
RÁKÓCZY, 5253.
Rambouillet, 819, 6769.
— Château, 763, 778, 6660.
Rambouillet (Mém. et Docum. publiés par la Societ. archéol. de), 39.

610, 763, 771, 778, 789, 826, 841, 850, 6650.
RAMBOUILLET (Le marquis de), 6645.
RAMBOUILLET (La marquise de), 6658.
Ramsey, église, 2655.
RAMSEY (Sir Thomas), 3996.
RANDALL (Maria), 3759.
RANDANNE (L'abbé), B, 6685, 6686, 6697, 6707, 6826, 6827, 6828.
Randers, église, 4731.
Randworth, église, 2909.
Rángárvalla, 5441, 5442, 5443, 5445, 5446, 5447, 5448, 5449, 5453, 5454, 5460, 5464.
RANUZZI (La famille), 5947.
RAOUX (Jean), peintre, 1155.
RAPHAEL, 652, 4551.
RAPHAEL (Pierre), 487.
RASCAS DE BAGARRIS, 523, 6657.
RASMUSSEN (M.-N.-C.-K.), B, 4711, 4712.
RASPANTINO (Francesco), 5918.
Rastatt, église, 4626.
RATCLIFFE (Sir George), 3931.
RATH (Werner), 6223.
Ratisbonne, 4555, 4676.
Rattley, église, 3241.
RATOUIS (Paul), B, 6806, 6823.
Rattlesden, 7425.
Ravenne, 5533.
—   Archevêque, 5534, 5557.
—   Cathédrale, 5777.
—   Couvent des Clarisses, 5585.
Ravennati Monumenti, 5568, 5569, 5585.
Ravensburg, église, 4355.
RAVENSER (Richard de), 1500.
Raveston, église, 2373.
Rawcliffe Hall, 7347.
RAWLINS (Richard), évêque, 1875.
RAYMOND, évêque, 4883.
RAYMOND, B, 6572.
RAYNTON (John), 1492.
RAYSON (G.), B, 3869, 3987.
READ (Lady Margaret), 4073.
READE (Sir William), 4035.
Reading, 1802.
—   Abbaye, 1373.
—   Église de Saint-Laurent, 1774, 1802.

Realmont, église, 816.

Rebelles anglais, 1633.

Recanati, cathédrale, 5654, 5701, 5720.

— Couvent de Saint-Jean-hors-les-Murs, 1788.

Receveur général de Normandie, 6361, 6377.

Receveur des tailles, 703.

Rechperg, église, 4331.

Recollets, couvent à Anvers, 6785.

— à Lille, 7104.

Record Commission, 1359, 1361, 4752, 4765, 4766, 4767, 4768, 4771.

Recteur, ses ornements, 4792.

Recueil des Historiens des Gaules et de la France, 58.

Reculée, château, 284, 6390.

Redbourn, église, 2535.

REDDISH (John), 3856.

Redenhall, église, 3869.

REDET, B, 171, 271, 328, 340, 386, 401, 443, 471, 485, 547, 675, 691, 6653.

REDNECHT (James), 7328.

REDLICH (O.), B, 4256.

Redlingfield, monastère, 1891, 7248.

Redmarley d'Abitot, église, 3380.

Redmile, église, 2852, 7280.

Redon, 6415.

— Église de Saint-Sauveur, 649.

REDON (François), peintre, 1262.

Reed, église, 2619.

REED (Clément), 3604.

Réfectoire, 1408, 1573, 1597, 3831, 3990, 7205.

Reformation (English Church Furniture at the period of the), 1606, 2115.

Reformation und Gegen-reformation im Lande unter der Enns (Geschichte der), 4647.

REFROGNÉE (Edme-Nicolas), peintre, 1266.

Refuge de N.-D. d'Étrun, 615.

— Saint-Bertin, à Bourbourg, 6840.

Regensburg, 4586.

Régent (Le), 782.

RÉGINARD, évêque, 6259.

Reginonis abbatis libri duo, 6256.

Reggio, évêque, 5904.

REGNAUD (Denis), 6647.

REGNAUDOT (Thomas-François), peintre, 1225.

Reichenau, abbaye, 4236.

REIFFERSCHEIDT (A.), B, 5528.

Reighton, église, 3495.

Reims, 566, 6305, 6606.

— Abbayes, Saint-Nicaise, 836.

— « Saint-Remy, 41, 692, 693, 874, 904, 977.

— « Saint-Pierre aux Nones, 695.

— Archevêque, 137.

— Cathédrale, 568, 646, 877, 944, 6592.

— Couvent des Clarisses, 945.

— Églises, 943, 944, 945.

— « Saint-Éloy, 253.

— « Saint-Jacques, 945.

— « Saint-Symphorien, 945.

— Hôpital de Sainte-Marthe, 1096.

— Hôtel-Dieu, 943.

— Léproserie de Saint-Éloy (Saint-Ladre-aux-hommes), 87.

— Musée, 1097, 1098.

— Séminaire, 945.

— Société des Bibliophiles, 137.

Reims (Travaux de l'Académie nationale de), 41, 87, 253, 6305, 6335, 6606.

— *Polyptique de Saint-Remy de Reims,* 2, 3, 4, 5, 6, 7.

Reines, 297, 713.

— d'Angleterre, Anne Boleyn, 1846.

— « Anne de Danemark, 4037, 4079.

— « Catherine d'Aragon, 1868.

— « Élisabeth, 2089, 3988, 6547, 7351.

— « Henriette-Marie de France, 650, 4159, 6664.

Reines d'Angleterre, Isabelle de France [femme d'Édouard II], 1447, 1449.
— « Isabelle de France [femme de Richard II], 152.
— « Philippe de Hainault, 1475, 1480.
— des Asturies, Elvire, 4847.
— de Bohême. Cf. Reines de Hongrie.
— de Castille. Cf. Reines d'Espagne.
— d'Écosse, Marie de Guise, 4806, 4787.
— « Marie Stuart. Cf. Reines de France.
— « Marguerite, 4788.
— d'Espagne, Élisabeth de France, 4947, 4957.
— « Isabelle de Portugal, 4922, 4925, 4927, 4929, 4932.
— « Isabelle-la-Catholique, 4903, 4906, 4909, 4911, 4912, 4913, 4914, 4915, 4923.
— « Jeanne-la-Folle, 4919.
— » Marie de Portugal, 4934.
— « Marie-Anne d'Autriche, 4993.
— de France, Anne d'Autriche, 642, 6659.
— « Anne de Bretagne, 302, 313, 318, 326.
— « Catherine de Médicis, 493, 494, 5793, 6498.
— « Charlotte de Savoie, 292.
— « Clémence de Hongrie, 70, 6286.
— de France, Éléonore d'Autriche, 367, 398, 399.
— « Jeanne de Boulogne, 99.
— « Jeanne d'Évreux, 88, 116.
— « Louise de Lorraine, 533, 6584.
— « Marie-Antoinette, 873, 1105, 6961.
— « Marie de Médicis, 606.
— « Marie Stuart, 429, 3972, 4800, 4805, 4806, 4807, 4808, 4809, 4810, 4811, 4812, 4813, 4815, 4816, 4817, 4818, 4820, 4826, 4827, 4828.
— « Marie-Thérèse d'Autriche, 722.
— de Hongrie et de Bohême.
— « Anne, 4399, 4402, 4481, 4490, 4940.
— « Élisabeth, 4312.
— « Marie, 421, 4472, 4945.
— de Léon, Sanche, 4871.
— de Naples, Sancie, 5587.
— de Navarre, Jeanne d'Albret, 444.
— de Pologne, Catherine, 4483, 4491, 4519, 6160.
— « Élisabeth, 4471.
— de Sicile, 346.
— de Suède, Blanche, 6185.
— « Christine, 5941, 6205.
— « Marie-Éléonore, 4599.

Reitsma (J.), B, 5034.

Relieur, 7392.

Religieuses, 1927, 2128, 3647. Cf. Augustines, Bénédictines, Carmé-

lites, Célestines, chanoinesses de Sainte Catherine, Cisterciennes, Clarisses, Ursulines, Visitandines.

Religieux.Cf. Augustins,Benedictins. Capucins,Carmes.Célestins, Char-treux, Cisterciens, Cordeliers, Do-minicains, Ermites de Saint-Au-gustin, Fakons, Franciscains, Hiéronymites, Jacobins, Jésuites, Minimes. Pères de Nazareth, Pic-pus, Récollets, Saint-Augustin, Saint-Basile, Saint-Benoit, Saint-Georges, Sainte-Geneviève, Ser-vites,Théatins, Abbayes,Couvents, Monastères, Prieurés.

Reliquaires, 19, 61, 64, 96, 117, 158, 161, 166, 173, 183, 193, 195, 230, 257, 263, 264, 293, 298, 309, 319, 320, 327, 338, 339, 344, 345, 346, 373, 374, 382, 402, 404, 417, 418, 430, 432, 437, 446, 455, 459, 602, 614, 617, 642, 677, 678, 700, 806, 844, 1338, 1339, 1341, 1356, 1367, 1378, 1430, 1496, 1529, 1593, 1644, 1678, 1871, 1873, 1883, 1896, 1957, 4232, 4240, 4243, 4255, 4263, 4276, 4278, 4279, 4283, 4295, 4296, 4300, 4301, 4305, 4319, 4320, 4327, 4334, 4365, 4371, 4380, 4384, 4396, 4398, 4406, 4434, 4458, 4459, 4471, 4486, 4523, 4582, 4587, 4589, 4601, 4603, 4607, 4611, 4613, 4690, 4708, 4714, 4717, 4738, 4764, 4772, 4858, 4878, 4895, 4959, 4977, 5014, 5042, 5056, 5109, 5114, 5127, 5136, 5164, 5182, 5261, 5580, 5599, 5602, 5649, 5663, 5671, 5699, 5704, 5722, 5725, 5730, 5744, 5747, 5775, 5784, 5809, 5877, 5883, 5976, 6182, 6186, 6227, 6229, 6232, 6237, 6254, 6323, 6373, 6376, 6422, 6504, 6508, 6555, 6632, 6641, 6659, 6688, 6700, 6708, 6758, 6824, 7032, 7193.

Reliquary (The), 1756, 1854, 1872, 1901, 1902, 1903, 1904, 1906, 1907, 1908, 1914, 1916, 1917, 1918, 1919, 1922, 1928, 1933, 1942, 1956, 1957, 2004, 2010, 2018, 2023, 2036, 2313-2396, 2520, 2652, 2966, 3490, 3619, 4044, 4046, 4062, 4063, 4083, 4126, 4153, 4155, 4169, 4170, 4173, 4174, 4188, 4199, 4223, 4226, 7229, 7232, 7241, 7261, 7387.

Reliques, 8, 13, 17, 18, 19, 28, 29, 33, 36, 61, 63, 69, 96, 104, 106, 126, 146, 148, 155, 158, 159, 171, 183, 199, 204, 222, 226, 230, 235, 260, 263, 264, 265, 270, 271, 277, 293, 315, 316, 317, 327, 329, 338, 345, 356, 357, 360, 369, 374, 382, 383, 385, 390, 395, 400, 417, 425, 430, 431, 442, 465, 492, 521, 527, 583, 591, 607, 610, 614, 631, 639, 643, 651, 653, 658, 669, 670, 676, 717, 719, 720, 786, 790, 846, 851, 854, 880, 881, 934, 970, 971, 1120, 1121, 1365, 1367, 1430, 1440, 1447, 1496, 1498, 1529, 1693, 1743, 1871, 1957, 4240, 4241, 4244, 4260, 4263, 4295, 4296, 4319, 4327, 4365, 4371, 4444, 4459, 4582, 4587, 4609, 4611, 4613, 4648, 4676, 4708, 4714, 4717, 4759, 5000, 5014, 5056, 5097, 5125, 5513, 5559, 5653, 5663, 5847, 5883, 5976, 5998, 6034, 6085, 6086, 6087, 6182, 6227, 6234, 6239, 6253, 6261, 6264, 6266, 6273, 6295, 6326, 6363, 6373, 6376, 6387, 6388, 6422, 6470, 6472, 6480, 6496, 6538, 6620, 6630, 6633, 6644, 6650, 6655, 6659, 6688, 6708, 6731, 6733, 6737, 6804, 6831, 7032, 7110.

Reliures, 4898.

REMBRANDT, 5071, 5079, 5085, 5090, 5093, 5094.

REMEZAN (Jean de), 251.

REMI (Saint), 977.

Rémiremont, église, 6699.

. — « de St-Pierre, 6841.

REMONDINI (M.), B, 5628.

REMOUIT (Thérèse-Suzanne), 857.

REMOVILLE (Le marquis de), 584.

Renaissance (Les Précurseurs de la), 5681.

RENART (P.-N.), B, 4990, 4992.

RENAUD (Le duc), 5005.

RENAUD II, comte de Gueldre, 5001.

RENCOGNE (Babinet de), B, 413, 432.

RENDU (A.), B, 6376, 6435.

RENDU (Z.), B, 6745.

RENÉ (Saint), 209.

René d'Anjou, roi de Sicile, 273,
274, 275, 284, 6371, 6380, 6381,
6382, 6390.
René (Comptes et mémoriaux du roi),
131.
René (L'abbé), b, 300, 520, 559.
Renescure, église, 6944.
Renfrew (Sheriffdom of), 4789, 7368.
Rennes, 362, 571, 6399.
— Cathédrale de Saint-Pierre,
6760.
— Maison de Ville, 517, 550.
Rennes (Pouillé de l'archevêché),
6334, 6760, 6843.
Renson (L'abbé), b, 669, 902.
Renouvier (J.), b, 6418.
Repertorium für Kunstwissenschaft,
4309.
Repertory (The Antiquarian), 5156.
Repton, 3998, 4070.
— Église, 2374, 4109.
— Prieuré, 1934.
Resch (Jurg), 4590.
Réthel (La comtesse de), 162.
Reuber (J.), b, 4255.
*Réunion des Sociétés des Beaux-Arts
des départements,* 926, 933, 938,
975.
Revue de l'Agenais. Cf. Agenais.
Revue d'Aquitaine et des Pyrénées.
Cf. Aquitaine.
Revue archéologique, 11, 79, 93, 123,
149, 182, 187, 200, 224, 352, 369,
459, 480, 492, 864, 1095, 5559, 5608,
5617, 5681, 5683, 5723, 6733, 6359,
6360.
Revue de l'Art chrétien, 10, 16, 24,
27, 32, 37, 126, 148, 187, 192, 208,
209, 267, 302, 384, 425, 439, 473,
495, 501, 210, 515, 522, 542, 551,
557, 564, 565, 567, 578, 579, 598,
615, 620, 622, 626, 630, 638, 639,
640, 667, 692, 693, 695, 701, 757,
760, 762, 798, 799, 810, 817, 821,
837, 862, 865, 869, 873, 993, 4255,
4648, 4704, 5097, 5108, 5508, 5530,
5547, 5556, 5560, 5577, 5642, 5706,
5753, 5847, 5856, 5882, 5883, 5886,
5906, 5908, 5935, 6258, 6271, 6282,
6286, 6337, 6345, 6351, 6362, 6551,
6675, 6683, 6719, 6734, 6750, 7035.

Revue de l'Art français, 534, 699,
861, 893, 907, 908, 909, 910, 911,
912, 982, 6384, 6498, 6646, 6670,
6676, 6687, 6689, 6691, 6695, 6712,
6715, 6716, 6728, 6749, 7113.
Revue de Béarn. Cf. Béarn.
Revue de Bretagne et de Vendée, 258.
Revue du Centre, 793.
Revue de Champagne et de Brie. Cf.
Champagne et Brie.
Revue de Gascogne, 415, 6310.
Revue des langues Romanes, 6273,
6365.
Revue historique de l'Ouest, 6744.
Revue des provinces de l'Ouest, 130.
Revue Poitevine, 6565.
Revue Poitevine et Saintongeaise,
6693.
Review (Retrospective), 1657, 2028.
Revue des Sociétés savantes, 35, 37,
60, 72, 73, 90, 94, 98, 101, 109,
118, 125, 133, 140, 151, 160, 162,
168, 184, 191, 192, 207, 208, 217,
221, 228, 230, 241, 254, 255, 278,
291, 322, 323, 329, 333, 335, 336,
345, 356, 357, 358, 362, 367, 383,
408, 449, 453, 475, 486, 487, 491,
507, 516, 544, 552, 556, 559, 568,
577, 581, 583, 606, 647, 679, 705,
706, 755, 768, 774, 792, 806, 807,
827, 863.
Review (The Union), 1673, 1707,
1758, 2035.
Revue Universelle des arts, 416, 421,
427, 652, 979, 5094, 7032.
Revue du département du Tarn, 6345.
Reventlau (Anne-Sophie de), 4751.
Reykholar, église, 5307.
Reykir [Kjalarness], église, 5268.
Reykir [Tungusveit], église, 5382.
Rexpoede, église, 6893.
Reykjadalr, 5334, 5336.
— Église, 5334, 5336, 5434.
Reykjaholt, église, 5287.
Reykjalið, église, 5329.
Reynard (Étienne), 1194.
Reynerie (Gentille), 6423.
Reynir, église, 5471.
Reynolds (Hugh), 3807.
Rheingrave, Otto Ludwig, 4591.
Rhin (Bas). Cf. Niederrhein.

Rhodes (Les Pot de), 558, 592.
Rhuddlan, Dominicains, 1904.
Riant (Le comte), B, 17, 18, 323, 527.
    4260, 6085, 6086, 6087.
Riario (Le comte Girolamo), 5705.
Ribe, cathédrale, 4704, 4705, 4715,
    4750.
Ribera Cortes de Zuñiga, duchesse
    d'Alcala (Dona Catalina Enriquez
    de), 4980.
Riberac (La vicomtesse de), 512.
Ribeyret, église, 7090.
Ribins, église, 7091.
Ricard (A.), B, 6418.
Ricciarelli (Daniele), 5825.
Richard Ier, roi d'Angleterre, 6263.
Richard II, roi d'Angleterre, 152,
    1497, 1520, 1523.
Richard, évêque, 1383.
Richard, brasseur, 7180.
Richard, comte d'Arundel, 1517.
Richard (J.-M.), B, 40, 43, 60, 276,
    315, 6280, 6282, 6283, 6285, 6336,
    6383, 6422.
Richard de Bury, 1411.
Richard Gilbert, 1484.
Richard de Gravesend, évêque, 1375.
Richard de Kellawe, évêque, 1389.
Richard Lyons, 1484.
Richard Prestys, doyen de West-
    minster, 1562.
Richard de Ravesser, archidiacre,
    1500.
Richard de Swinfield, évêque, 1393.
Richards (William), B, 1856.
Richardson (Cuthbert), 3724.
Richardson (John), 3704.
Richardson (Peter), 4147.
Richardson (Ralph), 3900.
Richardson (Robert), 3984.
Riche chapelle de Munich, 4601.
Richelieu, château, 666, 1116, 6823,
    7108, 7114.
Richelieu (Le cardinal de), 604, 685,
    7109.
Richelieu à Reims (Louis XIII et), 566.
Richelot (Gabriel), 6748.
Richemond (De), B, 254.
*Richesses d'art de la France (Inven-
    taire des),* 984, 985.
Richmond, 1790, 7382.

Richmond, archidiacre, 1524, 1814.
    —— Maison, 4105.
Richmond (Le duc de), 4181.
Richmond (Henri, duc de), bâtard de
    Henri VIII, 1809, 1880.
Richmond (La duchesse de), 4226.
Richmond (Hugues de), 1392.
Richmond (John), 3864.
Richmondshire Wills, 1853, 1869,
    1947, 1970, 1978, 1983, 1991, 2007,
    2060, 2128, 3692.
Rickmansworth, église, 2528.
Ricclife, évêque, 6256.
Ridder (Christine de), 5098.
Ridley (Nicolas), 3785.
Ridge, église, 2543.
Riding (East), 3969.
Ridley, église, 2758.
Ridley (Nicolas), 3908.
Ridley (William), 3965.
Riedel (A.-F.), B, 4406, 4466, 4500,
    4530, 4532.
Riemann (H.), B, 4463.
Rieulay, église, 7016.
Rieux (Jean de), 297.
Rievaux, abbaye, 1948.
Rigaud (Hyacinthe), peintre, 1187,
    6728.
Rigge (H.-F.), B, 4133, 4165, 4202.
Riggenbach (C.), B, 6227.
Rijsewijk (P.-H. van), B, 5057, 5058.
Riley (H.-T.), B, 1442, 1513, 1518,
    1527, 7180, 7181, 7182, 7183, 7184,
    7186, 7187, 7188, 7189, 7207, 7217.
Rillington, église, 3458.
Rilly-la-Montagne, église, 5.
Rimini, évêque, 5846.
Ringwood, église, 2108, 2511.
Ringstead Saint Andrew, église,
    7296.
Ringstead Saint Peter, église, 7297.
Ridley (Ralph), 3074.
Ripon, église, de SS. Peter et Wil-
    frid, 1372, 1654, 1704, 3867,
    3974, 4022.
    —— Hôpital, 1410, 1418.
    ——   «   de Saint-Jean-Bap-
                tiste, 1478.
    —   «   de Sainte-Marie,
                1372.
Ripoll Vilamajor (J.), B, 4875.

Ripple, église, 3383.
Ripr, église, 5386.
Riquier, abbé, 6253.
Rise, église, 3509.
Risley, église, 2376.
Riston (?), 3552.
Rivariolas (Capella in Curte), 5487.
Rivardeau (André de), b, 6507.
Rivières (Le baron de), b, 708, 6734.
Rivington, église, 2798.
Rivington (C.-R.), b, 3832.
Roannais illustré, 6677.
Roannés (Le duc de), 475.
Robbio, château, 5529.
Robert, roi de Naples, 5558, 5571,
      5575, 5583, 5587, 5591.
Robert (Des), b, 569.
Robert (F. des), b, 6610.
Robert (Lord Lyle), 4767.
Robert d'Artois, 57, 6281, 6291.
Robert de Béthune, comte de Flan-
      dres, 49, 53, 62.
Robert de Guyenne, marchand, 1443.
Robert de Joigny, évêque, 69.
Robert Knolles, 1497.
Robert de Londres, 1362.
Robert de Sadyngton, trésorier
      d'Angleterre, 1428.
Robert de Suthwyk, 1489.
Robertet (Florimond), 368.
Robertson (J.), b, 429, 477, 4793,
      4800, 4805, 4806, 4807, 4808, 4809,
      4810, 4811, 4812, 4813, 4815, 4816,
      4817, 4818, 4820.
Robertson (W.-A.-Scott), b, 1848,
      1945, 2032, 2070, 2071, 2716, 2739,
      2761, 2771, 2786, 3976, 4181.
Robes, 40, 47, 105, 117, 167, 181, 184,
      292, 367, 532, 830, 1563,
      2049, 3747, 3839, 4506, 4578,
      4806, 4809, 4827, 4906, 4942,
      4957, 5188, 5211, 5705, 6160,
      6570.
      — de femmes, 272, 1811, 5630.
      — de Madone, 5745, 5783.
      — Cf. Manteaux d'images.
Robinson (C.-B.), b, 3971, 4176.
Robinson (Henry), 3940.
Robinson (W.), 4096.
Robson (Bartram), 3754.
Robson (John), 1805, 7236.

Robolly (A.), b, 283.
Roborel de Climens, b, 500, 540, 6586.
Robys (Arthur), b, 2004.
Rocca (P.-M.), b, 5796, 5820.
Rocca Contrada, forteresse, 5675,
      5687.
Roccamadore, abbaye de N.-D.,
      6017.
Rocca Nuova, forteresse, 5832.
Rocca Verchiani, 5684.
Rochdale, 7390.
      — Église, 2802.
Roche, abbaye, 1898.
Rochefort, 767.
Rocher, b, 970.
Rochester, chapelle du Pont, 2044.
      —   Églises, Saint-Nicolas,
                  2755.
      —   «   Sainte-Margue-
                  rite, 2754.
      —   Évêque, 1446, 7243,
                  7244.
      —   Palais épiscopal, 1861.
Rochester. Roffense registrum, 1687.
Rock (D.), b, 1341, 1353.
Rock Society, 7234.
Rockenberg, 4557.
Rockingham Castle, 7362, 7404.
Roda, diocèse, 4873.
Rodenstein, 4585.
Rodenstein (Philip Georg von), 4585.
Rödern (Erasmus von), 4556.
Rodez, chapelle du Saint-Soulier, 64.
      — Cathédrale, 65, 786.
      — Église de Saint-Amans,
            541.
Roding Abbots, église, 2459.
Rodolphe II, empereur d'Allemagne,
      4551.
Rodriguez Villa (A.), b, 4901, 4999.
Rodulfi Gesta Abbat. Trudonens., 8.
Roëttiers (Joseph-Charles), graveur,
      860.
Roger (P.), b, 6574.
Roggerio di Nicosia, 5562.
Rogers (Ch.), b, 7224, 7331.
Rogière (Huguette), 6354.
Rohan (La famille de), 823.
Rohan (Marguerite de), 307.
Rohard, chapelle, 820.
Rois, 713.

Rois d'Angleterre, Athelstan, 1332, 7116.
— « Charles Ier, 4094, 4098, 4103, 4108, 4129, 4134, 4156, 4158, 4159, 6664, 6761, 7400.
— « Édouard-le-Confesseur, 1360.
— « Édouard Ier, 1371, 1374, 4752, 7124, 7125, 7133.
— « Édouard II, 1385, 1399, 1447, 1449.
— « Édouard III, 1411, 1425, 1428, 1430, 1443, 1444, 1446, 1448, 1458, 1474, 1475, 1480, 1486, 7186.
— « Édouard VI, 1368, 2027, 2043, 2199, 3621, 3624, 3625, 3626, 4108, 7272, 7310.
— « Étienne, 6263.
— « Jacques Ier, 4036, 4037, 4040, 4051, 4058, 4078, 4079, 4087, 4091. Cf. Rois d'Écosse : Jacques VI.
— « Jacques II, 4206, 4192.
« Jean sans Terre, 1340.
— « Henri II, 6263.
— « Henri III, 1344, 1359, 1360, 1361.
— « Henri IV, 1521, 1542, 1557, 1587.

Rois d'Angleterre, Henri V, 1564, 1565, 1576, 1584.
— « Henri VI, 1579, 1592, 1596, 1604, 1608, 1631, 1632.
— « Henri VIII, 1745, 1783, 1791, 1812, 1824, 1825, 1830, 1835, 1845, 1846, 1850, 1852, 1896, 1979, 2028, 4001, 4108, 7229, 7262.
— « Richard Ier, 6263.
— « Richard II, 152, 1497, 1520, 1523.
Rois d'Aragon, 5607.
— « Alfonse V, 4892.
— « Jaime Ier, 4876, 4877.
— « Pèdre IV, 4885, 4889, 4891, 4892.
Rois des Asturies, Alphonse II, 4842.
— « Alfonse III, 4845, 4846.
— « Ordoño, 4847.
Rois de Bohème. Cf. Rois de Hongrie.
Rois de Castille, Don Pèdre, 4886.
— « Philippe Ier d'Autriche, 4354, 6425. Cf. Rois d'Espagne.
Roi de Catalogne, Don Pèdre, infant de Portugal, 4898.
Rois de Danemark, Chrétien III, 4736.
— « Chrétien V, 4748.
— « Éric, 4706.
— « Frédéric Ier, 4725.
— « Frédéric IV, 4751.
Rois d'Écosse, 4752, 7126.
— « Jacques Ier, 1588.
— « Jacques III, 4769.
— « Jacques IV, 7429.
— « Jacques V, 4794, 4795, 4797.
— « Jacques VI, 4787, 4808, 4821, 4823,

4824, 7381. Cf. Rois d'Angleterre. Jacques Ier.

Rois d'Espagne, Charles-Quint, 377, 416, 4476, 4489, 4497, 4506, 4920, 4922, 4925, 4927, 4933, 4946, 4948, 4949, 4950, 4953, 4958, 4981, 6475, 6549.
  « Ferdinand-le-Catholique, 4903, 4904, 4906, 4911, 4916.
— « Ferdinand V, 4903, 4904, 4906, 4911, 4916.
— « Ferdinand VI, 4999.
— « Philippe Ier, d'Autriche, 4354, 6425.
— « Philippe II, 4497, 4931, 4934, 4942, 4943, 4947, 4954, 4955, 4956, 4957, 4973, 4984, 4985, 6509, 6549.
— « Philippe IV, 4991.
— « Philippe V, 4996, 4997.

Rois de France, Charlemagne, 313.
— « Charles V, 123, 136, 6319.
— « Charles VI, 131, 193, 206, 212, 215.
— « Charles VII, 213, 216.
— « Charles VIII, 302, 313.
— « Charles IX, 469.
— « Clovis, 313.
— « François Ier, 368, 378, 398.
— « François II, 422, 427, 429.
— « Henri II, 406.
— « Henri III, 6503.
— « Henri IV, 499, 535, 6580, 6593.
— « Jean-le-Bon, 91, 99, 105.
— « Louis (Saint), 313, 5537.

Rois de France, Louis X le Hutin, 58, 70.
— « Louis XI, 6375.
— « Louis XII, 1766, 1769.
— « Louis XIII, 606, 6720.
— « Louis XIV, 633, 634, 645, 652, 679, 691, 693, 697, 702, 722, 765, 6701, 6713, 6714, 6720, 6723, 7113.
— « Louis XV, 812, 818, 852, 853, 6801, 6809, 6810.
— « Louis XVI, 1101, 6961.
— « Philippe-le-Long, 59.
— « Philippe de Valois, 6289, 6291, 6302.

Rois de Hongrie et de Bohême, Albert II, 4312.
— « Ferdinand, 4399, 4401, 4439, 4442, 4446, 4471, 4491.
— « Jean Ier, 5128.

Roi d'Italie, Bérenger, 5502, 5503.

Rois de Léon, Ferdinand, 4871.
— « Ordoño Ier, 4847.
— « Ordoño II, 4851, 4853.
— « Véremond II, 4868.

Rois de Naples, Charles Ier, 5548, 5550, 5552.
— « Charles II, 5558, 5560, 5561.
— « Robert, 5558, 5571, 5575, 5583, 5587, 5591.

Roi de Navarre, 467.

Rois de Pologne, Sigismond II, 4483, 4491.
— « Stanislas, 6755.

Roi de Portugal, Jean Ier, 1586.

Rois des Romains, Ferdinand Ier, 4442, 4446, 4471, 4491. Cf. Rois de Hongrie, Ferdinand.
— « Frédéric III, 4316.
— « Maximilien, 5736.
— « Ruprecht, 4288. Cf. Empereurs d'Allemagne.

Roi de Siam (Hôtel du), à Paris, 6694.

Rois de Sicile, Charles III, 5995.
—   «   Ferdinand d'Aragon, 5696.
—   «   Frédéric II, 5607.
—   «   René d'Anjou, 273, 274, 275, 284, 6371, 6380, 6381, 6382. 6390.
Roi des Deux-Siciles, Ferdinand II, 5521, 5522.
Rois de Suède, Birger, 6182.
—   «   Gustave - Adolphe. 4599.
—   «   Gustave Vasa, 6200, 6201, 6202, 6203.
Rois de Suède et de Norvège. Magnus Smek, 6184, 6185.
Roi de Tunis, Aboul-Abbas-Ahmed. 4944, 4951, 4952.
Roissac (Le seigneur de), 655.
Roizé, église. 1036.
Rokeby (Thomas), 3667.
Roland-le-Virloys (Charles-François, architecte, 1291.
Rolandson (John), 3670.
Rolin (Le cardinal), 295.
Rolle (F.), B, 613.
Rolland (Claude-Humbert de), archevêque, 6805.
Romagna (R. Deputazione di storia patria per le provincie di), 5630, 5726, 5737, 5815, 5858, 5918, 5969.
Romagna (Monumenti istorici pertinenti alle provincie della), 5568, 5569, 5585.
Romagnano (Maria di), 5685.
Romains (Rois des). Cf. Empereurs d'Allemagne, Rois des Romains.
Romain (Saint), 414.
Romain (Jules), peintre, 5776.
Roman (J.), B, 77, 454, 773, 7103.
Romania, 4894.
Roman-Moutier, église, 6236.
Romans, 6306, 6339, 6357, 6370.
Rome, 4051, 5566, 5773, 5776, 5780, 5815, 5819, 5866, 5872, 5874, 5875, 5879, 5902, 5910, 5913, 5914, 5918, 5920, 5923, 5924, 5941, 5957, 5969, 5997, 6078, 6711.

Rome, Académie de France, 5924, 5931, 5960, 6672.
— Basilique du Latran, 5481, 5672.
— Basilique de Saint-Pierre ou Vaticane, 5547, 5556, 5604, 5613, 5649, 5671, 5730, 5883.
— Basilique de Sainte-Marie-Majeure, 5753, 5754, 5784, 5881.
— Chapelle du Præsepe, 5881.
—   «   de Saint - Sauveur in Thermis, 5908.
— Campo-Vaccino, 5888, 6066. 6074.
— Château St-Ange, 5689, 5892.
— Cimetière chrétien, 5565.
— Cour, 4274
— Églises, Saint-Louis des Français, 5778, 5877, 5909.
—   «   Saint-Valentin, 5480.
—   «   Santa Maria in Cosmedin, 5480.
— Farnesina nella Longara. 6066, 6071.
— Monastère des SS. Boniface et Alexis, 5620.
— Mont-Aventin, 5620.
— Palais Caetani, 5938.
—   «   Colonna, 5963.
—   «   Farnèse. 5944, 6064, 6066, 6072.
—   «   de Marguerite Farnèse, 5866.
—   «   Pamfili-Aldobrandini, 5961.
—   «   Saint-Marc, 5683.
— Potier, 5766.
— Tableaux (Achats de), 4996.
— Transtevère, 5782.
— Vatican, 5688.
— Villa Médicis, 6076.
Roma (Archivio Storico, artistico, archeologico e letterario della città e provincia di), 5659, 5690, 5816.
Romana di storia patria (Archivio della Società). 5556, 5604, 5649, 5671, 5730, 5740, 5746, 5762, 5773, 5774, 5780, 5782, 5785, 5793.

Rómer (Floris), b, 5125.
Romford, église, 2477.
Rondot (Natalis), b, 6384.
Rood (Isabella), 3881.
Rookbye (Laurence), 3801.
Rookwood (Ambrose), 4039.
Roos, église, 3526.
Roost-Warendin, église, 7017.
Roper (W.-O.), b, 1890, 7376.
Roquefort, couvent de Sainte-Claire, 6736.
Rosaires, 6659.
Rosans, église, 7092.
Rose, 4790.
Rose of Kilravock, 4802.
Rosenborg, Palais royal, 4748.
Rosenkrands (Mette), 4739.
Rosenkrantz (Ingeborg), 4744.
Roserot (Alph.), b, 291.
Roses, 1791.
Roses d'or, 1557, 4470, 5559, 5646.
Roskilde, Franciscains, 4714.
　　— Église des Dominicains, 4733.
Rosliston, église, 2375.
Rössel, église, 6177.
Rossi (Adamo), b, 5823.
Rosso (Andrea et Lorenzo del), 5940.
Rosswein, église, 4524.
Rostan (L.), b, 577.
Roth (F.-W.-E.), b, 4344, 4351, 4454.
Rothenfels, église, 4642.
Rotherham, église, 4207.
Rotherhithe, église, 3058.
Rothley, église, 2807.
Rothwell, couvent, 1891.
Rothwell (Richard), 3721.
Rottenbuch, couvent et église des Célestines, 4688.
Rottenmann, 4437.
　　— Église, 4330.
Rotterdam, 5058.
　　— Gilde des marchands de vin, 5106.
Rotuli parliamentorum, 1576, 7125, 7133.
Roucourt, église, 7018.
Rouen, 61, 156, 414, 799, 6358, 6389, 6596, 6621.
　　— Abbaye de Saint-Ouen, 374, 6851.

Rouen, archevêque, 136, 331, 5723 6596.
　　— Cathédrale, 16, 414, 445, 531, 619, 6265, 6358, 6596.
　　— Chanoine, 113.
　　— Château, 77.
　　— Magasins de guerre, 6621.
　　— Maison archiépiscopale, 331.
　　— Maladrerie du Mont-aux-Malades, 6389.
　　— Vieux Palais, 6621.
Rouillon, église, 1037.
Roumier (François), sculpteur, 1197.
Rouquet (André), peintre-émailleur, 1237.
Rouquette, 6734.
Rous (Sir Thomas), 4026.
Rousiers (François de), 497, 503.
Rous Lench, église, 3381.
Roussel, b, 6363, 6842.
Roussel (L'abbé Louis), b, 6542.
Routh, église, 3539.
Rovaria (Antonio), 5709.
Rowe (J.-B.), b, 1924, 4120.
Rowington, église, 3189.
Rowley, église, 3570.
Rowlston, église, 3493.
Roxburghe Club, 6664, 7396.
Royal Commission on Historical Manuscripts, 2130. Cf. *Commission*.
Royan, château, 400, 6448.
Royan (Madame de), 109.
Royauté (Insignes de la), 1340, 1344, 1359, 1446, 1791, 4156, 4279, 4286, 4442, 4497, 4506, 4706, 4748, 4879, 5561, 6182, 6184, 7429.
Roye, couvents, Cordeliers, 965.
　　— « Minimes, 966.
　　— Église de Saint-Florent, 964.
Royer (Pierre), 1325.
Royston, couvent, 1891.
　　— Église, 2597.
Ruan Major, église, 2085.
Ruan Minor, église, 2086.
Ruaudin, église, 1038.
Ruben, b, 643.
Rubens (Peter-Paul), peintre, 4157, 6612.
Rubeus (J.), b, 5556.
Rubió, maison curiale, 4888.
Rubrouck, église, 6945.

Rucellai (Bernardo), 5698.
Ruckynge, église, 2756.
Ruda, église, 6109.
Rudesind (Saint), 4856.
Ruddington, église, 2962.
Rudlice, église, 6132.
Rudniki, église, 6118.
Rudolstadt (Le prince de), 4655.
Rudston, église, 3488.
Rue, citadelle, 6566. .
— Église, 6632.
Rufford, chapelle à Croston, 2016.
Rufforth, église, 2059.
Rugby, église, 3100.
Runkelstein, château, 4346.
Rupp (J.), b, 5126.
Ruprecht, roi des Romains, 4288.
Ruscomb, chapelle et église, 1346,
7128.

Rushden, église, 2624.
Rushock, église, 3382.
Rushton, église, 7305.
Russell (J.-F.), b, 4076.
Russie, tapisserie, 5665.
Ruthven (Lady), 4813.
Rutland, comté, 7191, 7362, 7391.
Ruxley, église, 2757.
Rye [Angleterre], 2770.
Rye (W.), b, 2113, 7260.
Rylands (J.-P.), b, 7353, 7392,
7399.
Rymer (T.), b, 1359, 1361, 1385, 1485,
1486, 1493, 1522, 1533, 1535, 1542,
1543, 1565, 1584, 1586, 1587, 1588,
1592, 1651, 1993, 3866, 4040, 4078,
4087, 4094, 4103, 4108.
Ryton on Dunsmore, église .
3102.

<h1 style="text-align:center">S</h1>

Sablon (Vincent), b, 677.
Sabres, 5201.
Saccha (Paolo del), sculpteur, 5795.
Sachsen. Cf. Saxe.
*Sachsen (Beschreibende Darstellung
der älteren Bau- und Kunst Denk-
mäler der Provinz,* 4367.
*Sachsen (Geschichtsquellen der Pro-
vinz),* 4350, 4504, 4508.
Sächsischen Geschichte (Archiv der),
4470.
*Sächsischen Landen (Beiträge zur
Historie derer Chur- und Fürstli-
chen),* 4652.
Sacomb, église, 2580.
Sacristie, 10, 329, 623, 791, 813, 1434,
1867, 1870, 1873, 1876, 1877, 1884,
1896, 1943, 1958, 2033, 3622, 3810,
4286, 4355, 4363, 4495, 4691, 4753,
4755, 4756.
Sacristy (The), 2032.
Saddleworth, église, 2803.
Sadlescombe, Templiers, 1379.
Sadyngton (Robert de), trésorier
d'Angleterre, 1428.
Saebjorn, prêtre, 5468.
Saegmolen (Martinus), peintre, 5091.

Saelingsdalr, 5425.
Saez (L.), b, 4899, 4900.
Saffré-Kergroays (Le sieur de), 572.
Saffres (Jean de), chanoine, 110.
Saffron Walden, 7275.
—   Église, 2493.
—   Hôpital, 7237.
Saftleven (Herman), peintre, 5058.
Sage, b, 6819.
Sager (Edward), prêtre, 7356.
Saggiatore (Il), 5776.
Sahagun, monastère, 4852, 4854,
4857, 4860, 4862, 4864,
4866, 4869, 4870.
—   Église, 4968.
Sahuget (Jacques de), 582.
Sailly-en-Ostrevant, 6285.
Sainsot (L'abbé), b, 934, 971, 976, 980.
Saint-Acheul, abbaye, 947.
Saint-Aignan, église, à Chartres,
437.
Saint-Albain, église, à Douai, 882.
Saint-Alban, église, à Worcester,
3411.
Saint-Albans, abbaye, 1358, 1527,
1817, 1837, 1956,
7207, 7217.

Saint-Albans, églises, 2652, 7207.
— « Saint Mi-
chael's,
2536.
— « Saint Peters,
2523.
— « Saint Ste-
phen,2526.
Saint Alkmund, église, à Shrews-
bury, 2970.
Saint-Amans, église, à Rodez, 541.
Saint-Amé, église, à Douai, 31, 121,
936, 973, 6278, 6323.
Saint-Anatoile, église, à Salins, 981.
Saint-André, église, à Anvers, 6774.
Saint-André d'Apchon, château,
451, 612.
Saint-André, cathédrale, à Bordeaux,
587, 709.
Saint-André, chapelle à Bridport,
1532, 1636.
Saint-André, église, à Cantorbéry,
1703.
Saint-André, église, à Chartres, 437.
Saint-André, église, à Droitwich,
3314.
Saint-André, église, à Hertford, 2638,
4050.
Saint-André, église, à Limoges, 643.
Saint-André, église, à Norwich,
1468, 2638, 2907, 4208.
Saint-André, église, à Pershore,
3373.
Saint-André, église, à Plymouth,
1924, 4120.
Saint-André, église, à Whittlesey,
2228.
Saint-André, église, à Worcester,
3412.
Saint-André, cantarie de la cathé-
drale d'York, 1459, 1580.
Saint-André, prieuré, à Piazza,
6048.
Saint-André-des-Arts, église, à Paris,
256.
Saint Andrews, collège de Saint-
Sauveur, 7210.
Saint-Ange, château, à Corfou, 5538.
Saint-Ange, château, à Rome, 5892.
Sant' Angelo de Scopello, église, à
Trapani, 5999.

Sant' Angelo di Brolo, monastère,
6029.
Saint-Antoine, cantarie, à York,
1452, 1698, 1789.
Saint-Antoine, couvent des Fran-
ciscains, à Padoue, 5611, 5625.
Saint-Antoine, église, à Compiègne,
6854.
Saint-Antoine, hôpital, à Mâcon,
6392.
Saint-Antoine in regia dohana, église,
à Palerme, 5985.
Saint-Aphrodise, église, à Béziers,
585.
Saint-Apollinaire in Runco, église,
5533.
Saint-Arnoul, église, à Gap, 426,
454, 773.
Saint-Asaph, cathédrale, 1448.
Saint-Aubert, église, à Cambrai, 938,
6958.
Saint-Aubin, église, 1039.
Saint-Aubin, église, à Namur, 19,
301, 474, 527, 6267.
Saint-Augustin, abbaye, à Cantor-
béry, 1993.
Saint-Augustin, église, à Limoges,
643.
Saint-Augustin, monastères, à Wie-
lún, 6107, 6108.
Saint-Augustin (Ordre des chanoines
de). Cf. Abbayes. Monastères,
Prieurés (A).
Saint-Aulaire (Antoine de), 506.
Saint-Aulaire (La dame de), 508.
Saint-Aurélien, église, à Limoges,
643.
Saint-Austremoine, séminaire, à
Fontgiève, 6828.
Saint-Aventin, église, à Troyes, 359.
Saint-Barthélemy, chapelle, à Rouen,
6358.
Saint-Barthélemy, église, à Chartres,
437.
Saint-Barthélemy, église, à Paris, 861.
Saint-Basile (Ordre de), 6007, 6009,
6011, 6018, 6020, 6021, 6022, 6023,
6024, 6025, 6028, 6029, 6030, 6031,
6032, 6033, 6054.
Saint-Bavon, église, à Gand, 6546.
Saint Bees, église, 2284.

San Benito (Coronica general de la Orden de), 4841, 4847, 4849, 4850, 4852, 4853, 4855, 4856, 4871.

Saint-Benoit, abbaye, à Valladolid, 4959.

Saint-Benoît, collège, à Montpellier, 6418.

Saint-Benoît, église, à Huntingdon, 2654.

Saint-Benoit , église , à Norwich , 2040, 2920, 7412.

Saint-Benoît, église, à Paris, 831.

Saint-Benoît, à Paris (Maison canoniale de l'église de), 897.

Saint-Benoît, église, à Vérone, 5717.

Saint-Benoît (Ordre de). Cf. Ordre de Saint-Benoît.

Saint-Benoit de Bages, église, 4861.

Saint-Benoît, Gracechurch, église, à Londres, 3833.

Saint-Benoit-sur-Loire, abbaye, 970.

Saint-Bernard (Le Grand), monastère et église, 6248.

Saint-Bernardin, église, à Breslau, 4382.

Saint-Bertin, abbaye, à Saint-Omer, 264, 6840, 6858.

— Refuge, 6840.

Saint-Blaise, cantarie, à York, 1452, 1789.

Saint-Blaise, église, à Brunswick, 4523, 4607, 4611, 4612.

SS. Boniface et Alexis, monastère, à Rome, 5620.

Saint-Brice, église, à ,Tournai, 246, 6272.

Saint-Brieuc, 490.

— Cathédrale, 813.

Saint Bridgett, 4160.

Saint-Calais, église, 1057, 1075.

San Calogero [commende des chevalier , de Saint-Jacques de l'Épée], 6039.

Saint-Castule, église, à Prague, 4341.

San Cataldo, église, à Palerme, 6002.

Saint-Célerin, église, 1040.

Saint-Césaire, monastère, à Arles, 278.

Saint-Chad, cantarie, à York, 1992.

Saint-Chad, église à Shrewsbury, 2974.

SS. Chad et Paulin, cantarie, à la cathédrale d'York, 1490.

Saint-Charles, couvent, à Saint-Jean-le-Blanc-lès-Orléans, 6806.

Saint-Chamans, château, 847.

Saint-Chamond, Sainte-Chapelle, 605.

Saint-Chamond (Le marquis de), 605.

Saint-Cheron, abbaye, à Chartres, 437.

Saint-Christophe, cantarie, à York, 1685, 1789.

Saint-Christophe, église, à Limoges, 643.

Saint Christopher le Stocks, église, à Londres, 1713, 3822, 3834.

Saint-Clément, église, à Ipswich, 2985.

Saint-Clément, église, à Lübeck, 4432.

Saint-Clément, église, à Worcester, 3413.

Saint-Corneille, église, 1041.

Saint-Corneille, abbaye, à Compiègne, 6718.

SS. Crucum, monastère, à Altenbourg, 4875.

Saint-Cury, église, 2076.

Saint-Cuthbert, cantarie, à York, 1660, 1789, 1992.

Saint Cuthbert (Chapel of), église, 2301.

Saint-Cuthbert, église, à Durham, 1496, 1570.

Saint-Cuthbert, église, à Wells, 1507, 1536, 1582, 1607, 1620.

Saint-Cybard, abbaye, 6372.

Saint-Cyr, cathédrale, à Nevers, 12, 925.

Saint-Cyrice, église, 7093.

Saint-Dampnolet, église, à Limoges, 643.

Saint-David, église, à Exeter, 7286.

Saint David's, évêque, 1875.

Saint-Denis, abbaye, 573, 601, 607, 658, 764, 804, 846, 979, 985, 1115, 6729, 6762, 7032.

Saint-Denis, église, à Saint-Omer, 6858.

Saint-Denis, église, à Troyes, 356.

Saint-Dié, église, 6700.

Saint Dionis Backchurch, église, à Londres, 2878.

Saint-Donatien, église, à Bruges, 84, 190, 218, 259, 347, 387, 6300.

Saint-Dunstan, église, à Cantorbéry, 1735, 3853.

Saint-Edme-l'Archevêque, chapelle, à Abingdon, 7204, 7214.

Saint-Edme-l'Archevêque, église, à Salisbury, 2045, 7216.

Saint-Edmond, chapelle, à York, 1452.

Saint-Edmond, église, à Droitwich, 3317.

Saint-Edmond, église, à Dudley, 3317.

Saint-Edmond, hôpital, à Gateshead, 1402.

Saint-Édouard, cantarie, à York, 1452, 1459, 1698, 1992.

Saint-Eleuthère, hôpital, à Tournai, 6366.

Saint-Élie de Ambula, monastère, à Troina, 6033.

Saint-Éloi, église, à Vérone, 5706.

Saint-Éloi, chapelle, à Reims, 253.

— Léproserie, à Reims, 87.

Saint-Éloy, prieuré, à Paris, 138.

Saint-Elphège, église, à Cantorbéry, 2675.

Saint-Elphège, église, à Londres, 7254.

Saint-Émilien, église, 4852.

Saint-Emmeran, abbaye, 4676.

Saint-Esprit, abbaye, à Béziers, 586.

Saint-Esprit, église, à Heidelberg, 4293.

Saint-Esprit, hôpital, à Hambourg, 4407.

Saint-Esprit, hôpital, à Nuremberg, 4291.

Saint-Esprit (Maison du), à Wismar, 4435.

Saint Ethelburga, Bishopsgate, église, à Londres, 2883.

Saint Etheldred, église, à Norwich, 1473.

Saint-Étienne, abbaye, à Caen, 194, 6962.

Saint-Étienne, cantarie, à York, 1789.

Saint-Étienne, chapelle royale de Westminster, 1535, 1562, 2033.

Saint-Étienne, cathédrale, à Auxerre, 153, 204, 459, 6252, 6472, 6508, 6510, 6623, 6737, 6813, 6825.

Saint-Étienne, cathédrale, à Bourges, 382, 714, 822, 978, 1122.

Saint-Étienne, église, à Brie-Comte-Robert, 247.

Saint-Étienne, église, à Ipswich, 2986.

Saint-Étienne, église, à Limoges, 643.

Saint-Étienne, Coleman Street, église, à Londres, 1667, 1980.

Saint-Étienne, Walbrook, église, à Londres, 1693, 3817.

Saint-Étienne, église, à Murano, 5640.

Saint-Étienne, église, à Norwich, 1467.

Saint-Étienne, église, à Saint-Albans, 2526.

Saint-Étienne, église, à Troyes, 759.

Saint-Étienne des Grès, église, à Paris, 896.

Saint-Eustache, église, à Paris, 832.

Saint-Eutrope, prieuré, à Saintes, 590, 859, 6470, 6680, 6681, 6802.

Saint-Fabien et Saint-Sébastien, confrérie, 6481.

San Felipe, galère, 4989.

Saint-Félix, chapelle, à Padoue, 5611.

Saint-Félix, église, à Gérone, 4881.

San Filippi d'Argirò, collégiale, 6050.

— Église de St-Georges, 6051.

San Filippo, abbaye, 6012.

San Filippo di Fragalà, monastère, 6031.

Saint-Florent, abbaye, à Saumur, 383, 440, 1561.

Saint-Florent, collégiale, à Roye, 964.

Saint-Florian, monastère, 4564.

Saint-Fortunat, couvent, à Todi, 5564.

Saint-François, basilique, à Assises, 5586, 5592.

Saint-François, couvent, à Anvers, 6780.

Saint-François, monastère, à Valladolid, 4960.

Saint-François (Ordre de). Cf. Franciscains.

Saint-Gall, église, à Prague, 4283.

Sancti Galli Augiensis Fabariensis (*Libri Confraternitatum*), 6206, 6207, 6208, 6209, 6210, 6211.

Saint-Gatien, cathédrale, à Tours, 442.

Saint-Genis, prieuré, 6680.

Saint-Génois (J. de), B, 34.

Saint Georgenberg, monastère, 4254.

Saint-Georges, chapelle du château d'Ambras, 4507.

Saint-Georges, chapelle, à Windsor, 2131.

Saint-Georges, église, 1076, 6894.

Saint-Georges, église, à Anvers, 6773.

Saint-Georges, église, à Ballon, 1004.

Saint-Georges, église, à Châlon, 436.

Saint-Georges, église, à Cologne, 4248, 4264, 4358.

Saint-Georges, église, à Exeter, 7287.

Saint-Georges, église, à San Filippi d'Argirò, 6051.

Saint-Georges, église, à Haguenau, 6398.

Saint-Georges, église, au Puy-en-Velay, 408.

Saint-Georges, église, à Vendôme, 444, 899.

Saint-Georges, église, à Wismar, 4435.

Saint-Georges, gilde de Norwich, 1672.

Saint-Georges, hôpital, à Leipzig, 4460.

Saint-Georges (Ordre constantinien de), 6063.

Saint-Georges (Le sieur de), 679.

Saint-Georges a Kemonia, abbaye, à Palerme, 5986.

Saint-Georges du Plains, église, 1042.

Saint-Gérald, abbaye, à Limoges, 643.

Saint-Germain, église, à Amiens, 234.

Saint-Germain, église, à Compiègne, 6854.

Saint-Germain-en-Laye, château, 123, 6659.

Saint-Germain-l'Auxerrois, église, à Paris, 833.

Saint-Germain des Prés, abbaye, à Paris, 446, 505, 996, 1092, 1095.

Saint-Germain-le-Vieux, église, à Paris, 908.

Saint-Germain (Stanislas de), B, 178.

Saint-Gervais de Vic, église, 1077.

Saint-Gervais, église, à Paris, 982.

Saint-Gilles, autel, à Lynn, 1856.

Saint-Gilles, église, à Edimbourg, 4881.

Saint-Gilles, église, à Londres, 7401.

Saint-Gilles, église, à Lübeck, 4428, 4434.

Saint-Gilles, hôpital, à Chester, 2239.

Saint-Gilles, monastère, à Nîmes, 104, 456.

SS. Gilles et Julien, gilde à Lynn, 1856.

—　　Hôpital, à Lynn, 1856.

San Giorgio Maggiore, abbaye et église, à Venise, 5887.

Saint-Gothard, église, à Milan, 5653.

Saint-Grégoire, cantarie, à York, 1400, 1698, 1789.

Saint-Grégoire, église, à Londres, 1370.

Saint-Grégoire, église, à Norwich, 3805.

Saint-Grégoire, prieuré, à Douai, 7388.

Saint-Grégoire, prieuré, à Downside, 7388.

San Gregorio lo Gibiso, monastère, 6011.

Saint-Guillaume, cantarie, à York, 1459, 1483, 1789.

Saint-Guillaume, collège, à York, 1752.

Saint-Hélier, presbytère, 3975.

Saint-Hilaire, église, à Chartres, 437.

Saint-Hilaire, église, au Mans, 923.

Saint-Hilaire, église, à Poitiers, 271, 328, 401, 437, 443, 471, 485, 547, 691, 809.

Saint-Hilaire de la Celle, abbaye, 386.

Saint-Hippolyte [Oudekerk], église, à Delft, 5014, 5017.

Saint-Honoré de Paris, église, à Paris, 922.

Saint-Hubert, château, 6769.

SS. Innocents, cantarie, à York, 1459, 1698, 1789.

Saint-Isidore, monastère, à Léon, 4871, 4969.

Saint-Jacob, église, à Cologne, 4248, 4264.

Saint-Jacques, cantarie, à Curry Malet, 7261.

Saint-Jacques, cantarie, à Durham, 2012.

Saint-Jacques, cantarie, à York, 1698, 1992.

SS. Jacques et Catherine, cantarie, à York, 1452.

Saint-Jacques, chapelle, à Saint-Antoine de Padoue, 5611.

Saint-Jacques, chapelle de la cathédrale de Tolède, 4893.

Saint-Jacques, chapelle, à Tournai, 6395.

Saint-Jacques, église, à Anvers, 6772.

Saint-Jacques, église, à Bredicote, 3285.

Saint-Jacques, église, à Breslau, 4382, 4400.

Saint-Jacques, église, à Compiègne, 6853.

Saint-Jacques, église, à Douai, 883.

Saint-Jacques, église, à Freiberg, 4419.

Saint-Jacques, église, à Leipzig, 4460.

Saint-Jacques, église, à Lübeck, 4431.

Saint-Jacques, église, à Lynn, 1856.

Saint-Jacques, église, à Montauban, 392.

Saint-Jacques-l'Hôpital, église, à Paris, 834.

Saint-Jacques, église, à Pistoia, 5589, 5631.

Saint-Jacques, église, à Reims, 945.

Saint-Jacques, église, à South Lynn, 2896.

Saint-Jacques, église, à Utrecht, 5009.

Saint-Jacques de l'Épée (Chevaliers de), 6039.

Saint James (Palais de), 2050.

Saint-Jean, abbaye, 948.

Saint-Jean, basilique, à Monza, 5543, 5544, 5593.

Saint-Jean, cantarie, à York, 1698.

Saint-Jean, chapelle, à Bridport, 1502.

Saint-Jean, collège, à Cambridge, 1915.

Saint-Jean, église, à Beverley, 3580.

Saint-Jean, église, à Bredicote, 3284.

Saint-Jean, église, à Glastonbury, 7203, 7223.

Saint-Jean, église, à Lübeck, 4423.

Saint-Jean, gilde, à Coventry, 1437.

Saint-Jean, hôpital, à Sandwich, 1505, 1545, 1578, 1715, 1742.

Saint-Jean, hôpital, à Leipzig, 4460.

Saint-Jean, monastère, à Lübeck, 4426.

Saint-Jean, église, à Utrecht, 5648.

Saint-Jean, église, à Worcester, 3415.

Saint-Jean d'Angely. 6562.

Château, 491.

Saint-Jean d'Assé, église, 1643.

Saint-Jean et Saint-Apollinaire, église, à Valence, 118.

Saint-Jean-Baptiste, cantarie, à Durham, 2012.

Saint-Jean-Baptiste, cantarie, à Nettlecombe, 7261.

Saint-Jean-Baptiste, cantarie, à York, 1452, 1459, 1698.

Saint-Jean-Baptiste, chapelle, à Scropton, 1768.

Saint-Jean-Baptiste, collégiale, à Saint-Chamond, 605.

Saint-Jean-Baptiste, église, à Bristol, 1674.

Saint-Jean-Baptiste, église, à Palerme, 6005.

Saint-Jean-Baptiste, église, à Peterborough, 2923.

Saint-Jean-Baptiste, hôpital, à Bridport, 1647.

Saint-Jean-Baptiste, hôpital, à Ripon, 1478.

Saint-Jean de Bayda, église, à Palerme, 5981.

Saint-Jean de Beverley, cantarie, à York, 1452, 1459, 1698, 1789.

Saint-Jean-le-Blanc-lez-Orléans, couvent de Saint-Charles, 6806.

Saint-Jean-l'Évangéliste, cantarie, à Durham, 2012.

Saint-Jean-l'Évangéliste, cantarie, à York, 1459, 1698, 1789, 1992.

SS. Jean et Hermès, abbaye, à Palerme, 5980.

Saint-Jean d'Hérisson, chapelle, 6753.

Saint-Jean-hors-les-Murs, couvent, à Récanati, 5788.

Saint-Jean de Jérusalem (Chevaliers de), 251, 1962, 4482, 4487, 4488, 4502, 5029, 7230.

Saint-Jean de la Cheirie, église, au Mans, 923.

Saint-Jean de La Palud de La Couronne, église, 718.

Saint-Jean-en-Vallée, abbaye, 437.

Saint-Jean in Vado, église, à Prague, 4583.

Saint Jeans Cappel, église, 6946.

Saint-Jérôme, cantarie, à York, 1698, 1789.

Saint-Jocuff, église, à Freiberg, 4419.

Saint John's Bowe, église, à Exeter, 2404, 7290.

Saint John Maddermarket, église, à Norwich, 1470.

Saint John Without, église, à Chester, 2231.

Saint-John without Northgate, hôpital, à Chester, 2240.

Saint-Jouin de Marnes, abbaye, 428, 683.

San Juan de la Vega, monastère, 4858.

San Julian de Samos, monastère, 4853.

Saint-Julien, abbaye, à Tours, 153.

Saint-Julien, autel, à Lynn, 1856.

Saint-Julien, église, au Mans, 923.

Saint-Julien, église, à Shrewsbury, 2972, 7386.

Saint-Julien-en-Bauchaine, église, 7096.

Saint-Julien-en-Champagne, église, 1044.

Saint-Just, église, à Lyon, 33.

San Justo de las Requeras, église, 4860.

Saint-Kenelm, chapelle, 1748.

Saint-Kyeran, église, à Exeter, 1567.

Saint-Ladre-aux-Hommes, léproserie, à Reims, 87.

Saint-Ladre-le-Val [Belgique], 86.

Saint-Lambert, église, à Liège, 770.

Saint-Landry, église, à Paris, 911.

Saint-Laud, 638.

Saint-Laumer, abbaye, à Blois, 6630, 6631.

Saint Laurence Poutney, église, à Londres, 4088.

Saint-Laurent, abbaye, 6259.

Saint-Laurent, autel, à Lynn, 1856.

Saint-Laurent, cantarie, à York, 1698, 1789.

Saint-Laurent, cantarie, à Dunster, 7261.

Saint-Laurent, église, à Ipswich, 2981, 7446.

Saint-Laurent, église, à Marsala, 5995.

Saint-Laurent, église, à Montfort-l'Amaury, 6650.
Prieuré, 39, 610.

Saint-Laurent, église, à Norwich, 1469.

Saint-Laurent, église, à Reading, 1774, 1802.

Saint-Laurent, église, à Tivoli, 5476.

Saint-Lebuin, église, à Deventer, 5025.

Saint-Lehire, hôpital, à Tournai, 6366.

Saint-Léonard, autel, à Lynn, 1963.

Saint-Léonard, église, à Prague, 4285.

Saint-Léonard, église, à Wallingford, 2191.

Saint-Léonard de Louplande, église, 1045.

Saint Leonards, 2020.

San Liberatore, monastère, à Chieti, 5508.

Saint-Louis, église, à Paris, 885.

Saint-Louis des Français, église, à Rome, 5778, 5877, 5909.

Saint-Louis du Louvre, église, à Paris, 921.

Saint-Loup, château, 6750.

Saint-Luc, confrérie, à Tournai, 479.

Saint-Lucien, chapelle, à Constance, 4559.

Saint-Maire, château, 6233.

Saint-Malo, 6403.

—   Cathédrale, 6843.

Saint-Mammés, cathédrale, à Langres, 338, 360, 6262, 6542, 6639, 6733, 6804.

Saint-Mandé, château, 641.

Saint-Marc, basilique, à Venise, 5551, 5780, 5772, 5974, 6081.

Saneto Marco (Capella dedicata in honore), 5496.

Saint-Marc, église, à Pistoia, 5542.

Saint-Marcel, église, à Paris, 895.

Saint Margaret Pattens, église, à Londres, 1673, 1707, 1758, 2035.

Saint-Mars-sous-Ballon, église, 1046.

Saint-Mars de Locquenay, église, 1078.

Saint Martha, église, 3042.

Saint-Martial, abbaye, à Limoges, 14, 20.

Saint-Martin, abbaye, à Limoges, 643.

Saint-Martin, couvent et église des Augustines, 4693.

Saint-Martin, église, à Birmingham, 1583, 4187.

Saint-Martin, église, à Cantorbéry, 2677.

Saint-Martin, église, à Chester, 2237.

Saint-Martin, église, à Clamecy, 385, 670.

Saint-Martin, église, à Exeter, 2402.

Saint-Martin, église, à Francker, 5024.

Saint-Martin, église, à Montpezat, 230.

Saint-Martin, église, à Picquigny, 265.

Saint-Martin, église, à Stopanna, 4874.

Saint-Martin, église, à Tours, 431, 441.

Saint-Martin, église, à Worcester, 3416.

Saint-Martin, prieuré, à Douvres, 1870.

SAINT-MARTIN (Ch. de), II, 476.

SAINT-MARTIN (Jean de), barbier, 6452.

Saint-Martin des Champs, prieuré, à Paris, 78, 225.

Saint-Martin d'Espiémont, église, 249.

Saint-Martin-aux-Jumeaux, abbaye, 949.

Saint-Martin-le-Grand, église, à Londres, 2036.

Saint Martin, Ludgate, église, à Londres, 1555, 7180.

Saint Martin in Meneage, église, 2075.

Saint Martin Outwich, église, à Londres, 1770, 2029, 2879.

Saint Martin-de la Place, église, 757.

Saint-Martin-au-Val, prieuré, 437.

Saint-Martin-le-Viandier, église, à Chartres, 437.

Saint Mary Arches, église, à Exeter, 2399.

Saint Mary at Axe, église, à Londres, 4125, 4182.

Saint Mary Bourne, église, 4019.

Saint Mary Bredin, église, à Cantorbéry, 2679.

Saint Mary Church, église, 7140.

Saint Mary Colechurch, église, à Londres, 2881, 4061, 4213.

Saint Mary Coslany, église, à Norwich, 2039, 2908, 4100, 4211.

Saint Mary Cray, église, 2759.

Saint Mary at Elms, église, à Ipswich, 2989.

Saint Mary Hill, église, à Londres, 1706, 1807, 3626.

Saint Mary at Hill, église, à Chester, 2232, 7310.

Saint Mary the Less, église, à Cambridge, 1775.

Saint Mary Magdalen, collége, à Oxford, 1591, 1638, 1700.

Saint Mary's in the Marsh, église, 2760.

Saint Mary Quay, église, à Ipswich, 2983.

Saint Mary Somerset, église, à Londres, 2877.

Saint Mary Stoke, église, à Ipswich, 2990, 7451.

Saint Mary Tower, église, à Ipswich, 2980.

Saint-Mathieu, église, à Ipswich, 2988.

Saint-Mathieu, église, à Morley, 1933.

Saint-Maur-les-Fossés, 972.

Saint-Maurice, cathédrale, à Angers, 24, 32, 37, 140, 192, 208, 209, 217, 267, 303, 510, 774, 810, 1120, 6351, 6708, 7110.

Saint-Maurice, église, à Breslau, 4415.

Saint-Maurice, église, à Limoges, 643.

Saint-Maurice, église, à Salins, 486.

Saint-Maurice, église, à Vienne, 430.

Saint-Maurice d'Agaune, abbaye, 6240, 6247.

Saint-Maximin, couvent, 322.

— Église, 577.

Saint Michael's Mount, prieuré, 1420.

Saint-Michel, abbaye, 6776.

Saint-Michel, cantarie, à York, 1459.

Saint-Michel, chapelle, à Bridport, 1549.

Saint-Michel, église, à Bishop's Stortford, 1894, 2041, 2114, 2125, 2649.

Saint-Michel, église, à Chartres, 437.

Saint-Michel, église, à Chester, 2236, 7311, 7336.

Saint-Michel, église, à Coventry, 1874, 4162.

Saint-Michel, église, à Lichfield, 4074.

Saint-Michel, église, à Saint Albans, 2536.

Saint-Michel, église, à Worcester, 3417.

Saint-Michel, église, à Zeitz, 4367.

Saint-Michel, monastère, à Pise, 5512.

Saint-Michel, monastère et église, à Staffelsee, 4232.

Saint-Michel de Almascara, monastère, 4867.

Saint-Michel-Archange, monastère, à Troina, 6032.

Saint-Michel de Chavaignes, église, 1079.

Saint-Michel du Cloître, église, au Mans, 923.

Saint-Michel des Lions, église, à Limoges, 643.

Saint-Mihiel, 6536.

Saint Mildred Poultry, église, à Londres, 2880, 4212, 4213.

San Miniato, 5540.

Saint-Morand, chapelle de la cathédrale de Vienne, 4300.

Saint Neots, église, 7369.

Saint-Nicaise, abbaye, à Reims, 836.

Saint-Nicolas, cantarie de la cathédrale d'York, 1452, 1580, 1698, 1816.

Saint-Nicolas, cathédrale, à Messine, 6014, 6015, 6016.

Saint-Nicolas, chapelle, à Crich, 1465.

Saint-Nicolas, chapelle, à Derby, 1804.

Saint-Nicolas, chapelle, à Lynn, 1724, 1985, 3850.

Saint-Nicolas, chapelle de la Basilique Vaticane, à Rome, 5547.

Saint-Nicolas, église, à Aberdeen, 4774.

Saint-Nicolas, église, à Afrique, 5522.

Saint-Nicolas, église, à Bari, 5560.

Saint-Nicolas, église, à Beverley, 3559.

Saint-Nicolas, église, à Breslau, 4413.

Saint-Nicolas, église, à Douai, 884.

Saint-Nicolas, église, à Droitwich, 3315.

Saint-Nicolas, église, à Durham, 2012, 4171, 4205.

Saint-Nicolas, église, à Fribourg, 6249.

Saint-Nicolas, église, à Guildford, 3021.

Saint-Nicolas, église, à Hertford, 2628.

Saint-Nicolas, église, à Ipswich, 2987.

Saint-Nicolas, église, à Kampen, 5023, 6540.

Saint-Nicolas, église, à La Rochelle, 6477.

Saint-Nicolas, église, à Leipzig, 4460.

Saint-Nicolas, église, à South Lynn, 2895.

Saint-Nicolas, église, au Mans, 923.

Saint-Nicolas, église, à Rochester, 2755.

Saint-Nicolas, église, à Warwick, 3267.

Saint-Nicolas, église, à Wismar, 4435.

Saint-Nicolas, église, à Worcester, 3418.

Saint-Nicolas, église, à Yarmouth, 1743, 7222, 7379.

Saint-Nicolas, hôpital, à Wismar, 4352.

Saint-Nicolas, monastère, à Soliù, 5514.

Saint-Nicolas de Latina, prieuré, à Sciacca, 5990.

Saint-Nicolas della Cicogna, église, 5528.

Saint-Nicolas Cole Abbey, église, à Londres, 2882.

Saint-Nicolas de la Fico, monastère, 6007.

Saint-Nicolas du Port, église, 316, 488, 6385, 6553, 6585, 6856, 6857.

Saint-Nicolas de Porticu (Autel de), 5111.

Saint-Nicolas de Regali, abbaye, à Mazzara, 5998.

Saint-Nizier, église, à Lyon, 54.

Saint-Nizier, église, à Troyes, 358.

Saint-Olave, église, à Chester, 2238.

Saint-Olave, église, à Exeter, 2405.

Saint-Olave, église, à Southwark, 3083, 3813.

Saint-Olave, prieuré, 7245.

SAINT-OFFANGE (François de), 6593.

Saint-Omer, abbaye de Saint-Bertin, 264, 6840, 6858.

— Cathédrale, 6701, 6858.

— Chapelles, du Haut-Pont, 6858.

— « Hôpital général, 6858.

Saint-Omer, chapelles, hôpital de la Maladrerie, 6858.

— « Hôpital de Saint-Jean, 6858.

— « Hôpital de Saint-Louis, 6858.

— « N.-D. du Miracle, 82,6496, 6858.

— « Séminaire, 6858.

— Collége Français, 6858.

— Confrérie de la Sainte-Famille, 6858.

— Couvent du Jardin, 6858.

— Églises, Le Bon-Pasteur, 6858.

— « Collégiale, 417, 6858.

— « Saint-Denis, 6858.

— « Saint-Sépulcre, 6858.

— Société des Antiquaires de la Morinie, 6324.

Saint-Osmane, église, 1080.

Saint-Osmond [Registrum Sancti Osmundi], 1341, 1342, 1343, 1345, 1346, 1347, 1348, 1349, 1350, 1351, 1352, 1353, 1354, 1355. Cf. Osmond (Saint).

Saint-Oswald, église, à Chester, 2280.

Saint-Oswald, église, à Durham, 2012, 4038.

Saint-Osyths, abbaye, 1952.

Saint-Ouen, abbaye et église, à Rouen, 374, 6851.

Saint-Ouen, église, à Bristol, 7212.

Saint-Ouen, église, à Gloucester, 2507.

Saint-Pancras, église, à Exeter, 2400, 7291.

Saint-Pancras, église, à Londres, 2065, 2885.

Saint-Pantaléon, abbaye, à Bordonaro, 6025.

Saint-Papoul, église et évêché, 6353.

San Parisio, monastère, à Trévise, 5575.

Saint-Paul, cathédrale, à Londres, 1356, 1367, 1369, 1370, 1534, 1615, 1617, 2134, 3625, 7272, 7316.

Saint-Paul's Domesday. 7118, 7120, 7153.

Saint-Paul, église, à Cantorbéry, 2681.

Saint-Paul, église, à Exeter, 2398.

Saint-Paul, église, à Orléans, 257.

Saint-Paul, église, à Paris, 760, 869.

Saint-Paul, monastère, à Valladolid, 4961.

Saint-Paul (Le comte de), 281.

Saint-Paul in militum statione, église, à Palerme, 5984.

Saint Paul's Walden, église, 2533.

Saint-Paulien, église, 940.

Saints-Paulin-et-Chad, cantarie dans la cathédrale d'York, 1490.

Saint-Paulin, cantarie, à York, 1992.

Saint-Pavace, église, 1047.

Saint-Pavin, église, au Mans, 997.

Saint-Pavin-la-Cité, église, au Mans, 923.

San Pedro, église, à Muros, 4936.

San Pedro de Montes, monastère, 4847.

Saint-Père-en-Vallée, abbaye, à Chartres, 10, 148, 425, 437, 439, 639, 879.

SS. Peter et Wilfrid, église, à Ripon, 1372, 1654, 1704, 3867, 3974, 4022.

Saint Peter Cheap, église, à Londres, 1590, 1782.

Saint Peter Houndgate, église, à Norwich, 1471.

Saint Peter Mancroft, église, à Norwich, 1466, 1526.

Saint Peter per Mountergate, église, à Norwich, 1472, 2037.

Saint Peter's [Saint-Alban], église, 2523.

Sancti Petri de Mullegio, église, à Vercelli, 5756.

Sancti Petri (In ecclesia pupplica), 5500.

Saint Petrock, église, à Exeter, 2397.

Saint-Philippe, abbaye, 6023.

Saint-Philippe (Le), vaisseau, 7351.

Saint-Piat, église, à Tournai, 6395.

Saint-Pierre, abbaye, à Gloucester, 1778, 1813.

Saint-Pierre, abbaye, à Corbie, 715, 958.

Saint-Pierre, basilique, à Rome, 5547, 5566, 5604, 5613, 5649, 5671, 5730, 5883.

Saint-Pierre, cathédrale, à Rennes, 6760.

Saint-Pierre, collégiale, à Douai, 935.

Saint-Pierre, collégiale, à Lille, 147.

Saint-Pierre, église, à Angers, 684, 711, 6731.

Saint-Pierre, église, à Barnstaple, 7320, 7333, 7438.

Saint-Pierre, église, à Bueil, 448.

Saint-Pierre, église, à Chester, 2234, 7413.

Saint-Pierre, église, à Droitwich, 3316.

Saint-Pierre, église, à Ipswich, 2984.

Saint-Pierre, église, à Martigny-les-Bains, 986.

Saint-Pierre, église, à Lessine, 6386.

Saint-Pierre, église, à Liège, 1103, 1109, 1114.

Saint-Pierre, église, à Leipzig, 4460.

Saint-Pierre, église, à Livron, 141.

Saint-Pierre, église, à Lübeck, 4429.

Saint-Pierre, église, à Poitiers, 989.

Saint-Pierre, église, à Rémiremont, 6841.

Saint-Pierre, église, à Valenciennes, 6340, 6635.

Saint-Pierre, église, à Vienne, 404, 635.

Saint-Pierre, église, à Wallingford, 2193, 7269.

Saint-Pierre, église, à Worcester, 3419.

Saint-Pierre, monastère, à Lucques, 5479.

Saint-Pierre, prieuré, à Torsay, 6681.

Saint-Pierre (F.-E. de), b, 6391.

Saint-Pierre-et-Saint-Paul, église, à Oldesloe, 4339.

Saint-Pierre-et-Saint-Paul, église, à Senftenberg, 4652.

Saints-Pierre-et-Paul, monastère, à Agrò, 6020.

Saints-Pierre-et-Paul, monastère, à Italla, 6018.

Saint-Pierre-et-Saint-Romain, église, à Lyon, 613.

Saint-Pierre des Arcis, église, à Paris, 909.

Saint-Pierre d'Arthenay, 6289.

Saint-Pierre-Avès, église, 7097.

Saint-Pierre-aux-Bœufs, église, à Paris, 919.

Saint-Pierre-Broucq, église, 6895, 7050.

Saint-Pierre des Cuisines, église, à Toulouse, 6304.

Saint-Pierre de la Cour, église, au Mans, 923.

Saint-Pierre-sur-Dive, abbaye, 1400.

Saint-Pierre du Lac, église, 495, 501, 515, 522, 551, 564, 626, 667, 798, 865.

Saint-Pierre-aux-Nones, abbaye, à Reims, 695.

Saint-Pierre ad Paternum, église, à Naples, 5515.

Saint-Pierre du Queyroix, église, à Limoges, 407, 643.

Saint-Pierre-le-Réitéré, église, au Mans, 923.

Saint-Pierre-le-Vif, abbaye, à Sens, 36, 86, 624.

Saint-Porchaire (Terre de), 6565.

Saint-Pyran, 1365.

Saint-Quentin, chapelle de Saint-Jean-Baptiste, 157.

— Église, 149, 418.

— Société académique, 296.

Saint-Quentin (*Mémoires de la Société des sciences, arts, belles-lettres, agriculture et industrie de*), 157.

Saint-Remi, abbaye, à Reims, 41, 692, 693, 874, 904, 977.

Saint-Remy des Bois, église, 1048.

Saint-Rieul, église, à Senlis. 6821.

Saint-Riquier, abbaye, 1, 6253, 6254.

Saint-Robert d'Authie, prieuré, 969.

Sainte-Sabine, église, 1049.

Saint-Sacrement, 929.

San Salvador, église, 4860.

San Salvador de Lerez, monastère, 4851.

San Salvador de Lorençana, monastère, 4855.

SS. Salvatore dei Greci, église, à Messine. 6027.

Sancti Salvatoris de Umbru (Basilica), 5491.

Saint-Samson, cathédrale, à Dol, 235, 6334.

Saint-Sang, chapelle, à la cathédrale de Schwerin, 4474.

Saint-Saturnin, église, à Chartes, 437.

Saint-Saturnin, église, à Nantes, 814.

Saint-Sauveur, cantarie, à York, 1992.

Saint-Sauveur, collège, à Saint Andrews, 7210.

Saint-Sauveur, église, 3084.

Saint-Sauveur, église, à Redon, 649.

Saint-Sauveur, église, à Southwark, 2056, 3084, 7268.

Saint-Sauveur (Oud Munster], église, à Utrecht, 5042, 5043, 5056.

Saint-Sauveur, monastère, à Placa, 6054.

Saint-Sauveur, prieuré, 859.

Saint-Sauveur de Borne, église, 661.

Saint-Sauveur-Givre-en-Mai, chapelle, 6753.

Saint-Sauveur in thermis, chapelle, à Rome, 5908.

Saint-Sébastien in Monte Illicino, monastère, 4849.

Saint-Sépulcre, abbaye, 938.

Saint-Sépulcre, église, à Paris, 124, 898, 6320.

Saint-Sépulcre, église, à Saint-Omer, 6858.

Saints-Serge-et-Bacche, abbaye, à Angers, 583, 1419, 1421.

Saints-Serge-et-Bacche, monastère, à Naples, 5515.

Saint-Sernin, abbaye et église, à Toulouse, 23, 298.
Saint-Servats, église, à Maëstricht, 4613.
Saint-Seurin, église, à Bordeaux, 790, 6586.
Saint-Sever, chapelle de la cathédrale de Rouen, 6358.
Saint-Séverin, église, à Paris, 835.
Saint-Siège, trésor, 5559, 5566, 5567, 5573, 5581, 5588, 5600, 5603, 5608, 5609.
Saint-Simon-et-Saint-Jude, église, à Goslar, 4263.
Saint-Soulier, chapelle, à Rodez, 64.
Saint-Spire, église, à Corbeil, 179, 354.
San Stefano (Giovanni da), chanoine, 5628.
Saint Stephens. Cf. Saint-Étienne.
Saint Swithun, église, à Worcester, 3420.
Saint-Sylvestre, monastère, à Troina, 6033.
Saint-Symphorien, église, à Reims, 945.
Saint Teath, église, 4042.
Saint-Thomas, chapelle, à Coventry, 1874.
Saint-Thomas, chapelle sur le Pont de Londres, 1442.
Saint-Thomas, église, à Droitwich, 3318.
Saint-Thomas, église, à Dudley, 3318.
Saint-Thomas, église, à Salisbury, 1839, 2045.
Saint-Thomas, monastère, à Leipzig, 4289, 4450, 4464.
Saint-Thomas, prieuré, 1930.
Saint-Thomas de Cantorbéry, cantarie, à York, 1427, 1459, 1698, 1789.
Saint-Thomas-le-Martyr, chapelle, à Newport, 1964.
Saint-Trond, abbaye, 8, 6255.
Saint-Trophime, église, à Arles, 552.
Saint-Ulric et Sainte-Afra, abbaye, 4587.
Saint-Valentin, église, à Rome, 5480.
Saint-Victor, abbaye, à Paris, 244.
Saint-Vincent, abbaye, au Mans, 997.

Saint-Vincent, église, à Bagnères, 6419.
Saint-Vincent, église, à Berne, 6238.
Saint-Vincent, église, à Breslau, 4412.
Saint-Vincent, église, à Dijon, 436.
Saint-Vincent, église, à Soignies, 129.
Saint-Waast, abbaye, à Arras, 13, 15.
Saint-Waast, abbaye, à Moreuil, 961.
Saint-Wendron, église, 2082.
Saint Werburgh, église, à Derby, 4062, 4083, 4169, 4170, 4174.
Saint-Wilfrid, cantarie, à York, 1992.
Saint-Wilfrid et Saint-Pierre, église, à Ripon, 1372.
Saint-Winocq, abbaye, 6690.
Saint-Wipert, monastère, 4396.
Saint-Zoyl de Carrion, église, 4966.
Sainte-Agate, cantarie, à York, 1452, 1459, 1789.
Sainte-Anne, chapelle, à York, 1452, 1698, 1789.
Sainte-Anne, monastère, à Lübeck, 4427.
Sainte-Brigitte, église, à Chester, 2235.
Sainte-Brigitte, église, à Cologne, 4363.
Sainte-Brigitte-et-Sainte-Catherine, chapelle, à la cathédrale de Ribe, 4715.
Sainte-Burian, église, 7171.
Sainte-Catherine, abbaye, à Lingua Grossa, 6052.
Sainte-Catherine, cantarie, à Ilminster, 7261.
Sainte-Catherine, cantarie, à Nunney, 7261.
Sainte-Catherine, cantarie, à York, 1452, 1698, 1992.
Sainte-Catherine, chapelle, à Bridgwater, 1634.
Sainte-Catherine, chapelle, à Bridport, 1501, 1679.
Sainte-Catherine, chapelle, à Crich, 1465, 1804.
Sainte-Catherine, collége, à Cambridge, 1677.
Sainte-Catherine, église, à Braunsberg, 6105.

Sainte-Catherine, église, à Leipzig, 4460.

Sainte-Catherine, église, à Lille, 132.

Sainte-Catherine, église, à Londres, 4068.

Sainte-Catherine, église, à Lübeck, 4421.

Sainte-Catherine, hôpital, à Londres, 1740, 2010.

Sainte - Catherine, monastère, à Lübeck, 4421.

Sainte-Cécile, cantarie, à York, 1452, 1459, 1698.

Sainte-Chapelle, à Bourges, 166, 183, 822.

    —   à Chambéry, 293, 309, 394.

    —   à Dijon, 447, 791, 871.

    —   à Paris, 369, 480, 891, 912, 6831.

    —   à Saint-Chamond, 605.

    —   des Ardilliers, à Saumur, 713.

    —   au Vivier-en-Brie, 492, 674, 700.

Sainte-Claire, couvent, à Roquefort, 6736.

Sainte-Colombe, chapelle, à Rouen, 6358.

Sainte-Colombe, église, 7094.

Sainte-Colombe, église, à Charvensod, 5554.

Sainte-Croix, abbaye, à Poitiers, 280, 472, 477, 660.

Sainte-Croix, autel, à Aberdeen, 4477.

Sainte-Croix, cantarie, à York, 1452, 1698, 1789.

Sainte-Croix, chapelle dans l'église Dumbarton, 4762.

Sainte-Croix, église, à Angers, 6620.

Sainte-Croix, église, à Breslau, 4356, 4448.

Sainte-Croix, église, à Cantorbéry, 2676, 7431.

Sainte-Croix, église, à Dresde, 4347.

Sainte-Croix, église, à Orléans, 6308.

Sainte-Croix, église, à Shrewsbury, 2971.

Sainte-Élisabeth, église, à Breslau, 4333, 4374.

Sainte-Eulalie de Curtis, monastère, 4863.

Sainte-Euphémie de Fara, monastère, 5606.

Sainte-Euphémie, église, à Naples, 5506.

Santa Fe, 4902.

Sainte - Foy, église, à Conques, 1121.

Sainte-Foy, église, à Londres, 1369.

Sainte-Frideswide, cantarie, à York, 1789, 1992.

Sainte-Frideswide, collége, à Oxford, 1997.

Sainte-Geneviève, abbaye, à Paris, 994, 6706, 6763.

Sainte-Geneviève (Ordre de), 799.

Sainte-Gertrude, chapelle, à Brunswick, 4359.

Sainte-Gertrude, église, à Lübeck, 4433.

Santa Giula, monastère, à Brescia, 5482.

Sainte-Hélène, église, à Worcester, 3414.

Sainte-Justine, abbaye, à Padoue, 5625.

Sainte-Larme, abbaye, à Selincourt, 960.

Santa Lucia, abbaye, près de Milazzo, 6010, 6012.

Sainte-Lucie, abbaye, à Palazzolo, 6046.

Sainte-Lucie, cantarie, à York, 1452, 1459, 1789.

Sainte-Madeleine, église, à Troyes, 504.

Sainte-Marguerite, église, à Lynn, 1963.

Sainte-Marguerite, chapelle, à Darenth, 2697.

Sanctae Margaretae (Capella dedicata in honore), 5493.

Sainte-Marguerite, église, à Altenbourg, 4391.

Sainte-Marguerite, église, à Biseglia, 5527.

Sainte-Marguerite, église, à Cantorbery, 2678.

Sainte-Marguerite, église, à Ipswich, 2982.

Sainte-Marguerite, église, à Rochester, 2754.

Sainte-Marguerite de l'Ordre Teutonique, église, à Sciacca, 5992.

Sainte-Marguerite, église, à South Lynn, 2897.

Sainte-Marguerite, église, à Westminster, 2042, 3840, 4102.

Sainte-Marie, cantarie, à York, 1452, 1698.

Sainte-Marie, collége, à Oxford, 1971.

Sainte-Marie, église, 7095.

Sainte-Marie, église, à Beverley, 3558.

Sainte-Marie, églises, à Cambridge, 1376, 1746, 1763, 1775, 1975, 4116.

Sainte-Marie, église, à Cracovie, 6173.

Sainte-Marie, église, à Dundee, 4763.

Sainte-Marie, église, à Guildford, 3022.

Sainte-Marie, église, à Hermannstadt, 4290, 4314.

Sainte-Marie, église, à Lichfield, 4106.

Sainte-Marie, église, à Lübeck, 4430.

Sainte-Marie, église, à Sandwich, 1678.

Sainte-Marie, église, à Séville, 4886.

Sainte-Marie, église, à Shrewsbury, 2973.

Sainte-Marie, église, à Wallingford, 2192, 7269.

Sainte-Marie, église, à Warwick, 1662, 1670, 3266.

Sainte-Marie, église, à Whittlesey, 2227.

Sainte-Marie, église, à Wismar, 4435.

Sainte-Marie, églises d'Angleterre. Cf. Saint Mary.

Sainte-Marie, hôpital, à Douvres, 1867.

Sainte-Marie, hôpital, à Londres, 1626.

Sainte-Marie, hôpital, à Newcastle-upon-Tyne, 7208.

Sainte-Marie, monastère, à Léon, 4868.

Sainte-Marie et Saint-Jean de locum Beteri, église, 5507.

Sainte-Marie et Saint-Nicolas, église, à Mercatella, 5510, 5511.

Sainte-Marie de l'Admirato, église, à Palerme, 5582.

Santa Maria di Castello, église, à Gênes, 5535, 5656, 5657, 5658.

Santa Maria in Cosmedin, église, à Rome, 5480.

Santa Maria delle Grazie, église, à Milan, 5748.

Santa Maria delle Grazie, prieuré, à Palerme, 5982.

Sainte Marie ad Gradus, église, à Mayence, 4287.

Sancta Maria de Junqueira, église, à Cee, 4938.

Sainte-Marie-Majeure, basilique, à Rome, 5753, 5754, 5784, 5881.

Sainte-Marie-Madeleine, cantarie, à York, 1452, 1789, 1992.

Sainte-Marie-Madeleine, couvent, à Altenbourg, 4451.

Sainte-Marie-Madeleine de la Pénitence, couvent, à Freiberg, 4419, 4468.

Sainte-Marie-Madeleine, église, à Breslau, 4318.

Sainte-Marie-Madeleine, église, à Palerme, 5983.

Sainte-Marie-Madeleine, hôpital, à Ripon, 1410, 1418.

Sanctae Mariae Minoris [Buurkerk], église, à Utrecht, 5013.

Sainte-Marie-sur-le-Pont, chapelle, à Derby, 1712.

Santa Maria della stella, chapelle, à Naples, 5865.

Sainte-Marie-la-Vierge, cantarie, à York, 1452, 1459, 1574, 1594, 1789.

Sanctae Mariae Virginis auf dem Berge, monastère, 4408.

Santa-Marina, église, à Venise, 5732.

Sainte-Marine, église, à Paris, 578, 918.

Sainte-Marthe, hôpital, à Reims, 1096.

Sainte Mildred (?), église, à Cantorbéry, 2682.

Sainte-Radegonde de Pommiers, église, 524.

Sainte-Scholastique, cantarie, à York, 1452, 1459, 1789.

Sainte Sidwell, église, à Exeter, 7289.

Sainte-Sithe-sur-le-Pont, chapelle, à Bridgnorth, 4020.

Sainte-Trinité, abbaye, à Castelvetrano, 5993.

Sainte-Trinité, abbaye, à Fécamp, 102, 120, 150, 219, 320, 402, 676, 6688.

Sainte-Trinité, abbaye, à Vendôme, 900.

Sainte-Trinité, autel, à Wells, 1620.

Sainte-Trinité, prieuré, à Aldgate, 1363.

Sainte-Trinité, couvent, à Burgos, 4935.

Sainte-Trinité, église, à Chester, 2233.

Sainte-Trinité, église, à Exeter, 2403.

Sainte-Trinité, église, à Guildford, 3023, 3812.

Sainte Trinité, église, à Linz, 4493.

Sainte-Ursule [Nieuwe kerk], église, à Delft, 5028.

Sainte-Vierge, autel, à Wells, 1607.

Sainte-Vierge, église, à Leipzig, 4460.

Sainte-Vierge, gilde, à Boston, 1864.

Sainte-Walburge, église, à Anvers, 6771.

Saints (All). Cf. All Saints.

Saints. Bernœlphe, 5048.

— Cuthbert, 1570, 7116.

— Edmond, 803.

— Édouard, 1360.

— Élisabeth, 4329.

— Éloi, 6376.

— Éthelwold, 1333.

— Hugues, 7233.

— Léopold, 4484.

— Martin, 44.

— Maurille, 810.

— Nicolas, 316.

— Osmond, 1338, 7117.

— Remi, 977.

— René, 209.

— Romain, 414.

— Rudesind, 4856.

Sainte Épine, 6504.

— Geneviève, 994.

— Pucelle de Kent, 1857, 1859, 1860, 7242.

Saintes, 593.

— Bénédictins, 6802. Cf. Église de Saint-Eutrope.

Saintes, collège, 6597, 6765, 6768, 6802, 6846.

—   « des Jésuites, 6597, 6600.

—   Église et prieuré de Saint-Eutrope (B), 590, 859, 6470, 6680, 6681.

—   Jésuites, 6765.

Saintonge et de l'Aunis (Archives historiques de la), 254, 400, 597, 781, 825, 859, 6434, 6448, 6466, 6470, 6562, 6680, 6681.

SALAZAR Y CASTRO (L. de), B, 4935.

Salazuit, église, 689.

Salcombe-Regis, église, 7148, 7156.

Salerans, église, 7098.

Salers, missionnaires, 6826.

Salford, église, 3221.

Salières, 1411, 1596, 1608, 1791, 1845, 1958, 4094, 4156, 5559.

— de cristal, 5747.

— d'or et d'argent, 1385, 4078.

SALIGNAC (Pons de), 632.

SALIGNON (Louis), sculpteur, 1134.

Salins, églises, Saint-Anatole, 581.

—   « Saint-Maurice, 486.

Salle d'armes, 5972.

Salle de bains, 6742.

Salle commune, 1643.

Salm (Hôtel de), 6602.

Salisbury, 1484, 1676, 1839, 1883.

—   Cathédrale, 1338, 1341, 1353, 1675, 1883, 2045, 7117, 7132, 7252.

—   Couvents, Dominicains, 1938.

—   « Franciscains, 1939.

—   Églises, 7128.

—   « Saint-Edme-l'Archevêque, 2045, 7216.

—   « Saint-Thomas, 1839, 2045.

—   Évêque, 2045.

SALOMONE-MARINO (S.), B, 5579, 5596, 5632, 5710, 5711, 5714, 5715, 5760.

Salop, comté, 1905, 1946, 2970, 3631, 4092, 4093, 4188, 7321, 7354, 7361, 7364.

Salopian and West Midland Monthly-illustrated Journal, 4093. 7281.

Salperwicq, église, 6858.

Saltby, église, 2873, 7280.

Saltwood, église, 2761.

Salurn, 4262.

Salvin (Gérard), 3765.

Salvin (Richard), 3780.

Salwarpe, église, 3384.

Saméon, église, 7019.

Samlesbury Hall, 7356.

Samon, écolier, 1627.

Sampieri (La famille), 6057.

Sanche, reine de Léon, 4871.

Sancho II, archevêque, 4878.

Sancie, reine de Naples, 5587.

Sancton, église, 3567.

Sanctuaires, 373.

Sancy, 6518.

Sandars (S.), b, 1376, 1746, 1763, 1975, 4116.

Sandbach, 7372.

Sanderstead, église, 3072.

Sandhurst, chapelle, 1349.

— Église, 2175, 7131.

Sandiacre, église, 2385.

Sandilands (John), 4766.

Sand-Kirche, église, à Breslau, 4414.

Sandomir, collégiale de N.-D., 6098.

Sandon, église, 2491, 2603.

Sandridge, église, 2524.

Sandwich, 4013.

— École de grammaire, 4131.

— Église de Sainte-Marie, 1678.

— Hôpital de Saint-Jean, 1505, 1545, 1578, 1715, 1742.

Sandys (Lord), 1967.

Sandys (Samuel), 7421.

Sandys (W.), b, 3865.

Sangster (John), ministre protestant, 7368.

Sanini (Sanine), 6333.

Sanquhar, curé, 4776.

Santander, province, 4854.

Santiago, cathédrale, 4972.

Santiago de Compostelle, 4948.

Santoni (M.), b, 5786.

Sarazin (Camille), b, 337.

Sardaigne [Ile], 5514.

Sardiniae (Codex diplomaticus), 5514.

Sarratt, église, 2522.

Sarthe [Département], églises, 942, 991, 997.

Sarthe. Documents historiques sur la vente des églises de la Sarthe pendant la Révolution, 923.

Sarti (M.), b, 5541, 5545.

Sarum. Cf. Salisbury.

Sárvár, 5257.

Sarzana, cathédrale, 5633, 5758.

Sasso-Corbaro, châteaufort, 6222.

Sathenay, 6520.

Saudanes, église, 5321.

Saulnier (F.), b, 571.

Sault (La comtesse de), 507.

Saulx-Saint-Remy, église, 6.

Saumur, abbaye de Saint-Florent, 383, 440, 1561.

— Château, 553, 561.

— Sainte-Chapelle des Ardilliers, 713.

Saunier, 7367.

Saurbaer, église, 5274, 5355.

Saurupt, 6484.

Sausers, 1399.

Saussay, église, 1051.

Sauvage (E.), b, 766.

Sauveur ad Emporium, église, à Girgenti, 5988.

Sauzet (L'abbé), b, 6309.

Sava (K. von), b, 4304.

Savage (Thomas), archevêque, 1751.

Savaron (Jean), 6608.

Savaron (Mᵐᵉ de), 901.

Savary (Simon), 282.

Savelli (Les), 5910.

Savellli (Le cardinal Fabrizio (?), 5910.

Savigné-lès-Le-Mans, église, 1050.

Savoie, 6364, 6539.

— (Couronne de), 671, 5925.

Savoie (Ducs de), 243, 293, 310, 394, 420, 5747, 5749, 5875, 5897, 5898.

Savoie (Charles, duc de), 5724.

Savoie (Emmanuel-Philibert, duc de), 5840.

Savoie (Félix V, anti-pape, duc de), 236.

Savoie (Louis, duc de), 5664.
Savoie (Philibert, duc de), 6391.
Savoie (Victor-Amédée, duc de), 5896.
Savoie (La duchesse de), 420.
Savoie (Le prince Eugène de), 4694.
Savoie (Le prince Thomas de), 570.
Savoie (Bonne de), 5700.
Savoie (Charlotte de), 292.
Savoie (Isabelle de), 5871.
Savoie (Marguerite de), 5664.
Savoie (Mathilde de), 4302.
Savoie (Madame de), 163.
Savoie (Monsieur de), 163.
Savoie (La Maison de), 5664, 6460, 6541.
Savoie (Palais de), à Londres, 7366.
　— Hôpital, à Londres, 7366.
　— Sainte Chapelle des ducs de Savoie. Cf. Chambéry.
Savoie. Le lettere e le arti alla corte di Savoia. 309, 310, 311.
　— *Mémoires et Documents publiés par la Société savoisienne d'histoire et d'archéologie,* 236.
Savou, 3700.
Savone, cathédrale, 5802.
Savonese (Società storica), 5802.
Savoye (Benoît de), peintre, 6689.
Sawbridgeworth, église, 2646.
Sawley, église, 2384.
Sawtre, abbaye, 1878.
Sax (J.), n, 4667, 4674.
Saxby, 7324.
　— Église, 2841, 7280.
Saxe, 4365, 4387, 4417, 4418, 4419, 4468, 4469, 4475.
　— Cour, 6242.
　— Cf. Sachsen, Niedersachsen.
Saxe (Jean-Frédéric, duc de), 4511.
Saxe (Maurice, duc de), 4470.
Saxe (Auguste, électeur de), 4540.
Saxe (Marie-Josèphe de), dauphine, 811, 844.
Saxilly, église, 7321.
Saxoniae regiae (Codex diplomaticus). 4289, 4328, 4384, 4387, 4445, 4453, 4470.
Saxonici (Codex diplomaticus aevi), 1332, 1335.

Saxonicum cartularium, 1332.
Saxthorpe, église, 2911.
Sayer (John), 1840.
Sayol (Bérenguer), 4896.
Scagglethorpe (?), église, 3451.
Scalby, église, 3467.
Scaleby, église, 2259.
Scalford, église, 2866, 7280.
Scalon (Barthélemy), 6433.
Scandinave (Société pour la publication des manuscrits relatifs à l'histoire), 6196, 6200.
Scarano (Roberto), 5562.
Scarborough, église, 1593.
Scardeburgh (John de), curé, 1511.
Scarisbrick, manoir, 1834.
Scarisbrick (Thomas), 1834.
Scarle (John de), 1539.
Scarning, église, 4231, 7445.
Scarsaria (Wilielmus), 5524.
Sceau, 803.
Scellés et Inventaires, 723-754.
Sceptres, 1446, 4156, 4442, 4506.
Schade (G.-B.), n, 4359.
Schannat (J.-F.), n, 4247.
Scharf (G.), n, 2028, 2050, 4091, 4129.
Scharold (C.-G.), n, 4440.
Schaves, n, 6428.
Scheckmakers (Henri), sculpteur, 1198.
Scheins (Le d°), n, 4309.
Scheltema (P.), n, 5079, 5094.
Schenk van Tautenburch (Frederik), archevêque, 5033.
Schenna, château, 4505.
Scheurl (Christoph), 4473.
Schiavo (D.), n, 5570.
Schilders, confrérie, à La Haye, 5105.
Schilling (A.), n, 4436.
Schimmelpfennig (C.-A.), 4479.
Schirenbrand (Jean), imprimeur, 6495.
Schlager (J.-E.), n, 4315, 4377, 4438, 4462.
Schleinitz (Hans von), abbé, 4384.
Schlesiens (Zeitschrift des Vereins für Geschichte und Alterthum), 4281, 4356, 4479.
Schlesischen Gesellschaft für vaterländische Cultur (Abhandlungen

der), 4318, 4333, 4374, 4382, 4400, 4415, 4448.

Schmalkalden, collégiale, 4277.

Schmidt (Adolf), b, 4264, 4358.

Schmidt (G.), b, 4372.

Schmidt (Pierre), imprimeur, 6495.

Schnals, Chartreuse, 4691.

Schneller (J.), b, 6217.

Schoettgen (C.), b, 4362.

Schöllbron, église, 4634.

Schönherr (D. von), b, 4492, 4494, 4505.

Schönherr (D.), b, 4311, 4335, 4342, 4346, 4370, 4389, 4410, 4439, 4446, 4452.

Schottenkloster, monastère, à Würzbourg, 4444.

Schröder (J.-H.), b, 6184.

Schurff (Georg), 4507.

Schulz (Alwin), b, 4281, 4318, 4333, 4374, 4382, 4400, 4415, 4448.

Schutterwald, église, 4573.

Schwaben, 4338.

Schwaben (Diözesan-Archiv von), 4355, 4604.

Schwaben und Neuburg (Zeitschrift des historischen Vereins für), 4537.

Schwarzenberg (Paul von), chanoine, 4499.

Schwaz, 4693.

Schweidnitz, église, 4326.

Schweiz (Allgemeine Geschichtforschende Gesellschaft der), 6242.

Schweizer Geschichte (Quellen zur), 6212.

Schweizerische Alterthumskunde (Anzeiger für), 6219, 6241, 6244, 6251.

Schweizerische Geschichte (Jahrbuch für), 6242, 6245.

Schwerin, cathédrale, 4474.

Schwyz, canton, 6217.

Sciacca, abbaye de N.-D. de Jummariis, 5989.
— Églises, San Calogero, 5991.
— « Sainte-Marguerite de l'ordre Teutonique, 5992.
— Prieuré de Saint-Nicolas de Latina, 5990.

Scorborough (?), 3575.

Scotin (Louis-François), graveur, 1281.

Scotland (Antiquaries of), 7381, 7402, 7429.

Scotland, Chapel Royal, 7224.

Scotland (Documents illustrative of the History of), 7123, 7126, 7127.

Scotland (The acts of the Parliaments of), 4752.

Scott (John), 7398.

Scott (Sir Walter), b, 3988.

Scotti (Le marquis Annibale), 5967.

Scrayingham, église, 3441.

Scriba (Le dr), b, 4557.

Scrope (Sir Richard), trésorier d'Angleterre, 1480.

Scropton, église, 1768.

Scudéry (De), b, 6624.

Sculpteurs, Adam (Nicolas-Sébastien), 1302.
— Adam (Lambert-Sigisbert), 1238.
— Antracy (Elias), 5773.
— Aubert (Laurent), 1297.
— Berretario (Bartolomeo), 5774.
— Bonnemain (Jean-François), 1171.
— Bontemps (Pierre), 438.
— Bouchardon (Edme), 1245.
— Bouillart (Joseph), 1126.
— Cauvet (Gilles-Paul), 1326.
— Cellini (Benvenuto), 5798, 5833, 5834, 5838.
— Charpentier (René), 1140.
— Chassel (Dominique), 1268.
— Coysevox (Antoine), 1143.
— Cressent (Charles), 1272.
— Desbatisse (Claude), 1242.
— Dessègre (Nicolas), 1145, 1188.
— Ducreux (Michel-Joseph), 1133.
— Dupont (J.-B.), 1219.
— Ferrata (Ercole), 5934.
— Fixon (Pierre), 1327.

Sculpteurs, Foulon (Nicolas - François), 1173.
— Gagini (Fazio), 5826.
— Gerogy de la Corte, 5773.
— Guglielmo della Porta, 5845.
— Haize (François), 1265.
— Jérome (François), 1168.
— Lange (Pierre), 1222.
— Lassus (Pierre), 1180.
— Lebreton (Odet), 730.
— Le Lorrain (Robert), 1185.
— Leoni (Leone), 4987.
— Leoni (Pompeo), 4975, 4987.
— Le Paultre (Pierre), 1189.
— Lombardi (Alfonso), 5797.
— Marin (Jean - Cyriac), 1215.
— Marsy (Gaspard de), 736.
— Masse (Nicolas), 738.
— Michel-Ange, 4551, 5822, 5825.
— Mignot (Pierre-Philippe), 1283.
— Misson (Hubert), 752.
— Monnier (Michel), 741.
— Mouchy, 885.
— Noiret(François-Jérome), 1254.
— Pacetti (Vincenzo), 6078.
— Paolo del Saccha, 5795.
— Pigalle (J.-B.), 1320.
— Pitoin (Quentin-Claude), 1301.
— Ponsard (Émilion), 1247.
— Porlier (Ch.-Vincent), 1236.
— Roumier(François),1197.
— Salignon (Louis-Armand), 1134.
— Scheemakers (Henri), 1198.
— Van Clève (Corneille), 1151.
— Van Nimmen (Pierre-Guillaume), 1298.
— Varin (Philippe), 1166.
— Varin (Pierre), 1217.

Sculpteurs, Verbeckt (Jacques), 1288.
— Vinckenbrinck (Albert), 5087.
Sculpteurs, atelier, 4975, 4987.
— Outils, 5795.
Scultori (Domenicani), 5768, 5770.
Sculptures, 368, 416, 418, 421, 438, 464, 663, 893, 898, 1100, 4993, 5782, 5819, 5826, 5827, 5869, 5891, 5938, 5944, 6672, 6770.
— Tombales, 6325.
Sculpture et arts plastiques au pays de Liège, 6259.
Sculto(Adamo), 5874.
Scuola di san Marco, a Venise, 5697, 5702.
Seal, église, 2826.
Seale, église, 3025.
Seamer, église, 3490.
Searle (W.-G.), b, 1915, 7395.
Seaton, église, 3591.
Sebergham, 4218.
Seckington, église, 3162.
Sedgeberrow, église, 3385.
Sedgeford, église, 2916.
Sedan, château, 7107.
Sédières, château, 665.
Seeburg, église, 6178.
Seefeld, couvent et église des Ermites de Saint-Augustin, 4696.
Seehausen, 4532.
Seffrey (Thomas), serf, 7260.
Segond (Antoine), notaire, 6550.
Ségond, b, 6550.
Ségovie, alcazar, 4912.
Segura (J.), b, 4888.
Ségure (Johannitz de), forgeron, 6446.
Seine-Inférieure (Commission des Antiquités de la), 6358, 6389, 6590, 6621, 6851.
Seine-et-Marne, 70.
Seine-et-Marne (Bulletin de la Société d'archéologie, sciences, lettres et arts du département de), 247.
Seine-et-Oise, 70.
Sejdelin (H.-C.), b, 4707, 4722, 4737, 4742.
Selaby, manoir, 4114.
Selby (John), 3736.
Selby (Sir John), 3957.

Selby (Odinel), 3910.
Selborne, prieuré, 1591.
Sele, prieuré, 7215.
Sellerie, 1394.
Selles, 184, 206, 1520, 1588, 4029,
    4181, 4550, 4794, 4929, 5735, 5736,
    6160.
Selling, église, 2071.
Selvogr, 5316.
Séminaires, à Amiens, 956.
    — Saint-Austremoine, à
        Fontgiève, 6828.
    — Saint-Charles, au Mans,
        923.
    — Département du Nord,
        926, 6849.
    — Palerme, 5977.
    — Reims, 945.
Semur, église, 1081.
Send, église, 3011.
Sénéchal d'Angleterre, 27.
    — d'Eu, 1861.
    — de Fontenay, 6507.
Sénemaud (Edm.), B, 306, 387.
Senesterra (Bernard), 4879.
Senftenberg, église de Saint-Pierre
et Saint-Paul, 4652.
Senlis, cathédrale, 6435.
    — Église de Saint-Rieul, 6821.
    — Évêque, 305, 6451.
    — Comité d'archéologie, 6821.
    — Société académique d'archéo-
        logie, 305, 6451.
Senlory, 993.
Sens, abbaye de Saint-Pierre-le-Vif,
        36, 624.
    — Cathédrale, 614.
    — Monuments, 988.
    — Société archéologique, 614,
        624.
Sépulcre, 1667, 1691.
Serapeum, 4258, 4276, 4290, 4314.
Serédy (Le baron Benedek), 5243.
Serel (Th.), B, 1507, 1536, 1582,
    1607, 1620.
Serf, 7260.
Serce III, pape, 5481.
Sergent, 976.
Serrurier, 116, 6313.
Serrasanquirico, château fort, 5652,
    5674, 5799.

Serra y Campdelacreu (J.), B, 4978.
Serutzelus, 5525.
Servante, 3781.
Servières (L'abbé), B, 1121.
Servites, couvent et église, à Inns-
        pruck, 4686.
    — Couvent et église, à Maria-
        Weissenstein, 4701.
    — Couvent et église, à Wal-
        drast, 4690.
Seton (Alexander), comte de Dun-
    fermline, 4831.
Seton (G.), B, 4831.
Settrington, église, 3450.
Severnstoke, église, 3386.
Sevestre (Jean), peintre, 1165.
Séville, cathédrale, 4983.
    — Église de Sainte-Marie, 4886.
Sevin de la Penaye (Charles), pein-
    tre, 1176.
Sevington, église, 2762.
Sèvres (Deux-), 6750.
    — Société de statistique, 272,
        524, 1100, 6748.
Sextuna (Chapelle, in monasterio),
    5501.
Seydisfjördr, 5422.
Seyne, curé, 866.
Sforza (La Maison des), 5734.
Sforza (Angela), 5735.
Sforza (Anna Maria), 5731.
Sforza (Bianca Maria), 5736.
Sforza (Carlo), 5735.
Sforza (Caterina), 5705.
Sforza (Chiara), 5729.
Sforza (Le cardinal Francesco), 5891.
Sforza (Le comte Francesco), 5655.
Sforza (Francesco), 5718.
Sforza (Galeazzo Maria), 5700.
Sforza (Giovanni Maria), 5705.
Sforza (Ippolita), 5735.
Shadoxhurst, église, 2763.
Shaftoe (Arthur), 3973.
Shaftow (James), 3902.
Shakespeare, 7384.
Shalford, église, 3036.
Shalbourne, église, 2045, 2176.
Shanklin, église, 2518.
Shapwick, église, 2406.
Sharp (Thomas), B, 1437, 1717, 1874,
    4162.

Shaw, église, 2177.
Shaw (Ann), 7384.
Shaw (James), curé, 4030.
Shaw (L.), b, 4802.
Shaw (W.-F.), b, 4013, 4023, 4072.
Shawfield, 7436.
Sheepshed, église, 2821.
Sheffield, 4063.
— Château, 3972.
— Forges, 2055.
Sheffield (Little), 4155.
Shefford (Little), église, 2179.
Shefford (Magna), église, 2178.
Sheldon, église, 3175.
Shelford (Great), église, 7285.
Shelley, église, 2462.
Shelswell, église, 7304.
Shenley, église, 2555.
Sheppey, 1795.
Shepton Mallet, cantarie, 7261.
Sherborne, église, 1995, 3201, 4217, 7195.
Sherborne, évêque, 1889.
Sherburn, église, 3453.
— Hôpital, 4122, 4225.
Sherburn-in-Elmet, église, 1334.
Shere, église, 3043.
Sherston, cantarie, 7261.
Shilton, église, 3094.
Shinfield, église, 2180.
Shipley, templiers, 1379.
Shirburn, 1951.
Shirley (Dorothy), 4081.
Shirley (E.-P.), b, 1776, 4064, 4075, 4083, 4084.
Shirley (Sir George), 4084.
Shirley (Sir Ralph), 1776.
Shottesbrooke, église, 2181.
Shotteswell, église, 3260.
Shrewsbury, 1701, 1806.
— Bataille, 7194.
— Églises, S a i n t - A l - kmund, 2970, 7281.
— « Saint - C h a d, 2974, 7281.
— « Saint - Julien, 2972, 7281, 7386.
— « Sainte - Croix, 2971, 7281.

Shrewsbury, églises, Sainte-Marie, 2973, 7281.
— « Ermites de Saint-Au- gustin, 1891.
Shrewsbury (Le comte de), 3972.
Shropshire, comté. Cf. Salop.
Shropshire Archaeological and Natu- ral History Society (Transactions of the), 1701, 1806, 2974, 3992, 7354, 7361, 7364, 7386.
Shuckburgh (Over), église, 3130.
Shustoke, église, 3148.
Shute, chapelle, 7146.
Shuttington, église, 3163.
Siam (Hôtel du roi de), à Paris, 6694.
Siamois (Ambassadeurs), 6694.
Sicile, 131, 5521, 5522, 5558.
— Églises, 5976, 5998, 6034.
— Reine, 346.
— Rois, 273, 274, 275, 284, 5607, 5696, 5995, 6371, 6380, 6381, 6382, 6390.
— Vallée de Mazzara, 5632.
Siciles (Roi des **Deux-**), Ferdinand II, 5521, 5522.
Sicilia (Scultura in), 5774, 5794, 5820.
Siciliana di storia patria (Società). Cf. Siciliano (Archivio storico).
Siciliani (Opuscoli di autori), 5570.
Siciliano (Archivio storico), 5562, 5579, 5596, 5612. 5632, 5710, 5711, 5714, 5715, 5760, 5796, 5870.
Sickingen (Franz von), 4388.
Sicre (François), peintre, 1124.
Sidbury, église, 7149.
Siddeburen (Annettien), 5046.
Siebenbürgen, 4290, 4314.
Sièges, 5559.
Sienne, 5789.
— Cathédrale, 5699.
Sienne (La République de), 5785.
Sienne. Documenti per la storia dell' Arte Senese, 5789, 5806, 5811.
Sigers (Karl), évêque, 6189.
Sigglesthorne (?), 3551.
Sigismond II, roi de Pologne, 4483, 4491.
Sigismond, archiduc, 4492.

Sigismond de Tyrol, archiduc, 4335, 4342.

Sigmar, abbé, 4245.

Sigmundscron, 4452.

Sigurdarson (Jon), évêque, 5475.

Silésie, 4281, 4326. Cf. Schlesiens.

Silfrästadir, église, 5376.

Silhoague (Estebenote de), 6447.

Sillé-le-Philipp, église, 1052.

Silstone, église, 3551.

Silvestre (E. de), B, 6704.

Silvestre (Israël), peintre, 6704.

Simancas, 4950, 4953.

Siméon, abbé, 1337.

Simonszoon (Willem), bourgmestre de Zurikzee, 5019.

Simpson (John), 4779.

Simpson (W.-S.), B, 1356, 1370, 1534, 1590, 1615, 1617, 1782, 7264.

Sin-le-Noble, église, 7020.

Sion, diocèse, 6218, 6231, 6238.

— Église, 6216.

Sirvent (Pedro), 4896.

Sisenandus, évêque. 4849.

Sithney, église, 2080.

Sixte IV, pape, 5705, 5771.

Sjafarborg, église, 5387.

Skagafjardar, 5367.

Skagaströnd, 5390.

Skaife (R.-H.), B, 1664, 2013, 4021.

Skalholt, 5264, 5291, 5416, 5469, 5475.

Skandinaviens Historia (Handlingar rörande), 6196, 6201.

Skarbniczka naszej archeologji, 6093, 6173.

Skard [Skard it vestra], église, 5464.

Skard [Stóra Skard], église, 5460.

Skard [sur le Skardsströnd], église, 5290, 5303, 5426.

Skardsströnd, 5290, 5303, 5426.

Skeckling, église, 3501.

Skeffling, église, 3527.

Skelton, église, 2250.

Skeltrenbeke, église, 3434.

Skerne, église, 3607.

Skidby, église, 3571.

Skingle (John), 7405.

Skinnastadir, église, 5325.

Skinners' Company, à Londres, 1609.

Skipsea, église, 3546.

Skipton, château, 3861, 4000, 4141.

Skipwith, église, 3614.

Skirlaugh (?), 3498.

— Église, 3500.

Skirlaw (Walter), évêque, 1544.

Skirpenbeck, église, 3434.

Skogar, église, 5441.

Skomlin, église, 6139.

Skram (Peder), 4732.

Skrejšovský (Fr.), B, 4282.

Skumstadir, église, 5456.

Skutilsfjördr, 5311.

Skutustadir, église, 5330.

Skynckell (Laurens), 4716.

Sledmere, église, 3445.

Sleigh (J.), B, 1931, 4126, 7257, 7308, 7312.

Slinger (Henry), 3638.

Slodtz (Dominique-François), 1256.

Slodtz (Dominique-Michel, dit Michel-Ange), dessinateur, 1255.

Słupca, église, 6105.

Smalley, église, 2383.

Smarden, église, 1941, 2764.

Smart (John), 7327.

Smeeth, église, 2765.

S.nisby, église, 2379.

Smith (George), 3770.

Smith (H.), B, 4188.

Smith (J.), B, 1496.

Smith (J.-T.), B, 1535, 1562.

Smith (R.), B, 1950.

Smith (Tom-C.), B, 7293, 7373, 7407.

Smith (William), évêque, 1764.

Smith (William), gentilhomme, 7420.

Smithson (Edmond), 3683.

Smithsonian Institution [Washington], 7410.

Smitti (Bartolommeo), 5945.

Smyrthwate (Margaret), 4022.

Smyth (Agnès), 7227.

Smyth (John), 1984, 7324.

Smythe (Christopher), 4032.

Snaefellsness, 5301, 5440.

Snargate, église, 2766.

Snave, église, 2767.

Snawdon (Lionel), 3771.

Snelston, église, 2377.

Snitterfield, église, 3199.

Snjallshöfdi, église, 5466.

Snoksdalr, église, 3469.
Soberton, église, 2512.
Sociétés savantes. Cf. Aachener Geschichtsverein. 4703 ; Abbeville, Agen, Aix, Alais, Alpes (Hautes-), Alpes-Maritimes, Alsace, Altenburg (Geschichtsforschende Gesellschaft des Osterlandes zu),4391, 4404, 4408, 4451, 4457 ; Angers, Angliae (Historiae), Anglicanae (Historiae ecclesiasticae), Antiquaires du Centre [Diana], Antiquaires de France, Antiquaires de la Morinie, Antiquaires de Normandie, Antiquaires de l'Ouest, Antiquaires du Pays de Galles [Cambrensis Archaeologia], Antiquaires de Picardie, Antiquaries of London [Archaeologia], Antiquaries of Newcastle-upon-Tyne [Aeliana Archaeologia], Antiquaries of Scotland, Archaeological Institute [Archaeological Journal], Architectural Societies (Associated), Aschaffenburg, Archives de l'art français [Société de l'histoire de l'Art français], Association bretonne, Aube, Auxerre, Bâle [Gesellschaft für vaterländische Alterthümer], 6227; Bannatyne Club, Bayerische Academie, Bayonne, Beaune, Beaux-Arts des départements, Belfort, Belgique, Berkshire Ashmolean Society, Besançon, Béziers, Bibliophiles (Académie des), Bibliophiles espagnols, Bibliophiles français, Bibliophiles de Rouen, 188; Boulogne-sur-Mer, Bristol and Gloucestershire, British Archaeological Association, Brive, Bulletin monumental [Société d'archéologie française], Cambrai, Cambridge, Camden, Chalon-sur-Saône, Charente, Charente-Inférieure, Cher, Cheshire, Chester, Chetham Society, Clermont-Ferrand, Compiègne, Cornwall, Corrèze, Côte-d'Or, Cumberland, Danmarks Kirkehistorie (Selskab for), Danoise (Société pour la publication des sources de l'histoire),

Danske Selskab for Faedrelandets historie [Danske Magazin], Derbyshire, Deutsche Geschichtskunde (Gesellschaft für ältere) [Neues Archiv] ; Dordogne, Douai, 6287 ; Doubs, Draguignan, Emilia, Enghein, Épinal, Ermländischer Kunstverein, Essex, Eure, Eure-et-Loir, Exeter, Finistère, France (Histoire de), Franken, Freiburg (Verein für die Geschichte der Erzdiöcese) [Freiburger Diöcesan-Archiv], Frise, Gâtinais, Gênes [Ligure], Genève, 6232 ; Gironde, Glasgow, Grampian Club, Hamburgische Geschichte (Verein für), 4324, 4325, 4360, 4407; Harz-Verein, Hessen [Darmstadt], Hessische Geschichte [Cassel], Ille-et-Vilaine, Isère, Jura, Kent Archaeological Society [Cantiana Archaeologia], Lancashire and Cheshire, Langres, Leicestershire, Le Puy, Liège, Liégeois, Lille, Limousin, Loire (Haute-), Loire-Inférieure, Lombarda (Società storica) [Lombardo Archivio storico], London and Middlesex Archaeological Society, Londres [Archaeologia], Lorraine (Archéologie), Lot, Lübeckische Geschichte, Lucerne [Geschichtsfreund], Lyon, Madrid [Academia de la Historia], Maitland Club, Meklenburgische Geschichte, Midi de la France [Toulouse], Mittelfranken, Modène (R. Deputazione di storia patria), 5766; Mons, Montpellier, Morbihan, Morinie, Mulhouse, Namur, Nancy, Nantes, Naples (Società di storia patria) [Napolitane], Narbonne, Nevers, Niederbayern, Niederrhein, Niedersachsen, Nîmes, Niort, Nord, Norfolk Archaeological Society [Norfolk Archaeology], Normandie (Histoire de), Noyon, Oberbayern [Oberbayerisches Archiv], Oesterreichische Geschichtsforschung, Oise, Orléanais, Osnabrück (Historischer Verein zu),4589; Oxford, Parme (R. Deputazione di storia pa-

tria), 5766; Paris et Ile-de-France, Pas-de-Calais, Pau, Périgord, Pesth, Poligny, Pommersche Geschichte (Gesellschaft für) [Baltische Studien], Pontoise, Powysland Club, Rambouillet, Reims, Romagna (R. Deputazione di storia patria per le provincie di), 5735; Rome, Roxburghe Club, Sachsen (Historische Commission für die Provinz), 4367; Saint-Omer, Saint-Quentin, Savoie, Savonese (Società storica), Scandinavie, Schlesien, Schlesische Gesellschaft, Schwaben und Neuburg, Schweiz, Scotland, Seine-et-Marne, Seine-Inférieure, Sens, Sèvres (Deux-), Shropshire, Siciliana (Società di storia patria) [Siciliano Archivio storico], Soissons, Somerset, Spalding Club, Spalding Club (New), Strasbourg, Suffolk, Suisse Romande, Surrey, Surtees Society, Sussex, Tarn-et-Garonne, Tirol, Toulouse [Académie des sciences], Toulouse [Société archéologique du Midi de la France], Touraine, Tournai, Troyes, Turin, Tyrol, Unterfranken, Upsal, Utrecht, Val-d'Isère, Vannes, Vendée, Vendômois, Vexin, Vienne[Kaiserliche Akademie der Wissenschaften et Central-Commission], Vosges, Vosgienne, Warwickshire, Westfalen, Westmoreland, William Salt, Wiltshire, Yonne, Zéelande.

Socx, église, 6896.
Sodalité d'en bas, à Anvers, 6783.
Sodalité d'en haut, à Anvers, 6782.
Soden (Franz von), B, 4473.
Sodoma (Le), 5789, 5811.
Soestdijk, 5104.
Soie, 4817.
Soieries, 5558.
Soignies, église de Saint-Vincent, 129.
Soil (Eug.), B, 361.
Soissons, 4478.
— Abbaye de N.-D., 653.

Soissons, cathédrale, 17, 875.
— Société archéologique, historique et scientifique, 653, 664, 828, 875.
Soissons (La comtesse de), 570.
Sokolniki, église, 6147.
Soldat, 3893.
Soldat (Ancien), 3886.
Solihull, église, 3185.
Solheimar, église, 5473.
Soliù, monastère de Saint-Nicolas, 5514.
Solmigniac (Isabeau de), 6464.
Solte, château, 4709.
Somain, église, 7021.
Somerby [Leicester], église, 2847, 7280.
Somerby [Lincoln], église, 1606.
Somerset, comté, 1507, 1536, 1582, 1620, 1622, 1917, 7219, 7220, 7226, 7261, 7319.
— Archeological and Natural History Society, 1634.
Somerset House, 4158.
Somerset Record Society, 7219, 7220, 7226.
Somerset Religious Houses, 7256.
Somerset (Le comte de), 4067.
Somerset (La duchesse de), 7350.
Somme, 969.
— Couvents, 947.
Sommières, château, 25.
Somodevilla, marques de la Ensenada (Don Cenon de), 4999.
Sonetz, 1399.
Sonnenburg, abbaye, 4699.
Soos de Polthar (Marguerite), 5171.
Sophie, duchesse de Poméranie, 4349.
Sopwell, couvent, 1891.
Sopwith (T.), B, 4110.
Sorano, 5806.
Sorbonne (Réunion des Sociétés des Beaux-Arts à la). Cf. Beaux-Arts des départements.
Sorbiers, église, 7090.
Sorbin (Arnauld), évêque, 6587.
Sorcière, 4586.
Sorel (Louise de), 664.
Sothern (John), 3880.
Sotto (S.-M. de), B, 4880.

Sotwell, église, 2183.
Souabe. Cf. Schwaben.
Soufflot (Jacques-Germain), archi-
     tecte, 1306.
Soulac, église, 317.
Souldrop, église, 4210.
Soulié (Eud.), II, 589, 648, 654, 657,
     761, 796.
Souliers, 268.
Souligné-sous-Ballon, église, 1053.
Soultrait (Le comte de), 59.
Sourdis (Le cardinal Escoubleaux
     de), 587.
Southam, église, 3138.
Southampton, comté, 1572. Cf.
     Hants.
Southburton, église, 3576.
Southern (H.), II, 2028.
Southfleet, église, 2768.
South Lynn, églises, All Saints,
                         2894.
—   «   Saint-Jacques,
                         2896.
—   «   Saint-Nicolas,
                         2895.
—   «   Sainte-Margue-
                         rite, 2897.
—   Cf. Kings Lynn, Lynn.
South Mimms, église, 2893.
Southwark, 1706.
—   Églises, Saint-Olave,
                    3083, 3813.
—   «   Saint-Sauveur,
                    2056, 7268.
Southwark (Antiquities of), 3811,
     3833.
Southwell, chanoine, 1646.
—   Église, 2906, 7185.
Southwell Minster (Visitations of),
     7185, 7239.
Southwick, église, 2109, 2516.
Southworth (Sir John), 7356.
Souvigny, église des Bénédictins,
     6855.
Sowe, église, 3105.
Spakonufell, église, 5391.
Spalding Club, 4760, 4771, 4790,
     4832.
Spalding Club (New), 4774.
Spardur (Simon), 4765.
Sparke (Thomas), évêque, 3774, 3859.

Sparowe (Thomas), 1589.
Spay, église, 1054.
Speen, église, 2184.
Spenser (Alice), 1725.
Spenser (Élisabeth), 1725.
Spenser (Emma), 1725.
Spernall, église, 3208.
Spetchley, église, 3387.
Speyer, cathédrale, 4247.
—   Évêque, 4247.
—   Cf. Spire.
Spicilegium [D'Achery], 6253, 6260.
Spinetta da Campofregoso, 5641.
Spinoza (Benedict), 5095.
Spire, diocèse, 4535, 4615. Cf. Spe-
     yer.
Spoëde (Jacques-Jean), peintre, 1231.
Spolète, château fort, 5659, 5690.
Spolium d'évêques, 516, 706, 755,
     768, 792, 827.
Springer (A.), II, 4509, 4522.
Sproatley, église, 3507.
Sproxton, église, 2859, 7280.
Spurrell (F.), II, 4201.
Spycker, église, 6897, 7051.
Staðarbakki, église, 5412.
Staðarfell, église, 5427.
Staðarhraun, église, 5273.
Staðastaðr, église, 5301.
Stadholder de Gueldre, 5021.
Stadion (La famille), 4559.
Staðr, église, 5414.
Staðr [sur le Steingrimsfjördr],
     église, 5313.
Staðr [sur le Sugandafjördr], église,
     5416.
Staerriarskogr [Arskogr], église,
     5361.
Staffelsee, église de Saint-Michel,
     4232.
Stafford, 1930.
—   Comté, 1903, 1931, 1936,
               2002, 2046, 2049, 2977,
               4092, 4117, 7305, 7312,
               7313.
—   Couvents, Ermites de Saint-
                    Augustin, 1921.
—   «   Franciscains,
                         1920.
*Staffordshire (Collections for a His-
     tory of),* 1434.

Stafford (Register of Edmund), 1567.
Stafsjö, ferme, 6183.
Stahlschmidt (J.-C.-L.), b, 1728.
Stainton in the Street, 2941.
Stampa (Giovanni-Antonio), 5837.
Stampa (Vincenzo), 5837.
Standen, 1710.
Standon, église, 2647.
Staney (Alexander), 1684.
Stanislas, roi de Pologne, 6755.
Stanford, église, 2769.
Stanford Dingley, église, 2185.
Stanford Rivers, église, 2454.
Stanford in the Vale, église, 3621.
Stanlaw, monastère, 1895.
Stanley (Henry), 4016.
Stanstead Abbots, église, 2643.
Stanton (Adam de), 1476.
Stanton-by-Bridge, église, 2378.
Stanton-by-Dale, église, 2386.
Stapeldon (Walter de), évêque. Cf.
  Walter de Stapeldon.
Stapenhill, église, 2382.
Stapleford [Herts], église, 2631.
Stapleford [Leicester], église, 2868,
  7280.
Stapleton, église, 2256.
Stark (Margaretha), 4584.
Starkadr, prêtre, 5468.
Starrabba (R.), b, 5562, 5579.
Stathern, église, 2853, 7280.
Statues, 117, 119, 365, 604, 628,
  637, 666, 690, 852, 1111, 1116,
  1117, 4129, 4600, 4603, 4665, 4672,
  4677, 4684, 4975, 4987, 4997, 5104,
  5699, 5813, 5817, 5822, 5829, 5837,
  5866, 5875, 5884, 5888, 5889, 5894,
  5898, 5913, 5914, 5922, 5923, 5924,
  5930, 5952, 5961, 5962, 5963, 5973,
  6066, 6071, 6074, 6076, 6077, 6078,
  6239, 6672, 6720, 6749, 7109, 7115.
Statues d'argent, 677.
  — d'or, 677.
Statuettes de bronze, 685.
  — de terre cuite, 2028.
Staudenmeier (P.), b, 4577.
Staunton, église, 3388.
Staunton Harold, 1776.
Staunton Wyville, église, 2875,
  7280.
Staveley, 3823, 3970.

Staverton, église, 7139, 7172.
Steene, église, 6898.
Steenwerk, église, 6948.
Steenvorde, église, 6947.
Stege, 4728.
Stein (H.), b, 44, 861, 885, 886, 887,
  888, 889, 890, 891, 893, 894, 895,
  896, 897, 907, 908, 909, 910, 911,
  912, 914, 915, 916, 917, 918, 919,
  920, 921, 922, 982.
Steinar, église, 5445.
Steingrimsfjördr, 5313.
Steinmauren, église, 4623.
Steinsholt, église, 5317, 5432.
Steinstadir, église, 5415.
Sternberg, chapelle du Saint-Sacre-
    ment, 4385.
  —   Couvent des Ermites de
        Saint-Augustin, 4403,
        4443, 4449.
  —   Église, 4520.
Sterndale, église, 2387.
Steton, 3815.
Stettin, château, 4579.
Stettin (Philippe II, duc de), 4565.
Stevenage, église, 2571.
Stevens (J.), b, 1873, 1955, 1993,
  4019.
Stevenson (Jos.), b, 7123, 7126, 7127.
Stevenson (W.-H.), b, 2121, 4047.
Stewart (D.-J), b, 1336, 1337.
Stifford, église, 2443.
Stillingfleet, église, 3618.
Stirling, 7234.
  —   Chapelle royale, 4787, 4808,
        7224, 7331.
Stirling (Records of), 7327, 7328, 7329.
Stock and Bradley, église, 3389.
Stockbauer (J.), b, 4510, 4512, 4549,
  4601, 5827.
Stockerau, 4515.
Stockholm, château, 6202.
Stocking Pelham, église, 2613.
Stocks (J.-E.), b, 7227.
Stockton, église, 3142.
Stoke, 7404.
Stoke (Thomas), orfèvre, 7189.
Stoke Canon, église, 7144.
Stoke near Guildford, église, 3018.
Stoke Prior, église, 3390.
Stokesby, 4177.

Stolberg, château, 4409.
Stolberg (Juliana de), 4527.
Stone, église, 3391.
Stone, près Dartford, église, 2771.
Stone, près Rye, église, 2770.
Stoneleigh, église, 3088.
Stonesby, église, 2863. 7280.
Stonyard, 7344.
Stopanna, église de Saint-Martin, 4874.
Storey (Robert), 3652.
Stori-Klofi, église, 5463.
Stórólfshvoll, église. 5455.
Stoulton, église, 3393.
Stour Provost, église, 2408.
Stowt (John), 3882.
Stradziec, église, 6120.
Stranda, 5308, 5313, 5424.
Strandar-Kirkja, église, 5316.
Strangways (Edward), 3734.
Strasbourg, diocèse, 4567.
— Société pour la conservation des monuments histor. d'Alsace, 6398.
Stratford, couvent, 1891.
Stratford-at-Bow, église, 2887.
Stratford-upon-Avon, 3807, 7384.
— Église, 3188.
Strathbogie, château, 4811.
Stratton, église, 3628, 3820, 7318.
Straubing, 4348.
Straussberg, monastère, 4466.
Strazeele, église, 6949.
Streatham, église, 3053.
Strengnaes, église, 6188.
— Évêque, 6188.
Strensham, église, 3392.
Stretton-upon-Dunsmore, 3092.
Stretton-en-le-Field, église, 2381.
Stretton-upon-Fosse, église, 3246.
Stretham, église, 2220.
Strickland (Mgr. de), évêque, 800, 801.
Strickland (Walter), 3671.
Strömberg (J.-E.), b, 6188.
Strood, église, 2772.
Strowther (Harry), 3893.
Strozzi (Caterina), 5666.
Strozzi (Matteo), 5666, 5703.
Strutt (Jos.), b, 1842, 1951, 1966, 2028.

Strype (J.), b, 1873.
Stuart (Lady Arabella), 4044.
Stuart Papers, 6664.
Stubbes (John), 1641.
Studley, couvent, 1891.
— Église, 3207.
Stuntney, église, 2221.
Stupferich, église, 4635.
Sturminster Newton, 7119.
Styrie, 4265, 4330.
Styriac (Annales ducatus), 4265.
Stytholme (Margaret), 1998.
Suarès (J.-M.), b, 5476.
Subalpina (Storia), 5871.
Subalpini (Artisti), 5875.
Sucinio (Voûte de), à Nantes, 48.
Suckling (A.), b, 4026.
Suðr-Mula, 5475.
Suðr-Thingeyjar sysla, 5327.
Suecanum Diplomatarium, 6182, 6183, 6184.
Suède (Couronne de), 6182.
— Reines. Cf. Reines de Suède.
— Rois. Cf. Rois de Suède.
— Insignes royaux, 6182.
Suède (Archives de), 6205.
Suède (Les ducs de), 6203.
Suédois, 4597, 4598.
Suédoises (Troupes), 4588.
Suco-Gothica (Monumenta), 6186.
Suffolk, 1967, 1976.
— Comté, 1691, 1722, 1865, 1866, 1897, 2047, 2980, 3818, 4026, 4029, 4045, 4097, 4124, 4189, 4228, 7425.
— Monastères, 7245.
— Institute of Archaeology, 1691, 1865, 2009, 2027, 2047, 3818, 4045, 7251, 7282.
Suffolk (Antiquities of the County of), 4026.
Suffolk (Le duc de), 1663.
Suffolk (Alice, duchesse de), 1666, 7213.
Sugandafjördr, 5416.
Suicidé, 1784, 4383.
Suisse. Cf. Schweiz, Svizzera.
Suisses (Indicateur des Antiquités), 6213.

Suisse Romande (Mémoires publiés par la Société de la), 6215, 6216, 6233, 6237.
Sulham, église, 2186.
Sulhampstead Abbots, église, 2187.
Sully, 499.
Sully (Henri de), 59.
Sully (Marie de), 175, 6341.
Sunning, 1345, 1346, 1347, 1348, 1349, 1350.
Sunninghill, église, 2182.
Supports, 6814.
Surat (Marchand de), 5062.
Surfond, église, 1055.
Surintendant des Bâtiments de France, 5931.
Surintendant, Fouquet, 637, 641.
Surreau (Pierre), 6361, 6377.
Surrey, comté, 1805, 2022, 2093, 2993, 3085, 3086, 3806, 3812, 3813, 3816.
— Églises, 2105, 3086, 7313.
Surrey (Antiquities in), 1740.
Surrey Archaeological Collections [Archaeological Society], 1805, 1994, 2056, 2105, 7283, 7314.
Surrey (Henry Howard, comte de), 2020, 2055.
Surtees Society, 1332, 1334, 1372, 1382, 1384, 1390, 1401, 1488, 1489, 1510, 1511, 1619, 1654, 1661, 1664, 1711, 1760, 1790, 1892, 1948, 2012, 3966, 3971, 3977, 4105, 4753, 4754, 4755, 4756, 4757, 4758, 4761.
Surtees (R.), B, 4003, 4114, 4121.
Surtees (Ralph), 3921.
Surugue (Pierre-Louis), 1292.
Sussex, comté, 1379, 1560, 1573, 1597, 1638, 4057, 4167, 4201, 7215, 7230.
Sussex Archaeological Collections [Archaeological Society], 1638, 2055, 4067, 4167, 4201, 7209, 7230, 7349.
Sussex Dialect, 7444.
Susteren, abbaye, 4648, 5000, 5002, 5097, 5108.
Suthwyk (Robert de), 1489.
Sutton, église, 3076.
Sutton Coldfield, église, 3156.
Sutton-in-Holderness, église, 3517.

Sutton at Hone, église, 2773.
Svalbard, église, 5322, 5349.
Svignaskard, église, 5419.
Svinavatn, église, 5398.
Svizzera Italiana (Bolletino Storico della), 5629, 5920, 6220, 6221, 6222, 6224, 6225, 6246, 6250.
Svizzeri artisti, 5920.
Swallowcliffe, église, 1352.
Swanholm, château, 4726.
Swanscombe, église, 2774.
Swansea, église, 2106.
Swanton, Templiers, 7166.
Swarkeston, église, 2380.
Swayne (William), 1839.
Swayne, cantarie, 2045.
Sweeting (W.-D.), B, 2228, 2655, 2930.
Swepston, église, 2816.
Swicchum, église, 5034.
Swinburne (Gawyne), 3789.
Swinburne (Richard), 3790.
Swinburne (Thomas), 3730, 3776.
Swyncombe, 7177, 7213.
Swyncombe, 7302.
Swinden (H.), B, 1743, 2001.
Swine, église, 3529.
Swinfield (Richard de), 1393.
Swinford (Old), église, 3394.
Swingfield, église, 2775.
Swinhoe (Thomas), 3956.
Swinnerton, église, 2977.
Sydenham (J.), B, 2003, 3824.
Sydling-Saint-Nicholas, église, 4139.
Sylvacane, abbaye, 35.
Symeonis Dunelmensis opera, 1332.
Synthe (Grande), église, 7052.
Synthe (Petite), église, 6890.
Sypenham, 7326.
Syracuse, cathédrale, 6042.
— Château fort, 6040.
— Diocèse, 6039, 6043, 6054.
— Église de N.-D. de Jésus, 6041.
Sysonby, église, 2870, 7280.
Sywardby (Élisabeth), 1671.
Szabó (François-Nagy), 5190.
Századok, 5132, 5151, 5152, 5155, 5156, 5159, 5193, 5214, 5231, 5249, 5250, 5251, 5262.

Szentivÿnyi (La dame Pierre), 5228. | 5193.
Széplaki (La dame Bothka Étienne), | Szini (La dame Étienne), 5129.

T

Tables, 1579, 1608, 1845, 4470, 5182.
— d'autel, 4434, 4589, 5809.
— avec canon de la messe, 4787.
— d'Espagne, 1497.
— en or et argent, 4279.
— de prières, 1713.
— de reliques, 1596.
Tablettes, 811.
Tabatières, 811.
Tabernacles, 5559.
Tableaux, 201, 319, 352, 368, 376,
377, 403, 416, 418, 419, 421, 424,
455, 457, 462, 464, 468, 534, 561,
563, 580, 594, 628, 650, 666, 673,
679, 681, 683, 684, 690, 696, 698,
700, 702, 707, 710, 711, 765, 767,
769, 791, 793, 800, 802, 818, 838,
842, 863, 898, 924, 926, 927, 928,
930, 933, 938, 941, 972, 975, 984,
1093, 1094, 1096, 1099, 1100, 1106,
1118, 1528, 1590, 1822, 1868, 2028,
2050, 3817, 3865, 3988, 4035, 4064,
4091, 4129, 4157, 4158, 4181, 4192,
4206, 4215, 4376, 4436, 4446, 4499,
4554, 4559, 4585, 4597, 4603, 4609,
4649, 4656, 4659, 4661, 4662, 4665,
4668, 4669, 4670, 4672, 4673, 4677,
4681, 4684, 4694, 4740, 4748, 4749,
4796, 4800, 4805, 4806, 4807, 4808,
4809, 4810, 4811, 4812, 4813, 4815,
4816, 4817, 4818, 4820, 4906, 4925,
4950, 4985, 4992, 4993, 4996, 4999,
5029, 5044, 5045, 5051, 5061, 5064,
5066, 5069, 5072, 5076, 5077, 5078,
5084, 5085, 5094, 5100, 5103, 5105,
5738, 5764, 5768, 5773, 5782, 5807,
5813, 5816, 5821, 5840, 5867, 5876,
5877, 5887, 5889, 5891, 5897, 5899,
5901, 5902, 5903, 5904, 5907, 5908,
5910, 5911, 5912, 5916, 5917, 5919,
5921, 5925, 5927, 5928, 5929, 5933,
5935, 5936, 5937, 5940, 5941, 5942,
5944, 5946, 5947, 5948, 5949, 5950,
5951, 5952, 5953, 5954, 5955, 5956,
5958, 5959, 5964, 5965, 5967, 5969,
5970, 5975, 5997, 6056, 6057, 6059,
6060, 6061, 6062, 6063, 6069, 6070,
6073, 6079, 6080, 6082, 6083, 6084,
6201, 6205, 6471, 6549, 6584, 6593,
6626, 6641, 6654, 6676, 6679, 6687,
6691, 6696, 6712, 6713, 6714, 6715,
6724, 6728, 6741, 6749, 6761, 6763,
6764, 6816, 6817, 6821, 6849, 6851,
6859, 6958, 7033, 7061, 7065, 7104,
7108, 7424.
Tableaux d'or, 159, 173.
Tachbrook Bishops, église, 3262.
Taddington, église, 4200.
Taillebourg, château, 491, 825, 6434,
6466.
Tailleur, 1499, 1702, 1731, 1843,
5039.
Tailleurs, cantarie, à Salisbury, 2045.
— Gilde, à Londres, 1719,
1759, 4049.
— « à Bristol, 4193.
Talbot Inn (The), taverne, 7437.
Talkan (John), 1585.
Tallot (Claude), peintre, 1211.
Tamisier, 845.
Tamizey de Larroque (Ph.), B, 514,
6580, 6657, 6696, 6698.
Tamworth, église, 2046, 2978, 7313.
Tandridge, église, 2102, 3068.
Tankard (Robert), ceinturier et cou-
telier, 1605.
Tanneur, 1986, 3753.
Tanneurs (Chapelle des), à Bruges,
285.
Tanworth, église, 3234.
Tapis, 66, 222, 338, 544, 1356, 1383,
1396, 1415, 1523, 1615, 1751, 1799,
1809, 1848, 3841, 3988, 4079, 4159,
4282, 4734, 4807, 4868, 4883, 4899,
4993, 5043, 5182, 5198, 5223, 5233,
5559, 5816, 5877, 6398.

Tapisseries, 107, 117, 144, 159, 165, 167, 169, 173, 174, 184, 189, 193, 201, 212, 213, 222, 236, 272, 276, 281, 292, 293, 306, 307, 336, 337, 350, 368, 372, 377, 382, 388, 403, 404, 463, 467, 473, 483, 521, 525, 526, 539, 553, 587, 628, 633, 635, 677, 679, 681, 684, 701, 709, 711, 760, 791, 800, 817, 821, 869, 1576, 1785, 2020, 2028, 3861, 3988, 4158, 4283, 4345, 4378, 4471, 4495, 4511, 4606, 4653, 4659, 4721, 4748, 4806, 4807, 4821, 4826, 4895, 4899, 4903, 4906, 4922, 4925, 4941, 4945, 4950, 4993, 4994, 4998, 5553, 5681, 5683, 5696, 5740, 5749, 5764, 5771, 5814, 5818, 5869, 5880, 5935, 5957, 6160, 6184, 6201, 6234, 6319, 6320, 6338, 6362, 6387, 6397, 6502, 6509, 6569, 6570, 6579, 6620, 6641, 6646, 6649, 6663, 6691, 6708, 6737, 6741, 7113.

Tapisserie (Histoire de la), 167.

Tapisserie (Histoire de la tapisserie en Italie), 5665, 5733, 5771.

Tapissier, 751, 1170, 1175, 1202, 1206, 6669, 6708.

Tapissier (Dictionnaire du), 6349, 6350, 6570, 6584, 6603, 6627, 6649, 6678, 6692, 6694, 6721, 6723, 6730, 6754, 6769, 6801, 6807, 6820, 6822, 6961.

Tarbé (Prosper), b, 137, 646, 693, 836, 874, 877, 904, 943, 944, 945, 977.

Tarbutt (W.), b, 1753.

Tardebigge, église, 3396.

Tardieu (Ambroise), b, 6420, 6480, 6556, 6581, 6652, 6722.

Tardif (A.), b, 55.

Tarentaise, 6364, 6367, 6539.

— Archevêché, 6805.

Tarlazzi (A.), b, 5568, 5569, 5585.

Tarn (Revue du département du), 6345.

Tarn-et-Garonne, 6347.

Tarn-et-Garonne, Bulletin archéologique et historique de la Société archéologique, 141, 230, 249, 344, 659, 858, 5816.

Tartière (H.), b, 453, 6505, 6577, 6736.

Tasses d'albâtre, de jaspe et de porphyre, 5962.

Tassy (Christine), 5228.

Tatay (Étienne), 5179, 5184.

Tatsfield, église, 3664.

Tatton (Robert), 4012, 4136.

Taunton, cantaries, Jésus, 7261.

— « Sainte-Ethel-drède, 7261.

Tavanne, 436.

Taverne, 1676, 4060, 7437.

Taylor (Béatrice), 3987.

Taylor (David), 3782.

Taylor (J.), b, 1512, 1674, 3849.

Taylor (William), b, 1724, 1856, 1963, 1985, 3850.

Taymouth (The Black Book of), 7360, 7393.

Tayouan (Gouverneur de l'île de), 5069.

Tebaldeschi (Francesco de'), cardinal, 5613.

Tedcastle (John), 3752.

Teddington, église, 3395.

Tederico, archevêque, 5534.

Tehiddy, 4034.

Teigr, église, 5453.

Teinturier, 3959.

Teinturier en tapisseries, 1205.

Teisdale (Stephen), 3737.

Teissier, b, 815, 845, 857.

Telting (A.), b, 5024.

Tempest (Robert), 3720.

Temple (Le), à Bologne, 5568.

— à Londres, 1340.

— à Paris, 1359, 1361, 6288.

Temple Hirst, 7164.

Temple Newsam, 7163.

Templiers, maisons et fermes, 7160-7164.

— à Bologne, 5568.

— Commanderies de Baugis et de Bretteville, à Caen, 51.

— à Copmanthorpe, 7162.

-- à Hanningfield, 7160.

— à Londres, 1378.

— à Milan, 5569.

— à Sadlescombe, 1379.

— à Shipley, 1379.

— à Swanton 7166.

Templiers, à Temple Hirst, 7164.
—   à Temple Newsam, 7163.
—   à Toulouse, 56.
—   à York, 7161.
—   Cf. Commanderies, Temple (Le).
Temulina Capella, 5482.
TENAND (James), 3941.
Tende, château, 6541.
Tende (Les comtes de). 6460, 6541.
Tendring, église, 2432.
TENNAND (John), 1771.
TENNERONI (A.), B, 5564.
Tentes, 6801.
Tentures, 679, 1338, 1339, 1341, 1356,
    1358, 1367, 1375, 1391, 1396, 1397,
    1440, 1447, 1449, 1511, 1527, 1528,
    1577, 1584, 1593, 1615, 1619, 1653,
    1666, 1691, 1750, 1751, 1766, 1799,
    1848, 1868, 1883, 1943, 2009, 2022,
    3865, 3972, 3976, 4000, 4064, 4096,
    4181, 4236, 4243, 4247, 4248, 4261,
    4271, 4273, 4278, 4282, 4305, 4465,
    4653, 4720, 4721, 4763, 4772, 4789,
    4795, 4811, 4833, 4842, 4844, 4846,
    4849, 4858, 4859, 4871, 4872, 4881,
    4893, 4895, 4906, 4950, 4976, 4990,
    5109, 5113, 5127, 5130, 5136, 5164,
    5182, 5476, 5502, 5543, 5551, 5556,
    5559, 5564, 5565, 5578, 5590, 5599,
    5604, 5646, 5649, 5697, 5707, 5722,
    5730, 5736, 5760, 5809, 5816, 5877,
    6090, 6160, 6166, 6201, 6228, 7210,
    7360, 7393.
Tentures d'autel, 1369, 1607, 1675,
    1713, 4359, 4373, 4906, 4935, 5504.
Téole, 9.
Terdeghem, église, 6950.
Teresino, église, 5509.
Termonde, 688.
Térouanne, église, 29, 30, 214.
—   Évêque, 349.
—   Siège, 1762.
TERPAGER (P.), B, 4704, 4705, 4715,
    4750.
TERRASSON (A.), B, 5477.
Terre, 5919. Cf. Objets de terre.
Terres peintes, 2028, 5919.
Terres sigillées, 368.
Terre-Sainte, reliques, 1440, 4241.
Terreur (La), 7034.

Teston, église, 2776.
TÉTART, B, 664.
Teteghem, église, 6899, 7053.
Teutoniques, maison de la Très-
    Sainte-Trinité, à Palerme, 5979.
—   Sainte-Marguerite,
        église, à Sciacca,
        5992.
*Teutschen Vorzeit (Anzeiger für
    Kunde der),* 6226, 6238. Cf. Anzeiger.
Tewin, église, 2626.
TEXIER (L'abbé), B, 414, 457, 644,
    656, 880, 994, 4251.
Textes, 1338, 1339, 1367, 1374, 1391,
    1527, 1750, 1883, 1943, 2134, 4247,
    5722, 5809.
Tey (Great), église, 2488.
Thame, église, 1623.
THALY (K.), B, 5244, 5247, 5248, 5250,
    5251, 5255, 5256, 5263.
Thatha, monastère, 5119.
Thaunglabakki, église, 5345.
Théatins, église, à Paris, 914.
Théâtre, 5106.
—   Représentations, 1717.
—   Ustensiles, 812, 941.
—   Cf. Mystères.
The George Inn, hôtellerie, 1676.
THEODWIN, abbé, 1336.
Therfield, église, 2605.
Therney [Ile], église, 5280, 5294.
THEUBALDUS, 5480.
The Vyne, maison, 1968.
Theydon Bois, église, 2465.
THIBAUT (J.-B.), peintre, 1157.
Thingeyjar sysla (Norðr), 5321.
Thingeyjar sysla (Suðr), 5327.
Thiennes, église, 6951.
THIERRY (Marie), 6607.
THIRET (Claude), 566, 6606.
Thirkleby Chapel, église, 3427.
THIRLEWELL (Lancelot), 3883.
THIVERÇAY (René de) [R. Valette], B,
    662.
THÖKÖLY, 5244.
THÖKÖLY (Émeric), 5247, 5255, 5263.
THÖKÖLY (La dame), 5253.
Thököly Imre Naplói Sat., 5244, 5247,
    5248, 5256, 5263.

THOLIN (G.), B, 549, 758, 941, 6394, 6740, 6850, 7065.
THOMAS, évêque, 5654.
THOMAS (A.), B, 6264.
THOMAS (Pierre), 5169.
THOMAS DE BRANTYNGHAM, trésorier d'Angleterre, 1474.
THOMAS, lord Binning, 4830.
THOMAS DE BURGH, curé, 1440.
THOMAS DE BURTON, 1514.
THOMAS DE DALBY, 1524.
THOMAS DE KIRTON, 1558.
THOMAS DE USEFLETE, 1399.
THOMPSON (John), 3890.
THOMPSON (P.), B, 2876.
THOMPSON (Richard), 3682.
THOMSON (Christophe), 2005.
THOMSON (Cuthbert), 3677.
THOMSON (E.-M.), B, 1710.
THOMSON (P.), B, 1864.
THOMSON (T.), B, 4769, 4788, 4794, 4795, 4797, 4800, 4806, 4807, 4811, 4812, 4813, 4814, 4821, 4823, 4824, 4825, 7429.
Thouars, château, 391, 411.
Thouars (Chartrier de), 288.
THOUARS (Le vicomte de), 272.
THORHALLSSON (Thorlak), évêque, 5264.
Thorigné, église, 1082.
Thorington, église, 2433.
Thorley, église, 2650.
Thornham, église, 7294.
THORNELL (Mary), 3911.
Thorngumbald, église, 3521.
Thornton, église, 3593.
Thoroddstaðir, église, 5335.
Thoroton, église, 2961.
Thorp, chapelle, 1838.
Thorpe [Derby], église, 2389.
Thorpe [Surrey], 3034.
Thorpe Arnold, église, 2865, 7280.
Thorpe Bassett, église, 3456.
Thorpe le Soken, 7120.
   — Église, 2434.
THORPE (J.), B, 1687.
THRELKELD (Christopher), 7339.
THRELKELD (Roland), 7338.
THRELKELD (Thomas), 7341.
THRELKELD (William), 7337.
THRELKELD (William), 7340.

Threnhall, couvent, 1891.
Throcking, église, 2601.
Throckmorton, église, 3398.
Thundridge, église, 2645.
Thurcaston, église, 2817.
THURIN, peintre, 1241.
Thurrock (Grays), église, 2445.
Thurrock (West), église, 2444.
Thursby, église, 2246.
Thursley, église, 3005.
THÚRY (Georges), 5151.
THURZÓ (Le comte Émeric), 5194, 5201, 5203.
THURZÓ (Le comte Georges), 5174, 5189, 5206.
THURZÓ (La comtesse Borbála), 5187, 5188, 5189, 5206.
THURZÓ (La comtesse Catherine), 5197, 5198.
THURZÓ (Christine), 5203.
THURZÓ (Élisabeth), 5203.
THURZÓ (La comtesse George), 5207.
THURZÓ (La comtesse Ilona), 5192.
THURZÓ (La comtesse Maria), 5196, 5232.
THURZÓ (Susanne), 5173, 5174.
THURZÓ DE ZALAWAR (Gregorius), abbé, 5114.
THWATES (William), 1760.
THWAYTES (Édouard), 1859.
Thvera (Blönduhlíd), église, 5373.
Thvera (Laxardalr), église, 5331.
Thwing, église, 3496.
THYBAULT (Gérard), 5053.
Thykkvabaer, monastère, 5474.
Tibberton, église, 3399.
Tibenham, église, 2113.
Tichfield, abbaye, 1572.
   — Église, 2110, 2513.
TICKELL (J.), B, 4220.
Tickenhall, église, 2388.
Tiddington, église, 3211.
Tiefenbach, église, 4581.
TIERNY (P.), B, 6485.
Tigery (S.-et-O.), 70.
TIGHE (R.-R.), B, 1733, 3846, 4071, 4180.
Tihan, forteresse, 5140.
Tilques, église, 6858.
Tilloy, église, 7023.
TIMPERLEY (Léonard), 3795.

Tintinhull, église, 7219, 7220, 7226.
Tiraqueau (Michel), 6507.
Tire-bouchon, 811.
Tirol und Vorarlberg (Zeitschrift des Ferdinandeumsfür),4526.Cf.Tyrol.
Tisserands (Cantaric des), à Salisbury, 2045.
Tissier (J.), b, 6269.
Tissington, église, 2390.
Tissus, 5635.
Titres, 434, 449, 536.
Titsey, église, 2103, 3065.
Tivoli, église de Saint-Laurent, 5476.
Tjörn, église, 5364, 5409.
Toam, archevêque, 7122.
Todd (Christopher), 3744.
Todi, couvent de Saint-Fortunat, 5564.
Toiles, 291, 5006, 5189.
Toiles lymogées, 5747.
Tököly (Marie), 5220.
Tököly (La dame Sigismond), 5216.
Tolba, église, 4873.
Tolède, archevêque, 4878. 4887.
— Cathédrale, 4893.
Tolkemit, église, 6161.
Tellose, 4739.
Tomasi (Le cardinal J.-M.), b, 5480.
Tombeau, de Louis, comte de Flandre, 80.
— d'un comte de Flandre, 6325.
— de Saint-Rémi, 977.
Tombeaux, de N.-D. de Paris, 838, 6720.
— de Saint-Pierre, à Rennes, 6760.
— de Sainte-Marie, à Séville, 4886.
Tömördi, 5246.
Tomori (Paul), 5124.
Tompson (Mary), 4055.
Tonnelier, 4173, 4804.
Tonneliers, gilde à Kingston-upon-Hull, 7422.
— « à Londres, 3858.
Tonnerre (La comtesse de), 409.
Tönsberg, 6185.
Tontolfi (Capella in Curte), 5485.
Tood (Robert), 2014.
Tooting, église, 3057.

Topham (J.), b, 2017.
Topographer and Genealogist (The), 4051.
Topographica Britannica (Bibliotheca), 4124, 4796.
Tordesillas, église, 4974.
Torfastaðir, église, 5438.
Torino (Atti della Società di Archeologia e belle arti per la provincia di), 243, 5664, 5840, 5870, 5890, 5898.
Tornambene (La comtesse), 5760.
Történelmi Adatok (Erdelyi), 5145, 5190.
Történelmi Tár, 5140, 5177.
Toscane, trésorier royal, 5540.
Toscane (Le Grand-duc de), 5838, 6076.
Totnes, prieuré, 1419.
Tottenham, église, 2890.
Totteridge, église, 2593.
Toul, cathédrale, 482, 591, 6655.
— Églises, 983.
Toulon, cathédrale, 73, 333.
Toulon (Nicolas de), évêque, 177.
Toulouse, 857, 6740.
— Abbaye de Saint-Sernin, 23, 298.
— Archevêque, 848.
— Cathédrale, 6651.
— Église de Saint-Pierre-des-Cuisines, 6304.
— Évêque, 22.
— Hospitaliers, 56.
— Templiers, 56.
— Académie des Sciences, 308.
— Société archéologique du Midi de la France, 56, 298, 6303, 6304, 6347, 6481.
Toulouse (Le comte de), 763, 778.
Tour de Londres (La), 1340, 1399, 1557, 1648, 1740, 2010, 2028, 4033, 4036, 4037, 4111, 4163.
Tour de Londres [La tour blanche], 1428.
Touraine, 327.
— Société archéologique, 448, 631.
Touraine (Le duc de), 134.

TOURAINE (Valentine Visconti, duchesse de), 135, 170, 5618.
Touraine (Documents inédits sur les Arts en), 441, 442.
Tourangeaux (Artistes), 6432, 6561.
Tournai, 6379.
— Bourgeois, 112, 282, 294, 361.
— Cathédrale, 455, 6277.
— Chapelle épiscopale, 6292.
— Confrérie des notaires, 6277.
— Confrérie de Saint-Luc, 479.
— Églises, Saint-Brice, 246, 6272.
— « Saint-Piat, 6395.
— Évêque, 345.
— Hôpital de Saint-Éleuthère, 6366.
— Société histor. et littéraire, 86, 246, 455, 6272, 6277, 6292, 6366, 6386, 6395.
Tournay (Chapelle de), à Poligny, 345, 6388.
Tournehem, château, 6324.
TOURNEL (Les seigneurs de), 6268.
TOURNEMINE (Jacques de), 489.
Tours, 6752, 7108.
— Abbaye de Saint-Julien, 153.
— Armurier, 6432.
— Brodeur, 6561.
— Cathédrale de Saint-Gatien, 442.
— Église de Saint-Martin, 431, 441.
Tours de cou, 5198.
Tous les Saints, chapelle, à Orléans, 6308.
— Cf. All Saints.
TOUT PARIS, B, 6728.
TOUZAUD, B, 268, 855.
TOWNLEY (John), 3656.
TOWNSEND (G.-F.), B, 2131, 4080.
Tracy-le-Mont, église, 6745.
Trading Companies, à Kingston-upon-Hull, 7180.
TRAFFORD (Sir Edmund), 3995.
Transtevère, à Rome, 5782.
Trapani, église de S. Angeli de Scopello, 5999.

Tredington, église, 3317.
Tréguier, cathédrale, 565.
Treignac, château, 6738.
TRENELLE (Le marquis de), 4079.
TRENKLE (J.-B.), B, 4535, 4616, 4624, 4637, 4641, 4643, 4645.
Trente, 4410, 4452.
Trentino (Archivio Storico per Trieste, l'Istria ed il), 5597, 5601, 5602, 5636, 5638, 5704, 5725, 5745, 5775, 5783.
Trésor, 244, 245, 280, 283, 4236, 4239, 4243, 4244, 4247, 4251, 4252, 4253, 4254, 4256, 4258, 4259, 4261, 4265, 4272, 4278, 4279, 4289, 4292, 4293, 4294, 4305, 4309, 4320.
Trésor royal d'Angleterre, 1371, 1374, 1399, 1405, 1407, 1411, 1415, 1425, 1428, 1430, 1446, 1458, 1474, 1475, 1480, 1497, 1517, 1520, 1521, 1557, 1576, 1579, 1592, 1596, 1599, 1604, 1608, 1631, 1791, 1845, 1852, 4036, 4037, 4040, 4078, 4094, 4098, 4103, 4108, 4156, 7315.
TRESCHOW (M.), B, 4751.
Trescleoux, église, 7100.
Trésorier d'Angleterre, 1428, 1430, 1446, 1458, 1474, 1480.
— de la chambre du roi d'Angleterre, 1632.
— de l'Échiquier, 1631, 1632.
— de France, Babou de La Bourdaisière, 378.
— des Menus Plaisirs du Roi, 679.
— général du Pape, 5884.
Tresson, église, 1083.
Tressures, 1399.
TRÉVEDY (J.), B, 7064.
TREVELYAN (W.-C.), B, 4027.
Trèves, jardin Tyrocinii, 4591.
TREVIÑO (Francisco), 4918.
Trevirensis diplomatica et pragmatica (Historia), 4243.
Trévise, monastère de San Parisio, 5576.
TREWE (Thomas), mercier, 7187.
TREWRENT (Thomas), 7419.
Treygof, manoir, 1398.
Trianon, château, 6692.

T. III.   16

Trichet (Pierre), 6616.
Trieste, l'Istria ed il Trentino (Archivio Storico per). 5597, 5601, 5602, 5636, 5638, 5704, 5725, 5745, 5775, 5783.
Trigg Minor, 3852, 4042.
Tring, église, 2552.
Trinité (La), abbaye et église, à Vendôme, 900.
Trinité (La), cantarie à Eccles, comté de Lancaster, 2016.
Trinité on the Crossbridge, chapelle, à Beverley, 1571.
Trinité (La), chapelle, à Lessine, 6386.
Trinité (La), dite des Brianchons ou de N.-D. du Jardin, chapelle, à Rouen, 6358.
Trinité, hôpital, à York, 7221.
Trinity College, Cambridge, 3831.
Triper, 1399.
Triptyques, 4740.
Trivulzio (G.-G.), b, 5751.
Troïna, église, 6053.
— Monastères, Saint-Élie de Ambula, 6033.
— « Saint-Michel-Archange, 6032.
— « Saint-Sylvestre, 6033.
Tröllatunga, église, 5306, 5319.
Trollope (A.), b, 2834, 2875.
Trollope (E.), b, 1791.
Trollope (Francis), 3796.
Trollope (Leonard), 3915.
Trollope (Margery), 3755.
Trondhiem, évêque, 4747.
Trotter (Michael), 3711.
Troupes suédoises, 4588.
Trousseau, 122, 420, 423, 857, 1766, 4288, 4306, 4470, 4491, 4553, 5131, 7106.
Trousseau de mariage, 5596, 5629, 5632, 5685, 5698, 5710, 5711, 5712, 5714, 5715, 5721, 5729, 5731, 5736, 5760, 5810, 6058, 6250.
Trousseau d'un moine, 153.
Trowbridge, église, 2045.
Troyes, 528, 6317, 6384.
— Cathédrale, 545.

Troyes, églises, Saint-Aventin, 359.
— « Saint-Denis, 356.
— « Saint-Étienne, 759.
— « Saint-Nizier, 358.
— « Sainte-Madeleine, 504.
— Évêque, 6815.
— Société académique de l'Aube, 6713, 6714.
Tuam. Cf. Toam.
Tückelhausen, Chartreuse, 4588.
Tucker (S.-J.), b, 3972.
Tudeley, église, 1414.
Tudela, château, 4880.
Tudworth, cantarie, 2045.
Tuetey (A.), b, 196, 292, 438.
Tuiles, 5057.
Toilfeshide (Symon de), 154.
Tulle, 704.
— Cathédrale, 6644.
— Collége, 878.
— Évêché, 6799.
Túnga (Braedatunga), église, 5437.
Tünga [en Saelingsdalr], église, 5425.
Tungufell, église, 5435.
Tungusveit, 5382.
Tuniques, 6234.
Tuniques royales, 298.
Tunis, 5537.
— Roi, 4944, 4951, 4952.
Tuñon, monastère, 4845.
Tunstall, église, 3497.
Tunstall (John), 3889.
Tunstall (Robert), 3897.
Turi (Antoine), conseiller, 857.
Turcs, 4650.
— Invasion, 5125.
Turenne, château, 6603, 6627, 6721.
Turgis (Jean), 6426.
Turin, 5747, 5749, 5932.
— Chapelle des ducs de Savoie, 5747.
— Château, 5749.
— Palais, 5897, 5898.
— R. deputazione di storia patria, 5735.
— Société d'archéologie, 243, 5664, 5840, 5870, 5890, 5898.
Turner (Christopher), 4142.
Turner (D.), b, 2901, 2909, 7322.

Turner (Philadelphia), 4226.
Turner (T.-H.), b, 1363, 1366, 1396, 1414.
Turner (W.-H.), b, 1487.
Turnhart, château, 421.
Turnor (L.), b, 4050.
Turquie (La tapisserie en), 5665.
Turton (F.-T.), b, 7292.
Tuterö, abbaye, 6198.
Twysden (R.), b, 1332.
Tycho-Brahé, 4713.
Tydd Saint Giles, église, 2218.
Tyldesley (Edward), 3985.
Tyldesley (Thomas), 3809.
Tyldesley (Thurstan), 3630.
Tymms (S.), b, 1476. 1793.

Tynnelsö, château, 6188.
Tynninghame, château, 4833.
Tyrol, 4262, 4346, 4505, 4685, 4686,
4687, 4688, 4689, 4690, 4691, 4692,
4693, 4695, 4696, 4697, 4698, 4699,
4700, 4701, 4702. Cf. Tirol,
Deutschtirol.
Tyrol (L'archiduc Ferdinand de),
4516, 4518, 4525, 4526, 4528, 4533,
4545, 4546, 4547, 6160.
Tyrol (L'archiduc Sigismond de),
4335, 4342.
Tyrol (Le duc Frédéric de), 4307,
4311.
Tyrone (Le comte de), 4051.
Tysoe, église, 3264.

U

Ubeda, 4902.
Ubertino, vice-roi de la vallée de
Mazzara, 5632.
Ubertus, prêtre, 5525.
Ufton, église, 2188, 3118.
Ughelli (F.), b, 5527.
Ugra (Étienne), 5134.
Uithuizen, maison curiale, 5004.
5086.
Ujfalussy (La dame André), 5241
Ujfalussy (La dame Gergely), 5202.
Ujfalussy (Judith), 5218.
Ujfalussy (Suzanne), 5211.
Ulfeldt (Les comtesses), 6656.
Ullenhall Chapel, 3220.
Ullerakensia Monumenta, 6186.
Ulrich, duc de Poméranie, 4579.
Ulverstone, 7415.
*Umbria (Archivio storico per le Mar-
che et per l'),* 5546, 5590, 5605,
5610, 5634, 5645, 5650, 5659, 5660,
5662, 5667, 5670, 5679, 5682, 5684,
5687, 5691, 5786.
Underwood (John), 1767.
Undunfell, église, 5403.
Unger (C.-R.), b, 6184, 6185, 6189,
6190, 6192, 6194, 6195, 6197, 6198,
6199.
Ungula, prieur, 6330.

Union Review (The), 1673, 1707,
1758, 7035.
Université de Bologne, 5572, 5584,
5614, 5623, 5624, 5627,
5628, 5639, 5643, 5648,
5651, 5668, 5708, 5716,
5728, 5755, 5767, 5790,
5803.
— de Cambridge, 3990.
— de Copenhague, 4747.
— de Nancy, 6859.
— d'Orléans, 6725.
— de Paris, 6294.
— Cf. Colléges, Écoliers,
Étudiants.
*Unterfranken und Aschaffenburg (Ar-
chiv des historischen Vereines von),*
4261, 4272, 4440, 4444, 4588.
Unterwalden, 6217, 6222, 6246.
Unterwittbach, 4590.
Unton (Sir Henry), 4008, 4081.
Unton (La dame), 4081.
Upaix, église, 7101.
Upminster, église, 2446.
Upottery, église, 7159.
Uppingham, église, 7391.
Upsal, archevêché, 6186.
— Bibliothèque, 6188.
— Chapitre, 6182.

Upsaliensis (Nova Acta regiae Societatis scientiarum), 6184.

Upsir, église, 5365.

Upton, 7352.

— Église, 2200.

Upton-on-Severn, église, 3401.

Upton Snodsbury, église, 3400.

Upton Warren, église, 3402.

Urbain V, pape, 115, 5608, 6328, 6329.

Urbain VIII, pape, 5869, 5884, 5892.

Urbani dé Gheltof (G.-M.), b, 5598, 5697, 5702.

Urbin (Le duc d'), 5746, 5810.

Urbinati (Artisti), 5872.

Urbino, potier, 5823.

Urdir, église, 5363.

Uri, 6217.

Urstitius (C.), b, 4255.

Ursulines, couvent, 955.

Useflete (Thomas de). 1399.

Ussher (R.), b, 2520, 4153, 7378.

Ustensiles de cuisine, 4537, 5709.

— d'église, 4334, 4503, 5526, 5589.

— d'étain, 6766.

— de ferme, 1398, 1454, 1619, 1654, 4232, 4262, 7118, 7120.

— de jardinier, 7192.

— liturgiques, 591, 1883, 4230.

— de maison, 273, 274, 275, 284, 681, 1362, 1375, 1383, 1390, 1392, 1402, 1412, 1415, 1418, 1432, 1453, 1500, 1511, 1513, 1524, 1542, 1646, 1653, 1663, 1710, 1726, 1736, 1738, 1778, 1784, 1787, 1811, 1822, 1887, 1893, 1926, 1930, 1931, 1932, 1933, 1943, 1946, 1948, 2121, 3620, 3814, 3815, 3821, 3835, 3837, 3841, 3847, 3854, 3864, 3871, 3959, 3969, 3972, 3989,

Ustensiles de maison (suite), 3996, 4001, 4009, 4011, 4034, 4035, 4056, 4063, 4065, 4160, 4266, 4267, 4268, 4269, 4270, 4273, 4297, 4313, 4328, 4359, 4372, 4386, 4407, 4416, 4444, 4449, 4457, 4464, 4465, 4468, 4482, 4487, 4507, 4539, 4557, 4580, 4590, 4599, 4706, 4709, 4716, 4718, 4720, 4724, 4728, 4729, 4732, 4735, 4775, 4789, 4868, 4884, 4976, 5006, 5033, 5113, 5477, 5518, 5524, 5525, 5529, 5546, 5553, 5569, 5578, 5594, 5621, 5637, 5692, 5735, 5760, 5798, 5807, 5833, 6183, 6192, 6198, 6201, 6237, 6355, 6359, 6506, 6641, 6672, 6731, 7123, 7183, 7360.

— d'or et d'argent, 934, 944.

— de sculpteur, 5774.

— de tonnelier, 4804.

— de vaisseau, 5537.

— Cf. Instruments, Outils.

Usurier, 6336.

Uthlid, église, 5439.

Utrecht, 5001, 5005, 5008, 5011, 5012, 5013, 5036, 5038, 5042.

— Archevêque, 5033.

— Cathédrale, 5010, 5031.

— Églises, Saint-Jacques, 5009.

— « Saint-Jean, 5048.

— « Saint-Sauveur (Oudmunster), 5042. 5043, 5056

— « Sainte - Marie - Mineure (Buurkerk), 5013.

— Évêque, 5003, 5010, 5016.

— Société historique, 5001, 5003, 5005, 5006, 5008, 5011, 5012, 5042, 5056.

Uxem, église, 6900, 7054.

Uylenburg (Gerrit), peintre, 5094.

V

V. V., b, 4941.

Vadans (Jura), 99.

Vaise, curé, 6315.

Van Capple (Robert), 218.

Vair (Menu-), 184.

Vaisseaux, 1787, 2017, 3710, 6460.

— Armement d'un, 4735.

Vaisseau de guerre, 1842, 5801, 7 86, 7241.

— Armement d'un, 4982.

— Cf. Fournitures, Galères, Navires.

Vaisseaux d'église, 148.

Vaisseaux d'or et d'argent, 369.

Vaisselle, 38, 75, 99, 111, 135, 162, 236, 239, 243, 307, 331, 350, 377, 409, 681, 684, 711, 780, 1362, 1389, 1390, 1392, 1418, 1420, 1428, 1446, 1480, 1509, 1511, 1513, 1524, 1549, 1577, 1619, 1646, 1653, 1678, 1708, 1710, 1732, 1738, 1778, 1811, 1822, 1827, 1871, 1887, 1893, 1926, 1930, 1931, 1933, 1946, 1978, 2002, 3647, 3660, 3663, 3665, 3679, 3698, 3712, 3729, 3736, 3789, 3814, 3815 3821, 3828, 3830, 3835, 3837, 3841, 3854, 3864, 3865, 3871, 3872, 3906, 3913, 3926, 3929, 3969, 3970, 3989, 3996, 4002, 4009, 4011, 4016, 4029, 4035, 4056, 4063, 4065, 4159, 4160, 4262, 4298, 4332, 4342, 4372, 4376, 4407, 4416, 4440, 4444, 4457, 4464, 4465, 4482, 4488, 4537, 4539, 4557, 4580, 4590, 4712, 4716, 4724, 4732, 4735, 4739, 4775, 4795, 4797, 4804, 4826, 4827, 4884, 4899, 4946, 5002, 5006, 5019, 5020, 5029, 5033, 5113, 5477, 5518, 5546, 5553, 5578, 5619, 5637, 5709, 5743, 6183, 6187, 6198, 6237, 6361, 6471, 6488, 6509, 6594, 6677, 7178, 7205, 7226, 7237, 7329, 7360.

Vaisselle de cuivre, 325, 4728.

— d'étain, 325.

— d'or et d'argent, 127, 128, 131, 134, 139, 145, 163,

Vaisselle d'or et d'argent (suite), 167, 169, 173, 181, 184, 201, 223, 266, 272, 290, 306, 325, 326, 339, 378, 512, 789, 1399, 1521, 1565, 1688, 1766, 1791, 1850, 1852, 4345, 4725, 6297, 6299, 6387, 6463, 6659, 6675, 6744.

Vaissière (A.), b, 27.

Valais, 6215, 6216.

Valbonnais (J.-P. de), b, 6299.

Val-des-Écoliers, à Mons, 6348.

Val-d'Isère (Académie de la), 6364, 6539, 6619, 6805.

Valence, 661.

— Diocèse, 6306, 6339, 6357, 6370.

— Église de Saint-Jean et Saint-Apollinaire, 118.

— Évêque, 6306.

Valence (Bulletin d'histoire ecclésiastique du diocèse de), 661, 6306, 6339, 6357, 6370, 6717, 6758.

Valencia de don Juan (Le comte), b, 4933, 4948.

Valenciennes, 76.

— Église de Saint-Pierre, 6340, 6635.

Valenée (Caterinète), 6421.

·Valennes, église, 1084.

Valensol, abbaye, 6433.

— Abbé, 6431.

Valentine Visconti, duchesse de Touraine, 135, 170, 5618.

Valentinelli (J.), b, 5669.

Valentinois (La duchesse de), 339.

Valenzuela (Don Fernand), 4993.

Valère, château, 6216.

— Église, 6216.

Valette (René), b, 662, 839. Cf. Thiverçay (R. de).

Valladolid, 4984.

— Abbaye de Saint-Benoit, 4959.

Valladolid, couvents, Saint-François, 4960.
—   "   Saint-Paul, 4961.
Vallas (Fr.), b, 6677.
Valle (M.-R. Zarco del), b, 4987, 4991, 4994.
Vallet de Viriville (A.), b, 213, 271, 777.
Vallets, 799.
Vallanes, église, 5298.
Valois (Philippe de), roi de France, 6289, 6291, 6302.
Valois (Jeanne de), 6291.
Valois (Marguerite de), 420, 423.
Valois (Noël), b, 6328.
Valous (V. de), b, 116, 245, 784, 946, 6313, 6315.
Val-Richer, abbaye, 892.
Van Aelst (Evert), peintre, 5080.
Van Asch Van Wijck (A.-M.-C.), b, 5003, 5042, 5043, 5056.
Van Beijeren (Cornelis Aertsz), 5067.
Van Beijeren (Leendert Cornelisz), 5071.
Van Beuningen (Cornelis), bourgmestre, 5102.
Van Broeckhuysen (Sybrechtje), 5084.
Van Buren, 5012.
Van de Casteele (D.), b, 603, 797, 800, 801, 802.
Vance, église, 1085.
Van Cleve (Corneille), sculpteur, 1151.
Van Coninxloo-le-Vieux (Gilles), peintre, 5041.
Van de Weerde (Anthoni), 5063.
Van den Steen (Gérard), 5048.
Van den Vondel (Joost), poète, 5088.
Van der Meulen, peintre, 696.
Vandervoort, 4129.
Van der Voort (Cornelis), peintre, 5044, 5051, 5052, 5061.
Van der Voort (Pieter), 5049.
Van der Willigen (A.), b, 5064, 5066.
Van Doorninck (J.-I.), b, 5023, 5083, 5092, 6540.
Van Drival (L'abbé), b, 13, 15.
Van Dyck, 5085.
Van Hasselt (G.), b, 5021, 5026, 5027, 5030, 5037.

Van der Horst, b, 5063.
Van Kessel (Dirck), 5098.
Van Kinschot (Gaspar), 5103.
Van Loo (Magdalena), 5093.
Van Meckeren (Gérard), 433.
Van Mensenburgh (Abel Eppens), 5084.
Vannes, 6412.
—   Cathédrale, 6396.
—   Société polymathique du Morbihan, 6396.
Van Nimmen (Pierre-Guillaume), sculpteur, 1298.
Vanome (Henri-Edmé-Christophe), peintre, 1257.
Van Riemsdijk (Th.-H.-F.), b, 5009.
Van Rijsewijk (P.-H.), b, 5081.
Van Rooijen (A.-J.-S.), b, 5053, 5055, 5073, 5076, 5095, 5098.
Van Rijn (Titus), 5093.
Van Sichem (Christoffel), 5050.
Van Tautenburch (Frederik Schenk), archevêque, 5033.
Van Tongeren (Johan), 5100.
Van Zandijck, 5020.
Vapour (Hendrick Arentsen), 5062.
Var, 577.
Varaldo (O.), b, 5802.
Varennes, 6522.
Varennes (Le seigneur de), 681.
Varin (Philippe), sculpteur, 1166.
Varin (Pierre), sculpteur, 1217.
Varkoes (Michel), 5159.
Vasa (Gustave), roi de Suède, 6200, 6203.
Vasari (Georges), peintre, 5839.
Vases, 110, 263, 266, 677, 1334, 1374, 4256, 4278, 4394, 4419, 4468, 4503, 4704, 4754, 4841, 4846, 4856, 4858, 4859, 4865, 4881, 4882, 4893, 4904, 5000, 5034, 5104, 5109, 5478, 5544, 5553, 5570, 5572, 5683, 5688, 5744, 5786, 5808, 6090, 6166, 6229, 6239, 6254, 6263, 6307, 6814, 7109, 7115.
Vases antiques, 5899.
— d'argent en forme d'animaux, 4531.
— de Chine, 679.
— d'émeraude, 4278, 4320.
— d'étain, 4763.
— de jaspe, 4320.

Vases d'onyx, 4459.
—   d'or et d'argent, 441, 1523,
1737, 4751, 4935, 5138, 5577.
Vases sacrés, 8, 19, 35, 48, 55, 141,
240, 249, 256, 264, 265, 309,
338, 382, 700, 927, 1122, 1338,
1339, 1341, 1342, 1356, 1367,
1369, 1378, 1391, 1402, 1406,
1440, 1448, 1503, 1509, 1512,
1527, 1528, 1590, 1593, 1609,
1623, 1644, 1666, 1667, 1675,
1691, 1750, 1803, 1850, 1873,
1883, 1889, 1943, 2042, 2131,
2134, 3817, 4232, 4243, 4247,
4248, 4255, 4257, 4261, 4284,
4290, 4300, 4304, 4305, 4314,
4320, 4373, 4382, 4384, 4396,
4397, 4398, 4400, 4403, 4406,
4407, 4411, 4434, 4444, 4450,
4459, 4465, 4466, 4486, 4495,
4513, 4542, 4583, 4589, 4601,
4612, 4652, 4690, 4733, 4740,
4764, 4772, 4787, 4796, 4799,
4842, 4848, 4849, 4868, 4871,
4872, 4874, 4977, 5005, 5023,
5024, 5048, 5113, 5114, 5125,
5126, 5127, 5128, 5136, 5164,
5182, 5476, 5481, 5502, 5504,
5508, 5515, 5516, 5535, 5543,
5560, 5564, 5580, 5582, 5599,
5602, 5615, 5631, 5636, 5640,
5671, 5699, 5704, 5722, 5730,
5753, 5809, 5877, 5893, 5976,
6198, 6227, 6232, 6237, 6256,
6268, 6398, 6472, 6508, 6632,
6737.
—   sacrés d'étain, 1915, 4542, 4740.
—   sacrés de fer, 5535.
Vatican, à Rome, 5688.
Vaticane (Basilique), 5547, 5556, 5604,
5613, 5649, 5671, 5730, 5883.
Vatnsdalr, 5404.
Vaud, 6236.
Vaudemont (Le comte de), 6544.
Vauldemont, 6533.
Vaux, château, 627, 637.
Vay (Anne), 5215.
Vay (Catherine), 5217.
Vay (La dame Pierre), 5169.
Vayra (P.), B, 309, 310, 311, 5747,
5749.

Vayre, château, 556.
Vayssière (A.), B, 665.
Veit von Wolkenstein, 4313.
Vékey (Catherine), 5183.
Velasquez, peintre, 4991.
Vellir, église, 5362.
Vellir (Storu Vellir), église, 5465.
Velours, 2028, 4721, 4817.
Vence, cathédrale, 329.
Vendée, Société littéraire, artistique
et archéologique, 839.
Vendée (Revue de Bretagne et de),
258.
Vendôme, abbaye de La Trinité,
900.
—   Église de Saint-Georges,
444, 899.
Vendômois, Société archéologique,
scientifique et littéraire, 899, 900.
Vendômois (La duchesse de), 444.
Vendredi-Saint (Ornements blancs
pour le), 7321.
Veneto (Archivio), 5637, 5759, 5943.
Veneziane (Delle iscrizioni), 5640,
5732.
Veneziane (Bulletino di Arti, Indus-
trie e Curiosità), 5598, 5697, 5702.
Venise, 5827, 5950, 5952, 5953, 5971,
6665.
—   Ambassadeur français, 6756.
—   Arsenal, 5574.
—   Basilique de Saint-Marc,
5551, 5580, 5772, 5974,
6081.
—   Confrérie de Santa Marina,
5732.
—   Doge, 5598, 5943, 5971, 6665.
—   Églises, della Croce, 5697,
5702.
—   «   San Giorgio Mag-
giore, 5848, 5887.
—   «   Santa-Marina, 5732.
—   Marchand, à Londres, 1696.
—   Palais ducal, 5622.
—   Scuola de San Marco, 5697,
5702.
—   Troupes, 5647.
Vénitienne, 6058.
Ventavon, église, 7102.
Ventura (Nicolò), peintre, 5876.
Venturi (G.-A.), B, 5731.

Venturi (A.). B, 5737, 5896, 5928, 5939, 5965, 6056, 6075, 6079, 6080, 6083.

Vera-Cruz, 4920.

Verbeckt (Jacques), sculpteur, 1288.

Vercelli, 5724.

— Château fort, 5594, 5621.

— Église Sancti Petri de Mullegio, 5756.

Verdelais, église de N.-D., 6848.

Verdun, cathédrale, 6363, 6842.

Verdun-sur-Garonne, 6481.

— Château. 476.

Vere, église, 5015.

Verémond II, roi de Léon, 4868.

Verges, 1570.

Vermandois, 149.

Vermandois (Le), 6576.

Vernet (Claude-Joseph), peintre, 1330.

Vernet (L'abbé), B, 6306.

Vernière (A.). B, 6608.

Verson (Sir Richard). 7194.

Vérone, 5637, 5830, 5916, 5917.

— Églises, Saint-Benoît, 5717.

— « Saint-Éloi, 5706.

— Academia d'agricultura, commercio ed arti, 5706.

Verreries, 4528, 4654.

Verriers, 4654.

Verres, 1845, 1979, 3806, 3992, 4040, 4528, 4752, 4811, 4912, 4913, 4986.

Versailles, 698.

— Canal, 6723.

— Château, 1101, 6730, 6754, 6820.

— Cf. Trianon.

Vertefeuille, château, 125, 6321.

Verteuil, château, 788.

Vertus (Le comte de), 203.

Vesme (Alessandro), B, 4694.

Vestiaire, 1503, 6065.

Vestmanna [Les], église, 5296.

Vestrdalr, 5379.

Vestrhöp, 5407, 5408.

Vestr-Skaptafell, 5473, 5474.

Vêtements, 45, 47, 68, 69, 100, 110, 143, 162, 169, 201, 206, 220, 240, 254, 256, 265, 276, 278, 279, 281, 291, 305, 339, 417, 466, 468, 677, 684, 1334, 1342, 1375, 1378, 1383, 1397, 1493, 1498, 1500, 1511, 1524, 1528, 1577, 1589, 1609, 1646, 1653, 1708, 1710, 1736, 1738, 1762, 1766, 1787, 1798, 1800, 1812, 1822, 1827, 1849, 1857, 1967, 1968, 2020, 2028, 2117, 3636, 3637, 3640, 3647, 3649, 3650, 3658, 3660, 3661, 3662, 3663, 3665, 3666, 3668, 3672, 3679, 3681, 3689, 3691, 3693, 3699, 3704, 3714, 3715, 3717, 3718, 3719, 3722, 3726, 3727, 3729, 3730, 3737, 3751, 3754, 3770, 3774, 3778, 3779, 3781, 3784, 3791, 3801, 3814, 3815, 3821, 3839, 3847, 3861, 3865, 3868, 3871, 3881, 3893, 3894, 3903, 3905, 3911, 3923, 3926, 3938, 3947, 3956, 3962, 3969, 3986, 3989, 3996, 4002, 4009, 4034, 4056, 4064, 4073, 4079, 4132, 4160, 4256, 4284, 4288, 4290, 4313, 4332, 4349, 4372, 4376, 4416, 4437, 4440, 4467, 4481, 4483, 4513, 4515, 4517, 4518, 4537, 4539, 4585, 4590, 4706, 4728, 4734, 4739, 4753, 4754, 4765, 4767, 4775, 4788, 4789, 4793, 4794, 4795, 4804, 4821, 4826, 4837, 4844, 4847, 4874, 4884, 4899, 4901, 4924, 4934, 4976, 4977, 4993, 4999, 5000, 5001, 5005, 5006, 5020, 5029, 5033, 5036, 5048, 5063, 5131, 5186, 5216, 5228, 5233, 5238, 5253, 5477, 5518, 5523, 5524, 5525, 5529, 5534, 5540, 5553, 5570, 5602, 5618, 5619, 5641, 5646, 5655, 5700, 5710, 5712, 5729, 5735, 5736, 5743, 5760, 5773, 5779, 5798, 5806, 5807, 5810, 5816, 5817, 5822, 5833, 5877, 5882, 6184, 6187, 6201, 6202, 6227, 6242, 6246, 6268, 6317, 6338, 6361, 6383, 6463, 6574, 6593, 6594, 6639, 6687, 7032, 7234, 7329, 7356, 7436.

Vêtements blancs [Hongrie], 5198, 5220, 5223, 5229, 5233, 5241.

— de couronnement, 1446, 1557. Cf. Insignes royaux, Royauté (Insignes de la).

— de filles de service, 5211.

— d'images, 1712, 1831, 4373, 4690. Cf. Manteaux d'images, Robes.

Vêtements liturgiques et sacerdotaux, 8, 22, 89, 92, 184, 230, 239. 309, 320, 345, 357, 441, 547, 717, 871, 973, 1333, 1338, 1339, 1341, 1356, 1363, 1367, 1369, 1373. 1391. 1396, 1402, 1406, 1411. 1430, 1440. 1448, 1449, 1503, 1509, 1512. 1523, 1527, 1570, 1584, 1590, 1593, 1615. 1623, 1626, 1635, 1644, 1666. 1667, 1675, 1678, 1689, 1691, 1712, 1713. 1737, 1739, 1750, 1764. 1831, 1832, 1871, 1873, 1878, 1883, 1887, 1889, 1893, 1935, 1943, 1956, 1993, 1996, 1997, 2009. 2054, 2117, 2121. 2131, 2132, 2133, 2134. 3624, 3830, 3850, 3861, 4232, 4234, 4247, 4248, 4249, 4255, 4261, 4264, 4274, 4275, 4278, 4295, 4300, 4304, 4305, 4314. 4359, 4363, 4364, 4373. 4382, 4391, 4394, 4400, 4402, 4403, 4404, 4407, 4408, 4411, 4417, 4419. 4444, 4455, 4459, 4465, 4466, 4468. 4477, 4495, 4496, 4538, 4542, 4557, 4559, 4583, 4605, 4609, 4690, 4704, 4733, 4750, 4752, 4760, 4763, 4772, 4787, 4796, 4801, 4803, 4808, 4811. 4818, 4841, 4844, 4846. 4848, 4856, 4858, 4859, 4865, 4868, 4871, 4872, 4878, 4881. 4882, 4883, 4893, 4935, 5017, 5023, 5034, 5043, 5097, 5109, 5111, 5113, 5114. 5125, 5126, 5127, 5130, 5136, 5164, 5182, 5261, 5478, 5502, 5504, 5515, 5516, 5526, 5528, 5531, 5535. 5543, 5553, 5556, 5557, 5560, 5564, 5565, 5567, 5568, 5570, 5572, 5582, 5589, 5590. 5604, 5615, 5631, 5636, 5649, 5671, 5683, 5688, 5697, 5699, 5707, 5722, 5725, 5744, 5745, 5747, 5753, 5758, 5772, 5783, 5786, 5808, 5809, 5816, 5877, 5881, 5893, 5908, 6090, 6094, 6096, 6166, 6194, 6216, 6219, 6228, 6229, 6231, 6232, 6234. 6237, 6254, 6256, 6263, 6615, 6620, 6625, 6735. Cf. Aubes, Chapes, Chasubles, Dalmatiques, Ornements liturgiques, Pontificaux, Spolium.

Vêtements sacerdotaux d'ouvrage d'Angleterre, 4878.

— sacrés grecs, 4868. 4872.

— sacerdotaux morisques, 4878.

— sacerdotaux d'Ultramar, 4878.

— sacerdotaux de Venise, 4878.

— de théâtre, 4763.

Veterum scriptorum collectio. 6259.

Veterum scriptorum tomus unus. 4255.

VETH (G.-H.), B, 5047.

Vexin, Société historique de l'arrondissement de Pontoise et du Vexin, 260, 337, 6499, 6500, 6506.

VEYREL (Samuel), 593.

VEYRIÈRES (Louis de), B, 6551.

VEZZOSI (A.-F.), B, 5480.

Vialata (Palais de la), à Gênes. 5791.

VIALETTES (L'abbé), B, 786.

VIALY (Louis-René), peintre, 1285.

VIANE (Don Carlos, prince de), 4895.

Vianen, 5070.

Viborg, 4735.

Vibraye, église, 1086.

Vicaire, 3729.

VICARS (Thomas), 1640.

Vice-chambellan, 3989.

Vice-roi, duc d'Osuna, 4988.

Vice-roi de la Vallée de Mazzara, Ubertino. 5632.

Vic-Fezensac, église, 415.

Vich, 4978.
— Cathédrale, 4848, 4859.
— Évêché, 4848, 4861, 4875.
Vicomte de Thouars, 272.
Vicomtesse de Dave, 797.
— de Limoges (Jeanne), 130.
— de Riberac, 512.
Victoire (Madame), fille de Louis XV, 876, 6767.
Victor-Amédée, duc de Savoie, 5890.
Viczay (Alexandre), 5186.
Viczay (Le baron Jean), 5245.
Viczay (Ilonána), 5186.
Viczay (Maria), 5234.
Viczay (Thomas), 5186.
Vidames d'Amiens. 265.
Vidbord, église, 5297.
Videron (Jeanne), 6443.
Vidieu (L'abbé), b, 6729.
Vididalstunga, église, 5405.
Vidimyri, église, 5384.
Vidivellir, église, 5375.
Vierge (Autels de la Sainte), 1620.
— (Confrérie de la), 7220.
— (Image de la), 7220.
Vierge in Ciborio (Image de la), à Rome, 5754, 5881.
Vierge du Real, ou N.-D. d'Embrun, 6493.
Vieil-Saint-Remy, église, 7.
Vienne[France],cathédrale de Saint-Maurice, 430.
— Église de Saint-Pierre, 404, 635.
Vienne [Autriche], 4304, 4315, 4377, 4392, 4476, 4519, 4556, 4593, 4661, 4662, 4669, 4670, 4672, 4673, 4678, 4681, 4694, 5187, 5192, 5195, 5197, 6458.
— Akademie der Wissenschaften, 4253, 4304, 4305, 5528. Cf. Central Commission.
— Arsenal naval, 4462.
— Cathédrale, 4300, 4438.
— Collections impériales, 4662, 4669, 4670, 4672. Cf. Autriche.
— *Die Handschriften der K. K. Hofbibliothek in Wien,* 4331, 4483, 4554.

Vienne (Haute-), 7060.
Viespont (Yves de), 186.
Vieux-Berquin, église, 6952.
Vigna (R.-A.), b, 5535, 5549, 5656, 5657, 5658, 5849.
Vignat (G.), b, 6308.
Vigneron (Hélène), 6500.
Vigneron (Johan), 6500.
Vigneron, 776.
Vignier, b, 666.
Vigny, château, 331.
Villa Cresciz, monastère, 4870.
Villa Medicis, à Rome, 6076.
Villa Muriel, église, 4963.
Villa Pedro, 4862.
Villare in Nava, église, 4857.
Villanueva (J.), b, 4848, 4859, 4883.
Villars (L'amiral de), 507.
Villena, 4902.
Villefort, 6314.
Villers-Campeau, église, 7025.
Villers-Cotterets, château, 828.
Villers-au-Tertre, église, 7024.
Villet, 6811.
Villiers (Georges), duc de Buckingham, 4157.
Villingaholt, église, 5292, 5429.
Villingen, église, 4594, 4660.
Vincennes, 972.
— Bois, 6350, 6375.
— Château, 123, 193, 200.
— Minimes, 907.
Vincent (Antoine), peintre, 1293.
Vincent-Durand, b, 902.
Vinck (Abraham), peintre, 5045.
Vinckenbrinck (Albert), sculpteur, 5087.
Vindemiae Literariae, 4247.
Vins, 272, 941, 1857, 3691, 3733, 4580, 6237, 6317, 6719.
Vintners' Company, à Londres, 1794.
Vinzelli, banquier, 4694.
Visborg, château, 4716, 4723.
Visby, 4716.
Visconti (Philippe-Marie), duc de Milan, 5665.
Visconti (Valentine), 135, 170, 5618.
Visconti (I), 5700, 5705, 5718.
Visitandines, à Chaillot, 6664.
Visitation de Sainte-Marie, monastère, à Amiens, 954.

Vislicy (N.-D. de), 6096, 6097.
Visscher (Cornelis), 5082.
Vitraux, 468.
Vitré, 6400.
Vivarais, 101, 6357, 6370.
Vivarais (Bas-), 661.
Vivier-en-Brie, Sainte-Chapelle, 492, 674.
Viviers, évêque, 6327.
Viviers, diocèse, 661, 6306, 6339, 6357, 6370, 6717, 6758.
Vivres, 6541.
Vizelise, 6534.
Vizille, 6679.
Vodmulastadir, église, 5451.
Vogel (J.-A.), B, 5654, 5701, 5720, 5788.
Voilettes, 5196.
Voiles pour la figure, 5196, 5198.
Voisin (L'abbé), B, 6277.
Voitures, 544, 800, 4999, 6663, 6719.
Voivres, église, 1056.
Volx, bourgeoise, 6332.
Volckamer (Sebastian), 4306.
Volkerinckove, église, 6901.
Völkersbach, église, 4631.

Vollenhoven, château, 5011.
Vollore, église, 6703.
Vollour (David de), 1478.
Volnay, église, 1087.
Voltelini (H. von), B, 4437, 4471, 4478, 4493, 4934, 6160, 6467, 6471, 6547.
Volterra, évêque, 1522, 1533, 1543.
Vorarlberg (Zeitschrift des Ferdinandeums für Tirol und), 4526.
Vorau, église, 4265.
Vordingborg, château, 4721, 4728.
Vosmaer (C.), B, 5079.
Vosmaer (Jacob), peintre, 5068.
Vosges, Société d'émulation du département, 986, 987, 6766.
Vosges (Histoire des), 6583.
Vosgienne (Société philomathique), 6833, 6835, 6841, 6844.
Vouvray (Jean de Méauge, dit de), armurier, 6432.
Voyage en France (Le), 658.
Voyage littéraire de deux religieux bénédictins, 4244, 4251.
Vred, église, 7026.
Vredeland, château, 5003.
Vyne (The), maison, 1968.

W

Waberthwaite, église, 2266.
Waburne, prieuré, 1882.
Wachtendonck, château, 5005.
Wackernagel (R.), B, 6219.
Wadamir, évêque, 4859.
Wadley, manoir, 4008.
Wadmore (J.-F.), B, 1609.
Wagner, B, 4391.
Waidhofen, château, 4266, 4269.
Waitz, B, 6254.
Wakebridge, manoir, 1464.
Walberswick, église, 1722.
Walbran (J.-R.), B, 1892.
Walcott (M.-E.-C.), B, 1448, 1503, 1705, 1867, 1870, 1876, 1878, 1879, 1882, 1886, 1889, 1891, 1893, 1895, 1904, 1905, 1907, 1909-1913, 1914, 1918, 1923, 1924, 1926, 1930, 1931, 1932, 1933, 1937, 1938, 1939, 1943, 1944, 1946, 1952, 1956, 1959, 1962, 1996, 2002, 2010, 2032, 2042, 2044, 2070, 2071, 2132, 2135, 2240, 2396, 2405, 2652, 2716, 2739, 2761, 2771, 2786, 2875, 3424, 3490, 3629, 3840, 3992, 4102, 7218, 7280.
Walden, abbaye, 1396.
Waldingham, église, 2104, 3061.
Waldrast, église et couvent des Servites, 4690.
Walford's Antiquarian, 7366.
Walkendorf (Éric), archevêque, 6194, 6195.
Walker (Frances), 4013.
Walker (Thomas), 1987.

Walkern, église, 2570.
Walkington, église. 3568.
Walknowy, église, 6150.
WALL (Lionel), 2030.
WALLAS (Richard), 3912.
Wallingford, cellule, 1819.
— Églises, All Saints, 2190.
— « Saint-Léonard, 2191.
— « Sainte - Marie. 2192, 7269.
— « Saint-Pierre, 2193, 7269.
Wallington, église, 2599.
WALLIS (J.), B, 1953.
Wallon Cappelle, église, 6953.
Walsingham (Great), église, 2904.
Walsingham (Little), église, 2905.
WALTER DE STAPELDON, évêque, 7151, 7152, 7159, 7167, 7171, 7176, 7178.
Waltham, abbaye, 1959, 7259.
WALTHAM, évêque, 2045.
Walthamstow, église, 2473.
Walton, 4089.
— Église, 3237.
WALTON (George), 3918.
WALTON (William), 3735.
Walton-le-Soken, 7118, 7120, 7153.
Walton-on-Trent, église, 2391.
Walton on the Wolds, église, 2839.
Wanborough, chapelle, 1700.
— Église, 3010.
WANDISFORD (Francis), 3644.
Wandsworth, église, 3052.
Wandignies-Hamage, église, 7027.
Wanlip, église, 2809.
Wansford, église, 3545.
Wanstead, église, 2472.
Wappenbury, église, 3122.
Ware, église, 2653, 7276.
Warehorne, église, 2778.
Warfield, église, 2194.
Warhem, église, 6902, 7055.
WARING (Edmund), 4092.
Warlingham, église, 2105, 3062.
Warley (Little), église, 2447.
Warley (Much), église, 2448.
Warmington, église, 3270, 3404.
WARNER (R.), B, 7203, 7223.
WARREN (F.-E.), B, 1335.

Warrington, 7392, 7399.
Wartenburg, église, 6179.
Warter, église, 3563.
Warwick, 4014.
— Cantarie, 2045.
— Comté, 1583, 1670, 1929, 1962, 3087.
— Églises, Sainte - Marie, 1662, 1670, 3266.
— « Saint-Nicolas, 3267.
Warwickshire Natural history and Archaeological Society, 1662.
Warwickshire Antiquarian Magazine. 3270, 3807, 4014, 4138.
Wasdale Head, église, 2272.
Wasdale Nether, église, 2268.
Washbourne Kings, église, 3346.
Washington, Smithsonian Institution, 7410.
Wasing, église, 2195.
Wasperton, église, 3230.
WASTLER (J.), B, 4609, 4671, 4673, 4680, 4681.
Waterbeach, église, 1377, 2223.
Watford, église, 2541.
WATSON (Edward), 7404.
WATSON (Richard), 4151.
Watsons of Rockingham. 7362, 7404.
Watten, église, 6903, 7056.
WATTENBACH (W.), B, 4259, 4284.
Watton, église. 2579, 3606.
Wauld Newton, église, 3469.
Wawne, église, 3514.
WAY (A.), B, 313, 1333, 1432, 1453, 1577, 1650, 4163.
Waziers, église, 7028.
Weald (South). église, 2449.
Wearmouth, prieuré, 1394, 1477, 1479, 1481, 1482, 1491, 1494, 1508, 1516, 1553, 1690, 1714, 1720, 1749.
Wearmouth and Jarrow, 1388, 1403, 1409, 1413, 1416, 1424, 1426, 1429, 1431, 1433, 1435, 1438, 1451, 1455, 1456, 1519, 1568.
Weaverthorpe, église, 3429.
WEBB (J.), B, 1393.
WEBER (Daniel), 5241.
WEBER (H.), B, 4252.
Weddington, église, 3180.
Weeley, église, 2437.

Weetwood (Thomas), 3920.
Wegele (Le d'), B, 4261, 4272.
Wehrmann, B, 4434.
Weighton, 1539.
Weinrich (J.-M.), B, 4277.
Weissenbach, église, 4639.
Welby, église, 2838.
Welford, église, 2189.
Welford (R.), B, 4183, 7208, 7258, 7265, 7266, 7365, 7374, 7385.
Welland, église, 3405.
Welles (John), 3740.
Wellesbourne, église, 3225.
Wellington, cantarie, à Wells, 7261.
Wells, cantaries, du doyen Husey, 7261.
—   «   du Préchantre, 7261.
—   «   de Wellington, 7261.
— Collége de Mountroy, 7261.
— Église de Saint-Cuthbert, 1507, 1536, 1582, 1607, 1620.
— Maison des pauvres, 7261.
Welschensteinach, église, 4571.
Welschinger, B, 1108.
Welser (Philippine), margravine de Burgau, 4529.
Welton, église, 3569.
Welwick, église, 3534.
Welwyn, église, 2589.
Wemaerscappel, église, 6954.
Wenlock (Much), église, 2975.
Wennington, église, 2451.
Wentworth (G.-E.), B, 7363, 7394.
Wernigerode, 4310.
— Château, 4480.
Wernicke (E.), B, 4326, 4477, 4538, 4542, 4668.
Werrington, église, 2928.
Wertheim, 4539, 4584, 4590.
— Église, 4394.
Wesselenyi (La dame Étienne), 5185.
West (Nicolas), évêque, 1851.
Westbye (William), 3635.
West-Cappel, église, 6904, 7057.
Westerfield, église, 2991.
Westerhoff (R.), B, 5086.
Westerwijtwerd, 5086.
Westfalen. Cf. Westphalie.

Westmerland, comté, 1790.
Westmill, église, 2648.
Westminster, 1706.
— Abbaye, 1360, 1374, 1943.
— Chapelle royale et collégiale de Saint-Étienne, 1535, 2033.
— Église de Sainte-Marguerite, 2042, 3840, 4103.
— Palais, 1562, 1979, 2028.
Westminster (Antiquities of), 3811, 3833.
Westmoreland, comté, 1440, 4203.
— Antiquarian and Archaeological Society of the Cumberland and Westmoreland, 1440, 2312, 3864, 4015, 4024, 4065, 4099, 4133, 4160, 4165, 4197, 4202, 4203, 4214, 4216, 4218, 4219, 4221, 4224, 7337, 7341, 7355, 7371, 7409, 7417, 7421, 7423, 7434.
Weston, église, 2588.
Weston-on-Trent, église, 2395.
Weston-under-Wetherley, église, 3187.
Westow, église, 3459.
Westphalie, 4250.
— Verein für Geschichte und Alterthumskunde Westfalens, 4447.
Westfälisches Urkundenbuch, 4241, 4242, 4244.
Westwell, église, 2779.
Wetwang, église, 3443.
Weymouth, 1922.
Weynflet (Thomas de), 1362.
Whalley, abbaye, 1885, 1893, 1895.
Wharram Percy, église, 3440.
Wharram-le-Street, église, 3448.
Whatcote, église, 3239.

Whatton (Long), église, 2812.
Whatton-cum-Aslacton, église, 2963.
Wheathampstead, église, 2546.
Whichford, église, 3236.
Whitacre (Nether), église, 3161.
Whitacre (Over), église, 3155.
WHITAKER (T.-D.), n, 1885, 1893, 3861, 4000, 4141.
Whitbeck, église, 2270.
Whitby, abbé, 1510.
Whitcham, église, 2271.
Whitchurch, église, 3251.
WHITE (G.), n, 1591.
WHITE (Mathew), 3014.
WHITEHEAD (David), 4781.
WHITEHEAD (H.), n, 2312.
White Ladies Aston, église, 3403.
Whitfield, église, 2936.
WHITLEY (H.-M.), n, 1919, 1925, 1953, 2089, 2129, 3628, 3820, 3852, 7318, 7351.
Whitley Hall, 7396.
Whitnash, église, 3140.
Whittlesey, églises, Saint-André, 2228.
—   «   Sainte-Marie, 2227.
WHITTLEY (Henri de), 1506.
Whittingham, 4777.
Whittington, église, 3406.
Whitwick, église, 2833.
WICHNER (J.), n, 4330.
Wick, église, 3407.
Wickham, église, 2196.
Wickham (East), église, 2703.
Wickham (West), église, 2780.
Wickhamford, église, 3421.
WIDDRINGTON (Ellinor), 3945.
WIDDRINGTON (Hector), 3951.
WIDDRINGTON (Sir Henry), 3949.
WIDDRINGTON (John), 3766.
WIDDRINGTON (Robert), 3964.
WIDDRINGTON (Roger), 3772, 4132, 7394.
Widford, église, 2640.
WIDMANN, n, 4357.
WIDMANN (Veit), 4564.
WIEDEMANN (Th.), n, 4561, 4581.
WIELAND (M.), n, 4444.
Wieluń, collégiale, 6106.

Wieluń, doyenné, 6152.
—   Église du monastère de Saint-Augustin, 6107, 6108.
Wien. Cf. Vienne [Autriche].
Wiener-Neustadt, 4307, 4308, 4608.
—   Église de N.-D., 4336.
Wiener-Skizzen aus dem Mittelalter, 4377, 4438.
Wieruszów, église, 6144.
Wierzbie, église, 6122.
Wierzchlas, église, 6110.
WIESBADEN (Hermann de), 4287.
Wigan, 7398.
—   Église, 2804.
Wigginton, église, 2551.
Wight [Ile], 1964, 2508, 4172.
Wighton, église, 2903.
Wigmore, château, 1397.
Wigtoft, 4055.
—   Église, 3983.
Wijk-bij-Duurstede, 5072.
Wildenbruch, commanderie des chevaliers de Saint-Jean de Jérusalem, 4482, 4502.
WILKINSON (John), 3676, 3769.
Willesborough, église, 2781.
Willesden, église, 2888.
Willesley, église, 2392.
Willerby, église, 3485.
Willey, église, 3135.
Willey (Antiquities of), 4210.
WILLEY (Ralph), 3899.
WILLIAM DE EDYNDON, trésorier d'Angleterre, 1430.
WILLIAM DE KEXBY, préchantre, 1556.
William Salt Archaeological Society, 1434.
WILLIAMS (B.), n, 1644, 1833.
WILLIAMS (W.-M.), n, 1728.
Willian, église, 2587.
Willington, église, 2393, 3584.
WILLINSON (James), 3642.
WILLIS (Browne), n, 1764.
WILLIS (R.), n, 2011, 3831, 3990, 4135, 4194, 4613, 7211.
Willoughby, 2121, 4047.
—   Église, 3134.
Willoughby-on-the-Wolds, église, 2092.

Wills and Inventories, 1390, 1402,
 1561, 1613, 1619, 1732, 1734, 1840,
 2000, 2030, 2118, 2123, 2127, 3802.
WILMANS (R.), B, 4244.
WILMER (Sir William), 4153.
Wilmington, église, 2783.
Wilmslow, église, 4127.
Wilne, église, 2394.
WILSON (Christopher), 3906.
WILSON (Édouard), 1726.
WILSON (H.-B.), B, 4688.
WILTHEIM (Alex.), B, 4592.
Wilts, comté, 1338, 1341, 1342,
 1343, 1351, 1352, 1353, 1354, 1355,
 1484, 1541, 1547, 1550, 1551, 1676,
 1700, 1839, 1937, 2045, 2122, 7121,
 7202.
*Wilts (Church Plate of the County
 of)*, 7117, 7216, 7252.
*Wiltshire Archaeological and Na-
 tural History Magazine*, 1675, 2045,
 2122.
Wimbledon, église, 3047.
Wimborne, 3854.
 —   Église, 1965.
Wimmer (E.), B, 4348.
Winchester, 2119.
 —   Cathédrale, 1339, 1873,
        2132.
 —   Collége, 1650, 1810.
 —   Couvents, 1891, 1902.
 —   Échevin, 2004.
 —   Église de Saint-Pierre,
        2514.
 —   Évêque, 1592, 1596,
        1604, 4075, 4076.
 —   Prieuré, 1873.
Windlesham, église, 3017.
Windsor, 1498.
 —   Chapelle de Saint-Geor-
        ges, 1498, 2131.
 —   Église, 3846, 4074, 4180.
 —   Maison de Ville, 1733.
Windsor (Annals of), 3846, 4071,
 4180.
Winestead, église, 3505.
Wing, église, 1821, 2211.
Wingham, église, 2032.
Wingrave, église, 2210.
Winkleigh, église, 7136.
Winnezeele, église, 6955.

Winterbourn, église, 2198.
WINTERS (W.), B, 7259.
Wintringham, église, 3430.
Wire Piddle, église, 3422.
Wirksworth, église, 2396.
WIRST (Vredeswindis de), 5002.
*Wirtembergische Franken (Zeit-
 schrift des historichen Vereins für
 das)*, 4539, 4580.
WISE (C.), B, 7362, 7404.
Wishaw, église, 3154.
Wismar, 4467.
 —   Conseil de ville, 4332.
 —   Églises, Saint-Georges,
        4435.
 —   «   Saint-Nicolas, 4435.
 —   «   Sainte-Marie, 4435.
 —   Hôpital de Saint-Nicolas,
        4352.
 —   Léproserie, 4405.
 —   Maison du Saint-Esprit,
        4435.
Witchingham, église, 7322.
WITHAM (Matthew), 2007.
WITHAM (William), 1990.
Withcote, église, 2861.
Withenshaw, 4136.
Withernsea, église, 3520.
Withernwick, église, 3556.
WITHERS (John), 1841.
Withybrook, église, 3099.
Witichindi Saxonis libri III, 4255.
Witley, église, 3004.
Witley (**Magna**), église, 3408.
Witley (**Parva**), église, 3423.
Wittenberg, église d'Aller Heili-
 gen, 4365.
Wittersham, église, 2782.
Wivenhoe, église, 2487.
Wix, église, 2436.
Wixford, église, 3222.
WODDERSPOON (J.), B, 1897, 2992.
WOISZKA (Ilona-Christine), 5223.
Wójcin, église, 6142.
Woking, église, 3013.
Wokingham, église, 1347, 7130.
Wold (?), église, 3612.
WOLFARD (Hans), 5070.
*Wolfenbüttel (Die Handschriften der
 herzoglichen Bibliothek zu)*, 4239,
 4240, 4254.

Wolfhamcote, église, 3127.
Wolgast, château, 4501.
Wolkenstein (Veit von), 4313.
Wollaston, église, 7450.
Wollaton Hall, 2121, 4047.
Wollin, château, 4599.
Wolný (B.), b, 4253, 4294, 4305.
Wolsey (Le cardinal), 1765, 1836, 1837, 1852, 7240.
Wolston, église, 3108.
Wolverhampton, église, 1973, 1974.
Wolverley, église, 3409.
Wolverton, église, 3195.
Wolvey, église, 3096.
Wonersh, église, 3041.
Wood (Anthony), b, 1971.
Woodford, église, 2474.
Woodhouse, église, 2824.
Woodmansterne, église, 3073.
Woodmons (Alexander), 3749.
Woodruff (C.-E.), b, 1741.
Woodward (B.-B.), b, 1866.
Woolavington, cantarie, 7261.
Woolhampton, église, 2197.
Woolland, église, 2407, 7274.
Woolstone (Parva), église, 2215.
Woolwich, 1633.
— Église, 2785.
Wootton (Hill), église, 3115.
Wootton (Leek), église, 3115.
Wootton Wawen, 3220.
— Église, 3192.
Worden, 4137.
Wordsworth (Chr.), b, 7193, 7233, 7253, 7267, 7309, 7323, 7440.
Workington, 4015.
Wormditt, église, 6174.
Wormhoudt, église, 6905, 7058.
Wormleighton, église, 3250.
Wormley, église, 2630.
Wornum (R.-N.), b, 2028.
Worplesdon, église, 3019.
Worcester, 3845, 3848, 3870.
— Cathédrale, 1871, 1958, 3868, 4191.
— Comté, 1537, 1748, 1844, 3271.
— Couvents, Dominicains, 1907.
— « Franciscains, 1944.

Worcester, églises, All Saints, 3410.
— « Saint-Alban, 3411.
— « Saint-André, 3412.
— « Saint-Clément, 3413.
— « Saint-Jean, 3415.
— « Saint-Martin, 3416.
— « Saint-Michel, 3417.
— « Saint-Nicolas, 3418.
— « Saint-Pierre, 3419.
— « Saint Swithun, 3420.
— « Sainte-Hélène, 3414.
— Évêque, 1458.
— Prieur, 1844.
— Prieuré, 1871, 1918.
Worcestershire relics, 3845, 3848, 7400.
Worth, forges, 2055.
Worthing, 4167.
Worthington, église, 2815.
Wörthsee, église, 4238.
Wotton, église, 2995.
Wotton (North), église, 7199.
Wouldham, église, 2784.
Wrabness, église, 2435.
Wrangham (Thomas), curé, 3725.
Wright (H.-P.), b, 2021.
Wright (Th.), b, 1857, 1920, 1921, 7242.
Wroxall, église, 3193.
Września, église, 6099.
Wulverdinghe, église, 6903.
Würdinger, b, 4337, 4338.
Wurtemberg. Cf. Wirtembergische.
Würtemberg (Christophe, duc de), 4437.
Würzburg, 4232, 4261, 4272, 4440, 4444, 4499.
— Prince évêque, 4536.
Wycliffe (Joan), 3655.
Wycombe (High), 1681.
— Église, 1681, 1744, 1780, 2024, 2130.

Wyddial, église, 2608.
Wydrzyn, église, 6134.
Wye, église, 2786.
Wyfordby, église, 2837.
Wyke, curé, 2119.
Wylder, église, 6907.
Wyllye (William), 3646.
Wymondham, église, 2864.
    —   Gilde d'All Saints, 1755, 1796.

Wymondley, couvent, 1891.
Wymondley (Great), église, 2581.
Wymondley (Little), église, 2586.
Wyndham (Charles), 4177.
Wynne (W.-E.), b, 1454.
Wyntgis (Melchior), 6605.
Wyss (Le dr A.), b, 4284, 4287.
Wythes (Robert), 3692.
Wythop, église, 2279.

X

Xambeu (X.), b, 6597, 6600, 6765, 6768, 6802, 6846.

Ximénès (Le cardinal), 4917, 4926, 4930.

Y

Yalding, église, 1414.
Yapham, église, 3592.
Yardley, église, 3424.
Yarmouth (Great), église de Saint-Nicolas, 1743, 7222, 7379.
    —   Gilde de Saint Mary de West Town, 2001.
Yarwey (William), 4149.
Yattendon, église, 2199.
Yatton, église, 7219, 7220, 7226.
Yedingham, église, 3437.
Yenwith, 4024.
Yeovil, cantarie de Jésus, 7261.
Yepes (A. de), b, 4841, 4847, 4849, 4850, 4852, 4853, 4855, 4856, 4871.
Yon (Robine), 6450.
Yonne, Société des sciences historiques et naturelles, 198, 988, 6252, 6472, 6510, 6623, 6737, 6813, 6825.
Yonne (Bibliothèque historique de l'), 6252.
York, 1495, 1511, 1539, 1544, 1554, 1556, 1581, 1601, 1602, 1605, 1616, 1618, 1629, 1640, 1641, 1646, 1671, 1692, 1695, 1702, 1711, 1716, 1738, 1760, 1767, 1771, 1808, 1827, 1843, 1942, 3815, 4052, 7165.

York, comté, 1334, 1422, 1514, 1593, 1790, 1892, 1898, 2018, 2057, 3425, 3861, 3969, 3971, 3994, 4000, 4005, 4006, 4007, 4089, 4090, 4105, 4107, 4155, 7352, 7382, 7389, 7396.
    — Archevêques, 1577, 1751, 4105, 7317.
    — Bourgeois, 1585.
    — Cathédrale, 1452, 1459, 1460, 1483, 1490, 1580, 1594, 1660, 1685, 1698, 1737, 1754, 1789, 1816, 1992, 2043, 2054, 4069, 4115, 4186, 4196.
    — Chanoines, 1524, 1575, 1628, 1646, 1814.
    — Collége de Saint-Guillaume, 1752.
    — Gilde du Corpus Christi, 1664, 2013, 4021.
    — Hôpital de La Trinité, 7221.
York (Le duc d'), 144.
Yorkshire Archaeological Journal, 7352, 7363, 7394.
Yorkshire (Rural Economy in), 4176.
Youlgreave, église, 4126.
Young (H.-W.), b, 7381.
Young (Peter), 7381.
Young (W.), b, 7405, 7424.
Yuste, monastère, 4497, 4946.

Z

ZABERDINI (Jeanne-Horwath), 5153.
ZACCARIA (F.-A.), B, 5536, 5542, 5717.
ZAHN (J.), B, 4238, 4266, 4267, 4268, 4269, 4270, 4271, 4273, 4278, 4320.
ZAÏS (Ernest), B, 4654.
ZALAWAR (Gregorius Thurzo de), abbé, 5114.
Zalka, monastère, 5122.
ZAMBECCHINO, potier, 5766.
ZANCHINI (La famille), 6061.
ZANOBIS, sa collection, 716.
ZAY DE CZEMER (La dame Ladislas), 5218.
Zeggers-Cappel, église, 6908.
ZEIBIG (H.-J.), B, 4312.
Zeitz, église de Saint-Michel, 4367.
ZELE (Jean), 5152.
Zélande, église de Vere, 5015.
— Société Zéelandaise des sciences, 5019, 5020.
ZELL (La duchesse de), 4653, 4659.
ZELLER-WERDMÜLLER (H.), B, 6242, 6245.
ZELLI (Antonio), 5900.
Zemendorf, église de N.-D., 4317, 4321.
ZENATTI (A.), B, 5597, 5601, 5602.
Zermezeele, église, 6956.

ZETTLER (F.-X.), B, 4601.
Ziederzee, 5020.
Zierikzee, bourgmestre, 5019.
ZIMERMAN (H.), B, 4307, 4312, 4316, 4340, 4354, 4369, 4375, 4381, 4390, 4392, 4399, 4401, 4402, 4442, 4481, 4491, 4519, 4543, 4547, 4551, 4605, 4662, 4669, 4670, 4672, 4922, 5736, 6458, 6471.
ZIMMERN (Le comte de), 4553.
ZINGERLE (O.-V.), B, 4262.
Żnin, église, 6101.
ZRINYI (Ilona), 5253, 5263.
ZUCCARI (Federigo), 5872.
Zug, 6217.
ZUICHEM (Viglius de), 6546.
Zumsweier, église, 4572.
ZUÑIGA (Don Alvaro Lopez de), comte de Plasencia, 4899.
ZUÑIGA (Ortis de), B, 4886.
Zurich, 6213.
— Frauenmünster, 6229.
— Grossmünster, 6214, 6228, 6229.
Zusterhuis, à Groningen, 5035.
Zuydcoote, église, 6909, 7059.
Zuytpeene, église, 6957.
Zwolle, 5083.
Zytniów, église, 6119.

FIN

Le Puy-en-Velay. — Imprimerie R. Marchessou, boulevard Carnot, 23.

9 782329 467115